2024~2025

대한민국
산업지도

2024~2025

투자자를 위한 업종별 투자 가이드

대한민국
산업지도

이래학 지음

 경이로움

역사상 세 번째로 큰 대격변의 시대가 온다

가치 투자의 대가로 불리는 오크트리 캐피털 CEO 하워드 막스는 앞으로 증시 환경이 180도 달라질 것이라고 경고했다. 2022년부터 시작된 미국 연방준비은행(이하 연준)의 고강도 긴축으로 저금리 시대가 사실상 끝났기 때문이다. 이는 투자 관점에서 매우 중요한 의미를 뜻하는데, 완곡하게 표현하자면 '좋은 시절 다 갔다'라고 할 수 있다. 글로벌 저금리는 기조는 2008년 글로벌 금융위기에서 시작되었다. 서브 프라임 모기지 사태로 촉발된 금융위기를 막기 위해 연준은 금리를 제로 수준으로 낮추어 시중에 어마어마한 유동성을 풀었다. 그리고 2015년부터 다시 긴축의 고삐를 쥐었지만, 3% 수준에서 금리 인상을 중단하고 다시 완화로 돌아섰다. 이후 코로나19 팬데믹을 맞아 다시 제로 금리 정책으로 회귀했다.

그간 장기간 저금리 기조로 주식 투자를 하기에 더할 나위 없는 좋은 환경이었다. 실제 미국의 S&P500 지수는 2009년 1월부터 2021년 12월까지 5배나 넘게 올랐다. 금리는 주식의 매력도에 직접적인 영향을 미친다. 원금 손실이라는 위험이 있기 때문에 주식은 예금이나 채권보다 높은 기대 수익률을 요구한다. 예적금 이율이 3%라면 주식 기대 수익률은 못해도 6~7%는 되어야 한다.

　그러나 문제는 과거 0~2% 정도의 저금리 시대가 상당 기간 돌아오지 않을 수 있다는 것이다. 기준금리를 5.5%까지 올린 연준은 2024년부터 금리 인하를 시사했지만, 하워드 막스와 같은 대다수의 투자 대가는 과거와 같은 낮은 수준의 금리에 도달하기까지 꽤 오랜 시간이 걸릴 것으로 보고 있다. 곳곳에 금리가 인상되게끔 압박하는 요인들이 존재하기 때문이다. 대표적으로 미국과 중국의 패권 다툼으로 시작된 세계 블록화다. 지정학 시대를 맞아 자국에 직접 생산 공장을 건설하는 '리쇼어링'이 글로벌 트렌드로 부상하고 있으며, 이는 생산의 비효율을 야기한다. 중국, 베트남 등에 주로 존재했던 생산 공장이 미국, 유럽 등 선진국에 들어서니 생산 비용이 올라갈 수 밖에 없다. 이는 금리 상승의 주범인 인플레이션이 쉽게 떨어지기 어렵다는 의미이기도 하다. 저금리 덕에 꾸준히 우상향한 주식 시장을 즐기던 투자자들도 이제는 달라진 환경에 적응해야 하는 순간이 찾아왔다.

　중금리, 중물가 시대에 무조건 주가 우상향이란 신념은 위험할 수 있다. 글로벌 경제흐름이 기대 수익률을 좇아 주식이 아닌 다른 투자자산으로 눈을 돌릴 수 있기 때문이다. 이에 주식 시장에서 옥석가리기가 진행될 가능성이 높다. 어느 정도 높은 금리를 견디고, 적당한 인플레이션을 가격에 잘 전가해 성장하는 기업들을 중심으로 차별화가 나타날 것으로 보인다. 따라서 단순히 시장 인덱스를 좇는 투자보다 성장하는 산업이나 기업을 잘 고르는 것이 투자에 있어서 더욱 중요해질 것으로 보인다.

　문제는 이러한 안목을 갖추는 것이 쉽지 않다는 것이다. 주식 시장을 제대로 알기 위해서는 시장이 어떤 산업으로 구분되고, 그 산업의 하위 섹터에 무엇이 있는지, 해당 섹터는 어떤 기업으로 구성되는지 알아야 한다. 더 나아가 2,400개가 넘는 기업의 비즈니스 모델, 전방 산업 등을 파악해 섹터와 산업으로 묶는 작업이 필요하다. 시간에 쫓기는 직장인 투자자에게는 엄두도 안 나는 일이다. 이 책은 주식 시장의 수많은 기업, 섹터, 산업에 대한 투자자들의 이해를 돕고, 그 이해 과정에 드는 시간을 단축하는 데 목적이 있다.

『2023 대한민국 산업지도』를 출간한 지 1년 만에 『2024~2025 대한민국 산업지도』를 집필한 데는 몇 가지 이유가 있다. 가장 대표적인 것은 전작에 대한 보강의 필요성이다. 워낙 방대한 양을 다루다 보니 몇몇 부분에 소홀한 면이 있었다. 출판 과정에서의 시간적 한계 때문에 중요한 투자 포인트를 누락한 점도 아쉬웠다. 구체적으로 전작에 비해 보강된 부분은 다음과 같다.

첫째, 투자 포인트를 보강했다. 특히 반도체, 2차전지, 신재생 에너지, 항공우주 등 투자자들이 좀 더 관심을 두고 지켜보아야 하는 성장 산업에 대한 투자 포인트들을 구체화했다. 더불어 2023년 갑작스럽게 등장해 전 산업에 걸쳐 긍정적 영향을 미친 AI 산업에 대한 투자 포인트도 더했다.

둘째, 산업의 현황, 시장규모 및 성장성, 해당 산업에 속해 있는 기업의 수 등 수치화된 정보를 최신 데이터로 업데이트했다. 대상 기업은 2023년 11월 28일 기준 2,423개로 전작보다 약 100곳이 늘었다. 산업 분류는 27개, 세부 섹터는 179개다.

셋째, 각 산업을 5가지 항목으로 평가해 투자 매력도를 측정했다. 매출성장률, 시장규모, 이익안전성, 고마진, 주주환원율 각 항목을 5점 만점으로 평가해 방사형 그래프로 표현했다. 매출성장률은 산업에 속해 있는 기업들의 매출액 컨센서스와 시장조사기관의 전망치를 반영해 산출했다. 시장규모 역시 다수의 시장조사기관의 자료를 바탕으로 최소 2025년 이후 전망치를 반영해 책정했다. 이익안전성은 최근 5년간 산업별 영업이익률 변동성 데이터를 고려했으며, 고마진 항목은 영업이익률의 높고 낮음으로 판단했다. 마지막으로 주주환원율은 산업에 속한 기업들의 배당성향을 기준으로 산정했다. 투자자들이 해당 정보를 활용하는 데 있어서 주의할 부분은 투자 매력도 점수가 높다고 무조건 주가가 오르는 것은 아니라는 점이다. 밸류에이션 정보가 없기 때문에 이 부분은 투자자 스스로 판단해 활용하면 된다.

이러한 보강을 진행하니 전작보다 많은 페이지가 늘어났다. 두꺼워진 두께만큼 보석과 같은 종목을 발굴하는 데 큰 도움이 되었으면 한다. 물론 대한민국 전체 산업에 대한 깊이 있는 인사이트가 담겨 있는 것은 아니다. 이 책은 학창 시절 시험을 보기 직전에 공부한 내용을 마지막으로 훑어보기 위해서 핵심 내용만 빼곡히 적어놓은 요약본 느낌이라고 보면 된다. 최소한 이 정도는 공부하고 시험장에 들어가야 한다는 생각으로 책의 내용을 참고하면 된다. 각 산업에 대한 더 깊이 있는 내용을 원한다면 해당 산업의 애널리스트들이 작성한 보고서나 해당 산업을 전문적으로 분석한 책을 읽어보는 것을 추천한다.

저술하며 가장 골치 아팠던 점은 특정 산업이나 섹터에 담기 애매한 기업을 어쨌거나 분류해야만 했던 점이다. 점차 산업 간 경계가 허물어지는 상황에서 복합기업들이 많아지고 있어 특정 산업이나 섹터로 분류하기 어려운 기업이 의외로 많았다. 가령 엔지니어링 플라스틱을 만드는 기업은 제품 특성상 화학 기업에 속하지만 내부분의 매출은 자동차 부품에서 창출하고 있다. 화학 기업이지만 투자 관점에서는 자동차 부품 기업으로 볼 수 있다. 자동차 업황에 따라 이 기업의 실적이 결정되기 때문이다. 제약 바이오 기업 중에는 시장에서 신약 개발 이슈로 주가가 움직이지만 정작 화장품 매출 비중이 100%에 다다르는 경우도 있다.

이런 애매한 부분을 완전히 해결하지 못하고 산업별 그리고 섹터별로 기업을 구분했기 때문에 한계점이 있을 수 있다. 읽다 보면 '이 기업이 왜 이 산업에 속해 있지?'라고 생각되는 부분이 분명 있을 것이다. 이런 한계점을 미리 알고 이 책을 읽었으면 한다. 도무지 분류가 적절하지 않다고 생각된다면 따로 출판사나 유튜브로 연락을 주었으면 한다.

책 제목에 '2024~2025'라고 표시한 것에서 알 수 있듯이 앞으로 새로운 대한민국 산업지도는 2년을 간격으로 출간할 계획이다. 부디 이 책이 앞으로 2년 동안 많은 투자자의 성공 투자에 도움이 되길 바란다. 끝으로 이번 책을 무사히 출간할 수 있도록 인도해주신 하나님께 감사드린다.

이래학

목차

지은이의 말 ······ 4

1장 인프라·필수소비재

에너지 ······ 16
전기·가스·난방 에너지 | 전기 인프라 | 친환경 에너지

금융 ······ 40
은행 | 증권 | 보험 | 기타금융

통신 ······ 63

의료기기 ······ 74
체외 진단기기 | 치과·미용 의료기기와 영상 진단기기 | 디지털 헬스케어 | 인체조직이식재

제약과 바이오 ······ 94
제약 | 바이오 | 의약품 인프라 | 건강기능식품 | 동물의약품

2장 기초 소재와 산업재

정유와 화학 ······ 132

철강과 광물 ······ 143
철강 | 비철금속

조선과 운송 ······ 162
해운 | 조선

건설과 플랜트 ······ 184
건설 | 플랜트 설비와 관리 | 폐기물처리와 발전

기계 ······ 203

3장 IT

반도체 ······ 222

디스플레이 ······ 249

모바일기기와 카메라 ······ 264

IT 서비스 ······ 275
IT 서비스 | 사이버 보안

인터넷 ······ 291

4장 **소비재 1**

음식료 ······ 306

패션 ······ 322

유통 ······ 331

기타소비재 ······ 346
종이와 포장재 | 가구와 생활용품 | 교육과 완구

5장 **소비재 2**

화장품 ······ 366

레저 ······ 377
여행과 호텔 | 항공 | 카지노

미디어 ······ 395
미디어 | 엔터테인먼트 | 광고

게임 ······ 422

6장 **소비재 3**

전자기기 ······ 438

전자제품과 부품 | LED | 물리 보안 | 셋톱박스 | 전자 소재와 장비

2차전지 ······ 457

자동차 ······ 482

부록 **지주회사** ······ 507

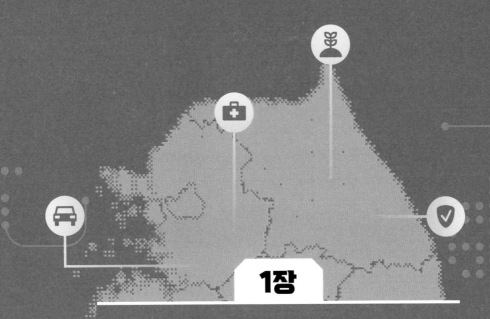

1장

인프라 · 필수소비재

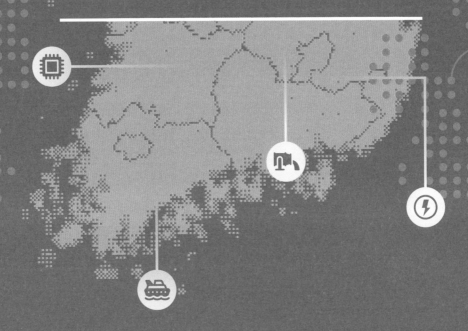

에너지

에너지 산업은 태양광, 풍력, 원자력 등 성장성이 높은 친환경 에너지 기업부터 내수 중심의 만년 적자를 기록 중인 한국전력 등 다양한 업체들이 포함되어 있다. 마진율이 낮은 것도 내수 중심의 전기, 가스 업체들이 속해 있는 탓이다. 다 같은 에너지 기업이 아닌 만큼 투자자는 성장성이 있는 분야를 잘 찾아볼 필요가 있다.

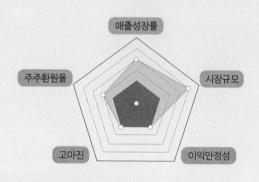

에너지 산업은 전기, 가스 등 각종 에너지 자원을 필요한 곳에 공급하거나 에너지 공급에 필요한 기자재, 에너지 생성에 필요한 각종 기기를 만드는 기업을 포함하는 산업이다. 에너지 산업 분야에 속한 기업은 총 62곳으로, 시가총액 기준으로 주식 시장에서 차지하는 비중은 2.5%다.

과거 에너지 산업은 전기나 가스 등 필수공공재를 공급하는 고리타분한 산업으로 인식되었다. 그러나 전 세계적으로 환경 오염과 기후변화에 대한 경각심이 커지면서 투자자들의 시선이 달라지고 있다. 선진국을 중심으로 전 세계 각국이 탄소배출이 없는 친환경 에너지 산업 육성에 집중하는 상황이라 관련 기업의 성장성이 커졌기 때문이다. 에너지 산업에 속한 기업 중에서도 친환경 에너지 생산과 관련된 기술, 인프라를 갖춘 기업을 주목해야 하는 이유다. 특히 친환경 에너지 기업과 전통 에너지 기업은 일반적으로 시장에서 매우 낮은 평가를 받고 있는데, 친환경 성장 기업으로 탈바꿈한다면 해당 기업은 재평가를 받을 수 있다.

에너지 산업은 크게 전기·가스·난방 에너지, 전기 인프라, 친환경 에너지로 구분한다. 전

기·가스·난방 에너지는 전기나 가스, 난방 등의 필수공공재를 가정 및 사업장에 공급하는 기업으로 구성되어 있다. 전기 인프라는 전기가 생성되고 공급되는 과정에서 필요한 전력 변환기, 계량기, 전원공급장치, 전선 등을 제조하는 기업이 속한다. 친환경 에너지 산업은 탄소배출이 없는 친환경 에너지를 생산 및 저장하거나 생산하는 데 필요한 각종 기자재를 만드는 기업이 포함된다. 친환경 에너지는 종류에 따라 풍력, 태양광, 수소, 원자력 관련 기업으로 구분된다.

전기·가스·난방 에너지

1. 전기·가스·난방 에너지 산업의 개요

대부분의 사람이 살아가면서 아무리 돈을 아껴 쓴다 해도 꼭 지출해야 하는 일정 금액이 있다. 바로 우리 삶의 필수 요소인 의식주 관련 지출이다. 특히 매달 내는 전기, 가스, 수도 요금은 인간적인 삶을 영위하기 위한 필수 지출이다. 증시를 보면 이런 필수공공재를 생산하는 기업을 확인할 수 있다. 한국전력, 한국가스공사, 지역난방공사 등이 대표적인 기업이다. 이 기업들의 공통점은 최대주주가 정부 부처라는 점이다. 필수공공재를 생산하는 만큼 정부에서 출자한 공기업이 이를 담당하고 있다.

전기 에너지는 한국전력이 우리나라 대부분의 지역에 공급하지만, 지역거점 사업자가 담당하는 곳도 있다. 가스 에너지는 한국가스공사가 도매업자, 지역거점 사업자가 소매업자다. 한국가스공사가 천연가스를 수입해 각 지역에 있는 가스사들에 공급하고, 다시 이들 사업자가 최종 소비자들에게 가스를 공급하는 구조다. 한국가스공사를 통하지 않고 직접 LPG^{Liquefied Petroleum} ^{Gas}(액화석유가스)를 수입해 공급하는 기업도 있다. SK가스와 E1이 대표적인 기업이다.

2. 전기·가스·난방 에너지 산업의 투자 포인트

전기나 가스 에너지는 필수공공재이므로 수요는 꾸준하지만 담당 기업의 성장성은 제한적이다. 담당 기업의 매출액이 증가하기 위해서는 판매량과 가격이 올라야 한다. 먼저 판매량 측면에서 살펴보면 우리나라 산업화의 정도, 인구구조 특성상 앞으로 판매량이 늘어날 가능성은 낮다. 기대를 걸어볼 만한 것은 요금인데, 이마저도 쉽지 않다. 전기, 가스, 수도 요금은 공공재적 특성 때문에 가격 인상 과정에서 국민의 강한 저항을 넘어서야 하기 때문이다.

한국전력이 생산하는 전기의 발전 비중은 석탄화력발전 비중이 크다. 석탄화력발전의 주요 원재료는 유연탄, LNG^{Liquefied Natural Gas}(액화천연가스), 벙커C유[✖] 등이다. 모두 수입에 의존하는 품목이어서 환율, 국제 에너지 가격이 오르면 동반 상승하는 경향이 있다. 한국가스공사가 공급하는 천연가스도 국제 유가 같은 에너지 가격에 영향을 받는 편이다. 따라서 국제 유가가 오르면 전기나 가스를 생산하는 기업의 원료 부담은 가중될 수밖에 없다.

우리나라는 원재료 가격 상승에 대응하는 기본방침으로 전기 및 가스 요금에 반영하는 '연료비 연동제'를 채택하고 있다. 그러나 앞서 말한 이유로 인해 가격을 올리기가 쉽지 않다. 실제로 정부는 원자재 가격 상승에도 2022년

✖ 대형 보일러나 디젤 기관 등의 연료이며 점착성이 강한 중유로서, C중유라고도 부르기도 함. 한국에서는 중유 가운데 가장 많이 소비됨

인프라·필수소비재

1분기 전기요금을 동결했다. 이는 코로나19 팬데믹과 거듭되는 물가 상승 여파를 고려한 결정이었다. 2022년 러시아-우크라이나 전쟁으로 국제 유가, 천연가스 등 에너지 가격이 천정부지로 치솟자 한국전력은 연간 약 32조 6,000억 원의 영업 적자를 기록했다. 전기를 생산하는 비용은 많게는 8배 가까이 뛰었지만 전기 판매 가격은 소폭 인상에 그쳤기 때문이다.

중장기적으로 전기, 가스 에너지 생산 기업들은 탄소배출이 없는 친환경 에너지 비중을 확대해야 한다. 투자 관점에서는 전기, 가스 에너지 생산 기업이 친환경 에너지 전환을 위해 대대적인 투자를 단행할 때 수혜가 기대되는 친환경 에너지 관련 기업에 주목하는 것이 좋다.

전기 인프라

1. 전기 인프라 산업의 개요

전기 에너지는 최종 수요처인 소비자에게 공급되기 위해서 다음과 같은 단계를 거친다. 먼저 발전소에서 생산된 전기는 송전 선로를 통해 변전소에 도달한다. 전력 손실을 줄이기 위해 높은 전압으로 송전되는 전기는 변전소에서 가정에서 쓸 수 있을 정도의 전압으로 낮추어진다. 마지막으로 변전소는 전기를 배분하는 배전 선로를 통해 낮은 전압의 전기를 최종 수요처로 전달한다. 쉽게 말해 송전 선로는 고속도로, 변전소는 톨게이트, 배전 선로는 목적지로 향하는 일반도로라고 이해하면 된다.

이처럼 전기가 최종 수요처까지 도달하기 위해서는 다양한 기자재가 필요하다. 송전 및 배전 선로로 쓰이는 전선, 전압을 조절하는 변압기와 고압차단기, 전압을 측정하는 계량기, 전기를 전달받아 분배하는 배전반 등이 대표적인 기자재다.

국내 전기 인프라 시장은 21세기에 들어서면서 신규 전기 인프라를 설치하기보다는 보완 및 유지 보수 투자에 집중하고 있다. 전기 인프라 산업은 국가 전력망 구축에 필수적인 자본재 산업이다. 따라서 정부의 사회간접자본Social Overhead Capital, SOC 지출 계획의 영향을 받는다. 전기 인프라 산업이 성숙기 산업에 접어든 국내와 달리 동남아, 중동 등 신흥국은 전기 인프라 투자를 활발히 진행하고 있다. 국내 전기 인프라 기업들 역시 해외 시장에 진출하기 위해 역량을 집중하고 있다.

2. 전기 인프라 산업의 투자 포인트

전기 인프라는 국가 전력망 구축의 핵심 산업이다. 따라서 정부의 전력망 구축 계획에 따른 사회간접자본 투자의 영향을 받는다. 정부는 2030년까지 전력망 보강에 약 78조 원이 필요할 것으로 추산하고 있다. 이미 계획된 송·변전 설비 투자 예산 약 23조 4,000억 원, 배전 설비 투자 예산 약 24조 1,000억 원에 추가로 NDC[*]상향을 감안한 약 30조 원의 관련 예산이 추가로 필요하다는 분석이다. 그리고 재생 에너지를 수용하기 위한 전력망 구축, 재생 에너지 발전량을 모니터링하고 원격 제어가 가능한 통합관제 시스템도 구축할 예정이다. 투자 관점에서는 장기적으로 국가 전력망 구축 계획에 부합하는 기업에 주목할 필요가 있다.

전 세계적으로 일어나고 있는 리쇼어링Reshoring[**] 트렌드도 전기 인프라 수

---

[*] Nationally Determined Contribution의 약자로, 파리기후변화협약에 따라 참가국이 2030년까지 스스로 정한 온실가스 감축 목표

[**] 인건비 등 비용 문제 및 지정학적인 이유로 해외에 세워진 생산 시설을 본국으로 회귀하는 것을 뜻함

미국의 월별 제조업 건설 지출액 추이

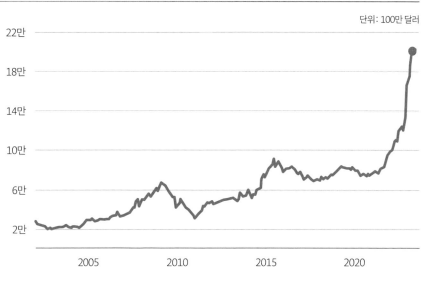

단위: 100만 달러

출처: 세인트루이스 연방준비은행

요를 자극한다. 코로나19 팬데믹 이전의 제조 시설은 중국, 동남아 등 인건비가 저렴한 신흥국에 몰려 있었다. 그러나 2020년 코로나19 팬데믹으로 세계 각국이 문을 걸어 잠갔고 이는 공급망 교란으로 이어졌다. 특히 백신 보급이 늦었던 신흥국을 중심으로 생산 시설이 몰려 있던 탓에 병목 현상은 더욱 심화되었고 구조적인 인플레이션까지 등장했다. 더군다나 미국과 중국의 패권 전쟁이 격화되면서 세계 블록화가 진행되었으며, 이로 인해 선진국들이 앞다투어 자국에 생산 시설을 세우는 리쇼어링 트렌드가 생겨났다. 미국의 반도체지원법CHIPS Act✘, 인플레이션 감축법Inflation Reduction Act, IRA이 대표적이다. 이에 따라 미국의 제조업 건설 지출액은 2022년부터 구조적으로 늘고 있다. 2023년 7월 제조업 건설 지출액은 약 2,015억 달러로, 코로나19 팬데믹 전

✘ 미국 반도체 산업을 강화하고, 전 세계 반도체 공급망 안정화를 목적으로 제정한 법

인프라·필수소비재

인 2020년 2월 약 782억 9,000만 달러보다 2배 넘게 증가했다. 선진국의 리쇼어링 트렌드는 구조적이기 때문에 해외에 전기 인프라를 수출하는 국내 기업들도 주목할 필요가 있다.

본업에서 갈고닦은 기술을 활용해 미래 성장 산업에 진출한 기업도 눈여겨볼 필요가 있다. LS전선은 전선 기술을 활용해 전기차 부품 사업에 진출했다. LS전선이 생산하는 구동모터용 권선[*]은 전기 에너지를 기계 에너지로 전환하는 장비로 기아차, GM 등에 납품한 바 있다. 효성중공업은 그룹 차원에서 수소를 미래 성장 동력으로 삼고, 수소 충전소 건설에 박차를 가하고 있다. 동남아시아, 중동 등 신흥국에 집중하는 기업도 주목할 만하다. 아직 산업화 단계에 있는 신흥국은 전기 인프라 투자를 활발히 진행 중이기 때문이다.

한편 전선 기업의 매출은 구리 가격에 영향을 받는다. 전선 원재료의 80%는 전기동[**]이 차지하기 때문이다. 일반적으로 전선 업계는 판매 가격을 구리 가격에 연동해 정한다. 따라서 구리 가격이 올라가면 판매가 역시 상승하며 기업 매출이 증가한다.

---

[*] 전류를 흘려 자속을 발생시키거나 서로 결합하도록 설계한 코일
[**] 전해 정제에 의해서 얻어지는 구리

친환경 에너지

1. 친환경 에너지 산업의 개요

친환경 에너지란 탄소배출이 없는 청정 에너지를 뜻한다. 태양광, 풍력, 수소, 바이오 연료 등이 대표적인 친환경 에너지다. 이 책에서는 친환경 에너지를 저장하거나 생산하는 데 필요한 각종 기자재를 만드는 기업을 한데 묶었다.

친환경 에너지 산업의 성장 트리거는 파리기후변화협약이다. 파리기후변화협약에서는 선진국뿐만 아니라 개발도상국도 참가해 전 세계적인 차원에서 단계적으로 온실가스를 감축한다는 계획을 세웠다. 지구 기온의 평균 온도 상승을 1.5℃로 억제하는 것이 협약의 구체적인 목표다. 이를 달성하기 위해서는 2050년까지 탄소중립 사회로의 전환이 필요하다. 탄소중립이란 대기 중 온실가스 농도가 더 이상 증가하지 않도록 하는 것으로 온실가스 순 배출량을 '0'으로 만든다는 개념이다. 탄소중립 사회로 전환하기 위해서는 탄소가 발생하지 않는 친환경 에너지 산업을 적극 육성해야 한다. 특히 우리나라

구분	온실가스 감축	에너지 효율	재생 에너지
독일	2030까지 55%, 2050까지 80~95% 감축 (1990 대비)	2050까지 50% 감축 (1차 에너지 기준, 2008 대비)	2050년까지 최종 에너지 중 60%, 발전 비중 80%
일본	2030까지 26% 감축 (2013 대비)	2030까지 0.5억kL (원유환산) 감축 (최종 에너지 기준, 2013 대비)	2030까지 발전 비중 22~24%
영국	2050까지 최소 80% 감축 (2009 대비)	2020까지 18% 감소 (최종 에너지 기준, 2007 대비)	2030까지 총 에너지소비 중 30%
프랑스	2030까지 40% 이상, 2050까지 75% 감축 (1990 대비)	2030까지 20% 이상, 2050까지 50% 감축 (최종 에너지 기준, 2012 대비)	2030까지 최종 에너지 중 32%, 발전 비중 40%

출처: 산업통상자원부(제3차 에너지기본계획, 2019.06)

는 타 국가에 비해 온실가스배출량이 많은 편이다. 국회예산정책처가 발간한 〈2023년 경제 현안 분석〉 보고서에 따르면 한국의 2021년 온실가스배출량 순위는 8위다.

탄소중립 실현을 위한 에너지 정책 목표에서 국가별 재생 에너지 발전 비중 역시 우리나라는 하위권에 속한다. 국제에너지기구International Energy Agency, IEA 에 따르면 2021년 기준 글로벌 재생 에너지 비중 평균은 33%인 데 반해 우리나라는 9.6%에 불과하다. 우리나라는 과거에서부터 제조업이 발달한 국가로 제조업 분야의 기업이 많아 탄소배출량이 많다. 그러나 재생 에너지 인프라의 상황이 열악해 국가 차원의 투자가 시급한 상황이다.

정부는 〈2020년 제5차 신재생에너지 기본계획(2020~2034)〉을 발표해 2020년부터 2034년까지 신재생 에너지 발전 비중을 25.8%로 높이기로 했다. 특히 코로나19 팬데믹 이후 경기부양 및 친환경 중심의 산업 구조 개편을 위해 그린뉴딜 산업(친환경 산업 육성)에 2025년까지 약 73조 4,000억 원을 투자하겠다고 밝혔다. 이에 따라 그린뉴딜 산업에 해당하는 태양광, 풍력 등 재생 에너지 발전용량을 2020년 12.7GW에서 2025년 42.7GW로 늘릴 계획이다. 같은 기간 전기차, 수소차 보급 대수는 각각 약 113만 대, 20만 대로 늘릴 계획을 세웠다. 탄소중립 사회로의 전환을 위한 범국가적 육성 산업인 만큼 투자자들은 친환경 에너지 산업에 늘 관심을 두어야 한다.

1) 풍력 에너지

풍력발전기는 바람을 통해 전기를 생산하는 구조물이다. 블레이드^{Blade}가 회전할 때 발생하는 기계 에너지를 발전기를 이용해 전기 에너지로 변환하는 원리다. 풍력발전기의 구성 요소는 크게 풍력발전기를 지지해주는 타워, 바람 에너지를 회전 운동 에너지로 변환해주는 블레이드, 운동 에너지를 전기 에너지로 전환하는 발전기로 구분할 수 있다. 증시에서는 풍력발전기 구성품을 만드는 기업과 구성품으로 풍력발전기 및 시스템을 구축하는 기업으로 나뉜다.

　글로벌 풍력발전 시장은 해외 기업 주도로 진행되고 있다. 2022년 기준 상위 5개 기업은 미국, 유럽, 중국 기업들이다. 용량 기준 1위는 덴마크의 베스타스^{Vestas}로 2022년 약 9.6GW를 생산했다. 2위는 독일의 지멘스^{Simense}로 약 8.79GW, 3위는 중국의 골드윈드^{Goldwind}로 약 8.25GW, 4위는 미국의 제너럴 일렉트릭^{General Electric Co}으로 약 7.37GW, 5위는 중국의 엔비전 에너지 ^{Envision Energy}로 약 5.78GW를 각각 생산했다. 풍력발전 시장은 정부의 정책, 지리적 특성에 좌우되는 경향이 있다. 이러한 이유로 국토 면적이 넓은 미국과 중국, 적극적인 재생 에너지 육성 정책을 펼치는 유럽에서 특히 풍력발전 시장이 성장하고 있다.

　국내에도 일찍이 HD현대중공업, 삼성중공업, 한화오션 등이 풍력발전 시

인프라·필수소비재

장에 뛰어들었지만, 산이 많고 국토가 좁은 우리나라의 지리적 특성상 풍력 발전 시장이 성장하기란 쉽지 않았다. 현재 국내 풍력발전 시장에 몸담은 기업은 두산에너빌리티, 효성중공업, 유니슨^{UNISON} 정도다. 반면 풍력발전기 구성품을 만드는 기업은 수출을 중심으로 선전하고 있다. 씨에스윈드^{CS WIND}가 대표적이다. 씨에스윈드는 글로벌 풍력발전타워 시장에서 2020년 기준 점유율 16.2%(중국 시장 제외)로 1위다.

글로벌 풍력 에너지 전문기관 GWEC^{Global Wind Energy Council} 마켓 인텔리전스에 따르면 2023년부터 2030년까지 글로벌 풍력 에너지 신규 설치량은 1,221GW에 달할 것으로 전망된다. 이는 2022년 제시한 전망보다 143GW, 13% 늘어난 수치다. 러시아-우크라이나 전쟁으로 러시아 천연가스 의존도가 높았던 유럽의 에너지 자립 노력과 IRA 통과로 미국 역시 향후 10년간 설치 증가가 예상되기 때문이다. 이에 따라 글로벌 누적 태양광 에너지 설치 용량은 2023년 1TW에서 2030년 2TW에 달할 것으로 예상된다. 러시아-우크라이나 전쟁으로 촉발된 세계 블록화가 풍력발전 수요를 더 앞당긴 셈이다.

향후 풍력발전 시장은 해상풍력을 중심으로 성장할 전망이다. 육상풍력은 위에서 말한 것처럼 지리적 한계 때문에 성장하기가 힘들다. 바람이 잘 부는 지역을 찾기가 쉽지 않고, 찾았다 해도 풍력발전의 소음 때문에 해당 지역 주민들의 반대도 만만치 않다. 반면 해상은 상대적으로 육지보다 바람이 잘 불고 설치를 반대할 이해관계자도 없다. 이런 이유로 GWEC에 따르면 2019년 해상풍력발전의 비중은 10%를 넘어섰다. 2025년에는 20% 이상을 차지할 것으로 예상된다.

2) 태양광 에너지

LED가 전기 에너지를 빛으로 변환한다면, 태양광발전은 태양에서 나오는 빛을 전기 에너지로 변환한다. 태양광발전은 발전단가가 낮고 설치가 쉬

에너지원별 누적 전력용량 비중 전망

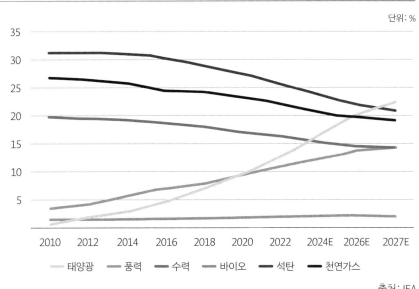

단위: %

출처: IEA

위 친환경 에너지 중에서도 가장 가파르게 성장할 것으로 기대된다. 블룸버그 뉴 에너지 파이낸스Bloomberg New Energy Finance, BNEF에 따르면 글로벌 태양광 발전 설치량은 2021년부터 2030년까지 연평균 성장률이 16.9%에 달할 것으로 전망된다. IEA에 따르면 태양광발전량은 2022년부터 2027년까지 약 1,500GW 늘어 2026년에는 천연가스발전량, 2027년에는 석탄발전량 비중을 상회할 것으로 보인다.

태양광발전 산업에 가장 적극적인 나라는 중국이다. BNEF에 따르면 2021년 기준 글로벌 태양광 설치 1위 국가는 약 334GW를 설치한 중국이다. 미국이 약 118GW로 2위, 일본이 약 78GW로 3위를 차지하고 있다. 중국은 2~5위 국가의 설치량을 합친 것보다 더 많은 양의 태양광을 설치했다. 또한 2060년까지 탄소중립을 실현하기 위해 태양광 신규 설치를 지속적으로 늘려갈 전망이다.

인프라·필수소비재

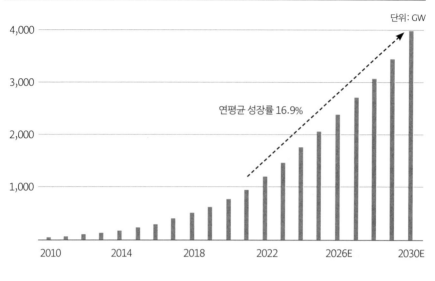

단위: GW

연평균 성장률 16.9%

2010   2014   2018   2022   2026E   2030E

출처: BNEF, 미래에셋증권

미국 역시 바이든 정부가 투자세액공제[Investment Tax Credit, ITC]*를 연장하며 태양광 육성에 적극 나서고 있다. 미국은 2020년 기준 3%에 불과한 태양광발전 비중을 2050년까지 45%로 확대할 계획이다.

태양광발전 산업의 밸류체인은 업스트림, 미드스트림, 다운스트림으로 나뉜다. 업스트림은 태양전지의 소재를 제조하는 과정이다. 기초 소재인 폴리실리콘을 가공해 잉곳(규소봉), 웨이퍼를 만든다. 잉곳, 웨이퍼라는 용어에서 알 수 있듯이 태양광발전은 반도체를 제조하는 과정과 유사하다. 앞서 태양광의 발전 원리가 LED와 다르다고 했는데, 결국 태양광이나 LED 모두 실리콘 계열의 반도체에서 뿌리를 찾을 수 있다. 미드스트림은 실리콘 웨이퍼로

✱ 신기술 개발, 생산성 향상 등 특별히 국가적 관점에서 투자를 촉진할 필요가 있는 산업 분야에 투자했을 때 투자액의 일정 비율에 해당하는 금액을 산출 세액에서 공제해주는 제도

실제 태양전지 셀, 모듈을 만드는 과정이다. 웨이퍼를 가공해 만든 셀끼리 접합하면 모듈이 완성된다. 마지막으로 다운스트림은 가정, 산업단지 등에 태양광 모듈을 설치해 태양광발전소를 세우는 과정이다. 국내 상장사 중 업스트림에서는 OCI가, 미드스트림과 다운스트림에서는 한화솔루션이 대표적인 기업이다.

글로벌 태양광 밸류체인은 대부분 중국 기업이 장악하고 있다. 삼성증권에 따르면 2022년 기준 중국 기업들의 폴리실리콘 생산 점유율은 76%다. 잉곳은 95%, 웨이퍼는 96%, 셀은 86%, 모듈은 80%에 달한다. 2019년과 비교했을 때 잉곳과 웨이퍼의 점유율은 유사한 수준이며 폴리실리콘 등 그 밖의 품목은 점유율이 더욱 상승했다. 글로벌 태양광 시장에서 중국의 영향력이 압도적이기 때문에 미국 역시 중국 태양광 제품을 수입하고 있다. 한국 기업들은 미국에 직접 공장을 짓는 방법으로 태양광 시장에서 기회를 노리고 있다. 미국은 2023년부터 신규 태양광 생산 시설에 약 100억 달러 규모의 투자세액공제와 태양광 제품 생산 시 약 300억 달러 규모의 생산세액공제 형태의 보조금을 지급하고 있다. 이러한 IRA에 따른 세제 혜택은 한화솔루션 같은 국내 기업에 원가 경쟁력 상승이라는 긍정적 영향을 미칠 전망이다.

3) 수소 에너지

SF 영화를 보면 종종 바닷물에서 수소를 분해해 에너지원으로 사용하는 장면이 나온다. 만약 지구에서 가장 풍부한 자원인 물에서 무한정으로 친환경 에너지를 뽑아낼 수 있다면, 그 에너지원은 다름 아닌 수소다. 이처럼 수소는 지역적 편재성이 없으며, 탄소배출량이 없고, 고압의 기체나 액체 주소 형태로 저장할 수 있다는 장점이 있다. 따라서 에너지 자립도가 낮은 국가에서 차세대 에너지원으로 활용하기 좋다.

기름 한 방울 나지 않는 우리나라 역시 수소를 에너지원으로 활용하기 위

인프라 펀수소비재

한 수소발전에 집중하고 있다. 정부가 발표한 수소 경제 로드맵에 따르면 2018년 기준 연간 약 13만 톤에 불과한 수소 공급량을 2040년까지 약 526만 톤으로 늘릴 계획이다. 수소를 이용해 전기를 생산하는 연료전지의 발전량은 가정 및 건물용의 경우 2018년 약 7MW에서 2040년에는 약 2,100MW로, 같은 기간 발전용의 경우 약 307MW에서 약 15GW로 늘린다는 목표다. 주요 선진국 역시 수소 에너지 확충에 팔을 걷어붙였다. 이처럼 현재는 대부분의 국가에서 수소를 주요 에너지원으로 설정하고 수소 공급 확대 및 발전단가를 낮추는 목표를 세웠다.

수소는 생산 방식에 따라 크게 개질수소, 부생수소, 수전해 방식으로 구분된다. 개질수소는 석유, 석탄, 천연가스 등 화석연료를 이용해 직접 수소를 생산하는 것이다. 생산 과정에서 탄소가 발생하기 때문에 친환경이라고 볼 수없다. 부생수소는 석유화학 공정이나 제철 공정에서 부수적으로 발생하는 수소에 촉매 반응을 이용해 정제시킨 후 생산된다. 이 역시 결과적으로 탄소를 배출하는 공정으로 수소를 얻으므로 친환경적인 수소 생산 방식은 아니다. 가장 이상적인 수소 생산 방식은 수전해 방식이다. 물을 전기분해를 통해 수소와 산소로 분리해 수소를 얻는 방식이다.

생산과정에 따라 만들어지는 수소를 구별해 표현하는데, 생산과정에 이산화탄소를 배출하면 그레이수소, 이때 이산화탄소를 포집·저장하면 블루수소, 수전해 방식으로 생산하면 그린수소로 분류한다. 그린수소가 가장 친환경적인 수소이며, 수전해 방식은 지금도 발전단가가 부생수소 및 개질수소보다 높지만, 꾸준한 기술 개발로 낮아질 것으로 보인다.

2022년 IRA 시행으로 미국을 포함한 세계 각국에서 청정수소 생산에 과감히 투자하고 있다. 미국 에너지부Department of Energy, DOE는 2023년 6월 청정수소 산업의 육성을 위해 '미 국가 청정수소 전략 및 로드맵'을 발표했다. 청정수소 생산 목표를 2030년까지 약 1,000만 톤, 2040년 약 2,000만 톤, 2050년 약 5,000만 톤으로 목표를 잡았으며, 2050년까지 탄소중립을 달성하기 위해 에너지원의 10%를 청정수소로 채운다는 계획이다. 그린수소 생산단가를 낮추어 경제성도 키운다는 목표이기도 하다. 그린수소 생산단가는 2026년 kg당 2달러, 2030년 kg당 1달러를 달성할 계획이다. 이를 위해 청정수소 허브 건설, 수전해 프로그램 등에 약 95억 달러를 투입할 계획이다. 이에 앞서 유럽은 2022년 리파워 EU로 2030년까지 그린수소 약 1,000만 톤 생산, 역외 수입으로 약 1,000만 톤을 추가로 확보한다는 계획이다. 이를 위해 유럽공통 이해관계산업IPCEI을 통해 수전해 설비 같은 청정수소 인프라 개발 프로젝트에 예산 집행을 시작했다.

또한 2030년 이후 분야별 그린수소 사용 비중 의무화에 잠정 합의한 상태다. 이에 따르면 산업용 수소는 42%, 운송용 수소는 1~5.5%를 그린수소로 채워야 한다. 필요 그린수소량은 산업용 약 350만 톤, 운송용 약 130만~700만 톤이다. 따라서 투자 관점에서 수전해 기술을 보유한 기업에 주목하는 것이 좋다. 국내에서는 SK, POSCO홀딩스, 현대, 효성 등 굴지의 대기업들은 모두 수소 밸류체인 구축에 열심이다. 개별 기업으로는 연료전지를 생산하는 두산퓨얼셀, 에스 퓨얼셀S-Fuelcell, 비나텍Vinatech, 범한퓨얼셀 등이 수소 관련 주요 기업이다.

4) 원자력 에너지

우라늄의 핵분열이 일어날 때 나오는 에너지를 이용해 전기를 생산하는 것을 원자력발전이라 한다. 화력발전은 화석연료를 태운 열로 물을 끓일 때 나오는 증기의 힘으로 터빈을 돌려서 전기를 생산하는데, 이와 같은 원리다. 원자력발전소(이하 원전)는 화석연료를 태우는 대신 우라늄을 핵분열시켜 열을 만들어낸다는 차이점이 있다. 원자력이 지구상에 존재하는 가장 강력한 에너지원인 만큼 원자력의 에너지 효율은 높은 편이다. IEA가 발표한 〈2025년 국

단위: 원/kWh

원전	50.2
태양광 대규모	90.9
태양광 소규모	92.5
풍력 육상	108.8
풍력 해상	155.5

출처: 2025년 국가별 LCOE 산정 보고서, 한국남부발전

가별 LCOE 산정 보고서〉를 토대로 한국남부발전이 계산한 바에 따르면 원자력발전 비용은 50.2원/kWh으로, 태양광이나 풍력보다 크게 낮은 것으로 나타났다.

원자력의 효용성에도 불구하고 전 세계 발전량 중 원전 비중은 2021년 기준 약 9.8%로 1996년 약 17.5%에 비해 절반가량 줄었다. 1980년대 이후 유가 안정화와 잇따른 원전 사고로 위험성이 도마에 올랐기 때문이다. 21세기 들어 한국, 러시아, 중국, 인도 등 신흥국을 중심으로 원전 건설이 늘었지만 2011년 후쿠시마 원전 사태 발생으로 다시금 위축되었다.

2018년부턴 미국, 유럽에서 가동 중인 원전 일부를 영구 정지하면서 원전 산업은 침체기를 겪었다. 그러나 2050년까지 탄소중립을 위한 현실적 대안으로 원전이 부각되면서 미국, 중국, 유럽 일부를 중심으로 원전 투자가 늘고 있다. 원전은 재생 에너지는 아니지만 탄소배출이 없다는 점에서 친환경

대형원전과 SMR 비교

구분	대형 원전	SMR
발전용량	1,000~1,400MW	10~300MW
건설 기간	6~7년	2~3년
부품 수	100만 개	1만 개, 모듈화 가능
연료교체 주기	18개월	20년
비상대피구역 위치	30Km 이내	300m 이내
안전성	강제순환형 냉각시스템	자연순환형 냉각

출처: 업계 자료 취합

에 가까운 에너지원으로 각광받고 있다. 그린 인플레이션, 신재생 에너지 설치 부족에 따른 대안으로 원전의 중요도는 커질 전망이다. IEA에 따르면 글로벌 원전 설치량은 2021년 약 413GW에서 2050년 약 812GW로 증가할 전망이다. IRA 법안에서도 원자력을 탄소중립에 기여하는 주요 에너지원으로 판단해 2024년부터 2032년까지 가동 중인 원전과 신규 원전 건설에 세액 공제를 제공할 방침이다. EU도 녹색분류체계^{Green Taxonomy}✱를 발표해 원자력과 가스를 친환경 에너지원으로 최종 인정하고 원전에 대한 투자를 늘릴 방침이다. 특히 프랑스는 후쿠시마 원전 사고 이후 원전 비중을 50%까지 축소하는 법안을 발의했지만, 러시아-우크라이나 전쟁에 따른 에너지 자립의 중요성 및 탄소중립 실현을 위해 2050년까지 신규 원전 6기를 건설할 방침이다. 영국 역시 원전 비중을 15%에서 25% 늘린다는 계획을 세웠다.

✱ 어떤 산업 분야가 친환경 산업인지 분류하는 분류체계로, 환경적으로 지속가능한 경제 활동의 범위를 정하는 것

한편 기존 원전의 단점을 극복한 소형원자력모듈^{Small Modular Reactor, SMR}이 각광을 받고 있다. SMR이란 말 그대로 기존의 원전을 간소화해 모듈 형식으로 만든 설비다. 에너지 출력을 줄이고 원전 외부 설비들을 원자로 내부에 통합시켜 절대적인 크기를 줄이고 안전성을 높였다. 또한 노심의 냉각도 자연순환형으로 변경해 비교적 자유롭게 원전 설치 위치를 정할 수 있다. 기존 원전은 강제순환형 냉각시스템을 사용하기 때문에 냉각수를 공급할 수 있는 바다나 강 부근에만 설치가 가능했다. 반면 SMR은 도심 및 산간에도 설치가 가능하다는 장점이 있다.

에너지경제연구원에 따르면 2023년 현재 전 세계적으로 80여 개의 SMR을 개발 중이다. 미국이 18개로 가장 많고 러시아, 중국, 일본 순으로 많다. 빠르면 2028년에 SMR 상업운전을 시작하는 프로젝트가 있을 전망이며, 본격적인 SMR 도입은 2030년에 가능할 예정이다. 국내에서 SMR 관련 사업을 하고 있는 기업은 두산에너빌리티가 대표적이며 미국의 뉴스케일^{Nuscale} 및 엑스에너지^{X-energy}와 계약을 맺고 SMR 주기기를 제작하고 있다. 이 밖에 삼성물산, DL이앤씨, 현대건설, SK그룹 등이 SMR 사업에 진출한 상태다.

2. 친환경 에너지 산업의 투자 포인트

태양광, 풍력 관련 기업들의 주 수요처는 발전 사업자다. 2차전지는 에너지저장 시스템^{Energy Storage Systems, ESS}의 경우 발전 사업자 및 일반 기업, 차량용 배터리의 경우 완성차 기업이 주요 고객이다. 수소연료전지 역시 발전 사업자 및 완성차를 주 수요처로 두고 있다. 전방 산업은 조금씩 차이가 있지만, 궁극적으로는 세계 각국의 탄소배출 저감 노력에 따라 성장하는 산업이라는 점에서 함께 볼 필요가 있다.

친환경 에너지는 전통 에너지의 대체재 성격을 띤다. 따라서 국제 유가나 천연가스 가격이 오르면 친환경 에너지 관련 기업이 부각된다. 재생 에너지의 발전단가와 화석 에너지의 발전단가가 일치하는 그리드 패리티$^{Grid\ Parity}$를 앞당길 수 있다는 기대감 때문이다. 태양광 에너지는 그리드 패리티를 이미 달성한 상황이다.

각국의 친환경 에너지 육성 정책도 중요하다. 친환경 에너지 산업은 어디까지나 정부의 주도하에 성장하는 산업이므로 해당 정책이 잘 유지되는지 예의 주시할 필요가 있다. 일례로 2022년 8월 미국의 인플레이션 감축 법안이 발효되었는데, 이 중 재생 에너지 지원액의 40% 이상인 약 1,603억 달러가 재생 에너지에 대한 세액공제다. 이러한 이유로 미국에 진출해 있는 친환경 에너지 기업들을 잘 살펴보아야 한다.

친환경 에너지별 헤게모니 다툼도 예의주시해야 한다. 가장 이상적인 시나리오는 태양광, 풍력 등 재생 에너지가 전체 에너지원에서 높은 비중을 차지하는 그린 시나리오다. 그러나 설치 위치의 한계 및 발전단가, 지정학적 이유로 그레이 시나리오*나 레드 시나리오**로 바뀔 수 있다. 실제 러시아-우크라이나 전쟁의 여파로 러시아 천연가스 보급이 중단되자 영국, 프랑스, 핀란드 등 일부 유럽 국가는 원전 설치에 집중하는 모양새다. EU 녹색분류체계에서 원전을 친환경 에너지원으로 지정한 것도 이 영향이 컸다.

---

* 친환경 에너지와 화석연료가 동시에 사용되는 시나리오
** 전체 에너지원에서 원자력 에너지가 높은 비중을 차지하는 시나리오

인프라·필수소비재

에너지 산업 투자 지표

실적 및 투자 지표: 2023년 3분기 연환산 기준
배당수익률: 2022년 주당 배당금/2023년 11월 24일 주가
시가총액: 2023년 11월 24일 기준

단위: 억 원

종목코드	종목명	매출액	영업이익	순이익	PER	배당수익률	시가총액
015760	한국전력	851,793	-172,743	-138,268	-1	0.0%	120,625
009830	한화솔루션	133,479	7,461	114	509	0.0%	58,100
267260	HD현대일렉트릭	25,830	2,418	1,665	19	0.6%	31,289
006260	LS	244,210	8,664	3,323	8	1.8%	27,402
010120	LS ELECTRIC	41,298	2,829	1,803	13	1.4%	23,040
036460	한국가스공사	521,044	21,418	7,926	3	0.0%	22,617
112610	씨에스윈드	15,606	1,012	398	55	1.0%	21,887
010060	OCI홀딩스	33,317	8,106	10,793	2	2.5%	19,991
298040	효성중공업	42,061	2,442	881	21	0.0%	18,341
001440	대한전선	27,423	787	455	33	0.0%	14,983
336260	두산퓨얼셀	3,019	223	64	232	0.0%	14,769
018670	SK가스	73,154	4,941	4,238	3	4.2%	14,390
100090	SK오션플랜트	8,812	776	473	21	0.0%	9,886
271940	일진하이솔루스	895	-66	36	244	0.0%	8,697
103590	일진전기	11,991	554	404	13	0.9%	5,228
017940	E1	77,233	2,388	2,684	2	5.7%	4,336
229640	LS에코에너지	7,255	248	-86	-48	1.8%	4,165
011930	신성이엔지	6,023	34	392	10	0.0%	4,012
004690	삼천리	60,360	1,185	822	5	3.1%	3,954
033100	제룡전기	1,565	545	430	8	0.7%	3,646

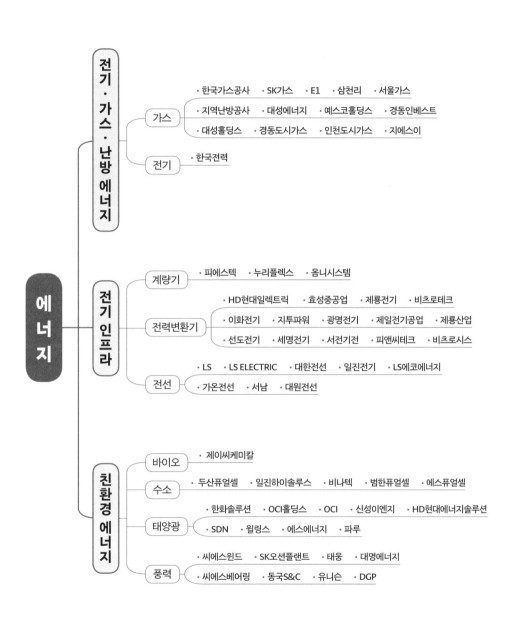

에너지

전기·가스·난방에너지

가스
- 한국가스공사 · SK가스 · E1 · 삼천리 · 서울가스
- 지역난방공사 · 대성에너지 · 예스코홀딩스 · 경동인베스트
- 대성홀딩스 · 경동도시가스 · 인천도시가스 · 지에스이

전기
- 한국전력

전기인프라

계량기
- 피에스텍 · 누리플렉스 · 옴니시스템

전력변환기
- HD현대일렉트릭 · 효성중공업 · 제룡전기 · 비츠로테크
- 이화전기 · 지투파워 · 광명전기 · 제일전기공업 · 제룡산업
- 선도전기 · 세명전기 · 서전기전 · 피앤씨테크 · 비츠로시스

전선
- LS · LS ELECTRIC · 대한전선 · 일진전기 · LS에코에너지
- 가온전선 · 서남 · 대원전선

친환경에너지

바이오
- 제이씨케미칼

수소
- 두산퓨얼셀 · 일진하이솔루스 · 비나텍 · 범한퓨얼셀 · 에스퓨얼셀

태양광
- 한화솔루션 · OCI홀딩스 · OCI · 신성이엔지 · HD현대에너지솔루션
- SDN · 윌링스 · 에스에너지 · 파루

풍력
- 씨에스윈드 · SK오션플랜트 · 태웅 · 대명에너지
- 씨에스베어링 · 동국S&C · 유니슨 · DGP

금융

은행, 보험, 증권 등으로 구성된 금융 산업은 내수 중심의 시장을 형성하고 있고 공공성이 강하다. 성숙기 산업에 진입한지 오래이며 안정적인 이익을 바탕으로 주주환원율이 높다.

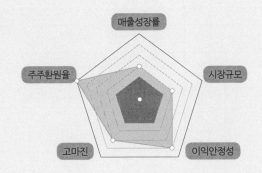

사업을 시작하자마자 흑자를 내는 기업은 드물다. 사업이 안정적으로 자생할 때까지 상당한 시간이 필요하며 외부에서 꾸준히 운전자본을 조달해야 한다. 금융의 역할은 적시 적소에 자금을 지원해주는 것이다. 해방 후 대한민국은 빈곤 문제를 해결하기 위해 정부 주도하에 적극적인 경제 개발 전략을 추진했다. 이 과정에서 국내 금융사들 역시 각종 산업에 자본을 공급하며 성장했다. 금융은 가계 및 산업 전반에 필요한 자금을 공급해주는 경제의 혈류와 같은 역할을 한다. 다양한 투자 수단으로 가계 및 기업의 자산을 불려주는 방법도 제시하며, 예기치 않은 위험으로부터 재산과 생명을 보호하는 역할도 금융 회사 몫이다. 금융 회사도 영리를 추구하는 집단이지만 공공성 역시 강조된다. 따라서 다른 산업보다 정부 규제의 영향이 크다.

금융 산업에 속한 기업은 87곳으로 전체 시가총액에서 차지하는 비중은 8%다. 금융 산업은 크게 은행, 증권, 보험, 기타금융으로 구분했다. 기타금융은 다시 카드·캐피털·대부업, PG^Payment Gateway와 간편결제, VAN^Value Added Network, 창업투자, 신용평가와 채권추심, 결제로 나눈다. PG와 간편결제는 온라인 결제, VAN은 오프라인 결제망을 설치하고 운영하는 사업자이며, 창업투자사는 비상장 벤처기업이나 스타트업에 주로 투자하는 벤처캐피털을

뜻한다.

　신용평가 기업은 채권을 평가해 조달 금리를 결정하는 것이 주요 비즈니스다. 신용평가
업을 하면서 채권추심을 겸하는 곳도 존재한다.

1. 은행 산업의 개요

건강을 위해 혈액이 잘 순환되어야 하듯이 한 나라의 경제가 잘 돌아가기 위해서는 적시 적소에 자본이 잘 공급되는 것이 중요하다. 경제의 혈류와 같은 역할을 하는 은행은 일반 기업처럼 수익성도 추구하지만 공공성 역시 강조된다. 우리 몸 안의 혈관이 좁아지거나 막히면 큰 문제가 생기듯 가계나 기업에 돈이 잘 돌지 않으면 경제에 악영향을 미친다. 2008년 미국에서 시작한 글로벌 금융위기로 인해 전 세계 경제가 몸살을 앓은 것이 대표적인 사례다. 그만큼 은행은 한 나라의 경제를 지탱하는 데 중요한 역할을 하기 때문에 정부 개입과 다양한 규제를 받는다. 이는 성장성 측면에서는 다소 제약적 요인으로 작용하기도 한다. 은행 산업은 내수 중심의 시장을 형성하고 있어 국내 경제 상황에 민감하다. 은행의 주 수익원이 예대마진인 만큼 금리에 따라 영향을 크게 받는다.

흔히 은행을 제1금융권과 제2금융권으로 나눈다. 1금융권에 해당하는 은행은 시중은행, 지방은행, 외국은행 등 일반은행과 한국은행, 한국산업은행 등 특수은행으로 구분한다. 2금융권은 저축은행, 신용협동기구 등이 있다. 사실 저축은행의 법적 정의는 비은행예금취급기관이다. 법적으로는 「은행법」에 저촉되는 은행이 아니라는 뜻이다. 특정 지역의 서민 및 소규모 기업을 대상으로 여신업무를 진행하기 위해 설립되었지만, 수신업무도 취급하며 겉으로 보기에는 시중은행과 별반 다를 게 없다.

▎2. 은행 산업의 투자 포인트

국내 은행들의 수익 구조는 미국과 비교하면 큰 차이가 난다. 우리금융연구소에서 발표한 〈미국 4대 금융그룹 2022년 실적분석과 시사점〉 보고서에 따르면 JP모건체이스JP Morgan Chase, 뱅크오브아메리카Bank of America, BoA, 씨티그룹, 웰스파고Wells Fargo 등 미국 주요 금융그룹의 2021년 이자이익은 약 1,735억 달러로 비이자이익 약 1,876억 달러보다 적다. 전 세계에서 가장 큰 시장규모이며 다양한 금융상품 거래가 활발한 미국 시장 특성에 기인한 결과다.

반면 국내 은행들은 금리라는 외부 변수에 크게 좌우되는 수익 구조를 보인다. 이 같은 수익 구조는 국내 은행주의 저평가 이유 중 하나로 꼽힌다. 다만 은퇴·자산관리 시장의 성장, 디지털 기술의 발전, 비대면 금융 서비스 등으로 은행들은 이자이익 외 비이자이익 부문을 강화하고 있다. 특히 인터넷은행의 등장으로 디지털 금융을 성장시키기 위한 비용 측면에서 경쟁이 불가피한 상황이다.

1) 순이자마진

은행의 이자이익은 대출이자와 예금이자의 차이인 예대마진으로 결정된다. 다만 은행은 수신과 여신 외에도 유가증권투자에서 얻는 수익도 있으므로 은행의 수익성을 평가하는 지표로 순이자마진^{NIM}을 사용한다. 순이자마진은 예금과 대출의 금리 차이에서 발생한 수익은 물론, 채권 등 유가증권에서 발생한 이자 수익까지도 포함한 개념이다.

순이자마진은 금리 인상 시기에 확대된다. 대출금리는 시장금리를 반영해 먼저 상승하지만, 예금금리는 한국은행의 기준금리 인상에 맞추어 움직이기 때문이다. 대출금리는 금융채 같은 시장금리가 일 단위 또는 주 단위로 반영된다. 2023년 3월 말 국내 은행들의 순이자마진은 1.7%다. 2021년부터 시작된 기준금리 인상으로 은행들의 NIM은 확대되고 있다.

국내 은행들의 순이자마진 추이

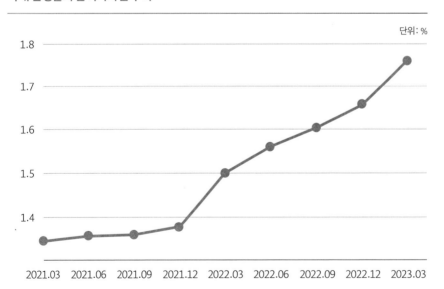

단위: %

출처: 예금보호공사

2) 비용

CIR^{Cost Income Ratio}은 은행의 매출액에서 판관비가 차지하는 비율이다. CIR은 다른 은행과 비교해 비용이 얼마나 효율적으로 집행되고 있는지 판단할 수 있는 지표다. 은행의 판관비에서 가장 큰 비중을 차지하는 것은 인건비다. 카카오뱅크, 케이뱅크, 토스뱅크 등의 인터넷은행은 점포를 운영하지 않으므로 시중은행, 지방은행들과 CIR 차이가 크다. CIR에서 경쟁력을 확보한다면 예금금리 우대혜택을 더 주는 등 영업 측면에서 운신의 폭을 넓힐 수 있다. 디지털 뱅킹 시대가 다가오는 만큼 시중은행들의 오프라인 점포 축소, 인력구조조정 등의 움직임은 지속될 전망이다.

추가로, 대손충당금은 고객에게 빌려준 대출금의 일부 또는 전부를 회수 불가능하다고 판단해 손실로 처리한 비용을 말한다. 아직 확정된 손실은 아니지만 미리 장부상에 반영하는 비용이다. 대손충당금은 은행의 신용평가 경쟁력을 엿볼 수 있는 지표이기도 하다. 미리 반영한 손실이기 때문에 나중에 대출금이 회수될 경우 대손충당금 환입이라는 계정으로 수익이 발생하기도 한다. 일반적으로 대손충당금은 금리가 올라갈 때, 경기가 침체되었을 때 증가하는 경향이 있다.

3) 건전성

은행은 일반 기업과 달리 레버리지^{Leverage}를 활용해 사업을 하는 것이 일반적이다. 따라서 은행의 건전성을 판단할 때 부채비율이 아닌 BIS 비율을 사용한다. BIS란 국제결제은행^{Bank of International Settlement}의 약자다. BIS 비율은 국제결제은행에서 권고하는 비율이란 뜻이다. 이 비율은 은행의 자기자본을 대출이나 지급보증과 같은 위험자산으로 나눈 백분율이다. 국제결제은행은 BIS 비율 8% 이상을 권장하고 있으며 우리나라 금융감독원은 10% 이상을 권고하고 있다. 2023년 3월 말 국내 은행들의 BIS 비율은 16.9%로 건전한 편이다.

국내 은행들의 BIS 비율 추이

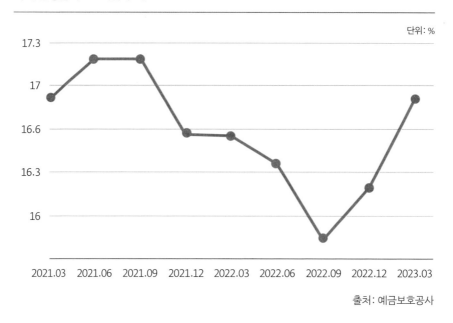

단위: %

출처: 예금보호공사

국내 은행들의 고정이하 여신비율 추이

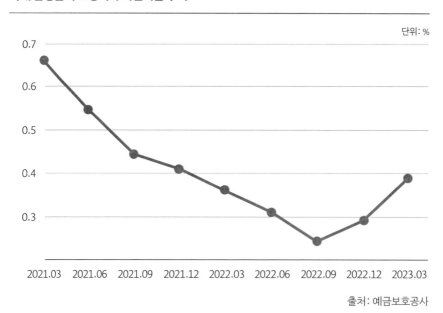

단위: %

출처: 예금보호공사

은행의 건전성을 판단하는 지표로 부실채권비율을 보기도 한다. 쉽게 말해 대출채권에서 회수할 가능성이 낮은 채권의 비율이다. 은행은 대출채권별로 기대 회수 가능성을 고려해 건전성을 5단계로 분류한다. 5단계에는 회수 가능성이 높은 순서대로 '정상' '요주의' '고정' '회수의문' '추정손실'로 나뉜다. 대출채권의 단계별 건전성은 연체 기간에 따라 분류한다. 단계별로 대손충당금을 반영해야 하는데 정상은 0.5%, 요주의는 1%, 고정은 20%, 회수의문은 75%, 추정손실은 100%다. 부실채권비율은 고정이하 여신을 기준으로 책정되기 때문에 고정이하 여신비율이라고도 한다. 2023년 3월 말 국내 은행들의 고정이하 여신비율은 0.4%다. 당연히 고정이하 여신비율은 낮을수록 좋다.

증권

1. 증권 산업의 개요

주식 투자를 위해서는 증권사에서 발급하는 주식전용계좌를 만들어야 한다. 펀드 같은 금융상품을 가입하려면 역시 증권사를 거쳐야 한다. 일반적으로 투자와 관련된 거의 대부분의 업무는 증권사가 담당한다. 다만 채권, 펀드 등 금융상품을 실제 운용하는 주체는 증권사가 아닌 자산운용사다. 펀드 외 고객들로부터 계좌를 받아 운용해주는 투자일임회사라는 기업도 있다. 이처럼 금융상품과 관련된 다양한 업무를 수행하는 금융기관을 금융투자회사라고 한다. 금융투자회사는 투자매매, 투자중개, 집합투자업자, 투자자문 및 일임업자, 신탁업자로 구분한다.

투자매매 및 투자중개는 증권사가 담당한다. 투자매매는 증권사가 채권이나 주식 등에 직접 투자하는 것을 말하며, 투자중개는 고객에 의사에 따라 투자나 매매를 대행해주는 것이다. 투자자가 증권사 HTS^{Home Trading System}나

MTS^{Mobile Trading System}를 이용해 주식을 사고파는 것이 대표적인 투자중개업이다. 집합투자업자는 투자자들로부터 자금을 모아 펀드를 조성해 투자하는 업자로 자산운용사가 이에 해당한다. 주식처럼 사고파는 ETF 역시 자산운용사에서 출시한 상품이다. 투자자문업은 고객에 투자 자문을 해주는 대가로 수수료를 받는 모델이다. 투자일임업은 고객의 계좌를 직접 운용하는 투자사를 말한다. 일반적으로 투자자문업과 일임업을 동시에 수행하는 회사가 많으며 통상 투자자문사라고 칭한다. 신탁업은 쉽게 말하면 전당포와 유사한 곳이다. 신탁사는 금전 및 부동산을 맡아 관리하고 수수료를 받는다.

이처럼 금융투자회사는 사업형태에 따라 다양하게 구분되지만, 상장사는 증권사나 금융지주회사 형태가 대부분이다. 투자중개나 투자매매의 비중이 가장 크고 증권사가 운용사 같은 기타 금융투자회사 지분을 갖고 있는 형태이기 때문이다.

2. 증권 산업의 성장성

증권사의 주요 사업부는 브로커리지^{Brokerage}, 자산관리^{Wealth Management, WM}, 투자은행^{Investment Banking, IB}, 자기자본 투자^{Principal Investment, PI} 등으로 구분한다. 브로커리지는 주식매매 중개 수수료이며, 자산관리는 고객에게 자산관리 서비스를 제공하는 것을 말하며, 투자은행은 M&A, 주식 및 채권 발행 등에 관여해 수익을 추구하는 것을 말한다. 자기자본 투자는 증권사의 자기자본을 활용해 주식, 채권 등에 직접 투자하는 것이다.

국내 증권사는 브로커리지가 주 수익원이다. 반면 JP모건체이스, 골드만삭스 등 미국 금융사들의 핵심 비즈니스는 투자은행이라는 점에서 차이가 난다. 이는 자기자본 규모, 국내 자본 시장의 규모 및 한계 때문이다. 글로벌 투자은행의 대표 주자인 JP모건체이스의 2022년 9월 말 기준 자기자본은 약 2,880억 달러에 달한다. 국내 대형 증권사 자기자본의 30배가 넘는 규모다.

장기간 지속된 저금리와 유동성 확산으로 증권사들의 브로커리지, 자산관리 수익은 늘고 있지만 투자은행으로서의 역량 강화는 여전히 숙제로 남아 있다.

3. 증권 산업의 투자 포인트

증권사들의 브로커리지 수익이 높기 때문에 주식 시장 동향이 증권사들에 가장 중요하다. 증권사 수익에 직접적인 영향을 미치는 지표는 증시 거래대금, 고객 예탁금, 신용잔고다. 고객 예탁금은 증권거래계좌에 있는 잔여 현금으로 주식거래 대기 자금 성격이다. 신용잔고는 주식 매수 시 증권사에서 빌려 매수한 레버리지 자금이다. 신용잔고가 커질수록 증권사의 이자 수익이 늘어난다. 다만 코스피 같은 종합주가지수가 거래대금, 고객 예탁금, 신용잔고에 모두 선행하므로 증권사 주가 역시 대체적으로 종합주가지수에 연동하는 경향이 있다.

보험

1. 보험 산업의 개요

보험은 우연한 사고에 따른 손해 또는 사람의 생사에 관해 약정된 금액을 지급하는 장치나 제도를 뜻한다. 현재 보험 산업은 보장 대상에 따라 생명보험, 손해보험, 제3보험으로 구분한다. 손해보험은 우연한 사건으로 발생하는 손해로 인한 위험을 보장하는 보험이다. 실손보험, 자동차보험, 화재보험 등이 대표적이다. 국내 손해보험 시장은 14개 국내 보험사와 17개 외국계 손해보험사가 존재한다.

생명보험은 사람의 생사에 따라 약정된 금액을 지급하는 보험이다. 가입목적에 따라 종신보험, 건강보험, CI보험 등 보장성 보험과 연금보험, 저축보험 등 저축성 보험으로 구분한다. 저축성 보험은 일반 금융상품과 달리 짧게는 수년, 길게는 종신까지 계약 효력이 지속되는 특징을 보인다.

국내 생명보험사는 총 24곳인데, 삼성생명, 한화생명, 교보생명의 시장 점유율이 절반 가까이 된다. 이 밖에 신한, 흥국, 미래에셋 등 중소형 보험사와 외국계 기업이 자리 잡고 있다.

보험 산업은 국민소득과 물가, 인구 및 산업 구조 등 다양한 변수에 영향을 받는다. 일반적으로 경기가 상승하는 구간에서 영업 수익과 자산 성장이 이루어지지만, 경기에 큰 영향을 받지 않는 것으로 보아야 한다.

2. 보험 산업의 성장성

보험 산업은 대표적인 성숙기 산업으로 GDP 성장률과 유사한 성장률을 보인다. 보험사는 가입자들로부터 매달 받은 보험료를 운용해 수익을 창출하므로 자산 시장 여건도 중요하다. 보험사는 주로 채권에 투자하기에 장기간 지속된 저금리는 보험사 수익 여건에 부정적이다. 또한 장기적인 관점에서 출산율 저하와 인구 고령화에 따른 수입보험료 감소를 보았을 때 보험사는 성장성 도모를 위해 수익원 다변화가 필요해 보인다.

3. 보험 산업의 투자 포인트

1) 금리

보험상품 특성상 만기가 짧게는 수년에서 길게는 종신까지 이어진다. 그런데 대부분의 보험지급액은 가입 시 약정 이율로 계산된다. 따라서 금리가 지속적으로 하락하는 구간에서는 보험사들의 수익성이 감소한다. 극단적으로 1998년 외환위기 당시 금리가 10%가 넘던 시절에 가입한 보험상품의 경우 20년이 지나 금리가 크게 하락한 시점에도 약정 이율로 지급해야 한다. 반대로 금리가 상승하는 구간에서는 보험사들의 수익성이 개선된다.

2) 손해율

손해율이란 보험료에서 가입자에게 지급한 보험금의 비율이다. 손해율이 낮아질수록 보험사의 수익성은 개선된다. 코로나19 팬데믹으로 사회적 거리두기가 지속되면서 바깥 활동이 줄어들자 보험사들의 손해율이 크게 낮아진바 있다. 특히 손해보험사들의 손해율은 계절의 영향을 받는다. 여름철 집중호우 및 휴가철 차량 증가 등은 자동차 사고를 유발해 손해율을 증가시킨다. 2022년 8월 집중호우로 강남 일대가 침수되자 대규모 침수차량이 발생해 보험사들의 보험부담금이 크게 늘어난 바 있다.

기타금융

1. 기타금융 산업의 개요와 성장성

1) 창업투자사

창업투자사(이하 창투사)는 자금이 필요한 스타트업에 투자를 하고 그 대가로 지분을 취득하는 금융 회사다. 회사의 주식을 투자한다는 차원에서 개인 투자자의 상장 기업 투자와 유사하다. 다만 창투사의 투자 방식은 비상장 스타트업을 대상으로 하며, 최소 수억 원에서 수백억 원을 투자해 의미 있는 지분을 확보하는 것이 일반적이다. 향후 투자한 회사가 상장하거나 M&A가 되었을 때 지분을 매각해 수익을 실현하는 비즈니스 모델을 보인다. 창투사는 일반적으로 벤처캐피털^{Venture Capital, VC}이라고 불린다.

창투사는 조합을 베이스로 운영된다. 49인 이하로 구성된 조합의 자금을 받아 운영·관리하며 투자 수익에 대해 출자비율에 따른 수익을 배분해주고 수수료를 받는다. 기준 수익률을 웃도는 투자 수익에 대해선 별도의 성과보

창투사 등록 및 운영 수 추이

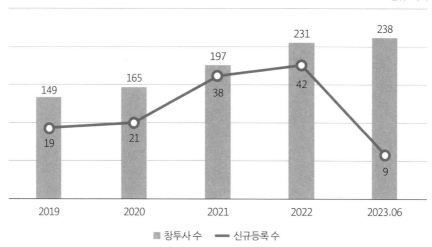

단위: 개사

출처: 한국벤처캐피탈협회

수를 받기도 한다. 또한 창투사는 자기자본을 활용해 직접 투자에 나서기도 한다.

한국벤처캐피탈협회에 따르면 2023년 6월 등록된 창투사는 238곳으로 전년 대비 7곳 늘어났다. 정부의 벤처활성화 정책에 따라 점차 진입장벽이 낮아지며 창투사는 꾸준히 증가하고 있다. 창투사 신규 투자 규모는 2023년 6월 말 기준 약 2조 2,041억 원으로 지난해 같은 기간보다 46.9% 줄었다. 또한 2020년 코로나19 팬데믹으로 전례 없는 유동성이 풀리자 창투사들의 신규 투자 금액이 대폭 늘었다. 2020년까지만 하더라도 연간 약 4조 원 내외를 기록했던 신규 투자 금액은 2021년 약 7조 6,802억 원을 기록했다. 다만 2022년 들어 41년 만에 고물가 시대가 열리면서 각국 중앙은행들이 강력한 긴축을 단행하면서 벤처캐피털 시장도 얼어붙었다. 금리가 하락하기 전까지 벤처캐피털의 신규 투자 금액은 예년보다 낮은 수준을 유지할 것으로 보인다.

인프라·필수소비재

신규 투자 규모 및 피투자 기업 수 추이

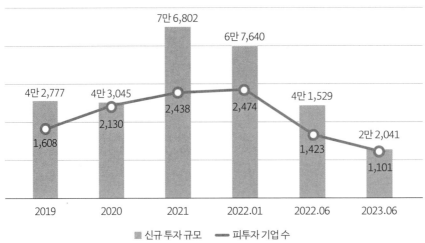

단위: 개사, 억 원

출처: 한국벤처캐피탈협회

2) 신용평가와 채권추심

신용평가는 개인이나 기업의 채무 상환 능력을 평가하는 것이다. 신용평가는 평가 대상에 따라 크게 기업과 개인으로 구분할 수 있다. 기업신용평가는 기업이나 공공기관이 발행한 채권에 등급을 매기는 평가다. 신용평가사는 발행 주체의 상환 능력을 평가해 채권에 'AAA' 'AA-' 등의 등급을 매긴다. 기업신용 평가사는 국내에 한국기업평가, 한국신용평가, NICE신용평가, 서울신용평가 이렇게 단 4곳만 존재하며, SCI평가정보를 제외한 3사가 대부분의 기업 신용평가를 진행하고 있다.

개인신용평가는 개인의 금융정보를 수집해 신용점수를 매기고 금융기관에 제공하는 역할을 한다. 개인신용평가 기업은 NICE평가정보, KCB, SCI 평가정보 3곳만 존재하며 NICE평가정보가 2022년 기준 시장 점유율 약 61.9%로 1위를 차지하고 있다.

신용평가업은 금융당국의 인가 사업으로 진입장벽이 매우 높다. 1985년 기업어음을 발행할 수 있는 적격 기업의 선정 기준이 마련된 이후로 기업신용평가 시장에서는 단 3곳만이 꾸준히 과점체제를 유지하고 있다.

신용평가는 기업이나 개인이 자금조달을 하기 위해 꼭 거쳐야 하는 과정이다. 자금조달 규모가 커지면 신용평가 수요 역시 덩달아 커진다는 의미다. 결과적으로 신용평가 시장은 꾸준히 확대되는 국내 유동성에 따라 성장한다고 볼 수 있다.

채권추심업은 타인을 대신해 채권을 회수하는 것을 말한다. 쉽게 말해 못 받은 돈을 대신 받아주는 비즈니스 모델이다. 채권추심업만을 전문적으로 수행하는 상장사도 있지만, 신용평가업과 채권추심업을 병행하는 기업도 존재한다.

3) PG와 간편결제, VAN

전통 시장이나 골목상권은 여전히 현금을 선호하지만 도심에 위치한 대부분의 상점에서는 카드나 간편결제가 많이 사용된다. 한국은행이 발표한 '2021년 경제주체별 현금사용행태 조사'에 따르면 2021년 전체 가계의 지출액에서 현금이 차지하는 비중은 21.6%에 불과하다. 사실상 우리나라는 '현금 없는 사회'라고 해도 과언이 아니다. IT 기술의 발전, 현금 결제의 불편함, 회계처리 누락 및 분실·도난 위험 등의 이유로 전자결제 비중은 꾸준히 늘고 있다.

한국은행에 따르면 전자지급결제대행 일평균 사용 금액은 2023년 상반기 약 1조 1,845억 원으로 전년 동기 대비 16% 늘었다. 간편결제가 대중화되면서 사용 금액 성장률은 예전에 비해 둔화되었지만 여전히 두 자릿수를 유지하고 있다.

비현금결제는 결제수단에 따라 카드사를 통한 결제와 핀테크 기업들이 제공하는 페이 서비스로 구분할 수 있다. 먼저 카드사를 통한 결제의 경우 오프

상반기 전자지급결제대행 일평균 금액 및 전년 대비 성장률 추이

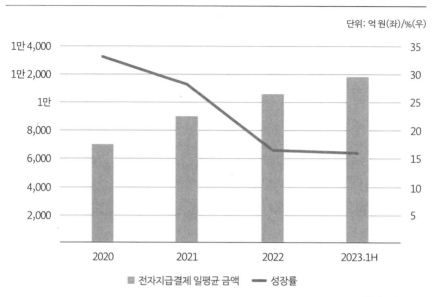

단위: 억 원(좌)/%(우)

■ 전자지급결제 일평균 금액 ── 성장률

출처: 한국은행

라인에서는 가맹점과 카드사 중간에 VAN사가 관여한다. VAN사는 각 가맹점에 카드결제 단말기를 설치해주고 결제정보를 카드사에 전달한다. 그리고 카드사에서 결제대금을 받아 가맹점에 전달해주는 역할을 한다.

온라인 결제는 VAN사 외에 PG사도 관여한다. PG사는 카드사와 직접 계약하기 어려운 온라인 쇼핑몰을 대신해 가맹점 가입 및 결제, 정산 업무를 대행해주는 곳이다. 카드사 외 휴대폰 결제, 계좌이체, 무통장입금 등의 결제도 PG사를 거친다.

핀테크 기업들의 페이 서비스는 중간 VAN, PG사들이 없다. 핀테크 기업 스스로가 해당 인프라를 구축하고 있기 때문이다. 이들은 사용자의 은행계좌와 자사 결제 서비스를 연동해 선불 충전하는 방식으로 결제를 진행한다.

2. 기타금융 산업의 투자 포인트

1) 창업투자사

창투사들은 투자한 회사가 M&A 되거나 IPO^{Initial Public Offering} 후 지분 매각을 통해 수익을 낸다. 즉 상장에 따른 지분 매각이 가장 주된 수익이다. 따라서 창투사가 투자한 회사의 IPO 소식이 전해지면 실적 기대감에 주가가 오르는 경향이 있다. 큰 틀에서 보면 창투사 입장에서 IPO 시장이 활성화되는 것이 중요하다. 일반적으로 IPO는 증시가 활황일 때 많아진다. 증시의 유동성이 풍부해져 IPO 기업에 높은 밸류에이션 부가가 가능하기 때문이다. 따라서 금리, 매크로 등 거시경제 환경이 창투사들의 영업환경에 큰 영향을 미친다고 볼 수 있다.

반대로 금리가 가파르게 올라가고 경기침체가 찾아오면 벤처 투자 시장도 얼어붙는다. 특히 창투사들이 투자하는 기업은 대부분 이익은 낮지만 성장성이 높은 성장주나 스타트업이 많다. 금리가 올라가고 유동성이 축소되는 국면에서는 성장주의 밸류에이션 매력이 줄어들기 때문에 창투사 역시 타격을 입을 수 있다.

2) 신용평가와 채권추심

신용평가사들은 대출 및 채권 발행 수요가 많아야 돈을 번다. 반대로 경기가 위축되고 신용경색이 발생하는 국면에서는 자금조달 시장이 위축되어 일감이 줄어든다. 채권추심기업은 채무불이행 건수가 많아질 때 돈을 번다. 신용평가사와 반대로 고금리에 불황이 찾아오면 채권추심업은 호황을 이룬다고 볼 수 있다.

한편 2019년 개인의 신용정보를 받아 관리·분석하고 금융상품을 추천할 수 있는 마이데이터 사업이 법제화되었다. 신용평가사 입장에서는 자신들이

인프라·필수소비재

보유한 데이터를 바탕으로 비즈니스 확장에 나설 수 있는 기회가 생긴 것이다. 중금리 대출이라는 새로운 시장도 열렸다. 2020년 8월 신용정보에 관한 법률이 개정되면서 개인사업자 신용평가업이 신설되었다. 금융정보가 부족한 개인사업자들에게 대안정보를 활용한 신용평가를 제공해 중금리 대출이 가능하게 하는 것이 기본 골자다. 이에 따라 인터넷 은행, 온라인 투자 연계 금융사 등 다양한 핀테크 기업들이 개인사업자 신용평가업에 진출했다. 기존 신용평가사 입장에서는 핀테크 기업과의 협력과 동시에 경쟁 구도가 마련된 셈이다.

3) PG와 간편결제, VAN

결제사업자는 결제 금액에서 일부 수수료를 수취하므로 소비 경기에 직접적 영향을 받는다. 다만 전자상거래 확대로 온라인 결제 금액은 꾸준히 늘고 있어 관련 기업의 매출액은 꾸준히 성장하고 있다. 다만 정부가 영세사업자에 대한 카드 수수료율을 꾸준히 낮추면서 마진은 하향하는 추세다. 연 매출 규모가 약 10억~30억 원 정도 되는 가맹점의 2012년 말 카드 수수료율은 2.12%였지만 2021년 말에는 1.5%로 낮아졌다. 이에 따라 VAN 및 PG 산업역시 마진 압박은 불가피한 상황이다. 이에 따라 국내외 거래처 확대 등으로 성장 전략을 꾀하고 있다.

네이버, 카카오 등 인터넷 플랫폼 기업이 금융 회사를 설립하고 페이 서비스 확대에 나서면서 향후 경쟁이 치열해질 전망이다. 더불어 쿠팡, 배달의민족 등 커머스 플랫폼 역시 자사 페이 서비스를 출시하고 있어 전자결제 시장은 춘추전국시대를 맞고 있다.

금융 산업 투자 지표

실적 및 투자 지표: 2023년 3분기 연환산 기준
배당수익률: 2022년 주당 배당금/2023년 11월 24일 주가
시가총액: 2023년 11월 24일 기준

단위: 억 원

종목코드	종목명	매출액	영업이익	순이익	PER	배당수익률	시가총액
105560	KB금융	689,459	66,691	47,373	5	5.5%	216,685
055550	신한지주	477,676	57,464	41,452	5	5.6%	189,448
032830	삼성생명	325,630	24,557	24,999	6	4.3%	139,600
000810	삼성화재	215,031	22,832	18,215	7	5.3%	123,885
086790	하나금융지주	605,673	50,185	36,809	3	8.0%	122,059
323410	카카오뱅크	23,151	4,615	3,398	36	0.3%	121,824
138040	메리츠금융지주	608,704	28,195	18,928	6	0.2%	113,271
316140	우리금융지주	324,946	40,935	29,181	3	8.9%	95,498
024110	기업은행	270,368	38,235	28,699	3	8.2%	93,299
377300	카카오페이	5,721	−574	448	135	0.0%	60,627
005830	DB손해보험	228,608	20,394	15,494	4	5.7%	57,560
006800	미래에셋증권	170,987	6,913	5,371	8	2.7%	44,188
029780	삼성카드	38,186	8,001	5,959	6	7.7%	37,828
016360	삼성증권	112,533	7,703	5,655	6	4.4%	34,514
005940	NH투자증권	78,335	7,273	5,368	6	6.8%	34,294
071050	한국금융지주	222,538	6,497	7,986	4	4.0%	32,321
001450	현대해상	203,844	11,128	8,159	3	6.3%	27,714
088350	한화생명	337,014	7,960	6,910	4	0.0%	24,493
039490	키움증권	92,998	9,784	7,621	3	3.3%	24,129
138930	BNK금융지주	91,095	9,592	7,039	3	8.8%	22,965

금융

기타금융

PG와 간편결제
- 카카오페이 · NHN · NHN KCP · KG이니시스
- 다날 · 갤럭시아머니트리 · KG모빌리언스
- 헥토파이낸셜 · SBI핀테크솔루션즈

VAN
- 한국정보통신 · 나이스정보통신

신용평가와 채권추심
- NICE평가정보 · 한국기업평가 · 이크레더블
- 고려신용정보 · SCI평가정보 · 나이스디앤비

창업투자
- 우리기술투자 · 아주IB투자 · 미래에셋벤처투자 · 에이티넘인베스트
- 나우IB · 대성창투 · SBI인베스트먼트 · LB인베스트먼트
- SV인베스트먼트 · 캡스톤파트너스 · 엠벤처투자 · DSC인베스트먼트
- 컴퍼니케이 · 스톤브릿지벤처스 · 린드먼아시아 · 큐캐피탈
- TS인베스트먼트 · 글로본 · 리더스 기술투자

카드·캐피털·대부업
- 삼성카드 · 한국캐피탈 · 리드코프 · CNH · 메이슨캐피탈

보험

생명보험
- 삼성생명 · 한화생명 · 미래에셋생명 · 동양생명

손해보험
- 삼성화재 · DB손해보험 · 현대해상 · 코리안리
- 롯데손해보험 · 한화손해보험 · 흥국화재

판매
- 인카금융서비스 · 에이플러스에셋

은행
- KB금융 · 신한지주 · 하나금융지주 · 카카오뱅크 · 우리금융지주 · 기업은행
- BNK금융지주 · JB금융지주 · DGB금융지주 · 제주은행 · 푸른저축은행

증권
- 메리츠금융지주 · 미래에셋증권 · 삼성증권 · NH투자증권 · 한국금융지주
- 키움증권 · 대신증권 · 한화투자증권 · 교보증권 · 신영증권 · 유안타증권
- 유진투자증권 · SK증권 · 현대차증권 · 다올투자증권 · 부국증권 · 이베스트투자증권
- DB금융투자 · 유화증권 · 한양증권 · 상상인증권 · 코리아에셋투자증권

통신

통신 산업은 대표적인 국가 기간산업으로 내수 중심 및 상위 3사의 과점 시장을 형성하고 있다. 해외 진출이 어려워 성장성이 낮고 시장규모는 제한적이지만, 꾸준히 유입되는 캐시카우를 바탕으로 주주환원에 적극적인 편이다.

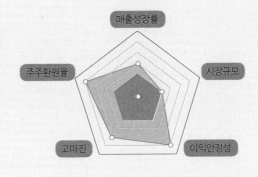

우리나라 역사상 가장 많이 오른 주식은 새롬기술이다. 1999년 8월 상장한 새롬기술은 2000년 3월 28만 2,000원을 기록, 6개월 만에 주가가 150배나 상승했다. 한때 새롬기술의 시가총액은 금호, 롯데, 동아, 코오롱그룹을 합친 것보다 많았으며 재계 서열 7위에 오르기도 했다. 지금은 흔적도 없이 사라졌지만, 돈도 제대로 벌지 못했던 기업을 일약 스타로 만들었던 것은 당시 유행했던 닷컴버블 때문이다. 새롬기술처럼 인터넷과 관련된 주식들은 당시 최고의 성장주였다. 20여 년이 지난 지금 대부분의 통신 기업이 사라졌고 SK, KT, LG 등 통신 3사를 중심으로 국내 통신 시장은 독과점을 형성하고 있다. 인터넷 보급률이 100%를 육박하며 통신 산업은 완전 성숙기에 진입한 상황이다.

통신 산업에 포함되어 있는 기업은 총 54곳으로 전체 시가총액에서 차지하는 비중은 1.4%다. 소비자 입장에서 통신은 없어서는 안 될 소비재다. 국가 입장에서는 재난, 테러, 전쟁 등 비상시 꼭 필요한 인프라다. 필수소비재 성격이 강해 경기방어주로 분류된다. 통신 산업은 기지국 등 유무선 인프라를 보유하고 있어 가입자들을 대상으로 통신 서비스를 제공하는 통신사, 통신사에 기지국 부품, 안테나, 중계기 등 통신 부품과 통신 장비 및 솔루션을 제공하는 통신솔루션, 알뜰폰 섹터로 나뉜다.

통신

1. 통신 산업의 개요

휴대폰이 없던 시절, 집집마다 유선 전화기는 필수였다. 그러나 무선통신^{Radio}
Frequency, RF의 발달로 휴대용 전화기가 대중화되었고, 스마트폰의 등장으로 전
화는 하나의 부가적 기능이 되었다. 그렇다고 해서 유선통신이 사라진 건 아
니다. 각 기관 및 가정마다 인터넷 회선 연결은 필수이며, 이를 통해 IPTV까
지 시청할 수 있기 때문이다. 이처럼 통신은 회선의 유무에 따라 유선통신과
무선통신으로 구분할 수 있다.

「전기통신사업법」상으로는 통신 설비 유무에 따라 기간통신, 별정통신, 부
가통신으로 구분한다. 기간통신은 우리가 알고 있는 SK텔레콤, KT, LG유플
러스 등 통신 3사로, 자체적으로 통신 설비를 보유하고 있는 사업자다. 별정
통신은 통신 설비를 보유하고 있지 않고 기간통신 사업자로부터 회선을 임대
해 서비스를 제공하는 사업자를 말한다. 대표적으로 알뜰폰 사업자를 예시로

들 수 있다. 부가통신은 인터넷 접속 및 관리, 부가통신업을 하는 곳으로 신용카드 결제 인프라를 제공하는 VAN 사업자가 있다.

주식 시장에서 통신사로 인식되는 곳은 기간통신 사업자다. 기간통신 사업자는 방송통신위원회의 인허가가 필요해 진입장벽이 높다. 2000년대 초반 신세계통신이 SK텔레콤에 인수되고 한솔텔레콤이 KT 계열사에 합병된 이후 SK텔레콤, KT, LG유플러스 3사만이 시장을 나누어 차지하는 독과점 구조가 형성되었다.

통신 산업은 20세기 말 인터넷 혁명이라는 이름으로 닷컴버블을 일으킨 장본인이다. 그러나 통신 3사의 독과점 구조가 완성되고 인터넷 보급률이 빠르게 확산되면서 현재 성숙기 산업에 진입한 지 오래다.

현대 사회에서 통신 서비스는 없어서는 안 될 필수소비재다. 통신 사업자의 경우 이미 확보한 가입자를 대상으로 안정적인 캐시카우를 꾸준히 창출할 수 있다. 이 같은 특성 때문에 통신사는 경기방어주적 특성을 띤다. 또한 통신은 국가안보와도 직결된다. 이는 내수 중심의 시장을 형성하고 있는 이유이기도 하다.

2. 통신 산업의 성장성

유선통신 시장은 시내전화, 초고속인터넷, 인터넷전화로 구분된다. 유선통신 서비스 총가입 회선은 2023년 7월 기준 약 4,633만 건으로 2018년에 비해 오히려 1.4% 감소했다. 같은 기간 초고속인터넷 가입 회선만 유일하게 12.5% 늘었으며, 시내전화와 인터넷전화는 모두 줄었다. 스마트폰 사용이 늘면서 유선 전화 수요가 줄어들었기 때문이다. 유선통신 시장은 성숙기 산업을 넘어 시장규모가 쇠퇴하는 국면으로 접어든 상황이다.

유선통신 서비스 가입 회선 추이

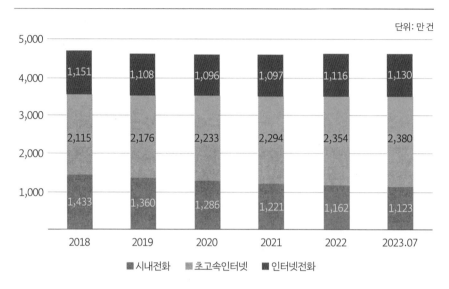

단위: 만 건

출처: 과학기술정보통신부

무선통신 서비스 가입 회선 수 추이

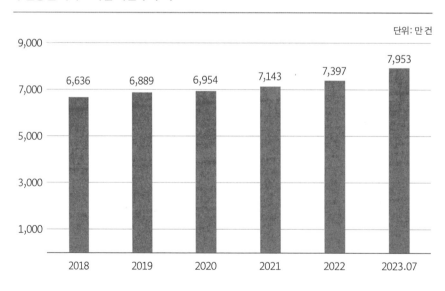

단위: 만 건

출처: 과학기술정보통신부

그나마 성장하는 쪽은 무선통신 시장이다. 무선통신 가입 회선은 2018년 말 약 6,669만 건에서 2023년 7월 약 7,953만 건으로 연간 3~4% 성장했다. 무선통신 서비스 중 이용자가 가장 많은 휴대폰 가입 회선은 2023년 7월 약 5,607만 건으로 2019년에 비해 0.2% 줄었다. 반면 사물인터넷 가입자가 약 1,912만 건으로 같은 기간 136.7% 성장해 전체 무선통신 회선 증가를 이끌었다.

유선통신과 무선통신을 막론하고 내수 중심의 통신 산업은 보급률이 이미 100%를 넘어서며 성숙기 산업에 진입한 지 오래다. 이에 따라 통신사들은 사물인터넷, OTT 서비스 등 기존 사업과 시너지를 내면서 가입자를 유치할 수 있는 새로운 먹거리를 발굴하고 있다.

3. 통신 산업의 투자 포인트

1) 통신 세대에 따른 투자 사이클

통신 세대가 발전하면서 데이터 전송 속도는 획기적으로 빨라졌으며 이전 기술로는 시도할 수 없었던 새로운 서비스가 가능해졌다. 2010년 이전 3G 시대에는 음성, 전화, 영상통화 등이 휴대폰 기능의 전부였다. 그러나 2011년부터 4G 이동 통신인 LTE가 도입되었으며, 스마트폰 대중화와 맞물려 초고속인터넷 기반의 고화질 게임, 고화질 동영상 등 수많은 서비스가 가능해졌다. 2019년부터 도입된 5G에서는 사물인터넷, 자율주행, 스마트팩토리 등의 서비스가 시도되고 있으며 더욱 발전할 것으로 기대된다. 6G 상용화 시기는 2028년 이후로 전망되는데, 홀로그램 비대면 회의, 플라잉카 및 드론택시, 원격수술 등이 가능해질 전망이다.

새로운 통신 기술이 개발되고 도입되는 시기에 통신 3사들의 인프라 투자

구분	4G	5G	6G
상용화 시기(국내)	2011	2019	2028~
최고 속도	1Gbps	20Gbps	1,000Gbps
다운로드 속도	2분 40초	8초	0.16초
활동분야	· 고화질 동영상 · 초고속인터넷	· 사물인터넷 · 자율주행 · 스마트팩토리	· 홀로그램 비대면 · 플라잉카 · 원격 수술

출처: 언론보도 취합

는 대폭 늘어난다. 실제 2019년 5G 서비스 도입을 앞두고 통신 3사들의 시설 투자 규모라고 볼 수 있는 자본적지출$^{CAPital\ EXpenditure,\ CAPEX}$✖이 크게 증가한 것을 알 수 있다.

이러한 움직임의 수혜는 통신 장비 회사들이 누린다. 5G 최대 수혜주로 불렸던 케이엠더블유는 당시 텐배거$^{Ten\ bagger}$✖✖ 종목으로 명성을 떨쳤다. 대부분의 통신 장비 기업들이 양호한 주가 상승률을 보였지만, 10배 오른 종목은 한정적이었다. 이유는 간단하다. 기업마다 만드는 제품이 다르기 때문이다. 케이엠더블유는 소형기지국이라고 불리는 RRH$^{Remote\ Radio\ Head}$가 주력 제품이었다. 통신 세대가 발전할수록 전파의 직진성이 강화된다.

원래 전파는 파장을 그리면서 나아가는데, 5G처럼 전송 속도가 빠른 주파수는 파장이 매우 짧다. 파장이 긴 장파는 높은 건물을 잘 넘어가지만, 단파는

✖ 고정자산에 관한 지출 중에서 고정자산의 가치를 증가시키는 지출

✖✖ 야구에서 쓰이는 용어로 10루타를 의미하지만 투자업계에서는 10배 수익률을 낸 종목을 의미

통신3사 CAPEX 규모 추이

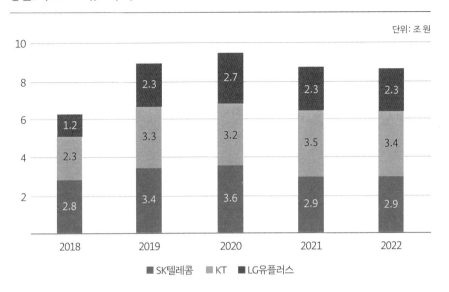

단위: 조 원

출처: 각 사

케이엠더블유 주가 추이

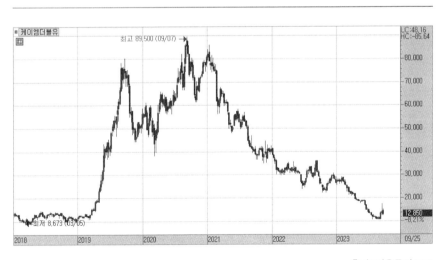

출처: 키움증권 HTS

인프라·필수소비재

막히기 쉽다. 즉 주파수가 높아질수록 직진성이 강해져 음영지역이 많이 생길 수밖에 없다. 이 같은 점이 RRH와 같은 소형기지국 수요가 늘어난 배경이다. 이처럼 통신 기술의 발달에 따라 수혜를 입는 통신 장비 및 기술이 다르기 때문에 투자자는 이를 잘 파악해야 한다. 또한 국내와 해외 통신 사업의 투자 사이클이 다를 수 있기 때문에 해외 비중이 높은 회사들의 수혜 여부도 잘 살펴보아야 한다.

통신 3사 역시 통신 세대를 거듭할수록 신규 서비스 도입에 따라 가입자당 요금을 올릴 수 있다. 4G에서 5G로 바뀌면서 통신 요금이 올라간 경험을 다들 했을 것이다. 신규 통신 서비스 가입 초반에는 통신사들은 고객 유치를 위한 마케팅 및 대규모 인프라 투자로 실적이 부진하지만, 투자 사이클이 끝나면 가입자당 매출이 올라가 수익성이 개선된다.

2) 캐시카우를 활용한 신사업 진출

통신사는 내수 중심의 독과점 사업자로 성장성은 낮지만 가입자로부터 매달 상당한 현금흐름이 유입된다. 현금흐름이 넉넉한 캐시카우를 바탕으로 배당도 넉넉히 주지만, 성장을 위해 신사업 투자에 적극 나서고 있다. SK텔레콤은 새로운 성장 동력으로 미디어, 엔터프라이즈, 아이버스^{AIVERSE}, 커넥티드 인텔리전스 등 4대 신사업을 내세웠다. 특히 엔터프라이즈와 아이버스에 집중할 계획이다. 엔터프라이즈는 기업형 클라우드 사업으로 SK텔레콤은 자회사인 SK브로드밴드를 통해 데이터센터를 확장하고 있다. 2022년 기준 수도권에 데이터센터 5곳을 운영하고 있으며 서울과 부산에 총 200MW 이상 규모의 데이터센터 증설을 추진 중이다. 아이버스는 메타버스에 AI를 결합한 개념이다. SK텔레콤은 AI 에이전트를 출시하고 메타버스 플랫폼인 이프랜드^{IFland}를 경제 활동이 가능한 개방형 플랫폼으로 전환한다는 목표를 세웠다. 2023년 SK텔레콤은 특히 AI 산업 육성에 집중하고 있다. 투자 비중도 향후 5년간 기준치인 12%에서 33%로 3배가량 확대한다는 방침을 세웠다. AI 관련 매출 비중도 2022년 9%에서 2028년 36%까지 올리겠다는 포부를 나타냈다.

KT는 클라우드·DX, AI·빅데이터, 로봇·모빌리티, 뉴미디어·콘텐츠, 헬스케어·바이오, 부동산·공간·사물인터넷, 금융·핀테크, 뉴커머스를 8대 성장사업으로 선정했다. KT의 사업부는 통신과 디지털 플랫폼으로 나뉘는데, 디지털 플랫폼에 해당하는 8대 성장사업 비중을 확대하겠다는 방침이다. KT 역시 SK텔레콤과 마찬가지로 클라우드 사업에 집중하고 있다. KT의 디지털 플랫폼 사업 중 기업형 클라우드 사업 매출은 매년 두 자릿수 성장률을 보이고 있다. KT는 아마존웹서비스Amazon Web Service, AWS와 협력해 클라우드에 AI를 접목시켜 멀티클라우드 서비스를 확대한다는 방침이다. KT 역시 AI 경쟁력 확보를 위해 2027년까지 약 7조 원을 투자한다는 방침이다. 2025년까지 AICC, AI물류, AI 로봇, AI 케어, AI 교육 등 고객 맞춤형 AI 사업으로 연 매출 1조 원을 돌파한다는 목표를 세웠다.

LG유플러스는 스마트홈에서 얻은 가시적인 성과를 바탕으로 스마트팩토리, 스마트모빌리티 등 기업 인프라 사업을 확장할 계획이다. 스마트팩토리 솔루션은 빅데이터 기반 모터진단, 배전반진단솔루션과 AI 기반 지능형영상보안솔루션, 유해 물질을 실시간 모니터링하는 대기환경진단솔루션 등을 포함한다. 스마트모빌리티 부문에서는 2021년 '자율주행 빅데이터 관제 센터' '5G 스마트항만' 등을 구축하며 B2B 신사업 레퍼런스를 확대해왔다.

이처럼 통신사들은 미디어, 클라우드, AI 등 다양한 분야에서 신사업을 펼치고 있는 만큼 투자자는 어떤 분야에서 어느 기업이 좋은 실적을 낼 수 있는지 늘 확인해야 한다. 경기방어주가 성장주의 밸류에이션을 받는다면 주가가 큰 폭으로 상승할 수 있기 때문이다.

통신 산업 투자 지표

실적 및 투자 지표: 2023년 3분기 연환산 기준
배당수익률: 2022년 주당 배당금/2023년 11월 24일 주가
시가총액: 2023년 11월 24일 기준

단위: 억 원

종목코드	종목명	매출액	영업이익	순이익	PER	배당수익률	시가총액
017670	SK텔레콤	174,757	17,107	11,303	10	6.4%	113,356
030200	KT	262,716	15,356	11,974	7	6.0%	84,836
032640	LG유플러스	141,624	10,891	6,859	7	6.3%	45,189
007660	이수페타시스	6,677	819	615	30	0.3%	18,626
178320	서진시스템	7,705	209	-269	-26	0.0%	6,971
032500	케이엠더블유	1,199	-597	-585	-8	0.0%	4,946
218410	RFHIC	1,069	-69	-12	-336	0.6%	4,155
050890	쏠리드	3,299	423	383	9	0.9%	3,563
230240	에치에프알	2,021	115	91	29	0.0%	2,656
073490	이노와이어리스	1,338	94	65	29	1.4%	1,882
214180	헥토이노베이션	2,841	412	260	7	3.2%	1,767
264450	유비쿼스	1,520	304	260	6	2.8%	1,542
389020	자람테크놀로지	90	-32	-21	-75	0.0%	1,534
039560	다산네트웍스	-2,609	378	246	6	0.0%	1,511
109070	컨버즈	238	-17	-59	-26	0.0%	1,509
036630	세종텔레콤	3,098	-62	255	6	0.0%	1,494
006490	인스코비	894	18	-49	-29	0.0%	1,430
037460	삼지전자	24,703	830	519	3	5.3%	1,381
138080	오이솔루션	545	-271	-280	-5	1.6%	1,331
088800	에이스테크	1,801	-451	-809	-2	0.0%	1,301

통신

알뜰폰
· 인스코비 · 아이즈비젼

통신사
· SK텔레콤 · KT · LG유플러스

통신솔루션
· 세종텔레콤 · 네이블 · 헥토이노베이션 · 텔코웨어 · 수산아이앤티 · 엔텔스

통신장비
· 이수페타시스 · 서진시스템 · 케이엠더블유 · RFHIC · 쏠리드 · 에치에프알
· 이노와이어리스 · 유비쿼스 · 자람테크놀로지 · 다산네트웍스 · 컨버즈
· 삼지전자 · 오이솔루션 · 에이스테크 · 파이버프로 · 센서뷰 · 대한광통신
· 다보링크 · 와이어블 · 라이트론 · RF머트리얼즈 · 머큐리 · 라이콤
· 웨이브일렉트로 · 우리로 · 코스텍시스 · 파이오링크 · 이지트로닉스
· 우리넷 · 코위버 · 옵티시스 · 백금T&A · 유엔젤 · 휴림네트웍스
· 이노인스트루먼트 · 대유플러스 · 옵티코어 · 기산텔레콤 · 알엔투테크놀로지
· 에프알텍 · CS · 피피아이 · 텔레필드

의료기기

의료기기는 진단키트부터 미용 의료 기기까지 다양하며 각각 성장성 및 업황에서 차이를 보인다. 체외 진단 분야는 코로나19 특수 효과가 사라지면서 매출과 이익이 크게 감소한 반면 미용 의료기기 시장은 리오프닝 효과로 크게 성장하고 있다. 이 밖에

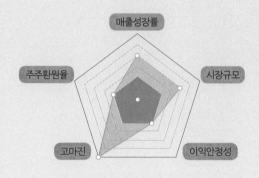

임플란트, 디지털 헬스케어 분야도 고성장을 이어가고 있다. 의료기기 기업들은 마진이 매우 높다는 공통점이 있다.

의료기기는 질병 및 상해를 진단하고 치료를 목적으로 사용되는 제품이다. 신체의 피부나 뼈 장기를 대체할 목적의 기기도 여기에 포함된다. 상장된 의료기기 기업들은 10개 섹터로 분류된다. 혈액, 소변 등을 통해 건강 상태를 점검하는 체외 진단 기업, 임플란트 및 치과 재료 등을 제조하는 치과용 의료기기 기업, 인공 피부 및 뼈 등 인체조직이식재를 만드는 기업, 체내 진단기기 시장에 속하며 영상 진단기기를 만드는 기업, 미용 의료기기를 제조하는 기업, 의료 빅데이터를 관리 및 분석하거나 원격 의료 인프라를 제공하는 디지털 헬스케어 기업, 이 밖에 수술용 기구나 환자 응급처치 및 재활에 관련된 의료기기 기업으로 분류할 수 있다.

의료기기 산업에 속한 기업은 총 109곳으로, 주식 시장에서 차지하는 비중은 1.5%다. 의료기기 산업은 큰 틀에서 고령화라는 메가 트렌드의 수혜가 기대된다. 이 중 치과용 의료기기, 미용 의료기기, 영상 진단기기 섹터는 최근 급부상하고 있는 안티에이징 시장과 함께 성장할 것으로 기대된다. 디지털 헬스케어 섹터 역시 코로나19 팬데믹으로 가속화된 비대면

의료 시장의 개화를 앞둔 상태라 성장 추이를 지켜볼 만하다.

대부분의 의료기기 기업은 시가총액 1조 원 미만에서 거래되고 있다. 중·소형주가 많은 만큼 투자 대상을 잘 고르면 큰 수익을 얻을 수 있지만, 반대로 크게 손실을 볼 위험도 있다. 첨단 기술 분야인 만큼 투자자는 기업이 만드는 의료기기, 비즈니스 모델 등을 정확히 이해하고 접근해야 한다.

체외 진단기기

1. 체외 진단기기 산업의 개요와 성장성

의료 진단은 인체를 진단하는 방식에 따라 체내 진단과 체외 진단으로 나뉜다. 체내 진단은 내시경, MRI처럼 몸속을 들여다보며 진단하는 방식이고, 체외 진단은 사람으로부터 채취된 조직, 혈액, 소변 등을 통해 진단하는 방식이다. 체외 진단은 면역화학 진단, 자가혈당측정, 현장 진단, 분자 진단, 혈액 진단, 임상 미생물학 진단, 조직 진단, 지혈 진단 등 8개 분야로 구분된다.

체외 진단기기를 만드는 상장사 대부분은 유전체 분석, 암 진단 등 분자 진단기기나 현장에서 즉각적으로 검사가 가능한 현장 진단기기를 주력으로 생산하고 있다. 특히 상황에 맞추어 코로나19 감염 여부를 신속하게 검사할 수 있는 현장 진단키트 생산에 집중한 바 있다.

체외 진단 시장은 인구 고령화 및 감염성 질병의 퇴치와 확산 방지를 위한 수요 증가로 꾸준히 성장하고 있다. 특히 현장 진단 분야는 신속성과 편의성,

구분	특징 및 진단가능 질병
면역 화학 진단	· 조직 내 항원·항체의 면역 반응을 이용해 각종 종양 마커, 감염성 질환, 갑상선 기능, 빈혈, 알레르기, 임신, 약물남용 등의 매우 다양한 질환 진단과 추적에 이용
자가혈당측정	· 당뇨환자가 혈당 자가 진단에 활용
현장 진단	· 환자 옆에서 즉각 검사가 가능하도록 함으로써 치료 효과를 높이는 데 이용 · 혈액가스 검사, 심근경색 검사, 혈액응고 검사 등에 이용
분자 진단	· 인체나 바이러스 등의 유전자 정보를 담고 있는 핵산$^{DNA, RNA}$을 검사하는 것 · 인간 면역결핍 바이러스^{HIV}, 인유두종 바이러스^{HPV} 등을 검사하거나 암유전자, 유전질환 검사 등에 이용
혈액 진단	· 혈액과 골수를 연구하는 분야로 적혈구, 백혈구, 혈소판, 헤모글로빈 등 혈액세포를 검사하는 전혈구 검사$^{Complete Blood Count, CBC}$나 응고 인자검사에 이용 · 백혈병, 빈혈, 자가면역질환 등을 진단하거나 치료 후 추적 및 항응고 치료 모니터링에 이용
임상 미생물학 진단	· 인체 내에 침입해 병을 일으키는 다양한 미생물 중 질병의 원인균 검출 · 항생제 감수성 검사를 실시해 질병의 원인균 조기검출
조직 진단	· 유리판 위에 체액을 발라 생체조직을 염색한 후 현미경을 통해 분석함으로써 암조직이나 세포를 관찰해 진단
지혈 진단	· 출혈 및 혈전과 관련된 검사 등 각종 혈액질환 진단에 필요한 검사

출처: 퀀타매트릭스

비용 절감 등 다양한 장점들이 있어 주목받고 있다. 시장조사기관 마켓앤마켓 MarketsandMarkets에 따르면 글로벌 체외 진단 시장은 2020년 약 781억 달러에서 2025년 약 967억 달러로 연평균 성장률이 4.4%에 달할 것으로 전망된다.

코로나19 진단키트로 국내 체외 진단기기 기업들의 위상이 높아졌지만, 글로벌 시장에 미치는 국내 기업들의 영향력은 아직 미미하다. 체외 진단은 글로벌 기업인 스위스의 로슈[Roche], 미국의 애보트[Abbott]와 다나허[Danaher], 독일의 지멘스[Siemens], 미국의 써모피셔[Thermo Fisher]가 전 세계 시장의 60%가량을 차지하고 있다.

2. 체외 진단기기 산업의 투자 포인트

2020년 체외 진단기기 기업들은 코로나19 진단키트 생산으로 극적인 성장을 이루었다. 이에 따라 에스디바이오센서, 씨젠 등 시가총액이 조 단위인 기업들이 등장했다. 다만 코로나19 진단키트는 라이프사이클이 명확한 제품이다. 즉 코로나19 백신이 나오면서 점차 코로나19 진단키트 수요는 감소했다. 이러한 한계 때문에 체외 진단기기 기업들은 수천억 원의 영업이익을 냈지만,

질환별 글로벌 체외 진단 시장 추이

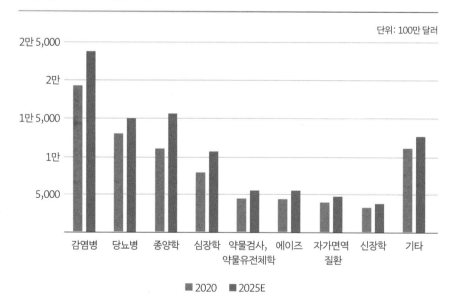

출처: 〈In-Vitro Diagnostics Market Global Forecasts 2025〉, 2020, 마켓앤마켓

PER이 고작 10배 미만으로 형성되어 있다. 체외 진단기기 기업들이 제2의 성장 스토리를 만들기 위해서는 코로나19 진단키트에서 벗어나 다양한 제품 포트폴리오를 갖출 필요가 있다. 향후 주목할 만한 체외 진단기기 기업은 코로나19 진단키트로 벌어들인 자금을 M&A나 신제품 개발을 통해 다양한 제품 포트폴리오를 갖춘 기업이다.

특히 투자자는 진단기기 시장 중에서도 성장성이 높은 분야에 주목할 필요가 있다. 마켓앤마켓에 따르면 글로벌 체외 진단 시장의 질환별 시장에서 가장 성장성이 높은 분야는 암을 다루는 종양학이다. 종양학 진단기기 시장은 2020년 약 109억 달러에서 2025년 약 155억 달러로 연평균 성장률이 7.3%에 달할 것으로 관측된다. 심장학 진단기기 시장규모는 2025년 약 107억 달러로 같은 기간 연평균 성장률이 6.3%에 달할 것으로 기대된다. 한편으로 같은 기간 감염병 시장의 성장률(연평균 3.7%)은 높지 않지만, 시장규모는 2025년 약 231억 달러로 모든 질병 중 가장 클 것으로 예상된다.

치과·미용 의료기기와 영상 진단기기

1. 치과·미용 의료기기와 영상 진단기기 산업의 개요와 성장성

치과용 의료기기의 주 생산 제품은 임플란트, 치과 재료, 교정 및 치과 장비 등이다. 특히 치과 진료는 기본적으로 환자의 구강 구조를 파악해서 진행되는 만큼 치과용 영상기기 역시 필수 장비다. 이러한 이유로 해당 산업을 알기 위해 치과용 의료기기 기업을 공부하다 보면 자연스럽게 디지털 엑스레이를 생산하는 영상 장비 기업을 함께 보게 된다.

한편 미용 의료기기를 만드는 기업도 치과용 의료기기 기업과 전방 산업을 공유한다는 측면에서 관련이 있다. 소득수준이 향상되고 고령화가 심화되면서 떠오르고 있는 안티에이징 산업이 대표적이다. 미용 의료기기뿐만 아니라 임플란트, 교정, 미백 등 치과용 의료기기도 안티에이징 산업의 혜택을 받고 있다.

1) 치과용 의료기기

아파트 단지가 빼곡히 들어선 신도시 상가에 가장 많이 들어서는 점포는 무엇일까? 지역마다 다르지만 대체로 학원과 병원이다. 특히 병원 중에서도 가장 많이 보이는 곳은 단연 치과다. 보건의료빅데이터개방시스템에 따르면 2022년 4분기 치과의원 수는 1만 8,851곳으로 1년 전에 비해 262곳 늘었다. 그만큼 수요가 많다는 뜻이다. 최근 치과 진료는 치료 목적뿐만 아니라 예방, 미용의 목적으로도 확대되고 있다. 특히 국민의 소득수준이 높아지면서 교정, 미백 등의 수요가 저연령층을 중심으로 점차 늘어나고 있는 상황이다.

치과 진료의 주 수요층이라 볼 수 있는 65세 이상 전 세계 인구는 2020년 약 7억 2,000만 명(비중 9.4%)에서 2060년 약 18억 4,000만 명(비중 17.8%)으로 2배 넘게 늘어날 것으로 전망된다. 특히 한국, 중국, 인도 등 동아시아 지역에서 고령화 속도가 한층 더 빠르게 진행될 것으로 보인다. 더군다나 해당 국

전 세계 65세 이상 인구 수 및 비중 추이

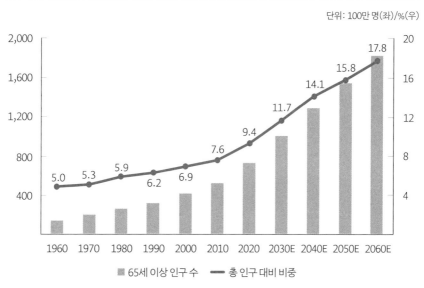

단위: 100만 명(좌)/%(우)

출처: UN

인프라 필수소비재

단위: 100만 명

구분	한국	미국	중국	인도	일본
2020	8.1	56.1	173.6	90.6	36.2
2050	18.8	85.7	358.9	226.6	38.4
증감	10.7	29.6	185.3	136	2.2
증감률	132%	53%	107%	150%	6%

출처: UN

가들은 같은 기간 경제 성장률도 높을 것으로 기대되어 치과 진료 수요 역시 크게 성장할 것으로 보인다.

시장조사기관 그랜드뷰리서치Grandviewresearch에 따르면 치과 진료의 대표 항목인 임플란트 시장은 2020년부터 2027년까지 연평균 성장률이 9%에 달할 것으로 전망된다. 국내 임플란트 시장은 2016년 7월부터 보험급여 적용연령이 70세 이상에서 65세 이상으로 확대되었고 고령화 추세가 빠르게 진행됨에 따라 빠르게 성장할 것으로 기대된다.

2) 영상 진단기기

체내 진단기기는 엑스레이 및 CT 촬영 장비, 초음파기기, 내시경 등 영상 장비를 말한다. 사람들이 아파서 병원에 가거나 건강검진을 할 때 필수로 접하는 기기들이다. 전체 진단기기 시장에서 체외 진단기기와 체내 진단기기가 차지하는 비중은 비슷하거나 체내 진단기기가 더 큰 것으로 추정된다. 영상 진단기기는 전체 진단기기 시장에서 약 37%의 비중을 차지한다.

재미있는 사실은 코로나19 팬데믹으로 인해 2020년 체외 진단기기 시장

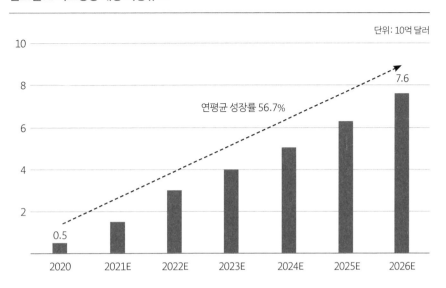

단위: 10억 달러

연평균 성장률 56.7%

출처: 마켓앤마켓, 연구개발특구진흥재단

은 크게 성장한 반면, 체내 진단기기 시장은 다소 위축되었다는 사실이다. 코로나19 진단키트 같은 체외 진단기기 시장은 폭발적으로 성장한 반면, 사람들이 코로나19 감염 가능성 때문에 병원에 가기를 꺼리면서 영상 진단기기 수요의 성장세는 상대적으로 주춤했다. 다만 백신 출시 및 치료제 개발로 코로나19 팬데믹을 극복하고 리오프닝에 돌입하면서 영상 진단기기 수요는 점차 회복되고 있다.

시장조사기관 SPER 마켓리서치에 따르면 2027년 세계 영상 진단 시장규모는 약 360억 달러로 2020년부터 연평균 성장률이 5.9%에 달할 것으로 예상된다. 글로벌 영상 진단기기 기업의 대부분은 유럽과 미국, 일본에 위치하고 있다. 독일의 지멘스, 미국의 제너럴 일렉트릭, 네덜란드의 필립스Philips가 전체 시장의 50% 이상을 점유하고 있다. 국내 영상 진단기기 기업들은 시가총액 약 1조 원 미만의 중소형주로 구성되어 있다.

한편 영상 진단기기 하드웨어를 만드는 기업 외에도 의료영상용 소프트웨어를 만드는 기업도 존재한다. 특히 엑스레이, CT 등 의료영상 데이터 축적으로 AI 딥러닝 기술의 발전과 맞물려 의료영상 소프트웨어 시장이 크게 성장할 것으로 전망된다. 연구개발특구진흥재단이 마켓앤마켓에서 발간한 'Artificial Intelligence in Healthcare Market'을 재인용한 자료에 따르면 글로벌 AI 의료영상 시장규모는 2020년 약 5억 달러에서 2026년 약 76억 달러로 연평균 56.7% 성장할 것으로 분석된다. 챗GPT가 세상에 발표되면서 2023년부터 시장 참여자들의 AI에 관한 관심이 커졌는데, 의료영상 분야 역시 AI와 결합해 시너지가 커질 것으로 기대된다.

3) 미용 의료기기

'꽃중년'은 원래 외모 가꾸기에 많은 관심을 보이는 중년 남성을 뜻하는 말이었으나, 최근에는 지적이고 경제력이 있으면서 외모, 건강 등을 잘 관리하는 중년을 뜻하는 말로 쓰이고 있다. 꽃중년 트렌드 덕분에 피부과나 성형외과를 찾는 남성이 점점 많아지고 있다. 100세 시대를 맞아 젊음을 유지하려는 욕구가 커지면서 안티에이징 시장 역시 빠르게 성장하고 있다. 시장조사기관 P&S 인텔리전스에 따르면 글로벌 안티에이징 시장은 2019년 약 1,915억 달러에서 2030년까지 약 4,214억 달러로 연평균 성장률이 7.4%에 달할 것으로 전망된다.

2. 치과·미용 의료기기와 영상 진단기기 산업의 투자 포인트

치과용 의료기기와 미용 의료기기 기업들에는 고령화라는 메가 트렌드와 안티에이징이라는 신성장 산업의 수혜가 기대된다. 고령화라는 메가 트렌드로 안티에이징 시장이 커지기 위해서는 소비자들의 소득수준이 높아져야 한다. 이와 같은 이유로 현재 치과용 의료기기 시장과 미용 의료기기 시장이 소득수준이 높은 선진국에 서 큰 규모를 형성하고 있다.

실제로 2022년부터 본격적으로 시작된 리오프닝과 맞물려 K 미용 의료기기 기업들의 실적은 크게 늘었다. 프리미엄 제품을 취급하는 유럽 기업들과 비교해 '가성비'를 인정받은 한국 미용 의료기기 기업들은 미국 같은 선진 시장뿐만 아니라 중국, 남미 등 신흥 시장도 개척해 수출을 확대했다. 이에 따라 관련 기업들의 주가도 2022년부터 2023년까지 꾸준히 우상향했다.

영상 진단기기 및 의료영상 시장은 AI와 맞물려 진단 분야에서 비약적으로 성장할 것으로 기대된다. AI 의료영상 소프트웨어가 진단 분야에서만큼은 의사를 대신할 수 있기 때문이다. 첨단기술 조사기관인 BIS 리처치에 따르면 2029년 기준 AI 영상 진단 분야에서 종양학이 전체 시장의 45.7%를 차지할 것으로 전망된다. 영상검사 유형 기준으로는 엑스레이, 유방촬영술, 단층촬영이 전체의 50%를 넘길 것으로 관측된다. 투자 관점에서는 영상 진단기기를 만드는 기업보다는 AI 기술을 활용해 종양학처럼 부가가치가 큰 시장에서 경쟁력을 지닌 기업을 주목할 필요가 있다.

디지털 헬스케어

1. 디지털 헬스케어 산업의 개요

디지털 헬스케어란 '디지털'과 건강 관리를 위한 의료 서비스를 뜻하는 '헬스케어'의 합성어로, 건강 관리 분야에서 디지털 기술이 사용되는 것을 뜻한다. 환자들의 진료 기록 같은 의료 빅데이터를 관리하고 분석하는 것, 웨어러블 기기로 수집되는 환자의 데이터를 수집하고 진단하는 것, 병원에 방문하지 않고 영상으로 원격 진료를 받는 것 모두 디지털 헬스케어 산업에 속한다.

디지털 헬스케어 산업은 높은 성장성을 보이는 IT 산업과 맞물려 매우 빠르게 성장 중이다. 매년 초 미국에서 열리는 세계가전박람회International Consumer Electronics Show, CES에서 디지털 헬스케어가 2021년 6개 핵심 트렌드에 선정되었을 정도로 주목받고 있다. 게다가 코로나19 팬데믹으로 인해 많은 사람이 병원에서 진료를 받기 어려워지면서 디지털 헬스케어의 필요성은 더욱 커졌다. 미국 헬스케어 전문 기업인 다모 컨설팅Damo Consulting에 따르면 코로나19 팬데믹으로 비대면 의료 서비스 이용률이 약 50배 이상 증가한 것으로 나타났다.

미국과 중국은 비대면 의료 서비스를 매우 활발히 제공하는 중이다. 미국은 코로나19 팬데믹을 계기로 비대면 진료에 대면 진료와 동등한 수가를 적용하고, 비대면 의료 서비스의 적용 범위를 확대하고 있다. 중국은 인터넷상에서 이루어지는 진료 서비스를 의료보험 적용 대상에 추가했다. 비대면 의약품 구매도 정부 차원에서 장려하고 있다.

반면에 국내에서는 비대면 의료 같은 적극적인 디지털 헬스케어 서비스는 규제에 막혀 시행에 어려움을 겪고 있다. 디지털 헬스케어 관련 기업은 개인 병원 전자의무기록Electronic Medical Record, EMR[*]과 병원 영상정보관리시스템Picture Archiving Communication System, PACS[**]을 활용해 의료 데이터를 수집하고 분석하는 서비스를 제공하는 곳이 대부분이다.

2. 디지털 헬스케어 산업의 투자 포인트

시장조사기관 팩트앤팩터Facts&Factors 연구에 따르면 글로벌 비대면 의료 시장은 2026년 약 2,559억 달러로, 2020년부터 연평균 성장률이 26.5%에 달할 것으로 전망된다. 시장규모도 크고 성장률도 가파르지만, 넘어야 할 산이 있다. 현행 「의료법」에서는 "의료인과 의료인 사이의 원격 의료행위만 허용한다"라고 명시되어 있다. 즉 환자는 의료인이 아니므로 의사와 환자 간 원격 의료행위는 불법인 셈이다. 이와 같은 이유로 상장된 디지털 헬스케어 기업들 대부분이 의료 빅데이터 관리 및 분석 서비스나 웨어러블 기기를 활용한 환

---

[*] 환자에 대한 진료 내역을 전자문서 형태로 기록하는 것
[**] 디지털 의료영상 이미지를 DICOM이라는 국제표준규약에 맞게 저장, 가공, 전송하는 시스템

자 데이터 수집 등에 의존하고 있다.

국내에서 디지털 헬스케어 산업이 본격적으로 성장하기 위해서는 「의료법」 개정이 선행되어야 한다. 일례로 2020년 12월 감염병의 예방 및 관리에 관한 법률 개정 및 제4차 감염병관리위원회 심의·의결로 인해 코로나19 감염 확산 차단을 위한 비대면 의료 서비스가 한시적으로 허용되었다. 만성질환인 고혈압, 당뇨, 부정맥 재진 환자에 대한 원격 의료 서비스를 허용하는 「의료법」 일부 개정안도 발의된 상태다.

코로나19 팬데믹으로 형성된 세계적 혼란이 끝나가는 엔데믹 시대로 접어들면서 2023년 6월부터 비대면 의료 서비스는 제한적인 시범사업 형태로 진행되고 있다. 대상 환자는 의원급 의료 기관의 대면 진료 경험자. 먼저 의료 기관에서 1회 이상 대면 진료를 받은 뒤 지속적으로 관리가 필요한 만성질환자 같은 환자에게 비대면 진료를 진행하는 방식이다.

국내 디지털 헬스케어 산업의 발전을 위해서는 「의료법」 개정이 최우선이므로 국내 디지털 헬스케어 기업들의 주가는 제도적인 이슈에 상당히 민감하다. 정치권에서 '원격 의료' '비대면 진료' 같은 키워드가 담긴 이슈가 나오면 주가가 크게 요동치고는 한다. 디지털 헬스케어 기업의 시가총액이 수천억 원대의 수준이므로 투자자는 높은 변동성을 주의해야 한다.

인체조직이식재

1. 인체조직이식재 산업의 개요

인체조직이식재는 사람에게 이식할 목적으로 제작한 장기나 피부, 뼈 등 생체조직의 대용품을 말한다. 인체조직이식재 개발은 3D 바이오프린팅의 기술 발달로 활발히 이루어지고 있다. 생명공학정책연구센터에 따르면 지역별 글로벌 재생의료 시장은 2018년 약 261억 달러에서 2024년 약 768억 달러로 연평균 성장률이 19.8%에 달할 것으로 전망된다. 전체 재생의료 시장의 약 40%를 줄기세포치료제 시장이, 29%를 바이오 소재 시장이 차지할 것으로 전망되는 가운데, 인체조직이식재가 속한 조직공학 시장은 14%를 점유할 것으로 보인다. 상장된 인체조직이식재 기업은 척추 임플란트, 인공관절, 피부 및 뼈이식재 등을 제조한다.

2. 인체조직이식재 산업의 투자 포인트

최근 인체조직이식재는 3D 바이오프린팅 기술로 제작된다. 3D 바이오프린팅은 인체에 적합한 재료와 살아 있는 세포를 이용해 적층 방식으로 인체조직이식재를 제작하는 기술이다. 바이오잉크는 인체조직이식재 제작에 사용되는 살아 있는 세포 및 인체에 적합한 소재를 뜻한다. 인체조직이식재 기술의 핵심은 환자에게 이식했을 때 면역거부반응이 발생하지 않는 것이다. 따라서 인체에 적합한 세포를 사용하는 바이오잉크 개발이 매우 중요하다.

투자 관점에서는 바이오잉크를 개발해 다양한 지적재산권을 보유한 기업에 주목하는 것이 좋다. 또한 여타 다른 의료기기 기업과 마찬가지로 해외 시장을 개척하거나 개척할 가능성이 있는 기업에 주목할 필요가 있다. 생명공학정책연구센터에 따르면 2024년 재생의료 시장규모는 북아메리카, 유럽, 아시아-태평양 순으로 클 것으로 전망되지만, 연평균 성장률은 아시아-태평양 시장이 가장 높을 것으로 보인다.

지역별 글로벌 재생의료 시장규모 및 전망

단위: 10억 달러

지역	2017	2018	2019	2024E	연평균 성장률
북아메리카	8.7	10.4	12.4	29.9	19.3%
유럽	6.1	7.3	8.7	20.6	18.9%
아시아-태평양	3.9	4.9	6.0	17.5	23.8%
중동 및 아프리카	2.2	2.6	3.1	7.0	18.0%
남아메리카	0.7	0.9	1.0	1.8	12.6%

출처: 생명공학정책연구센터

의료기기 산업 투자 지표

실적 및 투자 지표: 2023년 3분기 연환산 기준
배당수익률: 2022년 주당 배당금/2023년 11월 24일 주가
시가총액: 2023년 11월 24일 기준

단위: 억 원

종목코드	종목명	매출액	영업이익	순이익	PER	배당수익률	시가총액
028300	HLB	663	-1,087	-1,069	-39	0.0%	41,217
214150	클래시스	1,736	871	886	29	0.3%	25,392
145720	덴티움	3,630	1,204	722	20	0.2%	14,168
137310	에스디바이오센서	6,935	-3,331	-6,937	-2	8.7%	14,091
328130	루닛	236	-381	-392	-34	0.0%	13,256
096530	씨젠	3,897	-175	-26	-435	3.7%	11,202
287410	제이시스메디칼	1,352	363	268	34	0.0%	9,108
336570	원텍	1,097	451	345	26	0.0%	8,817
064550	바이오니아	2,489	60	-37	-213	0.0%	7,859
290650	엘앤씨바이오	675	116	536	14	0.1%	7,713
039200	오스코텍	60	-283	-182	-40	0.0%	7,274
060280	큐렉소	738	26	18	368	0.0%	6,475
099190	아이센스	2,559	68	48	133	0.7%	6,439
338220	뷰노	147	-116	-88	-63	0.0%	5,532
108860	셀바스AI	530	46	7	739	0.0%	5,227
043150	바텍	3,839	727	655	7	0.3%	4,842
335890	비올	416	218	201	24	0.1%	4,754
206640	바디텍메드	1,282	294	259	16	0.8%	4,251
228760	지노믹트리	44	-198	-124	-33	0.0%	4,154
119610	인터로조	1,305	335	268	15	2.0%	4,011

의료기기

기타 의료기기
- 큐렉소 · 제이브이엠 · 이오플로우 · 엠아이텍 · 시너지이노베이션
- 인트로메딕 · 세운메디칼 · 리메드 · 피제이전자 · 플라즈맵
- 세종메디칼 · 이노테라피 · 씨유메디칼 · 네오펙트

디지털헬스케어

의료영상소프트웨어
- 루닛 · 제이엘케이 · 딥노이드
- 코어라인소프트 · 인피니트헬스케어 · 솔본

의료정보시스템
- 뷰노 · 유비케어 · 이지케어텍
- 비트컴퓨터 · 케어랩스 · 라이프시맨틱스

미용
- 클래시스 · 제이시스메디칼 · 원텍 · 비올
- 이루다 · 하이로닉 · 지티지웰니스

안과
- 인터로조 · 휴비츠

영상진단기기
- 바텍 · 디알텍 · 뷰웍스 · 레이언스 · 디알젬 · 제노레이

인체조직 이식재
· 엘앤씨바이오 · 한스바이오메드 · 티앤알바이오팹 · 엘앤케이바이오
· 코렌텍 · 셀루메드 · 오스테오닉 · 이노시스 · 비비씨

창상피복재
· 티앤엘 · 원바이오젠

체외진단
· HLB · 에스디바이오센서 · 씨젠 · 바이오니아 · 아이센스 · 셀바스AI · 바디텍메드
· 지노믹트리 · 인바디 · 엑세스바이오 · 바이오다인 · 랩지노믹스 · 휴마시스 · 마크로젠
· 피에이치씨 · 노을 · 피씨엘 · 셀바스헬스케어 · DXVX · HLB파나진 · CJ 바이오사이언스
· 마이크로디지탈 · 아스타 · 수젠텍 · 소마젠 · 나노엔텍 · 지니너스 · 녹십자엠에스
· 젠큐릭스 · 제놀루션 · 퀀타매트릭스 · 클리노믹스 · 진시스템 · 피플바이오
· 엔젠바이오 · 유투바이오 · 디엔에이링크 · EDGC · 프리시젼바이오 · 진매트릭스
· 아이톡시 · 미코바이오메드 · 프로티아 · 셀레믹스

치과
· 덴티움 · 오스코텍 · 레이 · 디오 · 석경에이티 · 나이벡
· 덴티스 · 신흥 · 메타바이오메드 · 솔고바이오

환자감시장치
· 메디아나 · 비스토스 · 멕아이씨에스

제약과 바이오

고령화가 진행되고 새로운 치료제가 개발되면서 제약과 바이오 산업은 꾸준히 성장하고 있다. 사람의 생명과 연관된 제약과 바이오 산업은 전 세계적으로 매우 큰 시장규모를 형성하고 있다. 일반적으로 바이오 신약을 개발하는 기업이라면 성장성은 높지만 이익안정성이 낮다. 반면 화학합성의약품을 취급하는 전통 제약 기업은 이익안전성과 주주환원율이 높은 편이다.

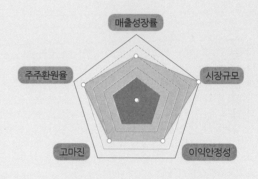

제약과 바이오 산업은 의약품을 개발하거나 기자재 및 생산 인프라를 제공하는 기업, 동물용 의약품을 만들거나 건강기능식품을 제조하는 기업을 포함한다. 제약과 바이오 산업은 제약, 바이오, 의약품 인프라, 건강기능식품, 동물의약품이라는 섹터로 나뉜다. 제약과 바이오 산업에 속한 기업은 총 218곳으로 주식 시장에서 차지하는 비중은 7.4%다. 제약과 바이오 산업은 최근 5년간 주식 시장에서 차지하는 비중이 확대된 산업 중 하나다. 대표적인 성장 산업인 만큼 투자자들이 늘 관심을 가져야 할 산업이다.

한편 제약사와 바이오 회사를 구분하는 기준은 모호하다. 화학합성의약품을 만들면서 바이오 신약도 개발하는 기업이 점차 늘어나고 있기 때문이다. 그럼에도 투자업계에서는 아직도 제약과 바이오 기업을 구분 짓는 경향이 강하다.

이 책에서는 화학합성의약품을 주로 제조하는 기업을 제약 기업으로 구분했으며, 애초부터 생물학적 방법을 이용해 바이오 신약을 개발하는 기업을 바이오 기업으로 분류했다. 의약품 인프라는 제약사와 바이오 신약 개발 회사를 대상으로 비 임상시험 용역을 제공하

거나 의약품 위탁 생산을 담당하는 기업들을 포함한다. 제약과 바이오 기업에 각종 실험 장
비를 제공하는 기자재 기업도 포함되어 있다. 추가로 건강기능식품, 동물의약품도 제약과
바이오 산업에 포함시켰다.

제약

1. 제약 산업의 개요

의약품은 제조하는 방식에 따라 화학합성의약품과 바이오의약품으로 나뉜다. 화학합성의약품이란 여러 화학 물질을 적절히 배합해 인공적으로 만든 의약품을 말한다. 반면 바이오의약품은 미생물, 동식물 세포와 같은 살아 있는 생물체를 이용해 만든 의약품이다. 우리가 일반적으로 복용하는 의약품은 화학합성의약품이며, 이를 제조하는 기업을 이 책에서는 제약 섹터로 구분했다.

제약사를 분석한 리포트나 사업보고서를 보면 다양한 종류의 의약품이 등장하는 것을 알 수 있다. 가뜩이나 난해한 용어가 사용되는 분야인데, 의약품을 분류하는 기준까지 복잡하다. 투자자가 알아야 할 의약품의 분류 기준을 추리면 다음 세 가지로 정리할 수 있다.

1) 완제품 여부: 완제의약품 vs. 원료의약품

먼저 완제품 여부에 따라 완제의약품과 원료의약품으로 나뉜다. 완제의약품은 시판이 가능한 완성된 의약품이며, 완제의약품의 원료가 원료의약품이다. 완제의약품은 내수 판매 비중이 높은 반면, 원료의약품의 대부분은 수출로 매출이 발생한다. 따라서 완제의약품 기업과 원료의약품 기업의 사업 환경은 다르다고 볼 수 있다. 한국제약바이오협회에 따르면 원료의약품 생산실적은 완제의약품 생산실적의 약 11% 정도다. 상장사 중에서도 에스티팜[ST PHARM], 엔지켐생명과학 등 소수의 기업만 원료의약품 산업에 종사하고 있다.

2) 처방전 유무: 전문의약품 vs. 일반의약품

처방전의 유무에 따라 전문의약품[Ethical drug](ETC라고도 부른다)과 일반의약품[Over The Counter, OTC]으로 구분하기도 한다. 전문의약품은 처방전이 있어야 구매할 수 있으며 항생제, 혈압약 등이 대표적이다. 반면 해열진통제, 소화제, 감기약, 파스 등은 편의점에서도 구입할 수 있는 일반의약품이다. 완제의약품 중 전문의약품의 비중은 약 80% 이상이다.

3) 신약 여부: 오리지널 vs. 제네릭

의류나 액세서리에는 오리지널 브랜드가 있고 이를 모방한 이미테이션 상품이 있다. 의약품에도 이미테이션 상품이 있다. 한 제약사가 특정 성분을 이용해 최초로 개발한 의약품을 '오리지널'이라고 한다.

'제네릭' 의약품은 오리지널 의약품을 따라 만든 약으로 '복제약' '카피약'이라고 불린다. 오리지널 의약품은 일정 기간 특허권이 인정되어 독점판매권을 보장해준다. 특허 기간 만료 후에는 타 제약사에서 오리지널 의약품을 복제한 제네릭 의약품을 출시할 수 있게 되는 시점부터 신약과 복제약 간의 경쟁이 펼쳐진다.

국내 제약사 대부분은 높은 복제약 매출 비중을 보인다. 지금까지 출시된 국내 개발 신약은 총 36종(2023년 10월 기준)에 불과하다. 이러한 이유로 투자 관점에서는 장기적으로 보았을 때 신약 개발 경쟁력이 있는 기업에 주목하는 것이 좋다.

한편 오리지널 의약품과 성분 및 약효가 유사하지만, 복용하기 쉽도록 제형을 바꾸거나 효능을 개선시킨 것을 개량신약이라고 한다. 개량신약은 신약을 개발하는 것에 비해 상대적으로 개발 기간이 짧고, 제네릭 의약품보다는 부가가치가 높은 것이 장점이다. 의약품의 분류를 한눈에 보여주는 표를 확인하면 어느 정도 이해할 수 있다.

의약품 분류

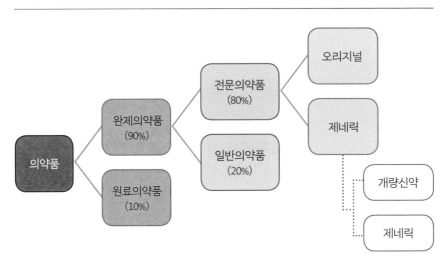

* 괄호 안은 시장 비중

2. 제약 산업의 투자 포인트

1) 의약품의 종류

2023년 하반기 제약 바이오 시장에서 가장 주목받은 기업은 단연 노보 노디스크[Novo Nordisk]와 일라이릴리[Eli Lilly and Company]다. '비만이 만병의 근원이다' '비만은 곧 질병이다'라는 인식이 선진국을 중심으로 퍼지면서 비만치료제를 만드는 두 기업에 대한 관심이 커졌다.

테슬라의 CEO 일론 머스크[Elon Musk]도 다이어트의 비결로 노보 노디스크의 비만치료제 '위고비[Wegovy]'를 꼽으면서 다이어트 관련 의약품 수요에 불을 지폈다. 특히 비만치료제가 심장질환, 당뇨병 등에 효과가 있는 것으로 알려지

신체 기관에 따른 질병

신체 기관	구성 요소	관련 질병
순환기계	심장, 혈액, 혈관, 림프계	고혈압, 고지혈증, 뇌졸중
내분비계	뇌하수체, 갑상샘, 부갑상샘, 이자, 부신, 성선	당뇨, 말단비대증
소화기계	구강, 식도, 위, 간, 소장, 대장, 항문	간염, 위궤양, 위암
신경계	뇌, 척수, 말초신경	치매, 간질, 우울장애
근골격계	척추, 관절, 인대, 치아, 근육, 힘줄	관절염, 골육종, 근위축, 근막동통증후군
호흡계	폐, 기도	감기, 폐렴, 천식, 폐암
배설계	신장, 방광, 요도	신부전, 방광결석
피부계	피부	건선, 습진, 아토피, 탈모
생식계	생식기, 유방	전립선비대증, 유방암, 발기부전, 불임

면서 보험사들의 보장 가능성 및 메디케어(공공의료보장제도)까지도 거론될 가능성이 커졌다.

원래 비만치료제의 대표주자는 '펜터민Phentermine'이었는데, 1959년 미국 식품의약국FDA의 승인을 받은 후 60년 넘게 판매되었으나 부작용 때문에 대중화되지 못했다. 덴마크의 노보 노디스크가 이 부작용을 개선한 삭센다Saxenda 및 후속작 위고비를 출시해 비만치료제의 블록버스터급 신약으로 자리 잡게 되었다.

이에 따라 국내에서도 유사 치료제를 개발 중인 몇몇 기업에 매수세가 몰렸다. 이처럼 특정 치료제 승인 소식, 질환에 대한 정부의 특정 의료비 지원책 및 제도가 뜨거운 이슈로 나오면 관련 기업 주가도 함께 부각될 수 있다. 따라서 투자자는 회사별로 어떤 질환에 대한 의약품을 생산하는지 알아둘 필요가 있다.

신체 기관은 순환기계, 내분비계, 소화기계, 신경계 등으로 구분할 수 있다.

신체 기관에 따른 주요 질병 치료제 관련 기업

신체 기관	주요 질환 및 관련 치료제 제조 기업
순환기계	· 고혈압: 부광약품, 보령제약, 팜젠사이언스, 안국약품, 대한뉴팜 · 고지혈증: 한미약품, JW중외제약, 제일약품, 하나제약(동맥경화), 경동제약, 경보제약, 명문제약(동맥경화), 위더스제약(동맥경화), 알리코제약, 고려제약, 서울제약, 대한뉴팜 · 심장병: 메지온 · 혈액·수액: 녹십자, SK케미칼, 일양약품(백혈병), JW중외제약, JW생명과학, 대한약품 · 혈전증: 유나이티드, 삼진제약 · 기타: 삼천당제약, 엔지켐생명과학(항응고), 국전약품, HLB제약, 비씨월드제약, 유유제약(혈행개선), 더블유에스아이(지혈제), 현대약품(지혈제)
내분비계	· 당뇨: 유한양행, 부광약품, 종근당, 한독, 대한뉴팜 · 기타: 에코프로젠바이오로직스(대사성 의약품), 일성신약(골질환치료), 디에이치피코리아
소화기계	· 위궤양: 엔지켐생명과학, 일양약품, 안국약품, 에스텍파마, 삼일제약 · 간염: 셀트리온제약, 녹십자웰빙 · 기타: 진양제약, 명문제약, 한국파마, 국전약품, HLB제약, 알리코제약(위염), 한국유니온제약, CMG제약, 브릿지바이오테라퓨틱스(대장염)
신경계	· 뇌혈관질환: 한국유니온제약, 진양제약 · 치매: HLB제약, 이연제약, 고려제약, 알리코제약 · 파킨슨: 퓨쳐켐, 카이노스메드 · 눈병: 삼천당제약, 국제약품, 삼일제약, 디에이치피코리아 · 진통제: 대원제약, 삼진제약, 삼아제약, 신일제약, 지엘팜텍 · 정신질환: 환인제약, 한국파마 · 기타: 동아에스티(성장호르몬), CMG제약
근골격계	관절염: 신풍제약, SK케미칼, 신신제약
호흡계	· 감기·천식: 화일약품, 삼아제약, 안국약품 · 기타: 브릿지바이오(폐섬유증)
피부계	· 건선·습진·아토피: 삼아제약 · 탈모: JW신약, 현대약품
생식계	· 전립선비대증: 동구바이오제약
기타	· 백신: 녹십자, SK케미칼(SK바사), 광동제약 · 항생제: 한올바이오파마, 이연제약, 영진약품, 삼성제약, 경보제약, 종근당바이오, 테라젠이텍스, 일성신약, 대화제약, 비씨월드제약, 하이텍팜, 한국유니온제약, KPX생명과학

신체 기관	주요 질환 및 관련 치료제 제조 기업
기타	· 마취제: 하나제약, 비씨월드제약 · 조영제: 이연제약 · 에이즈: 유한양행, 카이노스메드 · 일반의약품: 대웅제약, 동국제약, 동화약품, 일동제약, 동성제약, 조아제약, 고려제약, 지엘팜텍 · 기타: 영진약품(경장영양제), 휴온스, 코오롱생명과학, 아미노로직스, 큐브앤컴퍼니

출처: 각 사

신체 기관에 따른 주요 질병이 다르니 구분 지어 알아야 한다. 신체 기관에 따른 주요 질병 치료제를 만드는 기업은 분류표를 참조하자.

2) 파이프라인 가치

제약과 바이오 기업에 투자할 때 투자자가 알아야 하는 단어가 있다. 바로 파이프라인이다.

제약과 바이오업계에서는 연구개발 중인 신약 개발 프로젝트를 뜻한다. 신약 개발에 집중하는 기업이 많아지면서 제약과 바이오 기업들의 주가는 파이프라인 가치에 큰 영향을 받는다.

파이프라인의 가치는 임상시험 단계와 치료제의 시장규모에 따라 결정된다. 임상시험 단계가 많이 진척될수록 파이프라인의 가치는 높아진다. 치료제의 시장규모도 중요하다. 적응증[*]이 감기인 신약 후보 물질보다는 적응증이 암인 신약 후보 물질이 시장규모가 더 크므로 파이프라인의 가치를 훨씬 더 높이 평가받는다.

---

[*] 개발하고 있는 신약 후보 물질이 치료하고자 하는 질환

임상시험 vs. 임상실험

임상시험Clinical Trial과 임상실험Clinical Experiment은 언뜻 보면 큰 차이가 없어 보인다. 많이들 구분 없이 사용하며 제약 바이오 산업과 관련된 기사에서도 간혹 두 용어의 혼용 사례를 찾아볼 수 있다. 그러나 임상실험은 엄연히 잘못된 용어다. 약이나 의료기기를 출시하기에 앞서 사람에게 안전한지, 치료 효과는 있는지를 알아보기 위해 실시하는 것을 '임상시험'이라고 한다. '임상실험'은 문자 그대로 사람을 대상으로 각종 실험을 하는 것이다. 생체실험과 같은 부정적인 뉘앙스를 담는 용어로 해석될 수 있어 정확한 표기인 임상시험을 사용해야 한다.

바이오

1. 바이오 산업의 개요와 성장성

화학합성의약품은 대량생산이 가능하고 다수의 환자에게 폭넓게 쓸 수 있다는 장점이 있다. 그러나 사람마다 의약품에 반응하는 정도가 다르므로 효과를 보는 사람이 있는 반면, 효과를 보지 못하는 사람도 있다. 경우에 따라 부작용이 발생하기도 한다. 반면 바이오의약품은 환자의 세포를 추출해 치료하거나 면역력을 높여주는 등 부작용은 훨씬 적으면서 치료 효과는 크다. 이러한 강점으로 의약품 시장에서 바이오의약품의 성장세가 가파르다. 한국바이오의약품협회에 따르면 글로벌 바이오의약품 시장규모는 2012년 약 1,490억 달러에서 2019년 약 2,660억 달러, 2026년에는 약 5,050억 달러로 연평균 성장률이 9%에 달할 것으로 전망된다. 같은 기간 글로벌 매출 상위 100대 의약품 중에서 바이오의약품 비중은 20%에서 35%로 확대될 전망이다.

다만 바이오의약품은 성장성은 높지만 제조 난이도가 매우 높다. 화학합성

글로벌 바이오의약품 시장 추이

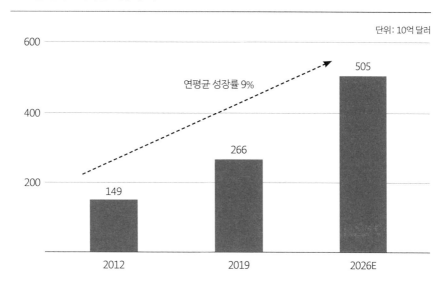

출처: 〈Evaluate Pharma World Preview 2020〉, 한국바이오의약품협회

글로벌 100대 의약품 중 바이오의약품 비중 및 추이

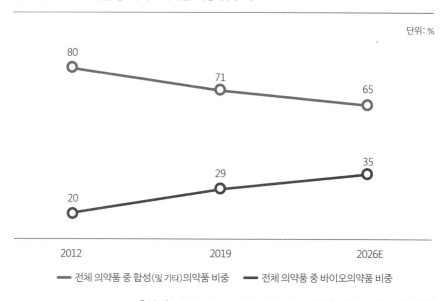

출처: 〈Evaluate Pharma World Preview 2020〉, 한국바이오의약품협회

의약품에 비해 분자량이 많고 분자 구조가 복잡하기 때문이다. 성장성이 높고 기술 진입장벽도 높다는 특성 때문에 주식 시장에서는 바이오의약품을 만드는 기업에 높은 가치를 부여한다. 비록 기업이 적자를 기록하고 있음에도 기업 가치가 수조 원에 이르는 바이오의약품 관련 기업이 많은 이유다. 따라서 매출액이나 이익 등 일반적인 기업의 평가 기준을 바이오 기업에 그대로 적용하는 오류를 범해서는 안 된다.

2. 바이오의약품의 종류

자동차를 만드는 것보다 비행기를 만드는 것이 어렵고 비용도 많이 든다. 반면 잘 만든 비행기 한 대는 자동차 수십 대보다 더 큰 부가가치를 창출할 수 있다. 바이오의약품 역시 마찬가지다. 다양한 종류의 바이오의약품 중에서 초창기에 개발된 1세대 바이오의약품인 인슐린이나 성장호르몬보다 세포치료제, 유전자치료제 등 3세대 바이오의약품이 개발 비용이 많이 들고 부가가치도 높다. 다음은 생산 기술에 따라서 세대별로 구분한 바이오의약품의 종류다.

1) 1세대 바이오의약품: 인슐린, 성장호르몬, 백신

1세대 바이오의약품은 미생물에서 배양해 추출한 인슐린, 성장호르몬, 백신 등을 말한다. 여러 생물의 DNA 조각을 하나로 결합하고 박테리아나 효모같이 대량 배양이 가능한 미생물에 결합한 DNA 조각을 배양해 생산하는 유전자재조합의약품이다. 1세대 최초의 바이오의약품은 1982년 미국 출신의 일라이릴리가 만든 '휴물린'이라는 인슐린이다. 1세대 바이오의약품은 분자 구조가 단순해 개발하기 쉽고 대량생산이 가능하다는 장점이 있다.

2) 2세대 바이오의약품: 항체의약품

항체는 외부에서 우리 몸에 침입한 바이러스, 세균 등의 '항원'에 맞서 싸우기 위해 혈액에서 만드는 단백질이다. 항체의약품은 이러한 항체를 동물세포 배양으로 생산한 의약품이다. 처음에는 쥐의 세포에서 배양한 항체를 사용했지만 부작용이 있어 사람에게서 유래한 항체도 사용하고 있다. 항체의약품은 분자 구조가 복잡하고 포유동물에서 기원한 동물세포에서만 생산할 수 있어 개발이 어렵고 많은 비용이 든다. 항체의약품에는 암세포를 죽이는 T 세포의 세포독성 활성화를 유지하도록 돕는 면역관문저해제, 하나의 항체로 2곳 이상의 세포에 영향을 미치는 이중항체의약품 등이 속한다.

3) 3세대 바이오의약품: 세포치료제, 유전자치료제

3세대 바이오의약품으로는 세포치료제, 유전자치료제가 대표적이다. 세포치료제는 사람의 세포를 추출해 배양 및 조작한 후 사람의 체내에 주입해 치료하는 치료제다. 세포치료제를 만들 때는 환자의 세포를 직접 추출하거나 다른 사람으로부터 추출한 세포를 사용하기도 한다. 암세포를 죽이는 T 세포를 추출한 후 암세포를 항원으로 인식하는 유전자를 주입해 암세포를 효과적으로 파괴할 수 있는 CAR(키메라 항원 수용체)-T 치료제와 바이러스에 감염된 세포나 암세포를 발견하는 즉시 공격하는 NK(자연살해) 세포의 힘을 키우는 NK 세포치료제가 대표적인 세포치료제다. 최근에는 CAR-T 치료제와 NK 세포치료제의 장점을 결합한 CAR-NK 치료제가 각광받고 있다.

유전자치료제는 환자의 유전적인 결함을 수정하거나 보완해 질병의 원인을 치료하는 치료제다. 유전자를 체내에 직접 주입하면 체내유전자치료, 몸 밖으로 추출한 환자의 세포에 유전자를 도입해 다시 환자의 몸에 주입하면 체외유전자치료다. 대표적인 세포치료제의 예인 CAR-T 치료제는 세포를 몸 밖으로 빼낸 후 유전 물질을 도입하기 때문에 세포치료제인 동시에 유전

인프라·필수소비재

자치료제이기도 하다.

세포치료제와 유전자치료제 외에 항체약물결합체Antibody Drug Conjugate, ADC도 3세대 바이오의약품으로 불린다. 항체약물결합체는 암세포 항원을 찾아 정확히 도달하는 항체의 장점과 암세포를 없앨 수 있는 약물 효과를 결합한 치료제다. 항체약물결합체는 항체의약품의 업그레이드 버전이라고 볼 수 있다.

4) 기타: 마이크로바이옴, 플랫폼, 보툴리눔 톡신과 필러

1~3세대 바이오신약을 만드는 기업 외에도 증시에는 다양한 바이오 관련 기업이 있다. 먼저 마이크로바이옴 치료제를 만드는 기업이다. 우리 몸속의 장내 미생물을 마이크로바이옴이라고 부른다. 사람의 장내에 존재하는 미생물의 수는 약 100조 개로 사람의 세포 수보다 2배가량 많다. 숫자만 많은 것이 아니라 사람 유전자의 99%가 장내 미생물에서 결정된다고 한다. 이러한 특성을 활용해 자연적인 치유 효과를 내는 것을 마이크로바이옴 치료제라고 한다. 마이크로바이옴 치료제는 미생물 기반 의약품이므로 현재 국내 기준으로는 어떤 바이오의약품으로 분류할지 애매한 부분이 있다. 미국은 마이크로바이옴을 '살아 있는 바이오치료 제품Live Biotherapeutic Products, LBP'이라고 정의하고 있다.

여러 바이오의약품에 적용해 성능이나 투여 방식을 개선하는 플랫폼 기술을 지닌 기업도 있다. 정맥주사 형태로 투여되는 치료제를 피하주사 방식으로 전환하는 알테오젠Alteogen의 히알루로니다아제 플랫폼 기술이 대표적이다. 이 밖에 바이오신약 개발 기업에 연구용 펩타이드 소재 등 바이오 소재를 주력으로 납품하는 기업도 존재한다.

신경 독소인 보툴리눔 톡신이나 다당류인 히알루론산을 활용해 미용 제품 또는 치료제를 개발하는 기업도 있다. 보툴리눔 톡신은 1g의 양으로 100만 명을 살상할 수 있어 생화학 무기로 활용될 정도로 독성이 강한 물질이다. 그러나 보툴리눔 독신을 희석해 소량만 사용하면 근육을 마비시켜 의료용이나 미용 용도로 사용할 수 있다. 현재 보툴리눔 독신은 주름을 펴거나 각종 근육 이상이나 다한증 등을 치료하는 목적으로 사용된다. 히알루론산은 사람의 피부 속에 존재하는 다당류의 일종이다. 히알루론산을 피부의 꺼진 부위를 메우거나 도톰하게 채워주는 충전물로 활용하는 것을 히알루론산필러Hyaluronic Acid filler라고 한다.

5) 신약 여부에 따른 바이오의약품의 분류

바이오신약을 개발하는 기업이 있다면 바이오시밀러Biosimilar와 바이오베터Bio-better를 개발하는 기업도 있다. 제네릭을 화학합성신약의 복제약이라고 부르는 것처럼, 바이오시밀러는 일명 바이오 복제약이라고 부른다. 그러나 제

바이오의약품 비교

특징	바이오신약	바이오시밀러	바이오베터
유사성	오리지널 의약품과 동일	유사하지만 오리지널 의약품과 동일하지 않음	오리지널 의약품보다 우수
개발 비용	약 20억~30억 달러	약 1억~3억 달러	약 2억~5억 달러
약물 개발 기간	약 10~12년	약 5~7년	약 5~7년
규제	지금까지 미국 시장에서 바이오시밀러의 상호교환 가능한 지정이 부족해 보호됨	국가별 별도의 승인 절차 필요	오리지널 의약품보다 우수하므로 별도의 호환성 지정 필요 없음
의약품 가격	일반적으로 특허 독점 기간 동안 높은 가격으로 책정	오리지널 의약품 가격의 약 50~80%	안전성 및 효능이 우수해 바이오시밀러 대비 약 20~30% 높음

출처: 프로스트 앤드 설리번

인프라·필수소비재

네릭과 바이오시밀러의 개발 난이도는 하늘과 땅 차이다. 제네릭을 개발하기 위해서는 시판되는 약과 동등한 약효를 가졌다는 것을 증명하기 위한 생물학적동등성시험만 통과하면 된다. 반면 바이오시밀러는 임상 1상과 3상이라는 두 단계의 독립적인 임상시험을 통과해야 한다. 개발 난이도 외에도 바이오의약품 특징을 비교한 표의 내용처럼 바이오신약에 비해 약가가 저렴한 데다 2030년까지 블록버스터 바이오신약의 특허 만료가 예정되어 있어 성장이 기대되는 분야다.

바이오시밀러가 바이오 복제약이라면, 바이오베터는 기존 바이오의약품의 효능 및 투약 편의성을 개선한 개량형 바이오의약품이다. 그러나 바이오베터 역시 화학합성의약품의 개량신약에 비해 개발 난이도가 훨씬 높다. 즉 바이오신약에 준하는 임상시험과 개발 기간이 필요하다.

3. 바이오 산업의 투자 포인트

대부분 적자를 기록하는 바이오 기업이지만, 수천억~수조 원에 달하는 시가총액을 형성하는 이유는 개발하고 있는 신약의 가치 때문이다. 이는 바이오 기업을 평가할 때 파이프라인의 가치를 잘 살펴보아야 하는 이유이기도 하다. 파이프라인의 가치는 임상시험 단계와 치료제의 시장규모, 치료제 생산 방식에 따라 결정된다.

1) 치료제의 시장규모

헬스케어 데이터 전문 기업 아이큐비아[IQVIA]에 따르면 치료제 시장규모가 가장 큰 분야는 종양, 즉 암 질환이다. 2025년 항암제 시장규모는 약 2,730억 달러로 연평균 성장률이 9~12%가량에 달할 것으로 관측된다. 같은 기간 면

2025 글로벌 치료제 시장규모 상위 15개 분야

순위	치료제	시장규모 (10억 달러)	연평균 성장률 (2021~2025)
1	종양 치료제	273	9~12%
2	면역계질환 치료제	175	9~12%
3	당뇨병 치료제	148	4~7%
4	신경계질환 치료제	143	3~6%
5	심혈관질환 치료제	74	1~4%
6	항응고항혈전제	72	6~9%
7	호흡기관계 치료제	68	2~5%
8	진통제	66	3~6%
9	코로나19 백신	46	12~15%
10	인체면역결핍바이러스	43	2~5%
11	위장약	38	5~8%
12	항세균제	28	2~5%
13	눈 관련 치료제	28	3~6%
14	피부질환 치료제	20	2~5%
15	콜레스테롤 조절제	18	2~5%

출처: 아이큐비아

역계질환 치료제 시장규모 역시 약 1,750억 달러로 항암제 다음가는 규모의 시장을 형성할 것으로 전망된다. 이 밖에 당뇨병 치료제(약 1,480억 달러), 신경계질환 치료제(약 1,430억 달러), 심혈관질환 치료제(약 740억 달러) 순으로 치료제 시장규모가 클 것으로 예상된다. 따라서 투자 관점에서는 시장규모가 큰 치료제를 개발하는 기업에 주목하는 것이 좋다. 또는 당장은 시장규모가 크지 않더라도 코로나19 백신처럼 연평균 성장률이 높은 치료제 시장에 속해 있는 기업도 주목해볼 만하다.

한편 항암제라고 해서 무조건 시장규모가 크다고 볼 수 없다. 사람들이 많이 걸리는 암 질환이 있는 반면, 소수만 걸리는 암 질환도 있기 때문이다. 따라서 실제 바이오 기업에 투자하기 위해서는 구체적으로 어떤 치료제를 만드는지 세세하게 살펴볼 필요가 있다.

2) 임상시험 단계

바이오신약을 개발하기 위해서는 사람에게 안전한지, 치료 효과는 있는지 등을 밝혀내기 위한 임상시험 단계를 거쳐야 한다. 하나의 신약이 개발되기 위해서는 신약 후보 물질 발굴부터 전임상시험, 임상시험(1~3단계), 미국 식품의약국 승인까지의 절차가 필요하다. 개발 기간은 평균적으로 10년 내외다.

전임상시험은 신약 후보 물질을 사람에게 적용하기에 앞서 쥐나 원숭이 등 동물에 적용하는 시험이다. 어느 정도의 치료 효과와 안전성이 검증되면 사람을 대상으로 진행하는 임상시험이 진행된다. 개발 중인 신약 후보 물질이 과연 어느 정도 진척되었는지에 따라 바이오 기업의 가치가 달라진다.

임상시험은 1상, 2상, 3상으로 나누어진다. 임상 1상에서는 일반적으로 신약 후보 물질의 안전성을 테스트한다. 20~100명의 건강한 지원자를 대상으로 시험을 진행하며 성공률은 약 52%다. 치료 효과가 아닌 안전성만 확인하므로 임상 성공률이 높은 편이다. 본격적인 치료 효과 확인은 임상 2상에서 이루어진다. 환자 100~500명을 대상으로 실제 치료 효과가 있는지 입증하는 시험이므로 기업 입장에서 매우 중요한 단계다. 임상 2상 시험 성공률은 28.9%로 개발 단계 중 가장 낮다. 임상 3상은 대상 환자의 수를 1,000~5,000명까지 늘려 최종적으로 안전성과 치료 효과를 입증하는 단계다. 임상 2상이 성공

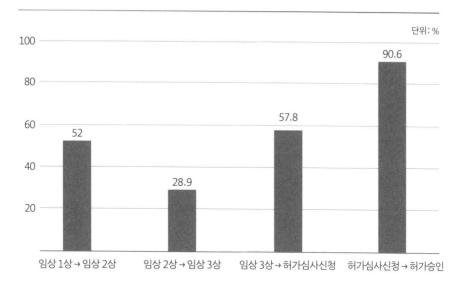

임상시험 단계별 성공률

단위: %

출처: 바이오매드트래커, 파마프리미아

적으로 마무리되었다면 3상은 통과될 가능성이 높다. 임상 3상의 성공률은 57.8%다.

임상 3상이 끝나면 신약 개발사는 미국 식품의약국에 허가심사신청서를 제출하는데, 허가가 승인될 확률은 90% 이상이다. 따라서 임상 2상을 통과하면 바이오신약 기업으로서의 가치가 높아진다. 주가 역시 긍정적으로 반응할 가능성이 매우 높다. 투자 관점에서는 기술력이 있는 바이오 기업 중에서 임상 2상을 진행 중인 기업을 주목하는 것이 좋다.

바이오신약 기업들은 자체적으로 임상시험을 진행하다가 국내·외 대형 제약사에 기술이전*을 진행하기도 한다. 기술이전계약은 주로 전임상 단계 및 임상 2상 단계에서 실시된다.

✳ 연구개발로 취득한 권리 또는 기술을 경제적 대가를 받고 양도, 공동연구 등의 방법으로 타 기업에 이전하는 것

인프라·필수소비재

개최 시기(매년)	콘퍼런스 및 학회
1월	JP모건 헬스케어 콘퍼런스
4월	미국암학회|American Association for Cancer Research, AACR
6월	미국임상종양학회|American Society of Clinical Oncology, ASCO
9월	유럽종양학회|European Society for Medical Oncology, ESMO
10월	미국류마티스학회|American College of Rheumatology, ACR
11월	면역항암학회|Society for Immunotherapy of Cancer, SITC

* 개최 시기는 연도별로 달라질 수 있음

한편 시기별로 신약 개발 기업에 중요한 이벤트가 있다. 미국과 유럽에서 열리는 헬스케어 콘퍼런스와 주요 질병 학회다. 매년 1월에 열리는 JP모건 헬스케어 콘퍼런스는 미국에서 개최되는 제약 바이오 산업계의 최대 행사다. 전 세계 헬스케어 기업들과 유수의 기관투자자들이 모여 연구 성과를 발표하고, 기술이전계약, 투자 유치 등이 이루어진다. 이 밖에 4월에 열리는 미국암학회, 6월에 개최되는 미국임상종양학회 등 다양한 학회가 있다. 해당 콘퍼런스나 학회에 참여하는 기업은 가시적인 연구 성과를 발표할 가능성이 있으니 투자 관점에서 주목할 필요가 있다.

3) 치료제 생산 방식

얼마나 선진화된 기술을 적용해 치료제를 개발하는지도 알아야 바이오신약 기업의 가치를 더 정확하게 판단할 수 있다. 기업이 항암제를 화학합성 방식으로 개발하는 것보다 세포치료제나 유전자치료제로 구현할 때 더 큰 부가가치를 가진다. 따라서 적응증이나 임상시험 단계가 같더라도 3세대 바이오의 약품을 개발하는 기업의 가치가 더 높게 형성될 수 있다.

4) 앞으로 10년, 바이오 기술 트렌드를 주도할 유전자 가위 기술

유전자 가위 기술은 특정 유전자를 자르거나 또는 잘라낸 후 새로운 유전자를 삽입해 교정하는 기술을 말한다. 유전자 가위 기술은 1세대부터 3세대까지 발전한 상태다. '크리스퍼 카스9^{CRISPR-Cas9}[*]'은 가장 진화한 유전자 가위 기술로 유전자 교정을 통한 체세포 유전자 치료나 배아 돌연변이 유전자 교정, 멸종 동물 복원 등에 활용할 수 있다.

다만 최근 부각되는 기술인 만큼 아직 넘어야 할 산이 많다. 학계에 따르면 유전자 가위 기술로 교정할 수 있는 DNA의 범위는 한 번에 하나 정도다. 또한 단순 유전자 제거 방식은 성공률이 높지만 교체나 정교한 변형은 성공률이 낮다. 유전자 가위의 분자 크기도 커서 세포 안으로 전달하기도 힘들다. 현재로서는 체외에서 유전자를 수정한 후 다시 환자에게 주입하는 방식을 사용한다. 나노입자 등을 활용해 체내 세포 속으로 유전자 가위를 전달하는 기술 개발이 필요한 상황이다.

현재 유전자 가위 기술로 임상을 진행하고 있는 기업은 크리스퍼 테라퓨틱스, 인텔리아 테라퓨틱스, 에디타스 메디슨 등이 대표적인 기업이다. 국내에서는 툴젠^{Toolgen}이 유전자 가위 기술 관련 특허를 보유하고 있다.

---

[*] 3세대 유전자 가위 기술로 DNA를 가위로 자르듯이 특정 부위를 잘라서 식물, 동물의 육체적인 특징을 바꿀 수 있는 기술

의약품 인프라

1. 의약품 인프라 산업의 개요

제약 바이오 산업에 속한 대부분의 기업이 의약품을 연구개발한다면 몇몇 기업은 이들이 신약을 개발하고 생산하는 것을 돕는다. 구체적으로 신약 개발 기업을 대신해 의약품을 생산하거나 연구개발용역을 제공하며, 연구에 필요한 각종 기자재를 공급하는 기업들이다. 이러한 기업들을 이 책에서는 의약품 인프라 섹터로 분류했다. CMO^{Contract Manufacturing Organization}, CDO^{Contract Development Organization}, CRO^{Contract Research Organization} 및 각종 바이오 기자재를 공급하는 기업들이다. 먼저 생산 능력이 부족하거나 생산이 아닌 연구개발에 집중하고 싶은 신약 개발 기업을 대신해 전문적으로 의약품을 생산하는 것을 의약품위탁생산(이하 CMO)이라고 한다. CDO는 최적화된 생산 공정을 개발하는 서비스다. 공정 개발 능력이 없는 중소형 제약 바이오 기업을 대상으로 세포주 공정 및 제형 개발 서비스를 제공하는 것이다. CRO는 임상시험수탁

기관으로, 임상시험을 대행해주는 것을 뜻한다. 신약 개발 기업이 비용 절감을 위해 CRO 기업에 임상시험을 아웃소싱하는 것이다. 정리하면 CMO는 '생산', CDO는 '개발', CRO는 '연구' 대행 서비스다. 세 가지 비즈니스 모델을 한데 묶은 것을 CDMO라 한다.

2. 의약품 인프라 산업의 성장성

경영 컨설팅 기업인 프로스트 앤드 설리번Frost&Sullivan에 따르면 글로벌 CDMO 시장은 2021년 기준 약 128억 달러에서 2025년 약 203억 달러로 연평균 성장률이 10.1%에 달할 것으로 관측된다. 경쟁력 있는 신약 파이프라인을 확보하기 위해 글로벌 빅파마들은 천문학적인 금액을 M&A에 투자하고 있다. 중소형 바이오 신약 개발사들 역시 연구개발비 지출을 지속해서 확대하는 상황이다. 이에 따라 비용 절감을 위해 전문적인 기관에 생산을 위탁하는 추세를 보인다. 특히 바이오의약품 제조 공정 개발부터 임상시험 및 판매허가신청 등 '끝에서 끝까지End To End' 모든 서비스를 대행해주는 CDMO 시장이 커지고 있다. 삼성바이오로직스는 CMO 시장에서 생산 능력 1위(4공장 포함 약 62만 리터)를 차지하고 있다. SK바이오사이언스는 백신 개발에 특화된 CMO 기업이다.

3. 의약품 인프라 산업의 투자 포인트

신약 개발 기업들처럼 CMO, CDO, CRO 기업들도 자체적으로 신약을 개발하기도 하지만 계약을 맺고 위탁 생산 및 개발, 연구를 진행한다는 점에서 차이점이 있다. 미래 신약 가치가 전부인 신약 개발 기업과는 다르다. 따라서 이들 기업은 주기적으로 글로벌 빅파마들과 공급계약을 맺는지, 이에 따른 공장 증설 계획이 발표되는지가 중요하다. 중장기적으로는 단순 위탁생산인 CMO보다는 공정 개발을 주도하고 임상 서비스까지 진행해주는 CDMO 사업자로 확장하는 것이 부가가치가 높다. 또한 3세대 바이오의약품이라고 불리는 세포치료제, 유전자치료제를 생산할 수 있는 역량을 갖추는 것도 중요하다.

건강기능식품

1. 건강기능식품 산업의 개요

건강기능식품은 인체에 유용한 성분이나 원료를 제조, 가공한 식품이다. 보건복지부가 발표한 〈OECD 보건 통계 2019년〉 보고서에 따르면 한국인의 기대수명은 82.7년(2017년 기준)으로 일본(84.2년)에 이어 2위다. 그러나 자신이 건강하다고 생각하는 사람의 비율은 29.5%로 OECD 국가 중 가장 낮다. 즉 기대수명은 높지만 건강에 대한 불안감은 크다고 볼 수 있다. 특히 건강기능식품은 이너 뷰티, 피부관리 등 자기관리에 대한 관심이 높아지면서 20~30대 젊은 층의 수요도 늘고 있다. 이러한 이유로 우리나라에서 건강기능식품 시장은 매년 꾸준히 성장하고 있다.

한국건강기능식품협회에 따르면 생산실적 기준 국내 건강기능식품 시장은 2021년 약 4조 321억 원으로 전년 대비 21.3% 성장했다. 최근 5년간 (2017~2021년) 건강기능식품 시장은 연평균 15.9%씩 성장했다. 이처럼 건강

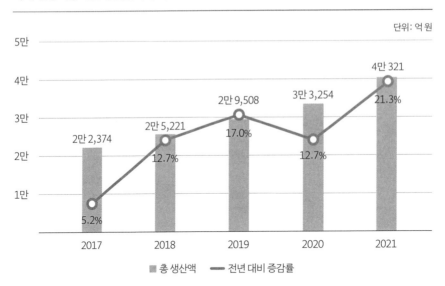

단위: 억 원

출처: 식품의약품안전처, 한국건강기능식품협회

기능식품 산업은 성장성이 높은 산업이지만, 진입장벽이 낮아 수많은 기업이 난립하고 있는 상황이다.

식품의약품안전처에 따르면 2021년 국내 건강기능식품 관련 기업은 9만 2,010곳이다. 이 중 판매 기업이 9만 1,489곳으로 99.4%이며 제조 기업은 508곳으로 0.5%를 차지한다. 기술력과 자본력이 필요한 제조 기업보다는 판매 기업이 압도적으로 많다. 제조 기업 역시 연 매출 1,000억 원 이상인 기업은 5곳(2019년 기준)에 불과하다. 대부분 영세한 기업들이 자리하고 있는 분야다.

현재 시장에서 판매 중인 건강기능식품의 종류는 350가지가 넘는다. 홍삼, 프로바이오틱스, 비타민이 전체 시장의 60%가량을 차지하고 있다.

2. 건강기능식품 산업의 투자 포인트

1) 생산 능력

투자 관점에서는 제조 시설을 보유한 기업에 주목할 필요가 있다. 건강기능식품 판매업은 진입장벽이 낮아 수많은 기업이 난립하는 상황이라 경쟁이 치열하다. 이에 반해 실제 제조를 하는 기업은 소수에 불과하다. 이 중에서 연간 매출 규모가 1,000억 원 이상인 기업에 주목하는 것이 좋다.

2) 지적재산권과 제조 기술력

다양한 지적재산권 보유 여부는 건강기능식품 기업의 기술력을 엿볼 수 있는 부분이다. 건강기능식품의 원료는 고시형 원료와 개별인정형 원료로 구분할 수 있다. 전자는 효능이나 안전성이 검증되어 누구든지 사용할 수 있는 원료다. 고시형 원료로 제조된 건강기능식품은 전체 시장의 80~90%를 차지하고 있다.

후자는 「건강기능식품 기능성 원료 및 기준·규격 인정에 관한 규정」에 따라 승인된 원료로 원료를 개발한 기업이 독점적으로 사용할 수 있다(개발사가 지정한 제3자 역시 사용이 가능하다). 개별인정형 원료는 승인 후 6년이 경과하고 해당 원료를 이용해 생산된 품목제조신고가 50건 이상이면 고시형 원료로 전환된다. 이런 특성을 고려했을 때 자체적으로 개발한 개별인정형 원료가 많은 기업은 연구개발 역량이 좋다고 볼 수 있다.

건강기능식품 기업 중에서 프로바이오틱스, 마이크로바이옴 등의 미생물을 활용해 바이오신약 개발에 나서는 사례도 있다. 신약 개발이 성공적으로 진척될 경우 바이오신약 기업으로 재평가를 받을 수 있으므로 기업이 어떤 파이프라인을 보유하고 있는지 살펴볼 필요가 있다.

3) 해외 진출

내수 시장을 탈피해 수출을 확대하는 기업도 눈여겨볼 만하다. 건강기능식품 내수 시장은 기술력, 브랜드 파워보다 판매, 마케팅 경쟁으로 치닫고 있다. 과거 건강기능식품 상장사들의 PER은 20~30배를 형성했으나, 최근 20배 미만으로 낮아졌는데, 바로 이런 이유 때문이라고 볼 수 있다. 이런 상황에서 해외 시장을 성공적으로 개척한 기업이 나타난다면 주가 차별화가 이루어질 수 있다.

동물의약품

1. 동물의약품 산업의 개요

동물의약품은 동물에게 투여하는 의약품이다. 구체적으로 소, 돼지, 닭 등 축산 농가에서 기르는 가축들에게 급여하는 사료 첨가제, 질병 예방과 치료를 위한 주사제 및 분말제, 액상제 등이 대표적이다.

동물의약품의 주 수요처가 축산 농가에서 기르는 가축이므로 동물의약품 산업은 축산업과 밀접한 관련이 있다. 2022년 말 기준 사육 중인 가축 수는 소 411만 6,000마리, 돼지 1,112만 4,000마리, 닭 1억 7,199만 3,000마리다. 최근 5년간 가축별 연평균 증가율은 소 4%, 돼지 -0.5%, 닭 0.02%다. 다만 동물의 만성 질병 유병률 증가와 1인당 육류 소비 증가로 동물의약품 시장은 꾸준히 성장하고 있다.

한국동물약품협회에 따르면 2021년 국내 동물의약품의 시장규모는 약 1조 3,481억 원으로 전년 대비 10% 늘었다. 2018년부터 2021년까지 연평균 성장률은 6.7%다. 2021년 6월 기준 동물의약품 기업은 총 862곳이며 이 중에서 470곳이 제조 기업이고 나머지 392곳이 수입 기업이다. 현재 동물의약품은 중소기업 고유업종으로 지정되어 있다. 일부 동물의약품의 원료나 고도의 기술력을 필요로 하는 제품 개발에 한해서만 대기업이 참여할 수 있다.

동물의약품의 소비처는 유통 채널별로 크게 사료 기업과 축산 농가로 구분할 수 있다. 사료 기업은 제조사에서 직접 공급하는 데 반해, 축산 농가는 약사가 운영하는 동물의약품 전문판매점이나 수의사가 운영하는 가축병원에서 공급한다. 유통 채널별 수익성은 전문판매점이나 동물병원이 더 높다.

2. 동물의약품 산업의 투자 포인트

동물의약품 시장의 양적 성장은 둔화된 반면, 질적 성장은 진행 중이다. 과거 '돼지 목살 항생제' 논란이 일어났던 적이 있다. 돼지의 목에 항생제 주사를 놓기 때문에 돼지의 목살에 항생제가 축적된다는 논란이었다. 유언비어로 밝혀졌지만, 항생제를 맞은 돼지에 대한 부정적 인식이 소비자들에게 자리 잡힌 계기가 되었다. 이후 항생제의 대체재 역할을 할 수 있는 백신 위주의 생물학적제제 수요가 늘고 있다. 또한 구제역, 아프리카돼지열병, 조류독감 등 주기적으로 발생하는 전염병도 예방 차원의 동물의약품 시장 확대를 촉진하고 있다.

2021년 KB 경영연구소가 발표한 〈한국 반려동물 보고서〉에 따르면 반려동물을 키우는 가구는 전체 가구 중 29.7%로, 전체 인구는 약 1,448만 명이나 된다. 우리나라 인구 4명 중 1명은 반려동물과 함께 사는 셈이다. 한국농촌경제연구원 또한 국내 반려동물 연관 시장규모가 2020년 약 3조 원에서 2027년에는 약 6조 원 규모로 성장할 것으로 전망했다. 실제 국내 동물의약품 내수에서 반려동물 시장만 따로 떼어놓고 보면 성장률이 매우 가파르다.

전체 동물의약품 내수 시장은 2013년 약 5,459억 원에서 2021년 약 9,229억 원으로 약 70% 성장한 데 반해, 같은 기간 반려동물의약품 시장은 약 513억 원에서 약 1,538억 원으로 3배 성장했다. 한국제약바이오협회에 따르면 2023년 글로벌 동물용의약품 시장규모는 약 62조 원으로 추정되는데 이 중 반려동물의약품 시장이 절반가량을 차지한다. 2021년 기준 국내 동물의약품에서 반려동물의약품 시장이 차지하는 비중이 9.3%인 것을 감안하면 아직 성장 초입 단계로 볼 수 있다. 동물의약품 기업들이 성장하는 반려동물의약품 시장에 성공적으로 진출한다면 주가 차별화가 나타날 가능성이 있다.

한편 동물의약품 기업들은 전염병 이벤트가 발생하면 주가가 급등하는 경향이 있다. 동물의약품 치료제, 백신 수요가 늘어날 것이라는 기대감 때문이다. 다만 현재로서는 발병 가능성을 염두에 두고 백신을 미리 접종하며, 막상

국내 동물의약품(내수) 시장과 반려동물의약품 시장 비교

단위: 억 원

출처: 한국제약바이오협회

전염병에 걸렸다면 이렇다 할 치료제도 없는 상황이다. 따라서 전염병이 유행한다고 동물의약품 기업들의 실적이 좋아지지는 않는다. 그럼에도 주가에 영향을 주는 이벤트이니 투자자들은 알아둘 필요가 있다.

제약과 바이오 산업 투자 지표

실적 및 투자 지표: 2023년 3분기 연환산 기준
배당수익률: 2022년 주당 배당금/2023년 11월 24일 주가
시가총액: 2023년 11월 24일 기준

단위: 억 원

종목코드	종목명	매출액	영업이익	순이익	PER	배당수익률	시가총액
207940	삼성바이오로직스	35,866	10,765	9,369	54	0.0%	504,624
068270	셀트리온	23,045	7,337	6,038	41	0.2%	245,957
091990	셀트리온헬스케어	22,180	1,728	431	281	0.2%	121,375
326030	SK바이오팜	2,909	-969	-835	-81	0.0%	67,976
302440	SK바이오사이언스	4,192	52	459	113	0.0%	51,752
000100	유한양행	18,723	683	881	54	0.6%	47,439
196170	알테오젠	847	-44	61	629	0.0%	38,362
128940	한미약품	14,197	1,894	1,313	29	0.2%	38,063
068760	셀트리온제약	3,817	370	267	127	0.0%	33,946
009420	한올바이오파마	1,333	73	60	315	0.0%	19,068
145020	휴젤	3,162	1,111	787	24	0.0%	19,012
086900	메디톡스	2,054	312	113	141	0.4%	15,984
185750	종근당	15,619	1,508	1,361	12	0.8%	15,861
000250	삼천당제약	1,847	93	-150	-104	0.0%	15,647
214370	케어젠	809	398	373	40	2.0%	14,772
006280	녹십자	16,332	204	19	739	1.5%	13,732
069620	대웅제약	13,413	1,065	464	27	0.6%	12,629
237690	에스티팜	2,648	212	115	109	0.8%	12,527
141080	레고켐바이오	345	-803	-831	-14	0.0%	11,944
195940	HK이노엔	8,211	518	344	34	0.8%	11,729

제약과 바이오

건강기능식품
- 콜마비앤에이치 · 서흥 · 노바렉스 · 에이치피오 · 코스맥스엔비티 · 쎌바이오텍
- 코스맥스비티아이 · 프롬바이오 · 에이치엘사이언스 · 알피바이오 · 팜스빌
- 뉴트리 · 네오크레마 · 비엘팜텍 · 비피도 · 휴럼 · 씨엑스아이

바이오

기타 바이오의약품
- 인트론바이오 · CG인바이츠 · 신테카바이오
- 내츄럴엔도텍 · 큐리언트

마이크로바이옴
- 지놈앤컴퍼니 · 고바이오랩 · 스피어파워 · 제노포커스

바이오마커
- 싸이토젠 · 에이비온

바이오베터
- 아이진

바이오소재
- 펩트론 · 아미코젠 · 애니젠 · 오리엔트바이오

바이오시밀러
- 셀트리온 · 셀트리온헬스케어 · 선바이오

백신
- 유바이오로직스 · HLB테라퓨틱스 · 진원생명과학 · 차백신연구소
- 큐라티스 · 비엘 · 셀리드

보톡스와 필러
- 휴젤 · 메디톡스 · 케어젠 · 파마리서치 · 휴메딕스
- 바이오플러스 · 제테마 · 한국비엔씨 · 서울리거

세포치료제
- 차바이오텍 · 엔케이맥스 · 지씨셀 · 지아이이노베이션 · 큐로셀
- 파미셀 · 메디포스트 · 네오이뮨텍 · 안트로젠 · 바이오에프디엔씨
- 유틸렉스 · 바이오솔루션 · 바이젠셀 · 테고사이언스 · 박셀바이오
- 에스바이오메딕스 · 강스템바이오텍 · 에스씨엠생명과학

유전자가위
- 툴젠

유전자치료제
- 코오롱티슈진 · 신라젠 · 제넥신 · 올릭스 · 헬릭스미스

플랫폼
- 알테오젠 · 셀리버리 · 파로스아이바이오 · 인벤티지랩
- 샤페론 · 압타머사이언스

항체의약품
- 레고켐바이오 · 에이비엘바이오 · 프레스티지바이오파마 · 에이프릴바이오
- 이수앱지스 · 앱클론 · 압타바이오 · 메드팩토 · 파멥신

동물의약품

· 바이오노트 · 코미팜 · 씨티씨바이오 · 옵티팜 · 중앙백신 · 이글벳 · 전진바이오팜
· 제일바이오 · 대성미생물 · 진바이오텍 · 애드바이오텍 · 우진비앤지

의약품 인프라

CDMO
· 삼성바이오로직스 · SK바이오사이언스 · 프레스티지바이오로직스
· 바이넥스 · 팬젠

CRO
· HLB바이오스텝 · 코아스템켐온 · 디티앤씨알오 · 바이오톡스텍 · 드림씨아이에스
· 씨엔알리서치 · 바이오인프라 · 에이디엠코리아 · 우정바이오

기자재
· 큐리옥스바이오시스템즈 · 서린바이오 · 일신바이오 · 얼라인드 · 지더블유바이텍
· 대한과학 · 에스엘에스바이오 · 케이바이오 · 세니젠 · 제넨바이오

제약

원료의약품
· 코오롱생명과학 · 국전약품 · 경보제약 · 화일약품 · 엔지켐생명과학
· 아미노로직스 · 종근당바이오 · 하이텍팜 · 에스텍파마 · 그린생명과학

의약품유통
· 에스메디

일반의약품
· 대웅제약 · 동국제약 · 일동제약 · 동화약품 · 동성제약
· 조아제약 · 경남제약

전문의약품
· SK바이오팜 · 유한양행 · 한미약품 · 셀트리온제약 · 한올바이오파마
· 종근당 · 삼천당제약 · 녹십자 · 에스티팜 · HK이노엔 · HLB생명과학
· 보로노이 · 보령 · 신풍제약 · JW중외제약 · 동아에스티 · 부광약품
· 휴온스 · 유나이티드제약 · 영진약품 · HLB제약 · 광동제약 · 대원제약
· 삼진제약 · CMG제약 · 일양약품 · 일성신약 · 이연제약 · 환인제약
· 제일약품 · 하나제약 · 한국파마 · 에이프로젠바이오로직스 · 경동제약
· JW생명과학 · 퓨쳐켐 · 대화제약 · 한독 · 티움바이오 · 대한약품
· 비보존 제약 · 삼성제약 · 동구바이오제약 · 큐라클 · 테라젠이텍스
· 위더스제약 · 대한뉴팜 · 현대약품 · JW신약 · 녹십자웰빙 · 텔콘RF제약
· 팜젠사이언스 · 삼아제약 · 안국약품 · 국제약품 · 카이노스메드
· 신신제약 · 삼일제약 · 지엘팜텍 · 알리코제약 · 신일제약 · 유유제약
· 아이큐어 · 옵투스제약 · 고려제약 · 명문제약 · 진양제약
· 브릿지바이오테라퓨틱스 · 에이프로젠 H&G · 비씨월드제약
· 더블유에스아이 · 서울제약 · 한국유니온제약

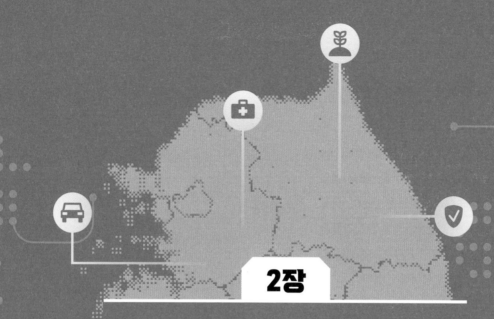

2장

기초 소재와 산업재

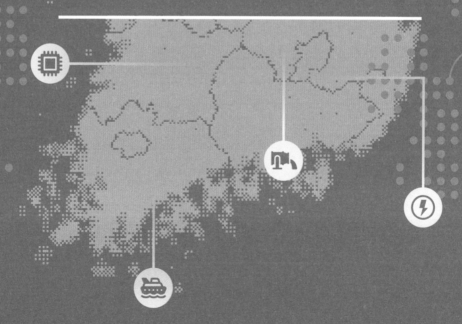

정유와 화학

정유와 화학 산업은 수출 주도형 산업으로 글로벌 경기 및 경쟁사들의 증설과 공급에 영향을 받는다. 글로벌 GDP 성장률과 유사한 성장률을 보이며, 원료인 국제 유가 등락에 따라 이익의 변동성이 큰 편이다. 타 산업에 비해 배당 성향이 높은 것도 특징이다.

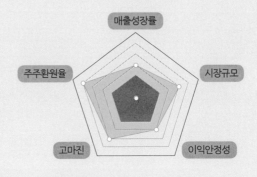

우리 몸의 70%는 수분으로 이루어져 있다. 그렇다면 우리가 걸치고 있는 것의 대부분은 무엇으로 이루어져 있을까? 바로 석유화학 제품이다. 스마트폰, 의류, 신발, 가방, 지갑 심지어 신용카드까지 우리가 사용하는 품목에 석유화학 제품이 아닌 게 거의 없을 정도다.

석유화학 제품의 기초 소재는 원유를 분류해 생성된 나프타다. 원유를 분별 증류하면 나프타뿐만 아니라 휘발유, 경유, 등유가 나온다. 이렇게 원유를 가공해 다양한 소재 및 연료를 생산하는 것을 정유(精油) 산업이라고 한다. 이 책에서 기술한 정유와 (석유)화학 산업은 원유를 정제하고 분류해 다양한 에너지 및 각종 석유화학 제품을 만드는 산업으로 볼 수 있다.

정유와 화학 산업에 속한 기업은 총 77곳으로 주식 시장에서 차지하는 비중은 4.4%다. 석유화학 제품은 일상생활의 기초 소재로 글로벌 경기 흐름과 동행하며 시장 사이클의 진폭이 크다. 석유화학 제품은 이미 우리 생활에 없어서는 안 될 필수 제품이 되었으며 산업 역시 성숙기에 접어든 지 오래다. 또한 경기에 매우 민감한 전형적인 시클리컬 산업이다.

정유와 화학 산업은 크게 정유 그리고 화학 섹터로 구분된다. 땅속이나 해저에서 시추한 원유를 정제하고 분별하는 영역을 정유, 이를 통해 나온 나프타를 통해 다양한 파생 제품을

만드는 영역을 화학으로 볼 수 있다. 다만 두 섹터가 완전히 구분되는 영역은 아니다. 정유 산업 역시 기초 화학 소재를 생산하기 때문이다.

투자 관점에서는 수요와 공급에 따른 가격이 중요하다. 산업의 형태가 원유 - 나프타 - 기초 유분 - 중간 원료 - 합성 수지 등 기타 화학 제품으로 이어지는 꼬리에 꼬리를 무는 밸류 체인으로 형성되어 있기 때문이다. 누군가에게는 제품이고, 누군가에게 원재료로 사용된 다. 따라서 제품 가격과 원재료 가격의 차이에 따라 밸류체인상에 위치해 있는 기업들은 손익이 크게 개선되기도, 나빠지기도 한다. 투자자는 투자하는 기업이 밸류체인상 어디에 위치해 있는지, 제품 가격과 원재료 가격의 차이, 즉 스프레드가 어떤 상황인지 알고 투자해야 한다.

정유와 화학

1. 정유와 화학 산업의 개요

2021년 기준 우리나라는 약 1,270만 톤의 에틸렌Ethylene을 생산해 글로벌 석유화학 시장에서 점유율 6.2%로 4위를 차지하고 있다. 미국이 19.7%로 1위이며 중국이 19.4%로 그 뒤를 잇고 있다. 산유국인 사우디아라비아가 8.6%로 3위다.

우리나라는 기름 한 방울 나지 않는 나라지만, 1970년부터 정부 주도로 화학 산업을 적극 육성함에 따라 석유화학 강국이 되었다. 2019년 기준 정유와 화학 산업의 총생산액이 약 95조 원으로 국내 제조업 중에서 5위이며, 2021년 기준 수출액이 약 551억 달러로 반도체, 자동차에 이어 세 번째로 큰 규모다. 석유화학 제품은 '산업의 쌀'로 불릴 만큼 정유와 화학은 필수 산업인 동시에 우리나라에 중요한 기간 산업이다.

석유화학 제품은 우리의 필수 제품으로 자리 잡았지만 정유와 화학 산업은

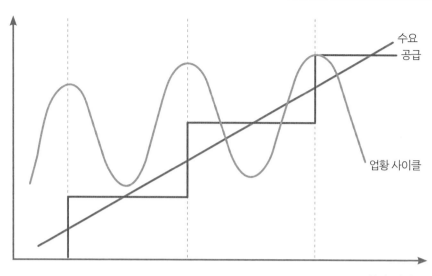

출처: 대신증권

경기에 민감하게 반응하는 전형적인 시클리컬 산업이다. 필수 제품인데 경기에 민감하다는 표현이 앞뒤가 맞지 않는 것 같다. 이는 정유와 화학 산업이 대규모 장치 산업이기 때문이다. 경기가 좋아지면 석유화학 제품 수요가 늘면서 공급 부족 현상이 발생한다. 이 경우 당연히 화학 기업들은 공급을 늘리기 위해 생산 능력을 확대한다. 일반적으로 화학 기업들의 생산 능력 확대는 여러 기업에서 동시다발적으로 이루어진다. 업황도 좋은데 경쟁 기업이 증설을 하는 것을 보고만 있을 수는 없기 때문이다. 통상 석유화학단지를 조성하기 위해서는 약 5조 원가량의 설비 투자 금액이 필요하며 시일도 꽤 소요되기 마련이다.

그러나 경기가 영원히 좋을 수는 없다. 증설이 완료될 때쯤 경기가 정점에 달하고 하락하는 국면으로 접어든다. 생산 능력을 확충한 화학 기업들은 공급량을 쏟아내기 시작한다. 결국 수요보다 공급이 많아지며 석유화학 제품 가격은 하락한다. 이러한 이유로 업황에 따라 화학 기업의 손익 변동이 커질 수밖에 없다.

정리하면 정유와 화학 산업은 다음과 같은 사이클을 반복한다. 경기가 확장하며 '수요 증가 → 공급 부족으로 제품 가격이 오르며 업황 호조 → 화학 기업들의 증설 → 경기 침체에 따른 수요 감소 → 공급과잉'으로 업황 둔화의 사이클이다. 따라서 화학 기업 투자자는 업황이 부진할 때 매수하고 업황이 최고조에 달할 때 매도하는 기민함이 필요하다.

2. 정유와 화학 산업의 밸류체인

정유는 유전에서 추출한 원유를 실제로 사용할 수 있도록 정제하고 각종 연료, 소재들을 추출하는 것을 말한다. 구체적으로는 세 가지 과정으로 이루어지는데, 끓는점을 이용해 분리하는 과정은 '분별 증류', 불순물 제거 등 품질을 향상시키는 과정은 '정제', 각 유분을 제품별로 섞거나 첨가제를 넣는 과정은 '배합'이라고 한다. 끓는점이 낮은 순서대로 LPG, 휘발유, 나프타(또는 납사), 항공유, 등유, 경유, 중유, 아스팔트 순으로 분리된다.

휘발유, LPG, 경유 등은 각종 산업현장이나 운송 수단의 주요 원료로 사용되며 나프타는 석유화학 산업의 핵심 소재로 활용된다. 나프타를 사용해 다양한 석유화학 제품을 생산하기 위해서는 나프타를 분해하는 설비인 NCC^Naphtha Cracking Center가 필요하다.

NCC에 나프타를 넣고 분해 후 정제하면 에틸렌, 프로필렌 등 기초유분이 생산된다. 한국석유화학협회에 따르면 NCC에서 생산되는 종류별 기초유분 비중은 에틸렌 31%, 프로필렌 16%, C4유분(부타디엔 원료) 10%, RPG(벤젠, 톨루엔, 자일렌의 원료) 14%다. 메탄이나 수소, LPG 등 기타 제품은 29%를 차지

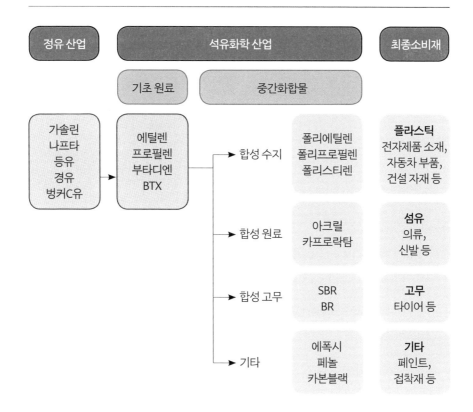

한다.

에틸렌과 프로필렌은 기초유분 중 생산량이 가장 많은 품목으로 유도품 생산 공정을 통해 중간 원료뿐만 아니라 합성 수지, 합성 원료 등을 생산할 수 있다. C4 유분은 정제 과정을 거쳐 부타디엔이 되는데, 합성 고무의 소재로 사용된다. RPG 역시 추가 추출 및 정제를 통해 방향족계인 벤젠, 톨루엔, 자일렌을 생산한다. 이들 제품은 각종 추출 과정을 거쳐 중간 제품으로 만들어진 후 최종적으로 합성 수지, 합성 원료로 사용된다.

3. 정유와 화학 산업의 투자 포인트

1) 가격

정유와 화학 산업은 성숙기에 진입한 지 오래이며, 글로벌 경제 흐름과 유사하게 성장한다. 따라서 수요와 공급의 불일치에서 발생하는 가격 변동이 무엇보다 중요한 투자 포인트다. 먼저 정유 기업과 화학 기업을 구분해서 볼 필요가 있다. 정유 기업은 국제 유가가 오르는 구간에서 수익성이 개선된다. 정유 기업은 원유를 들여와 정제 과정을 거친 후 생성된 제품을 판매하는데, 이때 시세는 국제 유가와 연동된다. 통상 원재료를 매입해 정체 후 되팔기까지 2개월가량의 시간이 소요된다. 이 기간에 유가가 배럴당 50달러에서 100달러까지 올랐다고 가정하면, 정유 기업 입장에서는 50달러에 매입한 원유가 100달러까지 올랐으니 가만히 앉아서 돈을 벌게 된 것이다. 이를 래깅Lagging 효과라고 한다.

물론 국제 유가의 방향성만 정유사 수익에 영향을 주는 것은 아니다. 정유 기업은 원유를 정제하는 대가로 석유에 정제마진을 붙여 판매한다. 정제마진은 석유 제품 수요가 많고 적음에 따라 결정되니 결국 업황을 반영한다고 볼 수 있다. 통상 정제마진과 국제 유가의 방향은 같이 움직일 때가 많다.

화학 기업은 정유 기업과 다소 반대의 모습을 보인다. 국제 유가가 오르면 원재료인 나프타 가격도 오를 수 있기 때문이다. 물론 기초유분, 중간 제품 등도 함께 오르면 상관없지만, 그렇지 않다면 제품 가격과 원재료 가격의 스프레드가 축소해 이익이 감소한다. 가장 이상적인 시나리오는 국제 유가가 하락한 상황에서 경기 회복으로 석유화학 제품 수요가 늘어나 가격이 상승하는 상황이다.

화학 밸류체인은 기초유분-중간 제품-합성수지 등으로 이어지기 때문에 기업마다 상이한 업황을 보인다. 최종 수요처에 따라 에틸렌 업황은 좋지만,

프로필렌 업황은 부진할 수도 있다. 따라서 투자자는 자신이 투자하는 기업이 어느 밸류체인에 속해 있는지, 원재료는 무엇이고 제품은 무엇인지 확인해야 한다.

2) 경쟁사들의 증설

앞서 정유와 화학 산업은 경기 사이클을 두고 수요와 공급의 불일치가 주기적으로 발생한다고 했다. 공급에 영향을 주는 요인은 글로벌 화학 기업들의 증설이다. 따라서 대규모 증설 계획이 예정되어 있다면 공급과잉 우려를 불러일으킬 수 있으므로 주의해야 한다. 반대로 수요가 회복되어 제품 가격이 오르는 상황에서도 증설 이슈가 없다면 최고의 투자 환경으로 볼 수 있다. 이처럼 정유 기업이나 화학 기업들은 사이클에 따라 실적의 등락이 발생하고, 기업의 주가 역시 궤를 같이 하므로 투자 관점에서는 장기 투자보다는 사이클 하단에서 매수하고 상단에서 매도하는 전략이 유효하다.

3) 친환경

정유와 화학 산업은 시클리컬 산업으로 여겨지지만, 장기 투자 포인트도 존재한다. 바로 폐플라스틱을 활용한 친환경 사업이다. 글로벌 시장조사기관 리서치앤마켓에 따르면 전 세계 플라스틱 재활용 산업 시장은 2021년 약 455억 달러에서 2026년 약 650억 달러로 연평균 성장률이 7.5%에 달할 전망이다. 플라스틱은 환경 오염의 주범이므로 이를 감축하기 위한 노력은 지속될 수밖에 없다. 스타벅스에서 플라스틱 빨대 대신 종이 빨대를 사용하거나 커피전문점 매장에 머물 경우 의무적으로 머그잔 사용을 권하는 것이 대표적인 사례다.

　EU에서는 2021년 7월 3일부터 플라스틱 제품의 유통 및 판매가 금지되고, 라벨링 및 생산자 책임이 강화되었다. 또한 페트병은 2025년부터 생산

기업명	플라스틱 재활용 전략
LG화학	미국 곡물기업과 연 7만 5,000톤 바이오 플라스틱 생산
롯데케미칼	화학적 재활용 페트 2030까지 연 34만 톤 생산
한화솔루션	바다에서 스스로 분해되는 폴리에스터계 소재 개발 중
코오롱인더스트리	스위스 기업과 리사이클 페트^{Rpet} 칩 제조 사업 진출
삼양사	옥수수 전분 소재 플라스틱 개발
SK지오센트릭	폐플라스틱에서 열분해유 추출해 도시유전화
현대엔지니어링	폐플라스틱으로 고순도 청정수소 생산
GS칼텍스	폐플라스틱 열분해유를 석유정제 공정에 투입

출처: 각 언론사 취합

과정 내 재활용 원료 비율을 의무적으로 25% 이상 함유해야 한다. 포장재 플라스틱은 재활용 비중을 2025년에는 50%, 2030년에는 55%까지 높일 계획이다.

전 세계 플라스틱 재활용 흐름에 따라 국내 화학 기업들 역시 팔을 걷어붙였다. 따라서 플라스틱 재활용 분야에서 신소재 개발 같은 기술력이 있는 기업은 기업 가치를 높게 평가받을 수 있을 것으로 보인다.

정유와 화학 산업 투자 지표

실적 및 투자 지표: 2023년 3분기 연환산 기준
배당수익률: 2022년 주당 배당금/2023년 11월 24일 주가
시가총액: 2023년 11월 24일 기준

단위: 억 원

종목코드	종목명	매출액	영업이익	순이익	PER	배당수익률	시가총액
051910	LG화학	559,673	20,463	13,027	28	1.9%	362,845
096770	SK 이노베이션	768,959	6,895	-2,376	-60	0.0%	142,428
010950	S-Oil	364,907	12,505	10,172	8	7.8%	78,921
011170	롯데케미칼	202,462	-4,751	-284	-233	2.2%	66,131
001570	금양	1,708	-26	-566	-108	0.0%	61,127
078930	GS	266,292	38,563	13,778	3	5.8%	39,907
011780	금호석유	64,519	4,365	5,082	7	4.2%	36,598
298050	효성 첨단소재	32,720	2,014	501	35	3.8%	17,696
298020	효성티앤씨	75,710	1,412	737	23	2.5%	17,008
004000	롯데 정밀화학	18,540	1,903	2,372	6	5.9%	15,274
005420	코스모화학	8,596	144	-136	-103	0.0%	13,981
120110	코오롱인더	52,054	1,559	770	16	3.0%	11,998
285130	SK케미칼	17,944	1,230	1,263	9	2.3%	11,163
006650	대한유화	21,919	-1,617	-1,096	-10	0.6%	10,576
069260	TKG휴켐스	12,358	1,171	823	11	4.6%	8,891
003240	태광산업	23,852	-1,731	3,443	2	0.3%	6,803
268280	미원에스씨	4,731	266	133	51	1.7%	6,745
161000	애경케미칼	18,340	400	170	35	4.5%	5,935
014830	유니드	10,695	-133	-101	-51	2.6%	5,177
004430	송원산업	10,819	793	404	11	2.7%	4,481

정유와 화학

정유

석유유통
- 이아이디
- 극동유화
- 대성산업
- 흥구석유
- 중앙에너비스
- 위즈코프
- 바이온
- 세기상사

윤활유
- 한국쉘석유
- 미창석유

정유사
- SK이노베이션
- S-Oil
- GS

화학

NCC
- LG화학
- 롯데케미칼
- 대한유화

기타 화학제품
- 롯데정밀화학
- 코스모화학
- 유니드
- 송원산업
- 백광산업
- 삼영무역
- 한농화성
- 경인양행
- 태경케미컬
- 엠투엔
- 대정화금
- 케이피엠테크
- 원익큐브
- 한일화학
- 나노브릭
- 오공
- 씨큐브
- 이화산업
- 나노
- 나노캠텍
- 에스엘에너지

합섬원료
- 효성티앤씨
- 태광산업
- 티케이케미칼
- 휴비스
- 대한화섬
- 성안
- 레몬
- 원풍

합성고무
- 금호석유
- 효성첨단소재

합성수지
- 금양
- 코오롱인더
- SK케미칼
- 미원에스씨
- 국도화학
- 효성화학
- 코오롱플라스틱
- 미원홀딩스
- HRS
- SH에너지화학
- 영보화학
- 진양폴리
- 아셈스
- 진양화학
- 케이디켐
- WISCOM
- 세우글로벌
- 엔피케이
- 와이오엠
- 웹스

합성원료
- TKG휴켐스
- 애경케미칼
- 이수화학
- 동성케미컬
- KPX케미칼
- 그린케미칼
- 미원화학
- 동남합성
- 진양산업
- 카프로

철강과 광물

금속은 전자기기, 조선, 건설, 기계 등 거의 모든 산업의 소재로 사용되므로 철강과 광물 산업은 시장규모가 크고 세계 경제 성장률과 연동되어 있다. 수요와 공급에 따라 가격 변동이 큰 편이라 이익의 변동성은 있는 편이지만, 성숙기에 진입하는 동안 쌓아온 잉여금을 바탕으로 주주환원에 적극적인 편이다.

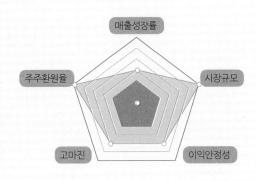

금속은 단단하고 광택이 있으며 열과 전기가 잘 통하는 물질이다. 금속은 일반적으로 철과 철이 아닌 금속(비철금속)으로 구분한다. 철은 전자기기, 조선, 건설, 가전, 기계, 전선 등 우리 생활에서 안 쓰이는 곳이 없다. 철 외에도 중요한 금속이 있다. 구리, 알루미늄, 아연 등이 대표적이다. 철만큼은 아니지만 다양한 산업에서 핵심 소재로 두루 사용되고 있다. 최근에는 전기차 시장이 급격히 성장하면서 투자 관점에서는 철보다는 리튬, 니켈 등 비철금속이 더 중요해지고 있다.

철강과 광물 산업에 속한 기업은 총 91곳으로 주식 시장에서 차지하는 비중은 3.7%다. 2000년대 세계무역기구World Trade Organization, WTO에 가입한 중국은 저렴한 인건비와 정부의 보조금을 바탕으로 글로벌 철강 제조 공장으로 부각되었다. 그러나 성장률이 둔화되면서 그간 구축한 설비는 애물단지가 되었고 글로벌 철강 제품 공급과잉을 일으켰다. 이러한 현상 때문에 철강 가격이 구조적으로 약세를 보이며 글로벌 철강 산업이 침체되었다.

철강, 비철금속 기업들은 성장의 돌파구를 2차전지 소재에서 찾고 있다. 리튬, 니켈 등 배터리 소재에 사용되는 금속과 관련한 자원개발 사업에 투자하거나 직접 배터리 소재 사

업에 진출하고 있다. 이미 성숙기 산업에 진입한 철강, 비철금속 기업이 2차전지 성장주로 탈바꿈한다면 시장에서 재평가가 이루어질 수 있는 만큼 투자자는 이런 기업을 잘 찾아볼 필요가 있다.

철강과 광물 산업은 다시 철강(제철, 철강제품, 철강공정소재), 비철금속, 상사로 구분된다. 철강은 철광석을 수입해 철강 제품을 제조하거나 생산 과정에서 필요한 소재를 만드는 기업, 고로 및 전기로 기업이 생산한 반제품을 전방 산업에 맞게 다양한 용도로 가공하는 기업이 포함된다. 비철금속은 정광을 수입해 각종 비철금속을 정련, 제련하는 기업과 비철금속 반제품을 가공하는 기업이 속한다. 상사는 광물 등 각종 원자재 및 상품 등을 수입하는 기업이 속한다.

철강

1. 철강 산업의 개요

철강 산업은 대규모 설비 투자가 요구되는 장치 산업이다. 특히 철광석을 녹여 철강 제품을 만드는 제강 기업인 POSCO홀딩스의 연간 자본적 지출 금액만 하더라도 3조 원에 달한다. 매년 수조 원의 설비 투자가 필요한 만큼 진입 장벽이 높아 일부 대기업만이 철강 산업에 진출한 상황이다. 게다가 장치 산업이기 때문에 대규모 설비에서 발생하는 감가상각비 같은 비용이 상당하다.

특히 철광석을 녹이는 고로 설비는 가동을 시작하면 15~20년간 수명이 다할 때까지 멈추지 않고 운영된다. 설비 점검을 위한 일시적 가동 중단을 제외하고 고로가 멈춘 시간이 4~5일 이상을 넘어가면 쇳물이 굳기 때문이다. 이러한 경우 고로를 재가동하는 데만 3~6개월이 소요된다. 즉 제강 기업은 철강 수요가 적을 때도 고로를 계속 가동해야 하는 운명이다. 수요에 탄력적으로 대응하지 못하기 때문에 철강 제품 가격 변동성이 커질 수밖에 없다. 이러

전 세계 조강 생산량 추이

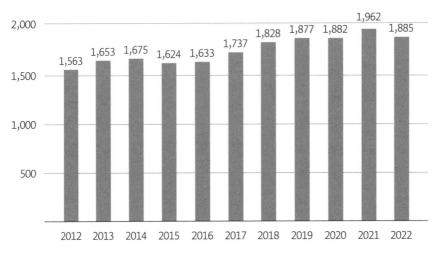

단위: 100만 톤

출처: Statista

2022 국가별 조강 생산량 점유율

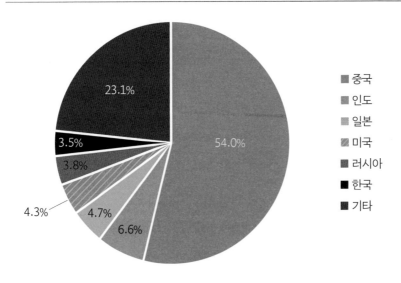

출처: 세계철강협회

한 이유로 철강 산업은 경기에 민감하게 반응한다.

전 세계 철강 산업은 성숙기에 진입한 상태로 세계 경제 성장률과 비슷한 흐름을 보이고 있다. 세계철강협회에 따르면 2022년 전 세계 조강[*] 생산량은 약 18억 8,573만 톤으로 전년 대비 약 3.9% 줄었다. 러시아-우크라이나 전쟁, 미국을 중심으로 선진국들의 강력한 긴축 정책, 중국의 도시 봉쇄 등으로 조강 생산량이 감소했다.

국가별 생산량을 살펴보면 중국이 약 54%로 압도적 1위다. 뒤를 이어 인도(6.6%), 일본(4.7%), 미국(4.3%), 러시아(3.8%) 순이다. 우리나라는 약 3.5%로 6위를 차지하고 있다. 중국은 2016년만 하더라도 점유율이 49%대였지만, 2018년 50%를 돌파했고 이후 지속적으로 점유율을 높이고 있다. 저렴한 인건비와 정부의 적극적인 보조금 정책을 바탕으로 조강 생산량을 급격하게 늘렸다.

철강의 원재료가 되는 철광석의 세계 공급량은 호주의 리오틴토[Rio Tinto], BHP[Broken Hill Proprietary] 빌리턴, 포테스큐[Fortescue Metals Group], FMG와 브라질의 발레[Vale]가 70%가량을 담당하고 있다.

2. 철강 산업의 밸류체인

철강 제품을 만드는 과정은 원재료에 따라 철광석을 녹여 철강 제품을 만드는 일관제철과 고철을 재활용하는 전기로제강으로 나뉜다. 일관제철은 철광석을 녹이기 위해 고로를 사용한다. 고로는 1,500℃의 쇳물을 다루는 용광로로 고온의 대형 압력용기라고 볼 수 있다. 철광석을 깊이가 약 100m에 달하

---

[*] 보통의 강철 제조 공정에 의해서 만들어진 강괴

철강 제조 공정(고로)

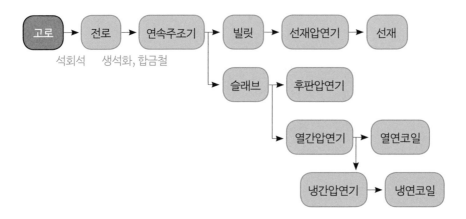

철강 제조 공정(전기로)

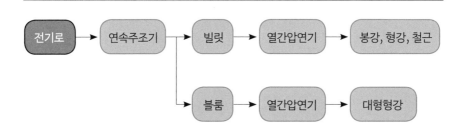

는 고로 속에 코크스[Cokes], 석회석을 함께 넣고 열을 가하면 코크스가 연소하
면서 나오는 일산화탄소에 의해 철광석이 녹아 쇳물이 되는데 이를 용선이라
고 한다.

이처럼 철광석을 녹여 용선을 만드는 과정을 제선 공정이라고 한다. 용선
은 순도가 높지 않아 생석회, 합금철 등을 투입해 불순물을 제거해주어야 하
며 이를 용강 공정이라 한다. 용강 공정으로 불순물을 제거해 순도가 높아진
쇳물을 주형에 부어 냉각, 응고시켜 반제품을 만든다. 이를 연속주조기 공정
이라 하며 슬래브[Slab], 빌릿[Billet], 블룸[Bloom] 등 다양한 반제품이 탄생한다.

빌릿은 기다란 막대기 형태의 반제품이다. 일관제철 공정으로 생산된 빌릿은 선재압연기를 통해 선재로 만들어진다. 선재는 빌릿을 얇고 길게 뽑은 것으로 철선, 강선이 돌돌 말린 제품이다. 선재는 2차 가공을 거쳐 못, 나사, 철사 등으로 만들어진다.

슬래브는 넓적한 판 모양의 반제품이다. 후판압연기를 거치면 선박의 주요 원재료인 후판이 되며, 열간압연기를 거치면 화장지 형태로 돌돌 말아져 있는 열연코일이 된다. 열연코일은 1,000℃ 이상의 열을 가해 슬래브를 압연한 제품이다. 자동차, 건설, 조선, 산업기계의 소재로 사용된다. 열연코일을 다시 30℃의 저온에서 압연하면 냉연코일이 된다. 냉연코일은 열연코일보다 고급 제품으로 자동차, 가전 등에 사용된다.

전기로제강 공정은 말 그대로 고로가 아닌 전기로를 사용하며, 투입되는 원재료도 철광석이 아닌 고철이다. 고철을 전기로에 넣고 열을 가하면 고철이 녹는다. 철광석이 아니므로 불순물을 제거해주는 공정은 따로 필요 없다. 이후 과정은 고로와 비슷하다. 연속주조기 공정을 통해 빌릿과 블룸을 생산한다. 블룸은 빌릿처럼 막대기 모양의 반제품이다. 차이가 있다면 크기다. 블룸은 중대형 형강의 소재로 쓰인다. 형강은 특정 단면 형태(ㄱ, ㄷ, I, H, T)로 만들어진 철강 제품으로, 주로 철골 구조용으로 사용된다. 전기로 공정으로 생산된 빌릿은 열간압연기를 통해 봉강, 형강, 철근 등으로 재탄생한다.

고로와 전기로 모두 비슷한 반제품을 생산하지만 최종 제품이 사용되는 전방 산업에서 차이가 있다. 고로 공정을 통해 생산된 열연코일은 주로 자동차, 가전 등의 산업에서 고품질 철강 제품으로 쓰인다. 반면 전기로를 통해 생산된 빌릿과 블룸은 건설, 조선, 산업기계 등에 사용된다.

기술적 난이도가 높고 투자 금액이 큰 것은 고로다. 국내에서는 POSCO홀딩스, 현대제철이 고로 시설을 보유하고 있다. 전기로 기업으로는 동국제강, 세아베스틸, 한국철강, 대한제강 등이 있다.

3. 철강 산업의 투자 포인트

1) 제품 가격과 원재료 가격의 스프레드

철강 기업의 수익성은 제품 가격과 원재료 가격의 스프레드에 의해 결정된다. 제강 기업의 핵심 원재료는 철광석과 고철, 고로를 가열할 때 사용하는 석탄이다. 제강 기업들은 원재료 가격이 오르면 시차를 두고 제품 가격에 이를 반영해 수익성을 유지해왔다. 글로벌 경기가 회복되는 국면에서 철강 제품 수요가 많아지고 덩달아 원재료 가격과 제품 가격이 오르는 원리다.

그러나 글로벌 금융위기 이후 세계 경제 성장률의 둔화, 중국 기업들의 공급과잉으로 철강 기업들의 제품 가격 전가는 좀처럼 쉽게 이루어지지 않고 있다. 이러한 점이 철강 기업들의 실적이 정체되고 주가가 장기적으로 부진한 이유다.

2) 친환경 철강사로 변신

전 세계가 친환경 시대로 빠르게 전환하고 있다는 점은 철강 산업에는 부담이다. 카이스트에서 개발한 '한국형 통합평가모형 2.0'에 따르면 국내 철강 산업의 온실가스배출량은 2018년 기준 약 1억 100톤으로 전체 산업 분야의 약 39%를 차지했다. 전 산업 통틀어 가장 많은 배출량이다.

POSCO홀딩스는 '수소환원제철' 기술 개발에 매진하고 있다. 이 기술의 핵심은 철강 제품을 생산할 때 석탄 대신 수소를 활용하는 것이다. 현재 포항에서 상용 가동 중인 파이넥스^{FINEX}가 수소환원제철 기술을 도입한 설비다. POSCO홀딩스는 파이넥스 설비를 2026년부터 본격 도입해, 2050년까지 총 9기를 확보한다는 계획이다. 추가로 오는 2030년까지 펠렛[*], 철 스크랩 등

---

* 철광석을 파쇄, 선별 후 일정 크기의 구형으로 가공한 원료

저탄소 철원류 사용을 확대하는 '브릿지 기술'을 적용해 탄소배출량을 줄인다는 목표다. 이를 통해 POSCO홀딩스는 탄소배출량을 2030년까지 10%, 2035년까지 30%를 줄이고, 2050년에는 탄소중립을 달성할 계획이다.

현대제철 역시 고유의 수소 기반 공정 융합형 철강 생산체제인 하이큐브 Hy-Cube를 구축하고 2030년까지 저탄소 고급판재를 생산할 계획이다. 더불어 전기로를 통해 철광석을 녹여 자동차 강판 등 고급 철강 제품을 생산할 수 있는 신 전기로 Hy-Arc 기술도 개발하고 있다. 전기로는 고로 대비 탄소배출량이 25% 수준에 불과해 탄소중립 사회로 가기 위한 좋은 대안이 될 수 있다.

3) 2차전지, 수소전지차 밸류체인 합류

만성적인 공급과잉에서 벗어나기 위해 철강 기업들은 신사업에서도 돌파구를 찾고 있다. POSCO홀딩스는 2차전지 소재인 양극재, 음극재 생산부터 실리콘 음극재 양산 기술 등을 개발하고 있다. 2023년에는 포스코인터내셔널과 포스코에너지를 합병해 액화천연가스 관련 사업을 일원화했다.

현대제철은 고강도, 초경량 신소재를 통해 미래 모빌리티 시대를 대비하고 있다. 그룹사의 모태가 자동차 기업이므로 이에 걸맞은 소재 개발에 나선 것이다. 전기차가 무거운 배터리를 싣고 다녀야 하는 문제점을 개선하기 위한 '핫스탬핑 공법'을 적용한 경량화 소재를 개발하고 있다. 또한 수소전지차의 핵심 부품인 연료전지 금속분리판도 양산을 시도하고 있다. 동국제강도 고부가가치를 지니는 컬러강판 생산 능력을 키우고 있으며, 컬러강판을 가공해 방화문 등을 직접 제조하는 사업을 확대하고 있다.

비철금속

1. 비철금속 산업의 개요

비철금속은 말 그대로 철을 제외한 모든 금속을 뜻한다. 철만큼은 아니어도 구리, 아연, 알루미늄, 납은 다양한 산업에 두루 쓰이는데, 이를 4대 비철금속 이라 한다. 구리는 인류가 가장 먼저 사용한 금속으로, 청동기 시대를 이끈 장 본인이다. 얇게 펴지는 성질이 뛰어나고 강도도 적당해 전선, 파이프, 건축재 등 거의 모든 분야에 사용된다. 이러한 이유로 구리 가격을 경기의 바로미터 로 사용하기도 한다. 아연은 철의 부식을 막는 용도로 사용된다. 자동차, 가전 제품에 사용되는 아연도금강판이 대표적이다. 알루미늄 역시 잘 부식되지 않 는다. 또한 가공이 쉽고 가벼우며 강도도 높다. 이 같은 특성 때문에 알루미늄 새시, 음식료의 내외장재로 사용되기도 한다. 납은 청백색의 푸르스름한 물 질이다. 과거 페인트 성분으로 쓰였지만 인체에 유해하다고 알려지면서 현재 는 자동차의 축전지로 사용된다.

이름	설명	주요 사용처
구리^{Cu}	· 열 전도율이 높음 · 얇게 잘 늘어나는 성질인 연성이 뛰어남 · 다른 금속을 첨가해 합금으로 사용됨(청동, 황동) · 경기회복을 가장 먼저 반영함	전선, 파이프, 건축재 및 내장재, 소전(동전)의 재료 건설(30%), 장비(31%), 인프라(15%)
아연^{Zn}	· 아연도금을 통해 철의 부식을 방지하는 역할 · 아연도금강판은 자동차, 가전 등에 사용됨	아연도금강판(50%), 놋쇠&청동(17%), 기타 도금(17%) 등
알루미늄^{Al}	· 가볍고 강하며 독성이 없음 · 잘 부식되지 않고 가공이 쉬움 · 전기가 잘 통하고 열 전도도가 큼 · 저온에 강하며 빛과 열을 잘 반사함	음식료 및 담배 내외장재, 알루미늄 새시
납^{Pb}(연)	· 부식에 강하고 전기전도도가 낮음 · 전 세계 납 생산량의 70%는 자동차용 축전지로 사용됨	자동차용 축전지(배터리, 80%), 탄약, 방사선 차폐 시설
니켈^{Ni}	· 철보다 공기 및 습기에 덜 민감해 잘 산화되지 않으며 알칼리에도 잘 침식되지 않음	전기통신재료, 열교환기, 충전용 배터리 등

출처: 각 언론사 취합

4대 비철금속 외에 최근 중요성이 부각되는 금속이 있다. 바로 니켈이다. 니켈은 스테인리스 스틸의 원료로 많이 사용되는 금속이다. 전기차 시대가 도래하면서 최근에는 2차전지의 양극재 소재로 니켈이 많이 쓰이고 있다. 이처럼 최근 사용성이 부각되는 니켈, 주석을 합쳐 6대 비철금속이라 부르기도 한다.

비철금속 산업은 철과 마찬가지로 대규모 설비 투자가 요구되는 장치 산업이다. 비철금속은 자동차, 전기전자, 건설 등 다양한 산업의 기초 소재로 사용되므로 경기에 크게 영향을 받지 않는다. 단, 런던금속거래소$^{London\ Metal}$

기초 소재와 산업재

Exchange, LME 같은 국제 거래소에서 규격화 상품으로 거래되어 투기 수요에 노출되어 있다. 비철금속의 제품 가격은 국제 거래소 시세를 따른다. 따라서 비철금속 기업의 주가 역시 국제 거래소 금속 가격 등락에 영향을 받는다.

비즈니스 리서치 컴퍼니에 따르면 전 세계 비철금속 시장은 2022년 약 1조 4,608억 달러에서 2027년까지 연평균 4.8% 커져 약 1조 8,617억 달러의 시장을 형성할 것으로 관측된다. 전기차 보급 확산에 따른 배터리 수요 증가, 전세계 도시화율 상승에 따른 비철금속 수요가 증가할 것으로 전망된다.

우리나라의 국가별 비철금속 수출 현황을 살펴보면 2023년 상반기 기준 중국이 약 20억 1,333만 톤으로 전체의 28.8%를 차지했다. 뒤를 이어 미국이 약 9억 3,324만 톤(13.3%), 베트남이 약 6억 6,051만 톤(9.4%), 인도가 약 5억 3,197만 톤(7.6%) 순이다. 중간재 생산이 중심인 국내 기업들은 중국, 호주에서 희토류 등 다양한 광물을 수입한다. 2023년 상반기 국가별 수입액은 중국이 약 17억 445만 달러로 전체 수입액의 16.6%, 호주가 약 9억 2,870만 달러로 9.1%다.

2. 비철금속 산업의 밸류체인

비철금속 산업은 철강 산업과 마찬가지로 자연 상태의 광물을 매입해 제련·정련 과정을 거쳐 순도가 높은 비철금속을 생산 및 가공한 후 전방 시장으로 이어지는 밸류체인을 갖고 있다. 국내 기준으로 구리는 LS그룹의 자회사 LSMnM(비상장)이 호주, 칠레 등 광산 기업들로부터 구리정광을 수입한 후 제련 과정을 거쳐 순도가 높은 구리 제품인 전기동을 생산한다. 이를 풍산 같은 1차 가공 기업이 매입해 압연, 압출, 단조 등의 가공을 거친 후 신동 제품을 만들어 다양한 전방 산업에 공급하는 구조다.

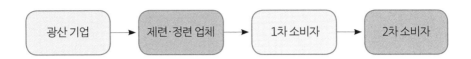

아연은 영풍그룹에서 생산한다. 고려아연(시장 점유율 50% 내외)과 관계사인 영풍(30% 내외)이 국내 아연 시장의 80%가량을 점유하고 있다. 영풍그룹은 아연정광을 매입한 후 제련·정련부터 1차 가공까지 도맡아 수직계열화를 이루고 있다. 또한 직접 아연도금강판 등 가공품을 생산해 전방 시장에 공급하고 있다. 납 역시 아연과 비슷한 밸류체인을 형성하고 있다.

알루미늄은 국내 제련 기업이 없다. 오직 미국의 알코아^Alcoa에서 전량 수입에 의존하고 있다. 알코아가 알루미늄 잉곳을 만들면 국내 1차 가공 기업들이 이를 수입해 알루미늄판, 호일, 압연 제품 등을 만든다. 1차 가공 기업은 알루미늄 새시, 포장재, 콘덴서 등을 만드는 2차 가공 기업에 납품한다.

3. 비철금속 산업의 투자 포인트

1) 비철금속의 가격

보통 비철금속 기업들의 실적은 비철금속 가격이 오를 때 개선된다. 국제 거래소에서 거래되는 비철금속 가격에 따라 제품 가격이 변하기 때문이다. 실제 비철금속 제련 기업의 수익 구조는 이보다 더 복잡하다.

비철금속 제련 기업의 수익성을 결정짓는 요인은 외부 요인과 내부 요인으로 나눌 수 있다. 먼저 외부 요인으로 TC·RC와 정광 가격이 있다. 정광 가격은 제련 기업이 수입하는 광물의 가격이다. TC는 Treatment Charge, RC는

Refining Charge의 약자로 제련, 정련 수수료다. 정광 가격은 런던금속거래소에서 거래되는 비철금속 시세에 연동된다. TC·RC는 비철금속의 수급 상황, 기업들의 경쟁 강도에 영향을 받지만 이 역시 런던금속거래소 시세와 무관하지 않다. 두 요인 모두 런던금속거래소의 비철금속 시세에 영향을 받는다. 또한 비철금속 시세가 오르는 구간에서는 과거 저가에 매입한 원재료가 매출원가에 투입되는 측면도 수익성 개선에 한몫을 한다.

내부 요인은 프리메탈Free Metal, 부산물이 대표적이다. 프리메탈은 제련 기업이 매입한 정광에 포함된 비철금속 함유량이다. 가령 아연정광을 매입했는데 아연이 50% 포함되어 있다면, 프리메탈 비율은 약 50%다. 일반적으로 프리메탈 비율은 50%로 간주한다. 부산물은 말 그대로 부수적으로 얻어지는 비철금속이다. 아연정광에 아연만 있는 것이 아니라 납, 금, 은 등 다양한 부산물도 추출된다. 즉 제련 기업의 기술력에 따라 프리메탈보다 더 많은 비철금속을 추출할 수 있고, 다양한 부산물도 획득할 수 있다. 특히 부산물은 사실상 원가가 없기에 수익성에 크게 기여한다. 이러한 이유로 고려아연은 아연을 제련하는 기업이지만 금, 은 가격에 따라 실적과 주가가 영향을 받는다.

2) 2차전지 소재 사업으로의 확장

비철금속 산업은 성숙기에 진입한 지 오래다. 또한 수요는 꾸준한 가운데 국제 거래소 시세에 따라 큰 변동성을 보인다. 외부 환경에 영향을 크게 받고 성장과는 거리가 있어 투자자들에게 매력적으로 다가가기 힘들다. 이에 따라 비철금속 기업들은 돌파구가 될 신사업을 찾고 있다.

가장 적극적인 회사가 고려아연이다. 고려아연은 비철금속 제련 노하우를 바탕으로 2차전지 핵심 소재 사업에 뛰어들었다. 먼저 100% 자회사 케이젬을 통해 동박 생산에 집중하고 있다. 2023년 기준 케이젬의 동박 생산 능력은 약 1만 3,000톤으로, 2025년 말까지 약 3만 톤, 2027년까지 약 6만 톤으로 확대할 계획이다.

양극재 원가의 70%를 차지하는 핵심 소재인 전구체 사업에도 진출했다. 고려아연의 자회사 켐코는 LG화학과 2022년 6월 합작법인 한국전구체 주식회사를 설립했다. 한국전구체는 2023년 말 약 2만 톤 규모의 공장을 완공하고 2024년부터 본격 가동에 들어갈 예정이다. 고려아연의 2차전지 소재 사업의 화룡점정은 '올인원 니켈 제련소' 건설이다. 고려아연이 니켈 제련소를 통해 고순도 니켈을 생산하면 자회사 켐코가 이를 받아 황산니켈을 만들고, 이 황산니켈을 원재료로 한국전구체가 전구체를 생산하는 그림이다. 이를 위해 고려아연은 현대차그룹과 사업제휴를 맺고 현대차·기아·현대모비스가 공동설립한 해외 계열사 HMG글로벌로부터 약 5,272억 원 규모의 투자금을 유치했다. 고려아연은 자회사 켐코와 합산 기준 니켈 생산량 약 6만 5,000톤을 구축해 세계 2위로 올라선다는 계획이다.

풍산 역시 2차전지 소재 사업에 출사표를 던졌다. 2023년 말 풍산은 산업통상자원부 소재부품기술개발 국책과제를 수행 중이다. 연구내용은 '전기차 고전압 릴레이용 고내구 접점 및 아크 챔버 소재기술 개발'이다. 이를 통해 전기차 고전압 릴레이에 적용되는 동합금 소재의 고내구 전기 접점을 개발하고 있다. 풍산홀딩스는 자회사 풍산디에이케이를 통해 2차전지 핵심 소재인 리드탭을 양산해 LG에너지솔루션에 납품 중이다.

삼아알미늄은 1998년 국내 최초로 2차전지 양극박 소재를 개발했으며, 리튬이온배터리 외장재용 포일, 양극집전체용 알루미늄박으로 제품군을 다양화했다. 2차전지 수요가 늘자 일찌감치 개발한 삼아알미늄의 양극박 소재 등 배터리 관련 부품이 재조명을 받고 있다. 2022년 12월 LG에너지솔루션과 도요타쯔우쇼는 삼아알미늄 유상증자에 참여해 각각 10.2%를 확보함으로써 주요주주가 되었다. 삼아알미늄의 배터리 관련 제품은 국내 배터리 3사에 모두 공급되며, 미국의 리비안[Rivian], 프랑스 배터리 업체 ACC, 스웨덴의 노스볼트[Northvolt] 등에도 납품된다.

조일알미늄은 양극박의 핵심 소재인 알루미늄 스트립을 생산한다. 2022년 말 롯데알미늄과 약 1조 400억 원 규모의 공급계약을 체결해 알루미늄 스트립 분야에서 경쟁력을 입증한 바 있다. 2023년 7월 IMM크레딧앤솔루션이 LG화학과 함께 조성한 코리아 배터리&ESG 펀드가 조일알미늄 신주인수권 부사채에 투자함으로써 세간의 주목을 받기도 했다.

비철금속 기업은 다양한 소재를 추출하고 가공할 수 있는 기술력이 있는 만큼 향후 2차전지 등 신성장 산업에서 두각을 나타낼 수 있다. 비철금속 기업이 2차 전지 소재 기업으로 시장에서 인식된다면 주가 역시 재평가를 받을 수 있는 점을 잘 고려해야 한다.

철강과 광물 산업 투자 지표

실적 및 투자 지표: 2023년 3분기 연환산 기준
배당수익률: 2022년 주당 배당금/2023년 11월 24일 주가
시가총액: 2023년 11월 24일 기준

단위: 억 원

종목코드	종목명	매출액	영업이익	순이익	PER	배당수익률	시가총액
005490	POSCO 홀딩스	777,106	28,018	12,385	32	2.5%	399,599
047050	포스코 인터내셔널	331,897	11,173	6,961	15	1.7%	103,619
010130	고려아연	102,522	5,645	5,957	17	4.1%	102,766
004020	현대제철	257,905	7,514	3,801	12	2.8%	47,440
006110	삼아알미늄	2,815	108	73	254	0.2%	18,581
002710	TCC스틸	6,397	127	−31	−471	0.2%	14,653
001120	LX인터내셔널	149,118	5,125	2,195	5	9.7%	11,996
103140	풍산	41,446	2,134	1,604	6	2.7%	10,215
009520	포스코엠텍	3,297	33	30	329	0.2%	9,994
001430	세아베스틸 지주	42,758	1,988	1,114	9	4.4%	9,719
000670	영풍	39,422	−1,798	2,213	4	1.9%	9,450
016380	KG스틸	33,998	2,922	5,236	2	1.8%	8,271
003030	세아제강지주	39,978	6,630	3,168	3	1.2%	8,076
002240	고려제강	18,264	516	234	21	1.4%	4,825
306200	세아제강	18,488	2,249	1,684	2	4.5%	3,769
001940	KISCO홀딩스	15,496	1,583	967	4	2.7%	3,543
011810	STX	9,851	−63	−366	−9	0.0%	3,341
058430	포스코 스틸리온	10,912	86	68	47	1.6%	3,186
084010	대한제강	16,026	1,434	908	4	5.7%	3,182
001780	알루코	6,145	383	166	17	0.0%	2,902

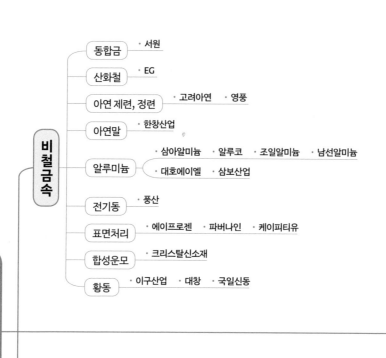

철강과 광물

비철금속

- 동합금 — · 서원
- 산화철 — · EG
- 아연 제련, 정련 — · 고려아연 · 영풍
- 아연말 — · 한창산업
- 알루미늄 — · 삼아알미늄 · 알루코 · 조일알미늄 · 남선알미늄
  · 대호에이엘 · 삼보산업
- 전기동 — · 풍산
- 표면처리 — · 에이프로젠 · 파버나인 · 케이피티유
- 합성운모 — · 크리스탈신소재
- 황동 — · 이구산업 · 대창 · 국일신동

자원개발과 무역

· 포스코인터내셔널 · LX인터내셔널 · STX · 현대코퍼레이션
· GS글로벌 · 에스아이리소스

제철

· POSCO홀딩스 · 현대제철 · 세아베스틸지주 · KG스틸
· 동국제강 · KISCO홀딩스 · 대한제강 · 동국홀딩스 · 한국철강

철강공정소재

- **내화물**: · 조선내화 · CR홀딩스 · 한국내화 · 동국알앤에스
- **생석회**: · 태경산업 · 태경비케이
- **탈산제**: · 피제이메탈

철강제품

- **강관**: · 세아제강지주 · 세아제강 · 휴스틸 · 넥스틸 · 한국주철관
  · 동양철관 · 코센 · 유에스티 · 하이스틸
- **냉연강판**: · 동국산업 · 금강철강 · 경남스틸 · 대창스틸
- **봉강**: · 동일산업 · 동일철강
- **석도강판**: · TCC스틸 · SHD
- **선재**: · 고려제강 · 만호제강 · 세아특수강 · 한국선재 · 제이스코홀딩스
  · DSR · DSR제강 · 영흥 · 대호특수강 · 동일제강
- **스테인리스**: · 현대비앤지스틸 · 황금에스티 · 티플랙스 · 쎄니트 · 대양금속
- **아연도금강판**: · 신스틸
- **열연강판**: · 삼현철강 · 부국철강 · 한일철강 · 문배철강 · 동양에스텍 · 대동스틸
- **주강**: · 한국주강
- **철강포장**: · 포스코엠텍
- **철스크랩**: · 더라미
- **컬러강판**: · 포스코스틸리온 · 동국씨엠 · 아주스틸 · 디씨엠
- **탄소강**: · 광진실업
- **특수강**: · 원일특강
- **형강**: · 한국특강 · 화인베스틸

조선과 운송

선박을 만들고 이를 운영하는 조선
과 운송 산업은 경기에 매우 탄력적
이다. 선박 발주부터 인도까지 최소
2년의 시차가 발생해 수요와 공급의
불일치가 지속적으로 발생하기 때문
이다. 성장성은 세계 물동량에 연동
되지만 친환경 선박을 중심으로 산
업이 성장하고 있다.

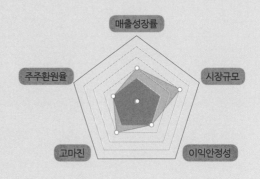

지구 면적의 70%는 물로 덮여 있다. 그만큼 바다는 인간의 역사에서 중요한 역할을 담당했
는데, 15세기부터 시작된 대항해시대가 대표적인 사례다. 대항해시대란 포르투갈, 스페인,
네덜란드, 영국 등 항해술이 발달한 유럽 국가들을 중심으로 아프리카, 아메리카, 아시아 등
신항로를 개척하며 눈부신 발전을 이룬 시기를 말한다.

   오늘날에도 바다는 여러 부분에서 우리 삶과 밀접하게 연관되어 있다. 특히 글로벌 경제
관점에서는 무역의 70%가 바다를 통해 이루어진다. 배를 만드는 조선 산업, 배를 운영하는
해운 산업 역시 바다에 기반을 두고 있다. 화물 운송을 담당하는 물류 기업들도 항만하역,
보관 업무를 겸하기 때문에 해운업과 연관이 있다. 이 책에서는 이러한 연관성에 기인해 조
선과 해운, 물류 산업을 한데 묶어 조선과 운송으로 정의했다.

   조선과 운송 산업에 속한 기업은 총 52곳으로 주식 시장에서 차지하는 비중은 2.4%다.
2008년 글로벌 금융위기 이후 글로벌 고성장 사이클이 막을 내린 가운데 국내 조선사들은
중국과의 경쟁, 해양플랜트 등 오프쇼어 분야에서 큰 손실을 보면서 주가가 부진했다. 그러
나 코로나19 팬데믹 이후 물동량이 많아지면서 해상 운임이 상승했고 이는 선박 발주로 이

어진다는 점에서 호재를 맞이하고 있다. 특히 러시아의 우크라이나 침공으로 유럽의 천연 가스 조달 경로가 해상 운송으로 바뀌면서 국내 조선사들에도 기회가 생겼다. 국제해사기구의 규제에 따라 한국 조선사가 강점을 지닌 친환경 선박 시장이 커지는 것도 기회로 볼 수 있다.

국내에 상장된 해운사는 HMM을 포함해 5곳에 불과하다. 항만하역, 화물운송 서비스를 제공하는 물류와 항만 업체들은 총 19곳이다. 조선사는 HD현대중공업, 한화오션, 삼성중공업 같은 조선 빅3와 현대미포조선, HJ중공업 같은 중형 조선사로 구분된다. 이 밖에 선박용 엔진, 블록, 탱크 등 다양한 기자재를 납품하는 기업도 있다.

해운

1. 해운 산업의 개요

해운은 선박으로 사람을 태우거나, 각종 화물을 실어 나르는 등 운송 서비스를 제공하는 산업이다. 전 세계 물동량의 70%가 바다에서 이루어지는 만큼 해운 산업은 글로벌 경기와 떼려야 뗄 수 없는 관계다. 경기가 회복되면 선박 수요는 늘고 불황이 찾아오면 자연스레 수요가 줄어든다.

특히 해운 산업은 호황과 불황에 따라 큰 수익 편차를 보인다. 이는 수요와 공급의 불일치가 다른 어떤 산업보다 더 심하기 때문이다. 배 1척을 만들기 위해 적어도 2~3년의 시간이 소요된다. 그렇다고 해서 선주들이 2~3년을 내다보고 선박을 발주할 수는 없다. 당장 3개월 후 세계 경제 상황도 알 수 없는데, 그보다 더 오랜 기간을 내다보는 것은 상식적으로 불가능하다.

즉 선박 발주량이 많아지는 시점은 경기 회복 조짐이 점차 보이면서 물동량이 많아진 이후다. 문제는 충분한 선박이 공급되기까지 2~3년의 시간이 소요되다 보니 남아 있는 모든 배를 가동할 수밖에 없다는 사실이다. 이러한 경우에는 상당 기간 운임이 천정부지로 치솟게 되어 해운사들의 영업실적이 크게 개선된다. 특히 운송 산업의 구조상 영업 레버리지 효과가 크다. 배에 화물을 딱 1개 싣거나, 100개를 꽉 채워 싣거나 운항하는 거리는 같다. 연료비는 비슷하지만 운임 차이가 크다는 의미다.

코로나19 팬데믹으로 전 세계 무역이 중단되다시피 하다가 갑작스레 경기가 회복되자 물동량이 급증했다. 이러한 이유로 HMM이 급격한 턴어라운드를 보이며 주가가 저가 대비 약 15배 이상 급등했다. 반대로 경기가 꺾이는 시점에는 과거에 발주했던 선박들이 인도되어 해운 기업들은 공급과잉 사태를 겪기도 한다. 이 경우 해운 기업들은 적자를 면하기 힘들다. 이처럼 해운 산업은 주기적으로 호황과 불황을 반복해 겪을 수밖에 없다. 이는 그만큼 구조조정이 많이 발생한다는 의미와 같다.

2023년 9월 기준 선복량[*] 기준 전 세계 1위 해운사는 스위스의 MSC다. MSC의 선복량은 약 532만 6,425TEU(1TUE=20피트 컨테이너)로 2020년까지 머스크에 이어 2위였지만 공격적인 선박 발주로 1위로 올라섰다. 덴마크 머스크의 선복량은 약 414만 1,921TEU이며, 3위는 프랑스의 CMA CGM으로 약 350만 6,730TEU 규모의 선대를 운용하고 있다. 국내 최대 해운사인 HMM은 선복량 약 79만 342TEU로 8위다.

2017년 2월만 하더라도 상위 10개 기업의 합산 점유율은 약 68.5%였지만, 2023년 1월 기준 약 85%까지 상승했다. 구조조정을 겪으면서 상위권 해운사 중심으로 시장이 재편되었기 때문이다. 우리나라 역시 2017년 한진해운이 파산한 아픔을 겪은 바 있다. 살아남은 해운사들은 호황 때 승자 독식을 누리며 어마어마한 흑자를 바탕으로 하위권 기업과 더욱 격차를 벌리게 되었

---

[*] 선박에 적재할 수 있는 중량톤수

165

기초 소재와 산업재

단위: TEU

순위	해운사	국가	선복량	점유율
1	MSC	스위스	532만 6,425	19.3%
2	머스크	덴마크	414만 1,921	15.0%
3	CMA CGM	프랑스	350만 6,730	12.7%
4	코스코	중국	297만 9,522	11.0%
5	하팍로이드	독일	189만 7,201	10.8%
6	ONE	일본	169만 9,772	6.9%
7	에버그린	대만	168만 8,578	6.2%
8	HMM	한국	79만 342	6.1%
9	양밍	대만	70만 5,614	2.9%
10	짐	이스라엘	57만 2,978	2.6%

출처: 알파라이너(2023. 09 기준)

다. 향후 상위권 해운사들과 하위권 해운사들의 점유율 격차는 더욱 벌어질 것으로 보인다.

2. 해운 산업 투자 시 꼭 알아야 하는 선박의 종류, 단위

1) 용도에 따른 선박의 분류

선박은 실어 나르는 물건에 따라 종류가 나뉜다. 선박은 크게 컨테이너선, 탱커선, 벌크선, 오프쇼어로 구분된다. 컨테이너선은 화물을 담은 컨테이너를 실어 나르는 역할을 하는 선박이다. 네모반듯한 컨테이너에 싣는 화물은 TV, 가전, 생활용품 등 일반적으로 사용하는 공산품이 많다. 컨테이너 하나를 택배 차량이 크게 확대된 형태라고 생각하면 이해가 쉽다. 주로 완제품을 취급하기에 선진국 경기에 수요가 좌우되는 경향이 있다.

탱커선은 주로 액체 연료를 실어 나르는 선박이다. 유조선, 석유제품운반선, 화학제품운반선, 셔틀 탱커 등이 있다. LNG선도 넓게 보면 탱커선이라고 볼 수 있다. LNG는 상온에서는 기체 상태이므로 영하 161℃ 이하로 냉각해 액체로 만들어야 한다. 높은 기술력을 요구하는 냉각 과정이므로 일반 탱커선에 비해서 LNG선의 부가가치가 높다.

벌크선은 광물, 곡물 등을 운반하는 선박이며, 건화물선이라 부르기도 한다. 건화물은 파손되거나 변질될 우려가 적어 포장하지 않고 그대로 적재하는 화물이다. 신경 쓸 게 적어 여러모로 운송하는 데 수고가 덜 드는 품목이다. 건화물은 인프라 투자와 밀접한 관련이 있기 때문에 원자재 수요가 많은 신흥국 경기를 판단하는 데이터로 사용되기도 한다. 건화물 운임지수가 오르면 신흥국 경기가 좋아진다고 판단할 수 있다는 뜻이다.

마지막으로 오프쇼어는 해양유전, 해양플랜트에 사용되는 선박이다. 바다에서 유전이나 가스를 개발하기 위해 육지의 플랜트가 바다로 옮겨진 형태라고 이해하면 된다. 에너지 개발 수요와 밀접한 관련이 있기 때문에 국제 유가가 오르면 오프쇼어 발주가 늘어난다.

2) 소유 여부에 따른 선박의 분류

컨테이너 1만 5,000개를 넘게 실을 수 있는 초대형 컨테이너선 1척 가격은 약 2,000억 원에 달한다. 고부가가치 초대형 LNG선 가격은 무려 3,000억 원이 넘는다. 아무리 글로벌 상위 선사라도 이처럼 초고가의 선박을 서슴없이 구매하기는 힘들다. 따라서 은행에서 대출을 받아 선박을 구매하거나 아

기초 소재와 산업재

예 다른 선사가 운용하는 배를 빌리기도 한다. 해운사가 자가로 보유한 선박을 사선, 빌린 선박은 용선이라고 한다.

해운 산업이 경기에 상당히 민감하므로 해운사들은 용선을 적절히 활용하는 것이 중요하다. 경기 회복으로 갑자기 주문이 물밀듯이 들어오면 현재 보유한 선단으로 감당이 안 될 수 있다. 이 경우 선박을 빌려 대규모 선단을 꾸려 영업력 제고에 나설 수 있다. 반대로 업황이 급격히 꺾이는 시점에는 과도한 용선은 해운사들에 독이 될 수 있다. 선박을 빌리는 이자 비용보다 운임이 더 낮아지면 역마진이 발생할 수 있기 때문이다. 정리하면 용선 비중이 높다는 것은 그만큼 레버리지 효과가 크다는 의미다. 호황일 때는 돈을 긁어모을 수 있지만 불황이 찾아오면 자칫 경영상의 위험에 빠질 수 있다.

한편 대주주의 경영 스타일에 따라 해운사별로 용선, 사선 비중이 다르기도 한데 상장사 HMM과 KSS해운이 대표적이다. 해운사 영업 비용에서 가장 큰 비중을 차지하는 것은 연료비 같은 운항 비용이다. 전체 영업 비용에서 40% 내외를 차지한다.

운항비(또는 화물비)를 제외하고 HMM은 용선료가 많다. 반면 KSS해운은 상대적으로 감가상각비 비중이 크다. 감가상각비는 KSS해운이 보유한 선박에서 나오는 회계상 비용이다. 반면 HMM의 감가상각비는 용선료의 절반에도 미치지 못한다. 앞의 내용을 정리하면 KSS해운은 다소 보수적이며 안정적인 영업 방식으로 운영하는 회사라고 볼 수 있으며, HMM은 다소 공격적인 영업 방식을 펼치고 있다.

3) 운항 규칙성에 따른 선박의 분류

마지막으로 운항 규칙성에 따라 선박을 분류하기도 한다. 우리가 출퇴근하는 버스나 지하철처럼 정기적으로 운항하는 선박을 정기선이라고 하며, 대체로 일감이 있을 때만 운항하는 선박을 부정기선이라고 한다. 일반적으로 정기선은 컨테이너선을 뜻하며, 부정기선은 벌크선, 탱커선이 많다.

해운 관련 용어

해운이나 조선 관련 기사나 리포트를 보면 외계어가 종종 등장한다. 선박의 크기에 따라 '아프라막스' '수에즈막스'라는 용어를 붙이기도 하며, 적재량을 뜻하는 단어도 DWT, TEU, CBM 등 다양하다. 먼저 '파나막스' '아프라막스' 등은 운하의 이름이다. 선박의 크기에 따라 운하 이름을 붙이는 것은 해당 운하를 통과할 수 있는 가장 큰 선박이란 뜻이다. 적재량 단위가 상이한 것은 선박의 종류에 따라 적재량을 측정하는 방식이 다르기 때문이다. 컨테이너선은 몇 개의 컨테이너를 실을 수 있는지가 중요하기 때문에 20피트 컨테이너 1개 단위인 TEU를 사용한다. 1만

선박 크기별 명칭과 적재량

드라이벌크선	DWT	탱커선	DWT
GP^{General Purpose}	0~2만	Small Tanker	0~3만
핸디사이즈	2만~3만 9,000	MR^{Medium Range}	3만~5만
핸디막스	4만~6만	LR1^{Long Range1}	6만~8만
수프라막스	5만~6만	파나막스	
파나막스	6만~8만	LR2^{Long Range2}	8만~12만
케이프사이즈	10만~18만	아프라막스	
VLOC(철광석전용선)	20만~	수에즈막스	10만~16만
		VLCC	20만~30만
		ULCC	30만~

5,000TEU급 선박이란 컨테이너를 1만 5,000개 실을 수 있다는 의미다. DWT는 재화중량톤수로 광물이나 곡물을 얼마큼 적재할 수 있는지를 나타내는 톤 단위다. 주로 벌크선에 사용된다. CBM^{Cubic Meter}은 가로, 세로, 높이가 각각 1m인 부피를 환산하는 톤 단위다. DWT와 함께 주로 탱커선에 사용된다.

3. 해운 산업의 투자 포인트

1) 운임 지수

해운사 실적에 가장 큰 영향을 미치는 지표는 뱃삯, 즉 운임이다. 컨테이너선의 경우 상하이 컨테이너선 운임지수SCFI^{Shanghai Containerized Freight Index, SCFI}와 중국 컨테이너선 운임지수 CCFI^{China Containerized Freight Index, CCFI}가 중요하다. SCFI는 상하이거래소^{Shanghai Shipping Exchange, SSE}에서 2005년 12월 7일부터 상하이 수출컨테이너 운송 시장의 15개 항로 운임을 반영한 운임지수다. CCFI는 중국 교통부가 주관하고 상하이항운교역소가 집계하는 중국발 컨테이너선 운임지수다. 1998년 1월 1일을 1,000으로 산정해 중국의 항구를 기준으로 11개의 주요 루트별 운임을 산정하고 있다.

벌크선의 경우 발틱운임지수^{Baltic Dry Index, BDI}가 중요하다. 석탄, 철광석, 시멘트 등 원자재를 싣고 26개 주요 해상 운송 경로를 지나는 선적량 1만 5,000톤 이상 선박의 화물 운임과 용선료 등을 종합해 산정하는 지수다.

탱커선 운임지수는 운송량이 가장 많은 유조선 운임지수를 참조한다. 유조선 운임지수는 영국의 월드스케일협회에서 매년 1월과 7월, 2회에 걸쳐 발표하고 있는 유조선 용선 지수다. 세부적으로는 원유 유조선 운임지수, 석유제품선 운임지수로 구분된다. HMM은 컨테이너선, 대한해운은 벌크선 등 해

중국 컨테이너 운임지수 추이

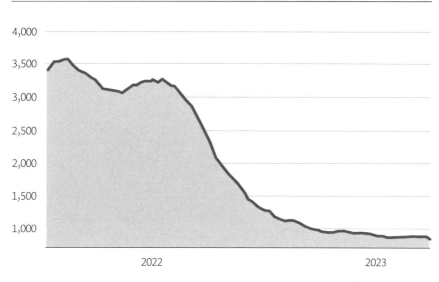

출처: 상하이거래소

상하이 컨테이너 운임지수 추이

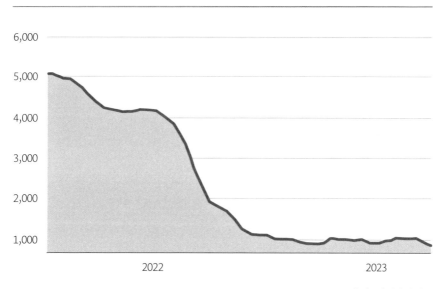

출처: 상하이거래소

기초 소재와 산업재

171

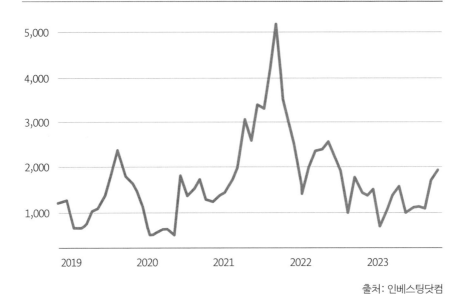

출처: 인베스팅닷컴

운사별로 주력 선종이 다르므로 투자자는 투자하는 기업에 따라 어떤 운임지수를 보아야 할지 잘 알아야 한다.

한편 벌크선과 탱커선의 경우 운반하는 원자재 가격이 오르면 운임 역시 오를 가능성이 있으므로 원자재 가격 추이도 중요하다.

2) 장기공급계약 비중

운임이 치솟는다 하더라도 모든 해운 기업에 득이 되는 것은 아니다. 장기공급계약 여부에 따라 실적이 운임에 민감하거나 그렇지 않은 기업으로 나뉘기 때문이다. 해운 산업에서 장기공급계약이란 일정 기간 이상 정해진 운임으로 화물을 꾸준히 운송하는 것을 말한다. 업황에 상관없이 꾸준한 수익을 창출할 수 있어 안정적인 실적을 만드는 데 도움이 되지만, 업황이 턴어라운드하는 시점에는 상대적으로 수혜 강도가 덜하다.

HMM의 경우 장기공급계약 비중이 약 30~40% 수준이지만, 계약 기간이 보통 1년이다. 이에 따라 코로나19 팬데믹 이후 물동량이 폭발적으로 증가하면서 비롯된 수혜를 다른 해운사보다 톡톡히 누렸다. 주가 역시 천정부지로 치솟으며 '흠슬라(HMM과 테슬라의 합성어)'라는 명칭도 얻었다. 반면 대한해운, 팬오션 등 상대적으로 장기공급계약 비중이 높고, 갱신 기간도 긴 기업들은 상대적으로 소외되었다. 이후 해운업황이 꺾이면서 HMM은 주가 상승폭의 상당 부분을 반납했지만, 타 기업들의 주가 하락 폭은 미미했다.

3) 제4자 물류 시스템

호황과 불황의 진폭이 큰 해운 산업의 특성상 구조조정을 통해 글로벌 상위권 해운사들의 입지는 더욱 강화되고 있다. 코로나19 팬데믹 이후 찾아온 호황으로 운임이 치솟자 전 세계 해운사들은 어마어마한 돈을 벌어들였고, 해당 자금을 바탕으로 과감한 투자에 나서고 있다. 단순히 선단을 늘리는 것보다는 고객사의 공급망 일부 또는 전부를 아웃소싱하는 '제4자 물류Fourth Party Logostics, 4PL' 시스템을 구축하고 있다.

2021년 머스크는 세계 최대 소비재 기업인 유니레버Unilever의 물류사업을 운영하는 파트너십계약을 체결했다. 2022년부터 2026년까지 유니레버의 해상 운송뿐만 아니라 항공 운송까지도 담당할 예정이다. 추가로 풀필먼트[*] 기업인 비저블SCM과 HUUB를 연달아 인수했다. 해상 운송은 물론 항공, 육상 운송까지 담당한다는 계획이다. 장기적으로 해운사들의 서비스는 해상 운송을 넘어 종합 물류 회사로 도약을 꿈꾸고 있는 셈이다. 즉 투자자는 투자하는 현재 해운사가 어떤 준비를 하고 있는지, 다음 호황이 찾아왔을 때 어떤 성장 기회를 노릴 것인지 살펴보아야 한다.

✕ 물류 기업이 판매자 대신 주문에 맞추어 제품 선택, 포장, 배송까지 진행하는 것

기초 소재와 산업재

조선

1. 조선 산업의 개요

해운이 선박을 운영하는 산업이라면 조선은 선박을 만드는 산업이다. 우리나라는 오래전부터 조선과 관련이 깊다. 16세기 유럽에서 대항해시대가 본격화된 시기에 우리나라에서는 임진왜란을 겪으며 철갑선인 거북선이 탄생했다. 현대라는 대한민국 굴지의 기업을 만든 고＃ 정주영 회장이 1971년 유럽의 수주를 따내기 위해 당시 거북선이 새겨진 500원짜리 지폐 1장을 꺼내 보인 일화는 조선업계에서 유명하다. 이후 우리나라는 일본을 제치고 전 세계 조선 시장에서 줄곧 1위를 차지했다. 2015년 이후 수주량 기준으로 한국과 중국이 엎치락뒤치락하고 있지만 고부가가치 선박은 여전히 한국 조선사들의 몫이다.

글로벌 무역에 사용되는 선박의 가격은 최소 수백억 원에서 수천억 원에 달한다. 그만큼 선박 하나를 만드는 데는 많은 비용과 시간이 필요하다. 또한 선박은 실내 공장에서 만드는 것이 아니라 야외 도크에서 만들어지며, 많은 노동력을 필요로 한다. 2021년 선박 발주가 많아지며 국내 조선사들의 일감이 늘어나자 인력난에 처한 조선사들을 다룬 기사가 종종 뜨기도 했다. 노동 집약적인 조선 산업의 특징을 잘 보여주는 대목이다. 따라서 인건비 측면에서 우위에 있는 중국이 조선 산업에서 점차 두각을 나타내고 있으며, 국내 조선사들은 부가가치가 높은 선박에서 견고한 입지를 다지고 있다.

조선 산업 역시 해운 산업과 산업 사이클이 유사하다. 일반적으로 해운 산업이 조선 산업에 선행한다. 일감이 몰려들어 운임이 오르면 선박 수요는 늘어난다. 선박 발주가 몰리면서 조선사들의 일감 역시 늘어난다. 그러나 선박이 인도되는 시점까지 2~3년의 시차가 발생할 수밖에 없다. 막상 선박이 인도되는 시점에는 공급과잉으로 조선 산업이 침체를 겪을 수 있는 것이다. 이처럼 조선 산업은 수요와 공급의 불일치가 지속적으로 나타나 호황과 불황의 진폭이 매우 크다.

2. 조선 산업의 성장성

조선 및 해운시황 분석기관 클락슨리서치에 따르면 2023년 상반기 선박 발주는 약 1,781만CGT(678척)으로 지난해 같은 기간 대비 34% 감소했다. 이 중 중국은 약 1,043만CGT(428척, 59%)를 수주해 1위를 차지했으며 뒤를 이어 한국은 약 516만CGT(114척, 29%)를 수주했다. 전체 수주 규모는 중국이 한국의 2배가량이지만, LNG선 같은 고부가가치 선박과 친환경 선박의 수주 규모는 한국이 앞선다.

산업은행 산업기술리서치센터에 따르면 한국은 컨테이너선과 LNG선, LPG선에서 경쟁력을 보이고 있다. 중국 조선사들은 이보다 부가가치가 낮

기초 소재와 산업재

구분	내용
벌크선	중국 > 일본 >= 한국
탱커선	중국 >= 한국 >= 일본
컨테이너선	한국 > 중국 >= 일본
LNG 선, LPG선	한국 > 일본 >= 중국

출처: 산업은행 산업기술리서치센터

은 벌크선과 탱커선에 집중하고 있다. 클락슨리서치에 따르면 2023년 상반기 고부가가치 선박 수주 점유율은 한국이 61%, 중국이 29%이며, 친환경 선박의 경우 한국이 50%, 중국이 43%를 차지한다. 특히 한국이 강점을 나타내는 LNG선박은 87%를 수주해 사실상 이 시장을 독과점하고 있다.

한편 2000년대 초반 중국을 중심으로 신흥국 경제가 크게 발전하면서 글로벌 교역량이 늘었고 덩달아 선박 발주도 급증했다. 그러나 글로벌 금융위기를 겪으면서 전 세계 경제는 저성장 국면에 접어들었으며, 중국 조선사들을 중심으로 공급과잉 이슈가 겹치면서 조선 산업 역시 불황에 빠졌다. 다만 코로나19 팬데믹이 종식된 후 조선 산업은 개선될 것으로 보인다. 해운조사 전문기관인 MSI^Maritime Strategies International에 따르면 2021년 이후 노후선박 교체 수요가 증가할 것으로 전망된다. 통상 선박의 수명은 25년 내외로 2000년대 초반부터 대량으로 인도된 선박의 폐선 시기 역시 2020년 이후이기 때문이다. 또한 각국의 환경 규제가 강화됨에 따라 친환경 선박 수요도 증가할 것으로 기대된다.

3. 조선 산업의 투자 포인트

1) 신조선가, 중고선가 추이

해운 업황의 바로미터가 운임이라면, 조선 산업은 신조선가다. 신조선가는 선박 건조 가격을 말하며, 이를 바탕으로 만든 지수가 신조선가지수다. 자동차로 비유하자면 신차 가격인 셈이다. 조선 산업에서 가장 대표적인 신조선가지수는 클락슨에서 발표하는 지수다.

클락슨 신조선가지수는 1998년 전 세계 선박 건조 가격 평균을 100으로 기준을 잡고 이를 지수화한 것으로, 수치가 높을수록 선박 가격이 많이 올랐다는 의미다. 2023년 8월 기준 클락슨의 신조선가지수는 173.56이다. 2021년부터 꾸준히 높아진 신조선가지수는 2008년 조선 산업 초호황기 수준에 근접했다.

클락슨 신조선가지수 추이

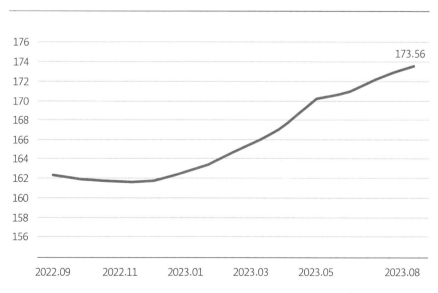

출처: 클락슨리처치

신조선가가 있다면 중고선가도 있다. 말 그대로 중고 선박의 거래 가격이다. 일반적으로 신조선가가 중고선가보다 높은 것은 당연하다. 조선 산업의 호황기에는 신조선가와 중고선가의 차이가 줄어든다. 특히 선박의 수급이 많을 때는 중고선가가 신조선가보다 일시적으로 높게 거래되는 상황도 생긴다. 2021년 하반기부터 반도체 수급 부족 이슈로 신차 출고가 지연되자 자동차 산업에서 일부 중고차들이 신차 가격보다 비싸게 거래되는 경우가 발생한 것과 비슷한 현상이다.

2) LNG선 등 고부가가치 선박

2006년부터 글로벌 선박 수주 1위 타이틀은 전반적으로 중국이 차지하고 있다. 종종 우리나라가 1위에 오르기도 하지만 엄청난 규모의 자국 시장을 토대로 한 중국의 양적 수주 규모를 넘어서기는 쉽지 않다. 그러나 고부가가치 선

국내 조선사들의 LNG선 인도량 추이

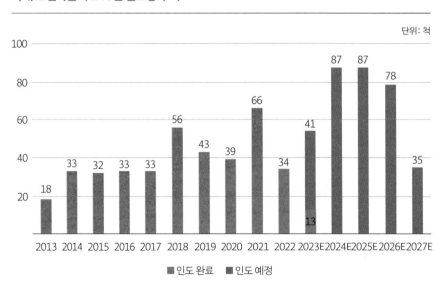

출처: SK증권, 클락슨리서치

2024-2025 대한민국 산업지도

178

박 분야에서는 이야기가 다르다. 따라서 국내 조선사들은 단순히 수주 규모보다는 LNG 등 고부가가치 선박 수주의 질을 따지는 것이 중요하다.

2022년 2월 러시아가 우크라이나를 침공하면서 미국과 유럽 등 서방 국가들은 러시아에 강력한 경제제재를 단행했다. 러시아도 이에 질세라 유럽에 천연가스 공급을 점진적으로 중단하면서 에너지 가격이 천정부지로 뛰었다. 유럽의 러시아산 천연가스 의존도는 약 40%에 달한다. 러시아의 천연가스 공급 중단으로 유럽은 빠른 속도로 가스 공급망을 다변화하고 있다. 미국이나 카타르로부터 LNG를 수입하는 것이 대표적인 사례다.

바다 건너에서 LNG를 들여오기 위해서는 LNG선박이 필요하다. 이에 따라 유럽은 FSRU* 인수기지를 늘리고 있다. 또한 유럽은 해외에서 수입해온 LNG를 액화시켜 저장한 뒤 발전소나 가정에 공급해주는 LNG 터미널도 도입할 계획이다. 이 같은 유럽의 탈러시아 정책은 LNG선 생산에 강점이 있는 국내 조선사들에 기회로 작용하고 있다.

3) 친환경 선박

국제해사기구International Maritime Organization, IMO는 2020년 1월 세계 모든 선박에 대해 기존 황함유량 규제치를 3.5%에서 0.5%로 낮추는 규제를 시행했다. 일반적으로 선박의 연료는 벙커C유가 쓰인다. 원유에서 휘발유, 등유, 경유를 증류한 뒤 얻어지는 것이 벙커C유다. 벙커C유는 화석연료이므로 연소되면 탄소를 비롯해 다양한 유해 물질을 배출한다. 특히 벙커C유에 함유된 황산화물은 휘발유보다 1,000~3,000배나 많다. 이것이 친환경 선박의 도입이 시급한 이유다.

---

* Floating, Storage, Re-gasification Unit의 약자이며 액체 상태의 LNG를 기화해 육상에 공급하는 기능을 갖춘 특수 선박

기초 소재와 산업재

대응방법	장점	단점
탈황장치 장착	· 고유황유 사용 가능 · 대부분의 기존 선박 설치 가능 · 황산화물뿐만 아니라 미세먼지 저감 가능	· 탈황장치 비용 발생 · 별도의 설치 공간으로 화물선적 공간 감소 · 탈황장치 종류에 따라 입항을 거부하는 국가도 있음(노르웨이, 독일, 벨기에 등)
저유황유 사용	· 대부분 선박에 사용 가능 · 엔진 개조 및 추가적인 장비 설치 등 물리적 조정 불필요 · 스크러버 설치 및 선박 건조에 비해 초기투자 부담 없음	· 수요 증가에 따라 유가(연료비) 상승 리스크 보유 · 연료전환 및 기존 엔진 적용에 따른 품질보증 문제 발생 가능
대체연료 사용 (LNG 추진선)	· 대기환경 규제를 충족시킬 수 있는 이상적인 방안 · 기존 연료 대비 높은 열량으로 연료비 절감 가능	· LNG선박 건조 비용에 대한 부담 · 현재 급유 설비 등 인프라시설 부족

출처: HD현대중공업

황산화물을 줄이는 방법은 크게 세 가지로 나뉜다. 먼저 선박에 탈황장치를 장착하는 방법이다. 기존 선박에도 설치할 수 있고, 황산화물뿐만 아니라 미세먼지 역시 줄일 수 있는 장점이 있다. 다만 탈황장치 설치 비용이 발생하고, 화물선적 공간이 줄어드는 문제가 있으며, 국가별로 탈황장치 설치 선박 입항을 거부하는 곳도 있다.

두 번째는 저유황유를 사용하는 방법이다. 탈황장치 설치와 달리 추가 비용이 들지 않으며 기존 선박에도 적용할 수 있다. 그러나 수요 증가에 따라 연료비 상승 이슈가 있으며, 아무래도 새로운 연료를 적용할 때 발생하는 문제도 예상된다.

마지막으로는 대체연료를 사용하는 선박을 도입하는 방식이다. 대표적으로 LNG 추진선이 있다. LNG 추진선이란 LNG를 연료로 운항하는 선박이다. 다만 기존 선박에는 대체연료를 사용할 수 없다는 단점이 있으며, 현재 LNG 급유를 담당하는 LNG 벙커링선 인프라가 부족하다는 한계가 있다. 다만 이 점은 국내 조선사들에 새로운 기회로 작용할 전망이다.

최근 HD현대중공업, 한화오션, 삼성중공업은 이중 연료 선박을 적극적으로 수주하고 있다. 이중 연료 추진선은 기존 선박의 연료인 벙커C유와 LNG나 LPG를 연료로 함께 사용하는 선박이다. 자동차로 비유하면 화석연료와 전기를 섞어 사용하는 하이브리드인 셈이다. 현대미포조선은 과거 LNG 벙커링선을 건조한 경험을 바탕으로 신규 수주에 적극 나서고 있다. 2021년부터 본격적으로 개화하고 있는 LNG 추진선, LNG 벙커링선 시장에서 국내 조선사들의 활약 정도에 따라서 앞으로의 기업 가치 상승이 결정될 것으로 보인다.

기초 소재와 산업재

조선과 운송 산업 투자 지표

실적 및 투자 지표: 2023년 3분기 연환산 기준
배당수익률: 2022년 주당 배당금/2023년 11월 24일 주가
시가총액: 2023년 11월 24일 기준

단위: 억 원

종목코드	종목명	매출액	영업이익	순이익	PER	배당수익률	시가총액
011200	HMM	98,620	18,073	21,209	5	7.7%	107,972
329180	HD 현대중공업	112,251	622	-1,681	-63	0.0%	106,439
010140	삼성중공업	72,108	-1,815	-2,053	-33	0.0%	67,144
086280	현대 글로비스	259,774	16,490	11,727	6	3.2%	66,413
042660	한화오션	66,266	-5,638	-5,564	-9	0.0%	49,122
010620	현대 미포조선	39,595	-1,424	-1,830	-17	0.0%	31,754
028670	팬오션	47,535	4,744	3,521	6	3.6%	22,559
000120	CJ대한통운	117,307	4,486	1,874	12	0.5%	21,854
082740	HSD엔진	8,001	118	-36	-184	0.0%	6,575
017960	한국카본	4,984	223	130	48	1.1%	6,286
005880	대한해운	14,273	2,460	700	8	0.0%	5,522
003280	흥아해운	1,771	315	325	16	0.0%	5,049
033500	동성화인텍	5,208	213	226	16	2.8%	3,713
097230	HJ중공업	19,938	-1,254	-1,150	-3	0.0%	3,414
002320	한진	27,795	1,159	203	16	2.8%	3,199
071970	STX중공업	2,134	203	83	35	0.0%	2,898
077970	STX엔진	6,087	-36	-175	-15	0.0%	2,651
075580	세진중공업	3,754	235	158	16	3.4%	2,530
004360	세방	11,321	273	1,043	2	2.6%	2,221
044450	KSS해운	4,654	880	101	19	4.2%	1,921

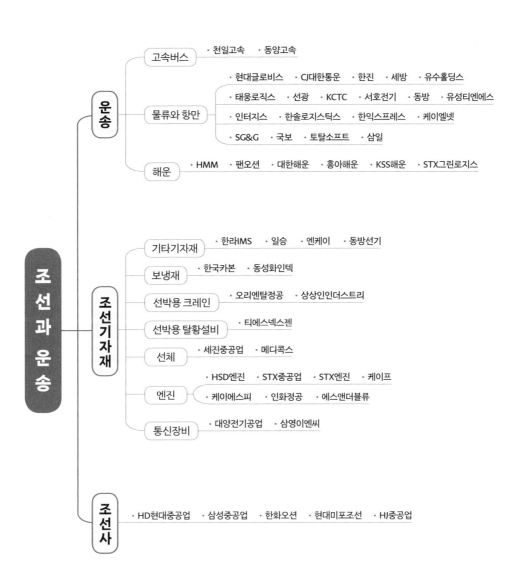

조선과 운송

운송
- 고속버스 · 천일고속 · 동양고속
- 물류와 항만
  - · 현대글로비스 · CJ대한통운 · 한진 · 세방 · 유수홀딩스
  - · 태웅로직스 · 선광 · KCTC · 서호전기 · 동방 · 유성티엔에스
  - · 인터지스 · 한솔로지스틱스 · 한익스프레스 · 케이엘넷
  - · SG&G · 국보 · 토탈소프트 · 삼일
- 해운 · HMM · 팬오션 · 대한해운 · 흥아해운 · KSS해운 · STX그린로지스

조선기자재
- 기타기자재 · 한라IMS · 일승 · 엔케이 · 동방선기
- 보냉재 · 한국카본 · 동성화인텍
- 선박용 크레인 · 오리엔탈정공 · 상상인인더스트리
- 선박용 탈황설비 · 티에스넥스젠
- 선체 · 세진중공업 · 메디콕스
- 엔진
  - · HSD엔진 · STX중공업 · STX엔진 · 케이프
  - · 케이에스피 · 인화정공 · 에스앤더블류
- 통신장비 · 대양전기공업 · 삼영이엔씨

조선사 · HD현대중공업 · 삼성중공업 · 한화오션 · 현대미포조선 · HJ중공업

건설과 플랜트

건설의 유형, 플랜트의 종류에 따라 전망이 다르지만 국내 대표 기업들의 실적, 수주 내역은 완만히 성장하고 있다. 유가 하락 및 친환경 트렌드에 따라 해외 플랜트 수주도 제한적이다. 다만 대형 업체들을 중심으로 꾸준한 이익을 창출하고 있으며, 이를 바탕으로 배당 등 주주환원도 적극적인 편이다.

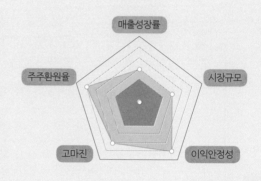

건설은 건물이나 시설 등을 새로 짓는 것을 말한다. 플랜트는 발전 및 담수, 석유화학, 해양 설비, 환경 설비 등 각종 산업 시설을 의미한다. 플랜트는 건설을 통해 지어진 건물의 한 형태라고 볼 수 있다. 그럼에도 건설 산업이라 통칭하지 않고 군이 '건설과 플랜트' 산업으로 부르는 이유는 주 수요처와 전방 시장이 다르기 때문이다. 플랜트 건설 수요는 주로 해외에서 발생한다. 플랜트 수요에 가장 큰 영향을 미치는 요인은 에너지 가격, 즉 국제 유가다.

일반적으로 유가가 오르면 산유국은 플랜트 발주를 늘려 국내 건설사들의 일감이 늘어난다. 플랜트 외 국내 주택 및 인프라 건설 시장은 정부와 민간의 주택 공급 계획, 사회간접자본 투자와 같은 정책적인 측면의 영향을 받는다. 이러한 점이 투자 관점에서 국내 건설 시장과 해외 플랜트 시장을 구분해서 보아야 하는 이유다. 그럼에도 대형건설사가 국내 건설, 해외 플랜트라는 양 시장을 모두를 담당하고 있다는 차원에서 건설과 플랜트를 한 산업으로 묶었다.

건설과 플랜트 산업에 속한 기업은 총 176곳으로 주식 시장에서 차지하는 비중은 3.6%다. 2014년을 기점으로 국제 유가가 하락하면서 플랜트 발주가 감소한 가운데 국내 주택

분양 실적도 2015년을 기점으로 감소하고 있다. 2022년부터 아파트 가격이 급락하고 분양 시장의 열기가 식고 있어 향후 주택 부문에서 건설사들의 실적 개선은 기대하기 힘들다. 사우디아라비아의 네옴시티 건설이나 우크라이나 재건 프로젝트 같은 해외 건설 시장에서 따내는 의미 있는 수주의 여부가 중요하다.

　건설과 플랜트 산업은 크게 건설과 플랜트 설비와 관리로 나뉜다. 건설은 주택이나 상업 시설, 도로, 교량 등을 건설하는 것을 말하며 유관 섹터로는 건축자재, 설계와 감리, 부동산 개발과 관리가 있다. 플랜트 설비와 관리는 플랜트를 짓거나 점검 및 플랜트 기자재를 만드는 기업을 포함한다. 추가로 폐기물을 처리하거나 수거한 폐기물을 활용해 발전 사업을 하는 폐기물처리와 발전 섹터도 포함하고 있다.

건설

1. 건설 산업의 개요

인적이 드문 곳만 아니면 대한민국 어디를 가든지 수많은 건물을 마주할 수 있다. 서울 남산 정상에서 내려다보면 성냥갑처럼 빼곡히 들어선 건물들이 장관처럼 펼쳐져 있다. 수많은 건물만큼이나 국내 건설사도 많이 있다. 대한건설협회에 따르면 2023년 10월 기준 국내 건설사의 수만 1만 9,225곳이다. 삼성물산, 현대건설, GS건설 등 대형건설사도 존재하지만 건설 산업이 공공성과 지역성이 강한 까닭에 특정 기업의 점유율이 높지 않다.

건설은 발주처에 따라 공공과 민간 건설로 구분된다. 공공은 관급공사로 정부 및 공공기관이 발주처다. 민간 건설은 부동산 개발을 전문으로 하는 시행사나 민간단체가 발주처다. 일반적으로 공공기관보다는 민간 기업의 물량이 좋은 수익성을 보인다. 공사 종류에 따라서는 건축과 토목으로 구분할 수 있다. 건축은 다시 주거용과 비주거용으로 나뉘는데, 주거용은 아파트, 빌라,

건설의 분류

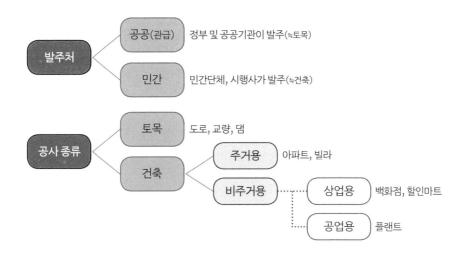

건설의 사업 형태

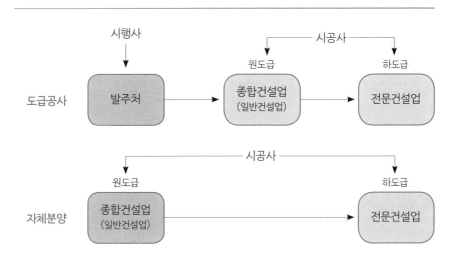

단독주택 등이다. 비주거용은 백화점, 할인마트 등 상업 시설, 플랜트 등 공업
시설 등이 있다. 토목공사는 도로, 교량, 터널, 지하철, 상하수도 등을 포함한
인프라 건설을 뜻한다. 일반적으로 토목은 공공기관, 건축은 민간 기업이 주
도하는 경향을 띤다. 토목공사의 경우 공공기관의 사회간접자본 예산에 따라

수요가 발생하기 때문이다.

　건설 산업은 사업의 형태에 따라 도급공사와 자체분양으로 나뉜다. 도급공사는 시행사와 시공사로 나뉜 형태다. 시행사는 디벨로퍼Developer라고 하는데 부지 선정, 건축허가, 설계, 자금 마련 등을 담당하는 주체다. 시공사는 시행사의 계획대로 건물만 짓는다. 일반적으로 시행사는 건설사들이다. 반면 자체분양은 건설사가 시공사 역할뿐만 아니라 시행사 역할까지 담당한다. 따라서 도급공사에 비해 자체분양의 수익성이 매우 높다. 물론 분양이 실패했을 때 감당해야 할 리스크도 클 수밖에 없다. 한편 시공사는 원도급과 하도급으로 구분되는데 원도급은 주택, 상업 시설 등을 짓는 종합건설업자이며, 하도급은 엘리베이터, 상하수도 설비 등을 담당하는 전문건설사다. 한편 시행사가 의도한 대로 공사가 잘 진행되고 있는지 관리, 감독하는 주체는 감리 회사이며, 일반적으로 감리 회사가 건축물 설계까지 담당한다.

2. 건설사와 건설자재 기업이 돈을 버는 방법

건설사는 어떻게 돈을 벌까? 당연히 아파트나 빌라 등을 지어 분양(매각)해 돈을 번다. 그런데 매출을 인식하는 시점은 구체적으로 언제일까? 계약 시점일까, 공사를 완공한 시점일까? 만일 계약 시점이나 공사를 완공한 시점에 매출액을 인식한다면 실적이 매우 들쭉날쭉할 것이다. 1년에 진행하는 공사 건수도 적을뿐더러 공사기간도 길기 때문이다. 이처럼 수주 산업에 종사하는 기업은 매출액을 진행률 관점에서 인식한다. 쉽게 말해 1,000억 원 규모의 공사가 30% 진행되었다면 300억 원을 매출액으로 인식하는 것이다.

　공사는 다음과 같은 순서로 진행된다. 주택(아파트)의 경우 기초 및 골조공사, 마감공사, 기계공사 순으로 진행된다. 기초공사는 터를 만든 후 파일을 세우는 작업이다. 파일은 말뚝 모양의 시멘트 2차 가공품으로, 인장력을 보강하거나 약한 지반에 건설할 때나 하중이 큰 건축물을 건설할 때 사용된다. 이후 지하층부터 지상까지 골조공사를 진행한다. 철근을 세우고 거푸집에 콘크리트를 붓고 굳히는 과정이 골조공사다.

골조를 완성하면 아파트 내외부 마감공사에 들어간다. 목재 소재, 대리석 등으로 바닥공사를 진행하고, 외벽 창틀을 지지하는 창호 설치, 내장벽면 공사, 화장실 타일과 도기 등을 부착한다. 이후 싱크대, 레인지후드, 선반 등 주방기기, 붙박이장, 드레스룸 화장대 등 가구도 설치된다. 마감공사가 진행되면서 상하수도 설치 같은 기계공사도 함께 진행된다. 이처럼 건설에 필요한 건설자재는 투입되는 시점에 매출이 발생한다.

3. 건설 산업의 투자 포인트

건축물을 짓기 위해서는 인허가가 필요하다. 시행사가 국가 또는 지자체에 착공 인허가를 받으면 구체적인 건축 및 시공을 위해 시공사와 계약을 맺는다. 이때 시공사, 건설사 입장에서는 수주가 발생한다. 이때 주택의 경우 분양을 진행한 후 착공에 들어간다. 정리하면 '인허가 - 건설수주 - 분양 및 착공'의 순서대로 진행되며 통상 인허가 후 2~3년 정도가 지나면 착공에 들어간다. 따라서 건축허가, 건설수주는 건설업의 선행지표이며, 분양 및 착공은 동행지표다.

건설사는 진행률에 따라 매출액을 인식한다. 특히 공사의 전반기보다는 하반기에 진행률이 높아져 매출액이 증가한다. 건설자재는 투입되는 시점에 실적이 발생한다. 따라서 기초 및 골조공사 기업들의 실적이 먼저 좋아지고 뒤따라 마감공사, 기계공사 기업들의 실적이 증가한다. 따라서 주택 분양 건수와 투입 시점에 따른 건설자재 실적 사이클을 알고 있다면 투자하는 데 큰 도움이 된다.

부동산 경기 역시 건설 산업에 영향을 미친다. 주택 가격이 하락하고 미분양이 발생하면 건설사 입장에서는 수주에 소극적으로 될 수밖에 없다. 특히 미분양이 발생하면 시행사로부터 약속된 대금을 받을 수 없고 자금 사정이 넉넉하지 못한 중소형 건설사는 도산으로 이어질 수 있다. 이 경우 건설 프로젝트의 사업성, 수익성을 토대로 대출을 해준 금융기관들의 PF^{Project Financing} 부실채권 문제도 확산될 수 있다.

주택 분양 물량은 기본적으로 수요와 공급에 따라 달라지지만, 정부 정책이 무엇보다 중요하다. 윤석열 정부는 2023년부터 2027년까지 총 270만 호를 공급할 계획이다. 수도권은 도심, 역세권, 3기신도시 등에서 총 158만 호가 공급된다. 지방대도시는 정비사업, 노후도심환경개선 등을 통해 총 52만

건설허가 및 건축착공 면적 추이

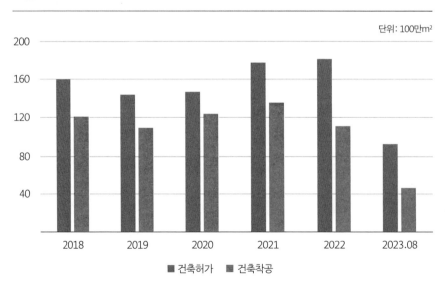

단위: 100만㎡

출처: 대한건설협회

호가 보급된다. 이는 지난 정부 대비 수도권은 29만 호, 지방대도시는 4만 호가량 증가한 물량이다. 다만 2023년 1~8월까지 인허가 기준 공급 실적은 약 21만 3,000호에 불과해 아직 달성률이 절반도 되지 않은 상황이다. 실제 정부의 공급 계획은 부동산 시장 상황 및 정치적 이슈에 따라 변할 가능성이 있기 때문에 실제 이행 여부를 잘 파악해야 한다.

플랜트 설비와 관리

1. 플랜트 설비와 관리 산업의 개요

건설사들의 국내 주력 시장은 주택이다. 그러나 해외 시장으로 눈을 돌리면 다르다. 해외에서는 발전 및 담수, 석유화학, 해양 설비 등 플랜트 수주에 집중하고 있다. 해외건설협회에 따르면 2023년 9월 말 기준 전체 해외 건설 수주액 약 235억 달러 중 약 46.6%인 약 109억 8,000만 달러가 산업 설비, 즉 플랜트에 집중되었다. 국가별 수주 비중은 중동이 33.9%, 태평양 및 북미 31.5%, 유럽 4.9% 순이다. 산유국에서 수주 비중이 높아 국제 유가가 올라야 수주 여건이 개선된다. 과거 서부텍사스유West Texas Intermediate, WTI가 배럴당 100달러를 상회하던 시절, 국내 건설사들의 해외 건설 수주액은 600억 달러를 넘겼다. 그러나 2015년 들어서 국제 유가가 빠르게 하락하면서 해외 건설 수주액 역시 감소했다.

출처: 네이버금융, 뉴욕상업거래소

2. 플랜트 설비와 관리 산업의 투자 포인트

플랜트 수주 실적이 늘어나기 위해서는 무엇보다 국제 유가 동향이 중요하다. 유가가 상승하면 산유국에서 플랜트 발주를 늘리기 때문이다. 국내 대형 건설사들의 플랜트 수주가 늘면 기자재를 납품하는 기업 역시 일감이 늘어난다. 국내 상장사가 생산하는 플랜트 기자재는 산업용 계측기, 배열 및 폐열을 회수하는 배열회수보일러, 황산화물을 감소시키는 탈황 설비 등이 대표적이다.

다만 유가가 올라도 국내 건설사들의 해외 플랜트 수주는 예전만 못할 수 있다. 과거 공격적인 수주의 부작용으로 대규모 손실을 본 사례가 있기 때문이다. 국내 대형건설사들은 2010~2012년 사이에 적극적으로 수주전을 펼쳤다. 경쟁이 치열해지면서 저가의 수주 역시 배제하지 않았다.

해외 건설 수주액 추이

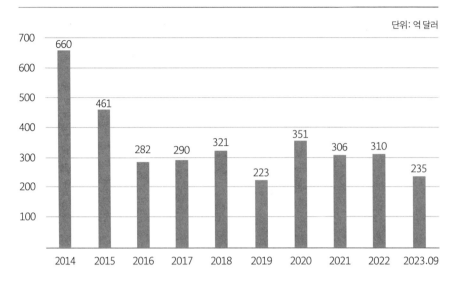

단위: 억 달러

출처: 해외건설협회

플랜트 역시 진행률로 매출액을 산정한다. 진행률의 기준점은 건설 원가다. 건설사들은 착공 전에 예상 건설 원가를 설정한다. '1조 원 규모 플랜트라면 원가가 8,000억 원 정도 들겠지'라고 가정하는 것이다. 그런데 생각보다 공사가 지연되고 기술적 난제를 맞닥뜨리면서 예상보다 건설 원가가 더 투입될 수도 있다. 치열한 경쟁으로 수주를 따냈기 때문에 예상과 달리 건설 원가가 더 들면 금세 적자가 발생한다. 이러한 이유로 국내 엔지니어링 기업 몇몇은 대규모 적자에 자본까지 잠식되는 상황에 놓이기도 했다. 이러한 혹독한 시련을 겪으면서 국내 건설사들이 이제는 수익성 중심의 경영을 펼치고 있다.

구조적으로 석유화학 플랜트 발주가 감소하는 부분도 있다. 코로나19 팬데믹 이후 미국, 유럽 등 서방국가들은 친환경 산업에 대대적인 투자를 진행하고 있다. 자동차 기업들은 내연기관 자동차에서 빠르게 전기차 생산으로 전환하고 있으며, 여러 국가가 탄소를 배출하지 않는 친환경 에너지 사용을 장려하고 있다. 향후 탄소배출량을 일정 수준으로 줄이지 않으면 국가별로 어마어마한 탄소세*를 내야 한다. 이러한 점이 장기적으로 화석연료를 사용하거나 환경에 유해한 물질을 생산하는 각종 화학 시설 발주가 줄어드는 배경이다.

건설사들의 돌파구는 친환경 설비다. 수소연료전지나 풍력 설비, 태양광발전소 등이 좋은 예다. 원자력발전 역시 성장 동력으로 꼽을 수 있다. 장기적으로 원전 비중을 줄이려는 우리나라와 달리 미국, 중국, 유럽 일부 국가는 원자력발전 산업을 정책적으로 육성하고 있다. 화석연료에서 친환경 에너지로 전환하는 과도기에서 발생하는 에너지 부족 현상을 해결할 수 있는 대안이기 때문이다. 따라서 투자 관점에서는 원전 관련 플랜트나 기자재를 만드는 기업들을 잘 지켜볼 필요가 있다.

해외 메가톤급 프로젝트도 한국 건설사에 기회가 될 전망이다. 사우디아라비아는 석유 중심의 경제 구조를 탈피하기 위해 '비전 2030'을 슬로건으로 네옴시티 건설 계획을 발표했다. 네옴시티 프로젝트는 길이 170km에 달하는 직선도시 '더 라인', 바다 위에 떠 있는 첨단 산업 단지 '옥사곤', 친환경 산악 관광 단지 '트로제나', 홍해에 위치한 고급 휴양지 '신달라' 등 4개 프로젝트로 구성된다. 공식적으로 발표한 투자비만 약 5,000억 달러로, 일각에서는 2030년까지 투자비가 약 1조 달러에 달할 것으로 보고 있다. 1차 완공 목표는 2025년, 최종 완공 목표는 2030년이다. 2023년 7월 사우디아라비아 네옴 사무국이 국내에서 네옴 글로벌 로드쇼인 '디스커버 네옴' 개막식을 열어 한국 기업의 투자 참여를 독려하는 것을 보았을 때 국내 건설사들에 새로운 먹거리가 될 수 있다.

---

* 탄소중립 실현을 위해 이산화탄소를 배출하는 화석연료 사용량에 따라 부과하는 세금

우크라이나 재건 사업 역시 한국 건설사에 좋은 기회다. 신한금융투자에 따르면 장기화된 러시아-우크라이나 전쟁으로 우크라이나의 인프라 직접 피해 규모는 약 1,347억 달러에 달하며, 2033년까지 향후 10년간 전후 복구에 필요한 비용은 약 4,106억 달러로 추산된다. 2023년 9월 국토교통부가 민관 합동 '우크라이나 재건 협력 대표단'을 구성해 우크라이나 수도 키이우를 방문한 만큼 국내 건설사들은 우크라이나 재건 사업에 적극적으로 참여할 전망이다.

폐기물처리와 발전

1. 폐기물처리와 발전 산업의 개요

코로나19 팬데믹으로 흥한 대표적인 산업은 언택트^{Untact}다. 코로나19 팬데믹으로 집 안에서 생활하는 시간이 늘어나면서 게임, OTT 플랫폼 등 비대면 주력 산업이 활성화되었다. 그런데 언택트와 전혀 상관없지만 호황을 맞이한 분야가 있다. 바로 폐기물처리 산업이다. 의료폐기물이 넘쳐나면서 이를 처리하는 폐기물처리 기업의 일감이 늘었다는 후문이다.

사실 폐기물처리 산업의 성장은 뜬금없는 일이 아니다. 2018년 중국이 폐기물 수입을 전면 금지하면서 국내 폐기물처리 수요가 크게 늘었다. 또한 전세계적인 ESG[✳] 열풍으로 폐기물처리 규제가 강화되면서 관련 산업이 커지고

✳ Environment, Social, Governance의 앞글자를 딴 용어로 기업에 친환경, 사회적 책임, 지배 구조 등을 고려해야 한다는 책임감을 부여하는 의미로 사용됨

기초 소재와 산업재

있다. 업계에 따르면 국내 폐기물처리 시장규모는 2018년 약 16조 7,000억 원에서 2021년 약 19조 400억 원으로 커졌고, 2025년에는 약 23조 7,000억 원으로 커질 전망이다.

국내에 상장된 폐기물처리 기업들은 시가총액 1조 원 미만의 중소형주로 분류된다. 그렇다고 아무나 들어갈 수 있는 만만한 시장은 아니다. 폐기물은 상업 시설과 공업 시설, 관공서 등에서 주로 배출된다. 즉 폐기물처리 기업을 운영하려면 안정적으로 폐기물이 배출될 수 있는 좋은 지역을 확보하는 것이 중요하다. 물론 위치만 좋다고 모든 문제가 해결되는 것도 아니다. 대표적인 기피 시설이다 보니 지자체가 기업 설립에 관해 지역 주민들을 설득하는 것도 어렵다. 앞으로 환경 규제가 강화되는 만큼 신규 사업자들의 진출은 더욱 어려워질 것으로 보인다.

2. 폐기물처리와 발전 산업의 투자 포인트

일반적으로 폐기물은 매립, 소각 등의 방법으로 처리한다. 소각하는 과정에서 발생하는 열 에너지를 이용해 스팀을 생산해 판매하는 기업도 있다. 또한 건설 폐기물을 수거해 재활용하는 기업, 산업현장에서 오염수를 정화하는 기업도 존재한다. 종사하는 분야는 다르지만, 모두 환경과 관련이 있다는 점에서 장기적으로 지켜볼 만한 투자 대상이다. M&A의 대상이 되거나 연관 사업에 진출해 기업 가치를 높일 수 있기 때문이다.

실제 폐기물을 수집, 처리하며 스팀, 바이오중유를 생산 판매하는 KG ETS가 2021년 하반기 매물로 나왔다. 2021년 11월 기준 현대엔지니어링, 에코비트 등 대어급 원매자들이 KG ETS에 러브콜을 보냈다. SK에코플랜트 역시 2021년에만 9곳의 폐기물처리 기업을 인수하면서 기업 가치를 올리고 있다. 2023년 12월 SK에코플랜트는 상장예비심사 청구를 준비하고 있으며, 에코비트는 2025년 IPO를 계획하고 있다. 향후 대어급 환경설비 기업의 상장과 맞물려 폐기물처리 관련 기업들의 가치가 부각될 수 있다.

　연관 사업에 진출해 기업 가치를 높이는 경우도 있다. 실제로 인선이앤티의 경우 본업의 경쟁력을 활용해 폐배터리 재활용 사업에 진출했다. 폐배터리 재활용이란 수명이 다한 배터리에서 코발트, 니켈, 리튬 등 핵심 소재를 회수한 후 배터리 제조사에 판매하는 사업이다. 전기차 시장이 커질수록 성장할 수밖에 없는 분야이므로 투자자들은 폐기물처리 기업들의 향후 행보를 눈여겨보아야 한다.

건설과 플랜트 산업 투자 지표

실적 및 투자 지표: 2023년 3분기 연환산 기준
배당수익률: 2022년 주당 배당금/2023년 11월 24일 주가
시가총액: 2023년 11월 24일 기준

* 회색음영은 신규 상장 종목으로 2022년 연간 실적 반영

단위: 억 원

종목코드	종목명	매출액	영업이익	순이익	PER	배당수익률	시가총액
028260	삼성물산	424,437	28,774	23,033	9	2.0%	215,472
034020	두산 에너빌리티	173,572	14,423	-4,279	-22	0.0%	96,212
028050	삼성 엔지니어링	107,371	9,378	8,832	6	0.0%	50,470
000720	현대건설	271,365	7,152	3,282	13	1.6%	41,035
003410	쌍용C&E	19,463	2,107	2,328	13	7.3%	30,221
052690	한전기술	5,422	400	393	58	0.5%	22,741
002380	KCC	63,472	3,123	2,720	7	3.5%	20,217
047040	대우건설	120,780	8,314	5,154	4	0.0%	18,952
051600	한전KPS	14,919	1,885	1,474	11	3.8%	15,480
375500	DL이앤씨	79,143	3,627	2,311	6	2.6%	14,762
006360	GS건설	140,376	-826	-2,514	-6	7.8%	14,266
025900	동화기업	9,778	-159	-745	-18	0.0%	13,524
383310	에코프로 에이치엔	2,708	545	428	23	0.9%	10,009
294870	HDC 현대산업개발	39,570	1,922	1,476	7	4.0%	9,932
300720	한일시멘트	17,258	2,143	1,460	6	4.6%	8,796
010780	아이에스동서	20,613	3,149	2,121	4	0.0%	8,665
418550	제이오	1,025	112	105	78	0.0%	8,210
344820	KCC글라스	16,702	950	871	8	5.8%	6,580
210980	SK디앤디	5,830	1,958	1,317	5	2.7%	6,502
448280	에코아이	601	200	-	-	0.7%	6,381

건설과 플랜트

건설

건축
- HDC현대산업개발 · 아이에스동서 · 동원개발 · 서희건설 · DL건설
- 코오롱글로벌 · 금호건설 · 자이에스앤디 · 진흥기업 · 태영건설
- 동부건설 · 계룡건설 · KCC건설 · 화성산업 · 국보디자인
- 베노티앤알 · 서한 · 세보엠이씨 · 일성건설 · 한신공영
- HL D&I · 남화토건 · 웰크론한텍 · 까뮤이앤씨 · 대원
- 성도이엔지 · 이화공영 · 신세계건설 · 한국테크놀로지 · 범양건영
- 삼일기업공사 · 상지카일룸 · 신원종합개발 · 누리플랜 · KD

대형건설
- 삼성물산 · 현대건설 · 대우건설 · DL이앤씨 · GS건설 · HDC

토목
- 삼부토건 · 동아지질 · 동신건설 · 특수건설
- 삼호개발 · 남광토건 · 우원개발

해저케이블
- LS마린솔루션

설계와 감리
- 도화엔지니어링 · 한미글로벌 · 희림 · 유신 · 한국종합기술 · 에쓰씨엔지니어링

건축자재

거푸집
- 삼목에스폼 · 금강공업 · 에스와이스틸텍 · 덕신하우징
- 다스코 · 제일테크노스 · 원하이텍

골조재
- NI스틸 · 티웨이홀딩스

기타 건축자재
- KCC글라스 · 하이드로리튬 · 한국석유 · CSA 코스믹 · TKG애강
- 스페코 · 우진아이엔에스 · 프럼파스트 · 뉴보텍

내외장재
- LX하우시스 · 에스와이 · 벽산 · 라이온켐텍 · 유니드비티플러스
- 일신석재 · 이건홀딩스 · 국영지앤엠 · 에스폴리텍

레미콘과 부재료
- 유진기업 · 보광산업 · HLB글로벌 · 홈센타홀딩스 · 부산산업
- 삼일씨엔에스 · SG · 동양파일 · KH 건설 · 모헨즈 · 서산

목재
- 동화기업 · 성창기업지주 · 이건산업 · 한솔홈데코 · SUN&L

시멘트
- 쌍용C&E · 한일시멘트 · 아세아시멘트 · 삼표시멘트
- 한일현대시멘트 · 동양 · 성신양회 · 유니온 · 고려시멘트

욕실
- 대림B&Co · 대림통상 · 와토스코리아

페인트
- KCC · 노루페인트 · 삼화페인트 · 노루홀딩스
- 강남제비스코 · 조광페인트

홈네트워크
- HDC랩스 · 코콤 · 코맥스 · 현대에이치티

부동산개발과 건물관리

· SK디앤디　· 서부T&D　· 한국자산신탁　· 한국토지신탁
· 해성산업　· 신라섬유　· 이스타코

폐기물처리와 발전

· KG ETS　· 코엔텍　· 인선이엔티　· 와이엔텍　· 지오릿에너지　· 한성크린텍
· 에코바이오　· KC그린홀딩스　· 에스에이티　· 지엔씨에너지

플랜트설비와 관리

EPC	· 두산에너빌리티　· 삼성엔지니어링　· 제이오　· SGC이테크건설
계측장비	· 우리기술　· 우진
기타 설비	· 영풍정밀　· 제이엔케이히터　· 센코　· 케일럼 · 대창솔루션　· 에너토크　· 세원이앤씨　· 삼영엠텍
설계	· 한전기술
열교환기	· 비에이치아이　· KIB플러그에너지　· SNT에너지
정비	· 한전KPS　· 수산인더스트리　· 한전산업　· 일진파워　· 금화피에스시　· 오르비텍
피팅밸브	· 태광　· 성광벤드　· 하이록코리아　· 한선엔지니어링　· 아스플로 · 비엠티　· 디케이락　· 조광ILI
환경설비	· 에코프로에이치엔　· 에코아이　· 금양그린파워　· 자연과환경 · KC코트렐　· CNT85　· 비디아이

기계

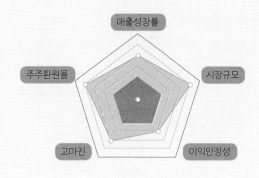

미국 인프라 투자에 따른 건설 지출이 늘고 있으며, 잇따른 전쟁으로 방위 산업에 대한 투자도 커지고 있다. 이 밖에 산업용 로봇, 물류 자동화 등 로봇 산업이 신성장 동력으로 자리하고 있다. 다만 경기 변동에 민감해 이익안정성은 낮은 편이다.

기계는 사람이 힘을 가하지 않더라도 에너지를 공급하면 정해진 일을 수행하는 장치로 여러 부품이 조합된 것을 말한다. 기계는 지렛대, 도르래, 축바퀴처럼 단순한 것부터 자동차, 항공기, 로켓 등 복잡한 것도 포함된다. 사실 타 산업으로 분류되는 반도체 장비, 디스플레이 장비 역시 기계의 일종이다. 다만 이 책에서는 전방 산업, 비즈니스 모델, 주가 흐름의 동질성 등을 고려해 기계 산업을 건설기계, 공작기계, 항공우주와 방위 산업, 일반기계로 분류했다.

기계 산업에 속한 기업은 총 97곳으로 주식 시장에서 차지하는 비중은 1.7%다. 기계 산업 전체의 성장성은 글로벌 경제 성장률과 비슷하다. 모든 산업에 두루 사용되므로 글로벌 경기 동향의 바로미터로 볼 수 있다. 또한 설비 투자 성격이 강하므로 각국의 인프라 투자 시 수요가 늘어나는 경향이 있다. 단, 기계 산업 하부 섹터 간 성장성은 상이하다. 항공우주와 방위 산업체 기업들은 최근 글로벌 우주 시장이 본격적으로 개화하며 향후 성장성을 높게 평가받고 있으며, 러시아-우크라이나 전쟁으로 무기 수출이 가시화되고 있다. 자동화기기 기업들은 글로벌 기업들의 무인공장 투자에 따른 산업용 로봇 수요 증가로 가파르게 성장할 것으로 예상된다. 잘만 하면 미래의 텐배거 종목도 찾을 수 있는 만큼 투자자들이 큰

관심을 두어야 할 산업이다.

기계 산업은 기계의 종류에 따라 건설기계, 공작기계, 일반기계, 항공우주와 방위 산업 섹터로 구분했다. 건설기계는 불도저, 굴축착기, 로더, 지게차, 기중기 등 건설현장에서 사용되는 기계를 말한다. 공작기계는 선반, 밀링, 라우터, 그라인더 등이며 항공우주와 방위 산업은 항공기 및 위성 발사체 부품을 제조하거나 각종 무기를 만드는 기업들이 속한다. 이 밖에 사출금형, 자동화기기 등을 만드는 기업은 일반기계로 분류했다.

기계

1. 기계 산업의 개요와 성장성

1) 건설기계

건설기계는 불도저, 굴축착기, 로더, 지게차, 기중기 등 건설현장에서 사용되는 기계를 말한다. 건설기계 수요는 글로벌 인프라 투자 규모에 영향을 받는다. 특히 도로 및 철도 등 사회간접자본 투자와 밀접한 관계가 있다.

글로벌 건설기계 시장은 2012년부터 규모가 축소되다가 2016년부터 인도, 중국 등 신흥국에서 이루어지는 인프라 투자 덕분에 성장세로 돌아섰다. 그러나 2020년 코로나19 팬데믹으로 건설기계 수요가 일시적으로 감소했다. 2021년부터는 백신 보급 확산 및 각국 정부의 과감한 재정 정책으로 다시금 성장했다.

시장조사기관 마켓앤마켓에 따르면 글로벌 건설기계 시장규모는 2022년 약 1,497억 달러다. 이후로는 연평균 3.8%씩 성장해 2030년에는 약 1,947억 달러의 시장을 형성할 것으로 관측된다. 지역별로 살펴보면 아시아, 북미, 유럽 순으로 큰 시장규모를 형성하고 있다.

2022년 기준 글로벌 건설기계 1위 기업은 미국의 캐터필러^{Caterpillar}(약 16.3%)다. 2위는 일본의 코마츠^{Komatsu}(10.7%), 3위는 중국의 XCMG(5.8%)다. 한국 기업들은 10위권 내외의 순위를 기록하고 있다. 2021년 현대중공업은 두산인프라코어를 인수하고 사명을 HD현대인프라코어로 변경했다. 현대건설기계와 현대두산인프라코어가 합병한다면 세계 5위권으로 순위가 올라갈 수 있다.

국내 건설기계 기업들은 일찍이 글로벌 시장에 진출했다. 두산밥캣, 현대건설기계, HD현대인프라코어는 매출의 최소 80% 이상을 수출로 벌어들인다. 두산밥캣은 북미와 유럽권 판매 비중이 높으며, 현대건설기계와 현대두산인프라코어는 중국과 북미, 인도 및 브라질 등 신흥 시장에서 골고루 매출을 올리고 있다. 국내 주요 굴삭기 기업들의 주요 품목은 굴착기, 휠로더다. 휠로더는 토목공사현장에서 흙이나 모래, 골재 등을 퍼 담아 옮기는 장비를 말한다.

2) 공작기계

공작기계는 '기계의 기계'라고 불린다. 공작기계가 기계를 만드는 데 필요한 금속을 가공하는 기계이기 때문이다. 대표적으로 선반, 밀링, 라우터, 그라인더 등이 있다. 선반은 가공할 소재를 회전시키며 깎거나 파내는 기계이며, 밀링은 다수의 절삭날로 평면, 곡면 등을 자르는 기계다. 라우터 역시 절삭과 관련된 기계이며, 그라인더는 연삭기라고도 하며 가공물의 면을 정밀하게 가공하는 기계다.

공작기계는 자동차, 항공우주, 의료, 반도체, 건설 등 다양한 산업에 걸쳐 사용된다. 전 세계적으로 200여 개 이상의 공작기계 제조 기업이 있다. 한국공

글로벌 공작기계 종류별 시장규모 추이

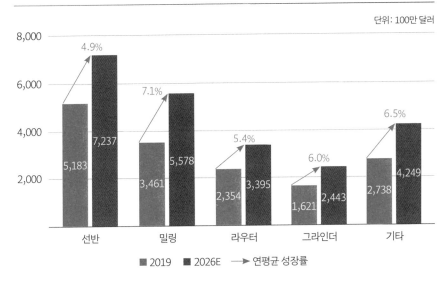

단위: 100만 달러

- 선반: 5,183 (2019), 7,237 (2026E), 4.9%
- 밀링: 3,461 (2019), 5,578 (2026E), 7.1%
- 라우터: 2,354 (2019), 3,395 (2026E), 5.4%
- 그라인더: 1,621 (2019), 2,443 (2026E), 6.0%
- 기타: 2,738 (2019), 4,249 (2026E), 6.5%

■ 2019 ■ 2026E → 연평균 성장률

출처: 대성하이텍, 얼라이드 마켓 리서치

작기계산업협회에 따르면 2022년 글로벌 공작기계 생산 규모는 약 826억 달러로 전년 대비 10.4% 감소했다. 중국이 1위로 약 271억 달러를 생산했으며, 2위는 일본(약 105억 달러), 3위는 독일(약 102억 달러) 순이다. 한국은 약 45억 달러로 이탈리아와 미국에 이어 6위에 올랐다. 상위 10개국 총생산액은 약 740억 달러로 전체 생산 규모 중 89.6%를 차지했다.

비즈니스 컨설팅 전문기관 얼라이드 마켓 리서치^{Allied Market Research}에 따르면 공작기계는 선반, 밀링, 라우터, 그라인더 순으로 시장규모가 크다. 반면 성장률은 밀링이 가장 높을 것으로 전망된다. 밀링 시장은 2019년부터 2026년까지 연평균 약 7.1%씩 성장할 것으로 관측된다. 같은 기간 선반, 라우터, 그라인더 시장은 약 5~6% 내외의 성장률을 기록할 것으로 보인다.

기초 소재와 산업재

3) 일반기계

공작기계, 건설기계 등 특정 영역에만 쓰이는 기계도 있지만 사실 대부분의 기계는 산업 전반에 두루 사용된다. 이처럼 쓰임새가 특정 영역에 국한되지 않는 다양한 기계를 이 책에서는 일반기계로 분류했다. 주로 공장의 자동화 기기 및 컨베이어 시스템, 전자제품의 케이스 제조틀로 사용되는 금형, 지하철 등 전동차 그리고 산업현장에서 사용되는 각종 부품 및 소재가 대표적이다. 제조 품목에 따라 전방 산업이 다르므로 해당 기업이 어떤 제품을 만드는지, 최종 수요처가 어디인지 잘 살펴보아야 한다.

4) 항공우주와 방위 산업

항공우주 산업은 지구의 대기와 우주 공간에서 움직이는 비행 물체를 연구, 설계 및 제조하는 일체의 사업을 뜻한다. 우리에게는 항공우주보단 우주항공이 익숙하지만, 엄밀히 따지면 'Aerospace'라는 영어 단어에서 알 수 있듯이 항공우주가 맞는 표현이다. 비행기를 더 높고 빠르게 만들면 우주선이 되는 것처럼 항공과 우주는 떼려야 뗄 수 없는 관계다. 실제로도 많은 기업이 항공과 우주 비즈니스를 동시에 진행하고 있다.

항공우주는 그 어떤 산업보다 최첨단 기술력이 요구되는 분야로 경제적, 사회적, 군사적으로도 매우 중요한 산업이다. 과거 냉전 시대에 미국과 러시아는 우주 탐사 경쟁을 벌이며 막대한 자본과 인력을 쏟아부었다. 그러나 오늘날에는 스페이스X^{SpaceX}와 블루오리진^{Blue Origin}, 버진갤럭틱^{Virgin Galactic} 등 민간 기업이 우주 관광 시대를 열기 위해 경쟁하고 있다.

항공우주 산업의 주도권이 정부에서 민간으로 이전되며 자연스레 경제적 이익에 초점이 맞추어지는 상황이다. 실제 2020년 우주 시장규모의 약 80%가 상업적 분야에 집중되었다. 한국개발연구원에 따르면 2020년 글로벌 우주 경제 규모는 약 4,470억 달러로 전년 대비 4.4% 성장했다. 미국 투자은행

모건 스탠리^{Morgan Stanley}는 우주 시장규모가 2040년까지 약 11조 달러, BoA 와 메릴 린치^{Merrill Lynch}는 우주 시장규모가 약 27조 달러까지 성장할 것으로 내다보았다. 불과 20년 안에 24~60배까지 커질 수 있다는 분석이다.

항공우주 시장은 크게 위성 제작, 지상 장비, 발사 시스템, 위성 서비스 분야로 나눌 수 있다. 위성 제작은 위성 및 위성 부품을 제작하는 분야이며, 지상 장비는 지상 네트워크 및 통신방송 장비로, 위성과 발사체와 신호를 송수신하는 분야다. 발사 시스템은 발사체를 만들거나 서비스를 제공하는 것이며, 위성서비스는 위성 통신, 원격 탐사, 위성항법 등의 분야를 아우른다. 이 중에서 시장규모가 큰 것은 위성 제작과 지상 장비 분야다.

우리나라는 〈제3차 우주개발진흥기본계획〉을 토대로 항공우주 산업 발전 로드맵을 제시하고 있다. 주요 추진 전략은 우주발사체 기술 자립, 인공위성 활용 서비스 및 개발 고도화, 우주탐사 시작, 한국형 위성항법시스템^{Korea Positioning System, KPS} 구축, 우주혁신 생태계 조성, 우주 산업 육성과 우주일자리 창출 등이다. 이 중에서 사업비가 집중된 분야는 우주발사체와 인공위성 분야다. 추가로 2021년 5월 한미 미사일 지침 협정[*]이 폐기되면서 민간의 기술로 우주발사체 개발이 가능해졌다. 이에 따라 자체 우주발사체 기술 개발이 본격화될 전망이다.

한편 국내 항공우주 기업 대부분은 전투기, 유도무기, 자주포 제작 등 방위 산업도 병행하고 있다. 오히려 방위 산업의 매출 비중이 더 크다. 사실 로켓과 미사일은 한 끗 차이다. 발사체에 사람을 태우면 우주선, 폭발물을 실으면 대륙간 탄도미사일인 셈이다. 즉 방위 산업에서 매출을 발생시키며 유입되는 캐시카우를 활용해 우주발사체 기술 개발을 진행하고 있다.

---

[*] 한국의 탄도미사일 개발 규제를 가이드라인 형식으로 정리한 한국과 미국 간 협정

2. 기계 산업의 투자 포인트

1) 글로벌 인프라 투자

건설기계, 공작기계 등 대부분의 기계 수요는 글로벌 설비 투자, 인프라 투자와 밀접하게 연관되어 있다. 일반적으로 설비 투자 증가율은 글로벌 경제 성장률과 동행한다. 중국의 세계무역기구 가입으로 자유무역이 활발히 진행되며 신흥국 중심으로 크게 성장했던 2004년부터 2007년까지 글로벌 설비 투자 증가율은 꾸준히 10%를 웃돌았다.

그러나 글로벌 금융위기 여파로 2009년에는 설비 투자 증가율이 마이너스로 전환했으며, 이후 저성장 시대를 맞아 한 자릿수 성장과 하락을 반복했다. 2021년 코로나19 팬데믹의 기저 효과로 설비 투자는 10% 넘게 성장했지만, 2022년에는 미국의 긴축과 러시아-우크라이나 전쟁, 중국의 제로 코로나 정책 등으로 크게 둔화했다.

경기가 회복될 때 기업들은 앞다투어 설비 투자를 단행한다. 호황이 찾아왔을 때 늘어난 수요를 감당하기 위해서다. 다만 경쟁사를 너무 의식하면 다소 과잉 투자를 진행하기도 한다. 경쟁사는 생산 능력을 2배로 늘리는데 우리 회사만 소극적으로 나선다면, 호황이 찾아왔을 때 점유율 격차가 크게 벌어질 수 있기 때문이다. 이렇게 구축된 설비는 불황이 찾아왔을 때는 기업들에 부메랑이 되어 돌아온다. 이러한 이유로 실제 설비 투자 증가율이 경제 성장률보다 변동성이 크다. 따라서 기계 기업들은 대표적인 경기 민감형 기업으로 호황과 불황 간 실적과 주가의 차이가 크다.

2) 스마트팩토리, 로봇

기계 산업에 속해 있다면 일반적으로 투자자들의 관심을 받기 어렵지만 자동화기기를 만드는 기업은 다르다. 스마트팩토리, 로봇 관련 기업으로 분류할 수

분야별 글로벌 로봇 시장규모 전망

단위: 10억 달러

분야	2020	2025E	연평균 성장률
산업용	28.8	96.6	27%
서비스용	12.3	80.5	46%
의료용	6.7	11.8	12%

* 산업용 로봇 시장규모는 제조 및 물류 시장 합산, 의료용 로봇 시장규모는 수술용 로봇 시장 한정

출처: 리서치앤마켓, 현대차그룹

있기 때문이다. 2021년 11월 삼성전자는 태스크 포스^{Task Force, TF}였던 로봇 부문을 사업부로 격상시켰으며, 2022년 CES에서 다양한 휴머노이드 로봇을 선보였다. 또한 8월에는 2030년까지 100% 무인 공장 설립을 계획하고 있다고 밝히기도 했다. 삼성전자만 로봇에 관심을 보인 게 아니다. 2021년 6월 현대차는 미국 로봇 전문 기업인 보스턴 다이내믹스를 인수했다. LG전자 역시 국제로봇학회 '유비쿼터스 로봇 2021'에 참가해 자유롭게 이동할 수 있는 통합 배송로봇을 공개하기도 했다.

시장조사기관 리서치앤마켓에 따르면 글로벌 로봇 시장은 2020년 약 478억 달러에서 2025년 약 1,889억 달러로 연평균 성장률이 32%에 달할 것으로 전망된다. 로봇 시장은 공장이나 물류현장에서 쓰이는 산업용 로봇, 가정이나 기관 등 다양한 곳에서 서비스 용도로 쓰이는 서비스용 로봇, 의료현장에서 쓰이는 의료용 로봇으로 구분된다. 2025년까지 산업용 로봇 시장이 가장 클 것으로 전망되며, 서비스용 로봇 역시 빠르게 성장할 것으로 전망된다.

로봇 시장이 빠르게 성장하는 배경은 비용 절감과 생산성 향상이다. 코로나19 팬데믹 이후 41년 만에 높은 인플레이션이 찾아오면서 인건비 역시 크

게 상승했다. 기업들은 자연스레 비용을 낮추면서도 생산성을 오히려 높일 수 있는 자동화기기에 투자를 늘렸다. 요즘 거리를 걷다 보면 심심치 않게 로봇이 직접 커피를 내려주거나 치킨을 튀겨주는 가게를 발견할 수 있다. 본격적으로 로봇이 사람을 대체하는 분야가 늘어나는 상황이다. 이에 따라 증시에서 로봇 관련 기업에 관심이 커지고 있다. 기계 산업에서는 자동화기기나 서비스용 로봇을 제조하는 기업이나 해당 기기들의 핵심 부품인 감속기, 구동모터, 인터버, 모션 제어 시스템을 만드는 기업을 종종 찾아볼 수 있다. 서비스용 로봇이나 의료용 로봇 사업에 진출한 기업들은 기계 산업 외에 생활가전이나 반도체, 디스플레이 장비 산업에서도 찾아볼 수 있으니 참고해야 한다.

3) 지구는 좁다 '우주로'

항공우주 산업의 마지막 종착역은 우주여행, 우주탐사 분야다. 미지의 세계를 개척한다는 관점에서 천문학적인 부가가치가 예상된다. 하지만 가장 먼저 항공우주 분야에서 성장성이 가시화되는 분야는 저궤도 위성이다. 위성은 고도에 따라 저궤도, 중궤도, 정지궤도, 고궤도로 나뉜다. 저궤도 위성은 타 위성에 비해 지표면에서 가까우므로 전파의 전송 거리가 짧다. 이러한 이유로 저궤도 위성이 통신 분야에서 적극적으로 활용된다.

우리나라는 인터넷 강국이다. 지하철에서도 와이파이를 사용해 실시간 스트리밍 영상을 문제없이 볼 수 있을 정도다. 그러나 오지 산간은 아직 음영 지역이 많다. 인터넷 강국으로 꼽히는 우리나라도 아직 완벽하지 않은데, 다른 나라는 말할 것도 없다. 전 세계 인터넷 보급률은 약 60% 정도다. 여전히 많은 신흥국이 인터넷의 혜택을 제대로 받지 못하고 있다. 선진국이라도 농어촌 지역, 산간 지방에서는 여전히 인터넷 접속에 어려움을 겪고 있다. 지상의 기지국을 늘려도 음영 지역까지 닿는 데는 한계가 있다. 이러한 이유로 저궤

구분	저궤도	중궤도	정지 궤도
위성 고도	250~2,000km	2,000~3만 6,000km	3만 6,000km
평균 통신 지연율	25ms	140ms	500ms
공전 주기	88~127분	127~1,440분	1,440분
위성 수 (2021.05 기준)	3,328기	139기	560기
대표 사업자	스페이스X, 원웹 등	SES	인말새트Inamrsat, 나사NASA 등
위성 무게	150kg	700kg	3,500kg

출처: 참여 과학자 모임, 한화투자증권 리서치센터

도 위성이 새로운 대안으로 떠오르고 있다.

통신 기술의 진화도 저궤도 위성의 역할을 키운다. 5G에서 6G로 넘어오면 속도도 속도지만, 도심 항공 모빌리티Urban Air Mobility, UAM와 통신을 위해 지상을 기준으로 높이 10km 지점까지 원활한 서비스가 제공되어야 한다. 자율주행 선박 역시 저궤도 위성 통신 없이는 도입되기 어렵다.

스페이스X, 원웹 등 글로벌 메이커들은 저궤도 위성을 앞다투어 쏘아 올리고 있다. 스페이스X는 2030년까지 자체 저궤도 위성인 스타링크 약 1만 2,000기를 구축할 계획이다. 이후 보완을 위해 약 3만 기를 추가 발사할 계획도 있다. 2023년 10월 기준 발사된 스타링크는 약 5,000기다. 스타링크를 통해서 일반 사용자에게 100Mbps 다운로드 및 20Mbps의 업로드 속도를 서비스할 예정이다. 또한 스페이스X는 2025년까지 미국에만 가입자 약 4,000만 명을 확보하는 것이 목표다. 영국의 원웹은 스타링크보다 더 높은 1,200km 궤도에 위성을 구축하고 있다. 2023년 10월 기준 약 650기 위성을 구축했으며, 최종적으로 약 7,020기의 위성을 운영할 계획이다. 뒤늦게 아마존도 저궤도 위성 통신 사업에 합류했다. 아마존은 2023년 7월 약 1억 2,000만 달러를 투입해 '위성 처리 시설'을 건설한다고 밝혔으며, 10월에는 위성 2기를 궤도에 안착시켰다.

로켓 발사는 제프 베이조스가 설립한 블루오리진과 유나이티드 론치 얼라이언스United Launch Alliance, ULA가 진행한다. 아마존의 저궤도 위성 통신 프로젝트를 '카이퍼 프로젝트'※라고 하며 10년간 3,236개의 위성을 쏘아 올릴 계획이다. 2028년부터 본격적으로 6G 서비스가 상용화되는 점을 감안하면 인프라 구축이 절정에 이를 2025~2026년에 관련 투자 역시 정점에 달할 전망이다. 이에 따라 중장기적으로 국내 우주항공 및 저궤도 위성 통신과 관련된 기업을 주목할 필요가 있다. 한화솔루션이 원웹 지분 약 8.8%를 보유하고 있으며, 인텔리안테크가 원웹과 아마존에 위성용 안테나를 납품하고 있다.

4) 신냉전 시대의 도래, 너도나도 '국방비 증액'

러시아-우크라이나 전쟁은 전 세계 국방비 증액이라는 나비효과를 불러일으켰다. 가뜩이나 미국과 중국이 패권 전쟁을 벌이며 군비 경쟁을 펼치고 있었는데, 유럽과 인도·태평양 국가까지 가세한 상황이다. 전 세계가 냉전 종식 후 30여 년 만에 군비 경쟁 시대로 접어들었다. 바이든 행정부는 2023년 국가 안보 예산으로 전년 대비 8.1% 늘어난 약 8,000억 달러를 배정했다. 미국은 9·11테러 사건 이후 지속적으로 국방비를 늘리고 있다.

유럽도 본격적으로 국방비 증액에 나섰다. 2022년 3월 유럽연합 27개국 정상은 러시아의 우크라이나 침공을 계기로 EU 차원의 국방비 증액을 대폭

※ 지구 저궤도에 띄운 인공위성 네트워크로 전 세계에 초고속 인터넷 서비스를 제공하는 목적으로 진행하는 프로젝트

2021 유럽 주요 국가 GDP 대비 국방비 비율

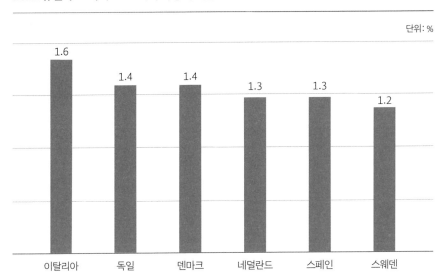

단위 : %

출처 : 스톡홀름국제평화연구소 군사비 지출 데이터베이스

늘리기로 합의했다. 2024년까지 GDP 대비 국방비 2% 달성을 목표로 독일, 프랑스, 덴마크, 이탈리아, 스웨덴 등이 구체적인 계획을 밝혔다. EU 국가 대부분은 국방비 지출이 GDP 대비 1.5% 이하로 목표 달성을 위해서는 30%가량의 국방비 증액이 필요하다.

아시아-태평양 지역도 마찬가지다. 중국은 2022년 국방비를 전년 대비 7.1% 늘렸으며, 일본은 2차 세계대전 태평양 전쟁 이후 처음으로 국방비가 GDP 대비 1%를 넘겼다. 호주 역시 2021년 약 42억 달러였던 국방비를 2022년에는 6% 이상 늘렸다.

스톡홀름국제평화연구소[SIPRI]에 따르면 2022년 전 세계 총 국방비 지출은 약 2조 240억 달러로 전년 대비 3.7% 늘어 8년 연속 증가했다. 특히 러시아-우크라이나 전쟁의 여파로 유럽 지역 군비 지출이 13% 증가했다. 구체적으로 중유럽과 서유럽 국가의 군비 지출이 약 3,450억 달러를 기록했는데, 이

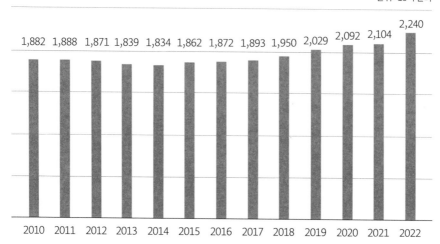

단위: 10억 달러

												2,240
1,882	1,888	1,871	1,839	1,834	1,862	1,872	1,893	1,950	2,029	2,092	2,104	
2010	2011	2012	2013	2014	2015	2016	2017	2018	2019	2020	2021	2022

출처: 스톡홀름국제평화연구소 군사비 지출 데이터베이스

는 냉전이 끝난 시기인 1989년 수준을 넘어섰고, 2013년보다 30%가량 높다. 러시아-우크라이나 전쟁이 장기화되는 가운데 2023년 10월 갑작스레 발발한 이스라엘과 하마스의 전쟁에, 추가로 양안 전쟁 가능성도 제기되고 있어 전 세계 군비 지출은 지속적으로 늘 것으로 보인다.

덩달아 한국 방산 수출 기회는 더욱 커질 것으로 보인다. 냉전 시대 이후 본격적으로 세계화가 진행되며 세계 각국은 군비 지출에 소극적이었다. 반면 전 세계 유일한 분단 국가인 한국은 '휴전'이란 독특한 상황 탓에 지속적으로 무기 생산에 집중할 수밖에 없었다. 즉 현재 신냉전 시대라 평가받는 지정학적 시대에 서방국가를 중심으로 한국 무기 수출이 늘 수밖에 없는 상황이 펼쳐졌다. 한국 무기는 전차, 자주포 등 재래식 무기에서 가성비가 매우 높은 것으로 평가받고 있다. 일례로 러시아-우크라이나 전쟁에서 주목받았던 LIG넥스원의 대전차 미사일 '현궁'은 미국제 FGM-148 재블린 대전차 미사일보

국가	수출계약
UAE	LIG넥스원, 지대공 요격체계 '천궁-II' 수출계약
이집트	한화에어로스페이스, 2조 원 규모 K9 자주포 공급계약
폴란드	K2 전차(180대), K9 자주포(212문), FA-50(48대) 도입, 천무 다연장로켓 290여문 도입
필리핀	HD현대중공업, 원양경비함 6척 수주
말레이시아	한국항공우주, FA-50 18대 도입
호주	한화에어로스페이스, 보병전투장갑차 레드백 129대 공급계약 체결
루마니아	한화에어로스페이스, K9 자주포 90문 도입 예정

출처: 각 사

다 가볍고 정확성이 뛰어나지만 가격은 1/3 수준으로 알려졌다. 한국 방산 기업은 2022년부터 2023년까지 폴란드, 이집트, 아랍에미리트^{UAE}, 말레이시아, 필리핀, 루마니아, 호주와 대전차 미사일, K9 자주포 및 K2전차, FA-50 경공격기 등의 계약을 체결했다.

2023년부터 국내 방산 기업들은 해외 진출 초읽기에 들어갔다. 한화에어로스페이스는 2023년 9월 폴란드 국영방산기업 PGZ^{Polska Grupa Zbrojeniowa}와 '천무 현지화를 위한 양해각서'를 체결했다. 한국 정부로부터 기술이전을 승인받고 PGZ와 합작법인을 설립하는 것이 골자다. 현대로템은 폴란드형 K2 전차 K2PL의 현지 생산을 추진한다. 현대로템은 폴란드에 이어 타 유럽 국가로의 진출도 모색하고 있다. K2 전차, K9 자주포용 포탄을 만드는 풍산도 폴란드 현지 공장 설립을 논의 중이다.

기계 산업 투자 지표

실적 및 투자 지표: 2023년 3분기 연환산 기준
배당수익률: 2022년 주당 배당금/2023년 11월 24일 주가
시가총액: 2023년 11월 24일 기준

* 회색음영은 신규 상장 종목으로 2022년 연간 실적 반영

단위: 억 원

종목코드	종목명	매출액	영업이익	순이익	PER	배당수익률	시가총액
012450	한화에어로스페이스	84,451	5,938	7,028	9	0.8%	60,807
454910	두산로보틱스	450	−132	−	−	0.0%	48,226
047810	한국항공우주	31,781	1,307	721	63	0.5%	45,472
241560	두산밥캣	98,271	13,847	9,886	4	3.1%	43,709
277810	레인보우로보틱스	137	−226	229	139	0.0%	31,846
272210	한화시스템	24,596	635	2,593	12	1.6%	29,849
064350	현대로템	35,158	2,009	2,380	12	0.0%	28,159
079550	LIG넥스원	22,363	1,726	867	23	1.6%	20,130
017800	현대엘리베이	25,208	1,179	3,569	5	1.1%	17,787
042670	HD현대인프라코어	49,148	4,706	3,074	5	3.0%	15,809
267270	HD현대건설기계	38,125	2,546	1,606	6	3.5%	9,988
189300	인텔리안테크	3,012	156	70	120	0.1%	8,426
068240	다원시스	3,111	−835	−939	−5	0.0%	4,927
056080	유진로봇	358	−37	−29	−146	0.0%	4,231
319400	현대무벡스	2,348	48	22	178	0.9%	3,997
348340	뉴로메카	98	−78	−	−	0.0%	3,573
108490	로보티즈	271	−53	−5	−657	0.0%	3,383
090360	로보스타	1,182	9	−7	−373	0.0%	2,730
099320	쎄트렉아이	1,171	−106	−125	−21	0.3%	2,617
090710	휴림로봇	704	−45	−249	−10	0.0%	2,488

기계

건설기계

- **굴착기**: · 두산밥캣 · HD현대인프라코어 · HD현대건설기계 · 헤인
- **유압기계**: · 테라사이언스 · 디와이파워 · 수산중공업 · 현대에버다임 · 대모
- **전기배선**: · 프리엠스
- **중장비 감속기**: · 우림피티에스
- **중장비 하부주행체**: · 진성티이씨 · 대창단조 · 동일금속 · 흥국

일반기계

- **금형, 몰드**: · 에이테크솔루션 · 모델솔루션 · 기신정기 · 나라엠앤디 · 우진플라임 · 서연탑메탈
- **기타기계**: · 일진다이아 · 한신기계 · 조선선재 · DRB동일 · 케이피에프 · 동일고무벨트 · 파라텍 · 제일연마 · 쎄노텍 · 수성샐바시온 · 팬스타엔터프라이즈 · 한일진공 · 협진 · 포메탈 · 카스 · 한창
- **물류자동화**: · 현대무벡스 · 디와이피엔에프
- **밸브**: · 화성밸브 · 에쎈테크
- **보일러**: · 부스타
- **승강기**: · 현대엘리베이 · 해성티피씨
- **자동화기계**: · 두산로보틱스 · 레인보우로보틱스 · 유진로봇 · 뉴로메카 · 에스엠코어 · 로보티즈 · 로보스타 · 휴림로봇 · 유일로보틱스 · 엠투아이 · TPC · 알에스오토메이션 · 코닉오토메이션 · 에스피시스템스 · 아진엑스텍 · 에스비비테크
- **줄자**: · 코메론
- **철도**: · 현대로템 · 다원시스 · 중앙첨단소재

공작기계
- SIMPAC · 삼익THK · 와이지-원 · 에이비프로바이오 · 스맥
- 이엠코리아 · 화천기계 · 대성하이텍 · 화천기공 · 서암기계공업
- 넥스턴바이오 · 신진에스엠 · 에이치케이 · 한국정밀기계

항공우주와 방위산업

방산시스템
- 한화시스템 · 아이쓰리시스템 · 퍼스텍 · 빅텍
- 휴니드 · 코츠테크놀로지 · 비유테크놀러지

위성시스템 및 소프트웨어
- 인텔리안테크 · 쎄트렉아이 · 컨텍
- AP위성 · 제노코

유도무기
- LIG넥스원 · 휴센텍

전투기
- 한국항공우주

항공기자재
- 한화에어로스페이스 · 켄코아에어로스페이스 · 어스앤에어로스페이스
- 아스트 · 하이즈항공

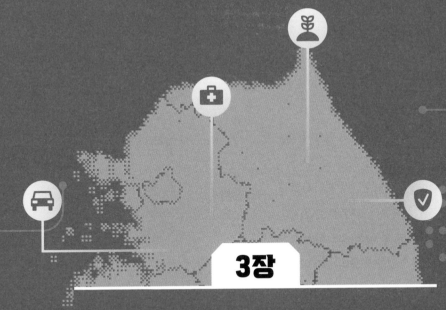

3장

IT

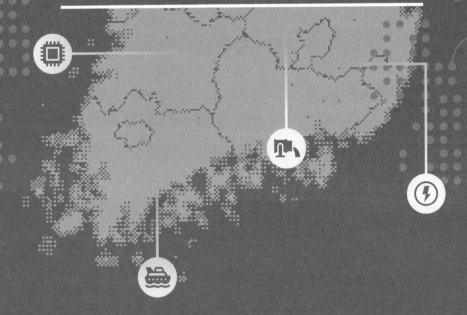

반도체

반도체 산업은 IT 시장의 인프라 역할을 담당하는 만큼 시장규모가 큰 편이다. 첨단 기술 분야에 속하기 때문에 진입장벽이 높으며, 이는 업체들의 고마진으로 이어진다. 다만 국내 반도체 기업은 메모리 중심이기 때문에 이익 변동성이 있는 편이다.

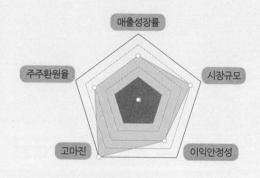

전기가 잘 통하는 물질을 도체라고 하며, 통하지 않는 물질을 부도체라고 한다. 반도체는 말 그대로 도체와 부도체의 중간 정도의 물질이다. 정확히 표현하면 반도체는 전기의 통로가 될 수도, 되지 않을 수도 있는 물질이다. 반도체는 '산업의 쌀'이라고 불릴 만큼 각종 산업에 매우 중요한 기초 소재다. 특히 AI, 클라우드, 자율주행 전기차, 메타버스 등 4차 산업이 성장하면서 반도체의 사용범위가 나날이 늘어나고 있다. 국내 증시에서도 반도체 산업의 시가총액 비중이 꾸준히 확대되고 있다. 시장조사기관인 IDC에 따르면 전 세계 반도체 시장규모는 2024년 약 6,328억 달러, 2028년에는 약 8,600억 달러에 이를 것으로 관측된다.

우리나라는 반도체 강국이다. 시가총액 1~2위 기업이 모두 반도체 기업이며, 삼성전자와 SK하이닉스를 기반으로 형성된 밸류체인에 속한 기업들도 수두룩하다. 반도체 산업에 속한 기업은 총 163곳으로 주식 시장에서 차지하는 비중은 25.8%다. 단일 산업으로는 국내 주식 시장에서 가장 크며, 다양한 전방 산업을 두고 있기 때문에 투자 관점에서 매우 중요하다. 즉 국내 주식 시장에 투자하는 투자자라면 반도체 산업에 대해서 제대로 알아야 한다.

이 책에서는 반도체 산업을 먼저 비즈니스 모델에 따라 반도체 제조, 팹리스, IP, 디자인

하우스, OSAT^{Outsourced Semiconductor Assembly and Test}로 구분했다. 추가로 반도체 제조에 필요한 반도체 소재, 반도체 장비 섹터를 포함시켰으며, 완성된 반도체를 유통하는 반도체유통 기업도 따로 분류했다. 같은 반도체 업체라도 어떤 섹터에 속하는지에 따라 업황, 전방 산업, 투자 포인트 등이 다르다.

반도체

1. 반도체 산업의 개요

1) 반도체의 종류와 성장성

IT 관련 뉴스를 보다 보면 종종 시장조사기관에서 발표하는 전 세계 반도체 기업 순위를 접한다. 여기서 빼놓지 않고 등장하는 반가운 이름이 있는데, 삼성전자와 SK하이닉스다. 특히 삼성전자는 주력 부문인 D램, 낸드플래시 부문에서 줄곧 가장 높은 점유율을 기록하고 있다. 그렇다면 삼성전자가 전 세계 반도체 1위 기업일까?

이는 절반은 맞고 절반은 틀린 말이다. 삼성전자가 1위를 차지하고 있는 분야는 메모리 반도체이기 때문이다. 반도체는 크게 메모리 반도체와 시스템 반도체[*]로 나뉜다. 메모리 반도체는 단순히 데이터 저장 기능을 담당하지만

✱ 정보를 처리, 연산, 추론하는 반도체. 우리나라에서 비메모리 반도체라고 부르지만, 정확한 표현은 시스템 반도체

시스템 반도체는 PC 및 스마트폰의 두뇌, 그래픽, 오디오, 이미지, 통신 신호를 해석하는 등 매우 다양한 역할을 수행한다.

빵을 예로 들면 메모리 반도체는 비교적 단순한 식빵을, 시스템 반도체는 각양각색의 케이크를 만들 수 있다. 메모리 반도체 산업은 비교적 단순하고 종류가 적기 때문에 소품종 대량생산에 적합하다. 반면 복잡하고 다양한 시스템 반도체 산업은 다품종 소량생산 중심이다. 이러한 이유로 메모리 반도체 시장에서는 삼성전자, SK하이닉스, 마이크론 테크놀로지^{Micron Technology} 등 몇몇 기업이 같은 품목을 놓고 경쟁하는 데 반해 시스템 반도체 시장에서는 인텔^{Intel}, 퀄컴^{Qualcomm}, 엔비디아^{NVIDIA}, AMD, 브로드컴^{Broadcom} 등 무수히 많은 기업이 서로 다른 영역에서 경쟁하고 있다.

비슷한 제품을 놓고 경쟁하는 메모리 반도체 시장은 수요와 공급의 불일치가 주기적으로 발생한다. 공급이 제한적인 상황에서 수요가 늘어나면 반도체 가격은 상승하고 메모리 반도체 기업들의 실적은 개선된다. 반면 설비 투자가 늘어 반도체 공급이 수요를 초과하면 반도체 가격이 하락해 메모리 반도체 기업들의 실적은 타격을 입는다. 이처럼 메모리 반도체 시장은 상승과 하락을 반복하는 사이클을 보이고 있다.

관련 기업들의 주가 역시 업황 사이클에 따라 형성되는 특징을 보인다. 과거 메모리 반도체 기업이 10곳 남짓 되던 시절에는 반도체 사이클의 진폭이 매우 컸다. 공급과잉이 발생하면 선두 기업들이 반도체 가격을 대폭 낮추며 공격적인 가격 경쟁을 유도했기 때문이다. 규모가 작고 원가 경쟁력, 기술력이 부족한 기업들은 이를 버티지 못하고 파산했는데, 이처럼 공급과잉 시기에 어느 한 기업이 파산할 때까지 공격적인 가격 경쟁을 펼치는 것을 '치킨게임'이라고 한다. 현재 메모리 반도체 시장은 치킨게임에서 살아남은 소수 몇몇 기업만 존재한다. 그러나 이제는 대부분의 기업들이 원가 경쟁력과 기술력, 자본력을 갖추고 있어서 섣불리 치킨게임을 벌일 수 없는 상황이다. 따라서 과거에 비해 메모리 반도체 사이클의 진폭은 작게, 기간도 짧게 나타나고 있다.

시스템 반도체 시장은 경기를 크게 타지 않는다. 각자 경쟁하는 분야가 달라 전방 시장 현황에 따라 각기 다른 영향을 받는다. 특히 시장 수요를 예측해 제품을 만든 후 재고를 쌓고 파는 메모리 반도체와 달리 먼저 주문을 받고 생산하는 시스템이다. 이러한 점이 시스템 반도체 시장에서 수요와 공급의 불일치가 웬만해서는 발생하지 않는 이유다.

정리하면 메모리 반도체 시장은 호황과 불황이 반복되는 사이클이 있으며, 시스템 반도체 시장은 사이클 없이 비교적 안정적인 편이다. 전체 반도체 시장의 점유율을 100%로 봤을 때, 메모리 반도체가 30%, 시스템 반도체가 70% 정도를 차지한다. 따라서 아무리 메모리 반도체 시장에서 높은 지위에 있더라도 진정한 글로벌 반도체 기업이 되기 위해서는 시스템 반도체 시장에서 의미 있는 점유율을 기록할 필요가 있다. 삼성전자가 '시스템 반도체 비전

메모리 반도체와 시스템 반도체 비교

구분	메모리 반도체	시스템 반도체
기능	정보 저장	정보 처리, 연산, 추론
종류	D램, 낸드플래시	CPU, GPU, PMIC, CIS 등
전체 시장규모 비중	30%	70%
생산 방식	소품종 대량생산	다품종 주문형 생산
비즈니스 모델	IDM	팹리스, 파운드리, OSAT 등 분업화
경기 영향	반도체 가격에 따라 호황과 불황 반복	비교적 안정적

2030'을 내세우고 2030년까지 약 171조 원을 시스템 반도체에 투자한다고 밝힌 것도 이러한 이유 때문이다.

2) 반도체 비즈니스 모델

반도체를 만들기 위해서는 먼저 반도체 회로를 설계해야 한다. 이후 설계된 도면에 따라 반도체를 만들며, 완성된 반도체는 각종 IT 기기에 탑재될 수 있도록 조립 및 포장(이하 패키지), 테스트 과정을 거치게 된다. 반도체 제조 공정을 세 단계로 구분하면 '설계' '제조' '패키지 및 테스트'다. 설계부터 제조까지의 공정을 반도체 전공정이라고 하며, 완성된 반도체를 포장하고 테스트하는 공정을 후공정이라 한다.

반도체 설계를 담당하는 기업을 팹리스라고 한다. 팹리스를 직역하면 '공장이 없다'라는 뜻이다. 설계를 전문적으로 수행하고 생산은 생산 전문 기업에 위탁하기 때문에 지어진 이름이다. 팹리스 기업이 설계한 도면대로 반도체를 제조하는 회사를 파운드리라고 부른다. 패키지 및 테스트를 담당하는 후공정 기업을 OSAT라 한다. 그리고 팹리스, 파운드리, OSAT가 맡은 업무를 모두 수행하는 기업도 있는데, 이를 IDM^{Integrated Device Manufacturer}(종합반도체회사)이라고 한다. 삼성전자와 SK하이닉스는 대표적인 IDM 기업이다. 그렇다면 IDM 사업자가 반도체 비즈니스 모델 중에서 최고일까? 그건 아니다.

삼성전자와 SK하이닉스가 IDM 비즈니스 모델을 선택한 이유는 두 기업이 메모리 반도체 시장에 역량을 집중하고 있기 때문이다. 비교적 구조가 단순하고 소품종 대량생산 체제이므로 메모리 반도체 사업자는 주로 IDM 형태를 띤다. 즉 하나의 기업이 설계, 제조, 조립·패키지·테스트까지 담당해도 큰 문제가 없다. 그러나 시스템 반도체는 구조가 복잡하며 종류도 다양하다. 이러한 이유로 설계는 엔비디아, AMD, 퀄컴, 제조는 TSMC, OSAT는 ASE, 암코어^{AMCOR} 등 분업화 체제로 구축되었다.

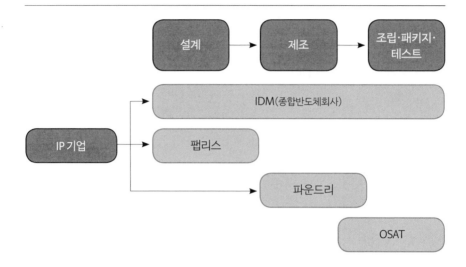

이 밖에 IDM, 팹리스, 파운드리를 대상으로 이미 설계된 반도체 회로 등을 제공하는 IP^{Intellectual Property} 기업, 팹리스와 파운드 간 가교 역할을 하는 디자인하우스 기업도 있다.

2. 반도체 장비와 소재 산업의 개요

IDM이나 파운드리 기업들이 반도체를 만들기 위해서는 다양한 장비와 소재가 필요하다. OSAT 기업들 역시 마찬가지다. 패키징을 하기 위한 각종 부품, 테스트를 위한 장비가 필수다. 반도체 제조 공정에 쓰이는 장비를 전공정 장비, 제조된 반도체 웨이퍼를 칩 단위로 자른 후 패키징하고 테스트하는 데 쓰이는 장비를 후공정 장비라고 한다. 반도체 장비 시장규모는 전공정이 70%, 후공정이 30% 정도 차지한다. 후공정 장비는 대부분 국산화가 이루어진 상태다. 반면 부가가치가 큰 전공정 장비는 여전히 미국, 일본, 유럽 기업들에 의존하고 있다. 그러나 최근 증착, 식각^{Etcher} 등 주요 전공정에서 국내 기업들의 점유율이 확대되고 있다.

1) 반도체 전공정

반도체는 지구 지각에 가장 많이 포함된 원소인 규소로 만든다. 백사장을 가득 메운 모래가 반도체의 원료인 셈이다. 반도체를 만들기 위해서는 먼저 원판 형태의 웨이퍼를 만들어야 한다. 규소를 녹여 잉곳을 만들고 이를 균일한 두께의 얇은 웨이퍼로 잘라낸다. 잘라낸 웨이퍼를 거울처럼 연마하면 이제 본격적인 반도체 회로를 새기는 공정에 들어간다.

　반도체 제조 공정은 크게 '산화' '감광액도포' '노광' '현상' '식각' '이온주입' '증착' '세정·연마' '금속배선' 공정으로 구분된다. 웨이퍼에 산화막을 입히고 그 위에 빛에 반응하는 감광액을 도포한다. 노광 장비에서 나온 빛이 반도체 회로가 새겨진 포토마스크를 통과하면 감광액에 반도체 회로 패턴이 구현된다. 이후 현상액으로 패턴 외 나머지 부분을 제거한 후 식각 공정을 진행해 불필요한 막을 없앤다. 남아 있는 감광액을 스트립 공정으로 제거한 후 이온주입 공정으로 전기적 특성을 만든다. 이후 증착 공정으로 다시 절연막, 전도성막 등을 입히고 세정 및 연마 공정을 거친 후 앞에 나열한 작업을 수차례 반복한다.

　정리하면 반도체를 제조하는 공정은 각종 막을 입히고, 그 위에 감광액을 도포한 후 회로를 새기고 깎는 작업을 반복하는 것이다. 이와 같은 반복 과정이 끝나면 최종적으로 회로에 알루미늄선을 연결시키는 금속 배선 공정이 진행되며 비로소 하나의 반도체가 완성되는 것이다.

　이러한 반도체 제조 공정을 숙지한 투자자들은 반도체 제조 공정에 쓰이는 주요 장비 및 소재와 이를 만드는 기업들의 리스트를 알아둘 필요가 있다.

공정		장비	소재
웨이퍼		고순도 흑연: 티씨케이	실리콘 부품 – 잉곳: SKC 솔믹스, 월덱스, 하나머티리얼즈
산화막		원익IPS	원익QnC, 램테크놀러지
감광액 도포			동진쎄미켐, 이엔에프테크놀로지
노광			· 블랭크마스크: 에스엔에스텍 · 펠리클: 에프에스티 · 특수가스: 티이엠씨 · 신너: 퓨릿 · 포토레지스트: 와이씨켐
현상			동진쎄미켐, 이엔에프테크놀로지, 램테크놀러지
식각		· 식각: 주성엔지니어링, 테스, 참엔지니어링 · 스트립: 피에스케이	· 식각액: 솔브레인, 동진쎄미켐, 네패스, 한솔케미칼, 이엔에프테크놀로지, 램테크놀러지, · 실리콘 부품: SKC 솔믹스, 월덱스, 하나머티리얼즈 · 세라믹 부품: 비씨엔씨, 티씨케이, 원익QnC, 월덱스, 하나머티리얼즈
이온주입			세라믹 부품: 티씨케이, 원익QnC
증착		· LP CVD: 유진테크 · PE CVD: 원익IPS, 테스 · ALD: 주성엔지니어링 · PVD: 러셀	· 특수가스: 케이엔더블유, 원익머트리얼즈, 하나머티리얼즈 · 전구체: 디엔에프, 솔브레인, 메카로, 지오엘리먼트 · 실리콘 부품: 하나머티리얼즈 · 세라믹 부품: 원익QnC, 하나머티리얼즈
세정 및 연마		· 세정: 제우스, 코디엠 · 연마: 케이씨텍	· CMP 슬러리: 케이씨텍, 솔브레인
금속배선			· 도금액: 네패스, 한솔케미칼
기타	가스 스크루버	유니셈, 지앤비에스 에코	

공정		장비	소재
기타	칠러	유니셈, 에프에스티, GST, 예스티, 워트	
	중앙약품 공급	에스티아이, 한양이엔지, 씨앤지하이테크	
	이송	제우스, 싸이맥스, 라온테크, 저스템	
	진공펌프	엘오티베큠, 제이엔비	
	설비	· 클린룸: 성도이엔지, 한양이엔지, 엑사이엔씨, 케이엠, 케이엔솔, 위드텍 · 배관설비: 엘오티베큠, 유니셈, 에스티아이	
	세정 및 코팅	한솔아이원스, 코미코, 미코, 뉴파워프라즈마, 아이엠티	젬백스, 그린리소스
	검사	파크시스템스, 넥스틴, 오로스테크놀로지	
	결함제거	HPSP	

주요 반도체 전공정 장비

장비	설명
고순도 흑연	반도체 실리콘 잉곳을 생산하는 성장 장비용 부품
화학증착기상	서로 다른 가스의 화학 반응으로 형성된 입자들을 반도체 표면에 떨어뜨려 절연막이나 전도성 박막을 형성시키는 장비. CVD는 PE-CVD(플라즈마 화학증착장비)와 LP-CVD(저압 화학증착장비)로 구분하며, PE-CVD는 웨이퍼 표면에 가스를 공급한 뒤 열과 플라즈마를 이용해 화학적 반응을 일으켜 증착한다.
원자증착기상	CVD에서 진보된 방식으로 원자 정도의 두께로 박막을 형성하는 장비

장비	설명
식각	노광 공정으로 실리콘 기판에 회로를 새긴 후 불필요한 부분을 선택적으로 제거하는 공정. 식각 장비는 건식 식각 장비^{Dry Etcher}와 습식 식각 장비^{Wet Etcher}로 구분한다. 건식 식각 장비는 용액을 사용하지 않고(최근에는 플라즈마 사용) 기판 표면에서 물질을 제거하는 장비. 용액을 사용하는 습식 식각 장비에 비해 불량률이 낮고 정밀 작업이 가능하다.
화학적· 기계적 연마	웨이퍼를 평평하게 연마하는 장비
가스 스크루버	반도체 공정은 수많은 화학 반응을 일으키는데, 이때 유해가스가 발생한다. 이에 따라 해당 가스를 조절해주는 장비다.
칠러	반도체 전공정에서 웨이퍼와 주변 온도를 일정하게 유지해 공정효율을 개선하는 장비. 주로 열 발생이 많은 식각 공정에서 사용함
중앙약품 공급시스템	반도체 전공정에 필요한 다양한 화학 소재를 공급하는 시스템
클린룸	먼지가 없는 극도로 청정한 공간. 먼지뿐만 아니라 온도, 습도, 압력도 조절 가능. 일반적으로 반도체 FAB은 슈퍼 클린룸이라고 불림
진공펌프	불순물을 없애기 위해 가스 주입 전 기기 내부를 진공상태로 만들어주는 장비
스트립	식각 공정이 끝난 후 감광액을 제거하는 장비

주요 반도체 전공정 소재

소재	설명
블랭크마스크	노광 공정의 핵심 부품 소재인 포토마스크의 원재료. 패턴이 형성되기 전의 마스크
펠리클	반도체 노광 공정에 사용하는 포토마스크를 대기 중 먼지 등 오염으로부터 보호해주는 얇은 보호막
식각액	노광 및 현상공정을 통해 패턴을 형성한 후 노출된 금속막 부분에 화학 반응을 이용해 패턴을 만드는 소재

소재	설명
실리콘 부품	온도 변화에 따른 기계적, 물리적 성질 변화가 적어 주로 식각 공정에 많이 사용되는 소재. 실리콘 링(플라즈마 밀도를 균일하게 또는 정확하게 유지시켜 웨이퍼 및 ESC, 전극 등을 보호하는 역할), 실리콘 일렉트로드(가스가 골고루 분사될 수 있게 돕는 부품) 등이 대표적
세라믹 부품	실리콘^{Si}, 알루미늄^{Al}, 타이타늄^{Ti}, 지르코늄^{Zr} 등과 같은 금속원소가 산소, 탄소, 질소 등과 결합해 만든 소재(석영^{Quartz}, 탄화규소^{SiC}, 알루미나^{Al2O3}, 질화알루미늄^{AlN} 등)에 열을 가해 강도가 생기도록 한 제품으로 내열성, 고강도, 내식성 등이 우수하다. 고집적도를 위한 선폭 미세화에 따른 고밀도 플라즈마 환경의 도입과 건식 에칭$^{dry\ etching}$, 플라즈마 세척$^{plasma\ cleaning}$과 같은 공정이 도입되면서 세라믹 소재 수요 증가
특수가스	주로 증착 공정에 사용되며, 삼불화질소^{NF3}, 모노실란^{SiH4}, 고순도 암모니아^{NH3}, 디실란^{Si2H6}이 대표적
전구체	반도체 웨이퍼에 미세회로를 만들 때 금속박막을 입히기 위한 화합물. 불화아르곤 노광 공정 시 32nm 공정까지가 한계. 이를 극복하기 위해 듀얼 패터닝^{DPT}, 쿼더러플패터닝^{QPT} 등 전구체를 활용한 공정 도입
CMP 슬러리	CMP 공정에 사용되는 연마재

2) 반도체 후공정

전공정을 마친 웨이퍼는 곧바로 테스트를 거친다. 여러 가지 검사를 통해 회로가 잘 새겨졌는지, 불량 칩은 없는지 판별하는 테스트다. 웨이퍼 테스트를 통과하면 패키징 공정을 수행한다. 웨이퍼를 칩 단위로 자르고 반도체 기판^{Substrate}에 놓고 칩과 반도체 기판을 전기적으로 연결해준다. 이후 습기, 열, 물리적 충격으로부터 반도체 칩을 보호하기 위한 몰딩 공정, 제품번호를 새기는 마킹 공정, 마지막으로 전자기기의 메인보드와 기판을 전기적으로 연결하는 와이어, 솔더볼을 부착하면 패키징 공정이 끝난다. 완성된 반도체 패키지는 잘 작동하는지 최종적으로 테스트를 거친 후 출하된다. 정리하면 반도체 후공정은 '웨이퍼 테스트' '패키징' '패키징 테스트' 공정 순으로 진행된다.

반도체 후공정에 쓰이는 장비는 테스트 장비, 웨이퍼를 자르거나 제품 번호를 새기는 레이저 장비, 반도체 칩이나 웨이퍼를 이송하는 이송 장비, 패키지를 테스트하는 장비 등 다양하다. 소재 역시 마찬가지로 테스트에 쓰이는 소모품, 패키징 공정에 사용되는 각종 기판, 솔더볼 등 다양하다.

당연히 투자자들은 반도체 후공정에 쓰이는 주요 장비 및 소재로는 어떤 것들이 있는지, 그리고 이를 만드는 기업들의 리스트도 알아둘 필요가 있다.

주요 반도체 후공정 밸류체인

공정	장비	소재
웨이퍼 테스트	· 프로브 카드: 티에스이, 마이크로프랜드, 와이아이케이, 마이크로투나노 · 분류 및 이송: 한미반도체	프로브 카드 부품: 타이커일렉, 샘씨엔에스
패키징	· 절단: 이오테크닉스, 한미반도체 · 디스펜서, 다이본더: 프로텍 · 본딩: 한미반도체, 레이저쎌 · 검사: 고영, 기가비스, 펨트론	· 솔더볼: 덕산하이메탈, 비케이홀딩스 · 골드와이어: 엠케이전자 · 기판: 대덕전자, 심텍, 해성디에스, 티엘비 · 리드프레임: HLB이노베이션
최종 검사	· 메모리 테스터: 유니테스트, 디아이, 인텍플러스, 엑시콘, 와이아이케이, 네오셈 · 테스트 핸들러: 테크윙, 제너셈, 제이티, 미래산업	· 비메모리 테스트 소켓: 리노공업, ISC · 메모리 테스트 소켓: 마이크로컨텍솔, 오킨스

주요 반도체 후공정 장비 및 소재

종류	설명
메모리 테스터	메모리 반도체를 최종적으로 검사하는 장비로 번인 테스터, SSD 테스터, 메모리 컴포넌트 테스터 등

종류	설명
테스트 핸들러	테스트를 위한 적절한 온도 마련 및 반도체를 테스트 위치로 이송시키며, 테스터와 전기적으로 연결되어 있는 소켓에 소자 혹은 모듈을 자동적으로 꽂거나 빼고, 테스터와 통신해 테스터 결과에 따라 소자 혹은 모듈의 불량 여부를 판정해 그 결과에 따라 등급별로 자동 분류해 수납하는 핸들링 장치
프로브 카드	웨이퍼 상태에서 웨이퍼 내에 제작된 칩의 전기적 동작 상태를 검사하기 위해 가는 선 형태의 프로브 핀을 일정한 규격의 회로 기판에 부착한 카드. 프로브 핀이 웨이퍼에 생성된 칩 내부의 패드에 접촉하면서 메인 테스트 장비로부터 받은 신호를 전달하고 칩에서 출력되는 신호를 감지해 다시 메인 테스트 장비에 전달하는 역할 수행
솔더볼	반도체 칩과 반도체 기판, 반도체 기판과 전자제품의 메인보드를 전기적 특성으로 연결해주는 볼 형태의 부품
골드와이어	반도체 칩과 반도체 기판, 반도체 기판과 전자제품의 메인보드를 전기적 특성으로 연결해주는 와이어 형태의 부품
기판	반도체와 전자제품의 메인보드 간 전기적 신호 전달 및 외부 환경으로부터 보호해주는 역할

3. 반도체 산업의 투자 포인트

1) 반도체 제조: 미세화와 트랜지스터 구조

반도체 제조와 유통 섹터는 삼성전자, SK하이닉스 등 IDM, 상장사 유일의 순수 파운드리 기업인 DB하이텍을 포함한다. 이 밖에 완성된 반도체를 유통하는 기업도 존재하지만 규모가 작고 단순 유통 산업에 종사하는 곳이 대부분이라 투자 관점에서 중요도가 낮다. 따라서 반도체 제조와 유통에 관련해 투자하려면 삼성전자와 SK하이닉스, DB하이텍을 중심으로 보는 것이 좋다.

반도체 제조 기업에 투자하기 위해서는 반도체 제조 기술력과 반도체 시장의 업황을 잘 보아야 한다. 반도체 제조 기술력의 키워드는 미세화와 트랜지

* 회로를 얇게 새기면 같은 크기의 웨이퍼에서 더 많은 반도체 칩을 생산할 수 있음

스터로 볼 수 있다. 반도체에서 미세화란 얼마나 회로를 얇게 그릴 수 있는지 판별하는 것이다. 즉 미세화 공정은 반도체 회로의 선 폭을 줄여 1장의 웨이퍼에 더 많은 반도체 칩을 만들 수 있는 과정이다. 웨이퍼의 사이즈는 똑같은데 얇을수록 더 많은 반도체 칩을 생산할 수 있으니 생산성이 높다. 또한 선 폭이 줄어들기 때문에 전력 소모도 덜해지며, 성능도 향상되는 장점을 지닌다.

트랜지스터는 반도체 칩에서 전원을 켜고 끄는 스위치 역할을 한다. 미세화 공정이 진행되면서 트랜지스터 크기 역시 작아졌는데, 너무 작아지다 보니 스위치 역할을 제대로 수행할 수 없게 되었다. 이에 따라 트랜지스터가 잘 작동하도록 구조를 변형하는 기술이 개발되고 있다.

미세화 공정에선 삼성전자와 TSMC가 가장 앞선다. 삼성전자는 2022년 상반기 3나노 양산에 성공했다고 밝혔으며, TSMC는 같은 해 9월 3나노 양산 소식을 밝혔다. 두 회사 모두 2025년 2나노 반도체 생산을 목표하고 있다. 미세화 기술 경쟁에서 뒤처진 인텔 역시 2025년 1.8나노 반도체 생산에 돌입할 예정이다. 다만 인텔의 경우 2021년까지 10나노 반도체 생산에 머물렀던 점, 극자외선[EUV] 노광 장비 확보의 어려움 등으로 실제 양산 여부는 불투명하

TSMC, 삼성전자, 인텔의 파운드리 미세화 기술 로드맵

	2021	2022	2023	2024E	2025E
TSMC	● 4nm	● 3nm			● 2nm
삼성전자	● 4nm	● 3nm			● 2nm
인텔	● 10nm	● 7nm	● 3nm	● 2nm	● 1.8nm

* 각 표시는 달성 및 목표를 표시한 것   출처: 각 사

반도체 트랜지스터 구조의 차이

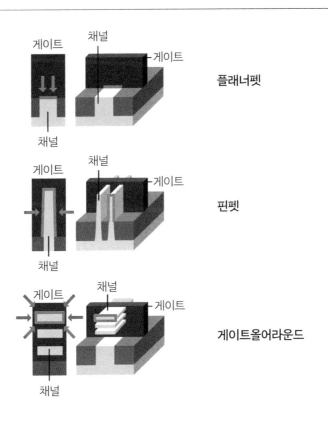

플래너펫

핀펫

게이트올어라운드

다는 것이 업계의 시각이다.

삼성전자와 TSMC 두 회사는 서로 다른 방식으로 3나노 반도체를 생산하고 있다. TSMC는 3나노를 구현할 때 핀펫^{FinFet}이라는 트랜지스터 구조를 사용한다. 핀펫이란 반도체에서 전류 흐름을 제어하는 게이트를 3차원으로 만들어 미세화에 따른 전류 누설을 방지하는 구조다. 쉽게 말해 고속도로를 점점 좁게 만들다 보니 통행에 어려움을 겪는 부작용이 생기자 차선을 2차선에서 3차선으로 늘린 것이다. 반면 삼성전자는 3나노에 게이트올어라운드^{Gate All Around, GAA} 트랜지스터 구조를 적용했다. GAA는 핀펫보다 한 단계 진보된 기술로 고속도로를 4차선까지 늘린 것으로 이해하면 된다. TSMC는 2나노부터 GAA를 적용할 계획이다. 삼성전자가 TSMC보다 한발 앞서 GAA 방식을 적용한 것은 전 세계 파운드리 시장의 과반 이상 점유율을 보이는 TSMC를 따라잡기 위한 것이다.

반도체 장비 및 소재 업체들은 미세화 기술의 진보와 트랜지스터 구조의 변화에 따라 수혜 여부가 달라질 수 있다. 일례로 미세화가 점차 진행되면서 증착 공정에서는 원자증착층^{Atomic Layer Deposition, ALD} 사용 비중이 늘고 있다. ALD는 말 그대로 원자 수준의 박막을 증착할 수 있는 장비로, 기존 CVD 장비 대비 100~1,000배 얇은 박막을 증착할 수 있다.

2) 반도체 업황 및 주가

메모리 반도체 업황을 판단하는 지표는 반도체 가격이 대표적이다. 특히 D램과 낸드플래시 가격은 메모리 반도체 산업의 현주소를 직접적으로 보여주는 지표다. 대만의 반도체 시장조사기관인 디램익스체인지^{DRAMeXchange} 사이트에 방문하면 D램, 낸드플래시 등 주요 메모리 반도체 현물 가격을 확인할 수 있다. 다만 시스템 반도체는 규격화되어 있는 품목이 아니기 때문에 참고할 만한 시장 가격이 없다.

실제 반도체 제조 업체의 주가는 메모리 반도체 가격보다 먼저 움직이는 경향이 있다. 삼성전자, SK하이닉스의 주가와 주로 동행하는 지표는 OECD 경기선행지수다. 점점 정보통신기기가 많이 사용되는 상황에서 반도체가 'IT 산업의 쌀'이라고 불리는 만큼 반도체 산업 사이클이 세계 경제와 방향을 같이하는 것으로 해석해볼 수 있다. 코로나19 팬데믹 이후 OCED 경기선행지수가 저점을 기록했던 2022년 8월(96.2) 삼성전자 주가 역시 5만 원대 초반으로 바닥권을 형성했다. 이후 OECD 경기선행지수는 2023년 7월까지 꾸준히 올라 100을 넘어섰는데, 같은 기간 삼성전자 주가도 5만 원대에서 7만 원 수준으로 성큼 올랐다.

특히 반도체 섹터에 투자할 때 OECD 경기선행지수가 중요한 이유는 비교적 방향성이 뚜렷하기 때문이다. OECD 경기선행지수는 한번 상승이나 하락으로 방향을 잡으면 짧게는 수개월, 길게는 2년간 이어지는 경향이 있다. 반도체 산업 관점에서는 삼성전자나 SK하이닉스처럼 반도체 제조 업체들이 감산에 들어가는 상황을 반도체 경기 반등 신호로 해석할 수 있다. 공급이 수요를 초과해 반도체 가격 하락이 지속되고 재고가 쌓이면 반도체 제조 업체들은 결국 감산을 결정한다. 이후 재고가 소진되면 다시 수요가 공급을 초과해 반도체 가격이 상승하기 시작한다. D램 기준 반도체 전방 산업으로는 서버, 모바일, PC, 소비자 가전이 있다. 따라서 산업별 수요 역시 반도체 업황을 판단하는 데 중요한 지표다.

반도체 장비, 소재 기업들의 업황은 반도체 설비 투자 규모 및 스케줄에 영향을 받는다. 특히 반도체 장비 기업들에 미치는 영향이 더 크다. 반도체 장비 수요는 평상시에는 유지, 보수 중심이며, 반도체 제조사들의 대규모 설비 투자 시 늘어난다. 따라서 반도체 장비 기업에 투자하기 위해서는 IDM이나 글로벌 파운드리 기업들의 설비 투자 동향을 잘 살펴보아야 한다. 또한 반도체 장비 기업과 소재 기업의 주가 흐름은 반도체 제조 기업에 연동되어 움직인다. 경기민감형 산업의 특성상 주가가 실적보다는 글로벌 반도체 업황을 앞서 반영하기 때문이다.

삼성전자 주가 추이

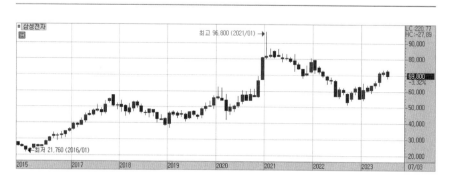

출처: 키움증권

OECD 경기선행지수 추이

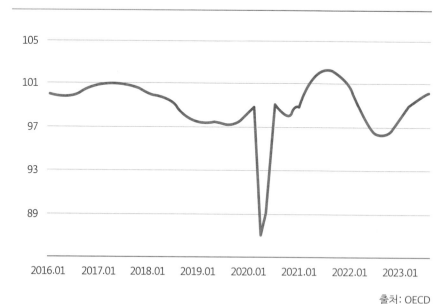

출처: OECD

3) 새로운 시장의 등장과 신제품의 출현

2022년 11월 말 오픈 AI가 출시한 대형언어모델$^{\text{Large Language Model, LLM}}$ 서비스 '챗GPT'가 전 세계적으로 선풍적인 인기를 끌었다. 출시 2개월 만에 월간 활성 사용자 수$^{\text{Monthly Active Users, MAU}}$가 1억 명을 돌파해 LLM AI 서비스의 대중화를 열었다. 이에 따라 챗GPT에 쓰이는 엔비디아의 고성능 GPU인 H100 수요도 덩달아 급증했다. 챗GPT가 단숨에 전 세계 사용자들의 마음을 사로잡자 구글, 메타, 아마존 등 빅테크 기업들도 앞다투어 AI 서버 투자를 늘렸다.

H100이 AI 학습에 필수인 시스템 반도체라면, 이를 빠르게 처리해줄 수 있는 메모리 반도체도 필요하다. H100과 함께 쓰이는 메모리 반도체는 고대역폭메모리$^{\text{High Bandwidth Memory, HBM}}$다. HBM은 대역폭과 용량을 높여 짧은 시간 내 처리속도를 획기적으로 올려주는 반도체로, 수많은 데이터를 학습 및 처리해야 하는 AI 프로세서에 꼭 필요한 제품이다. HBM의 구조는 여러 개

시스템 반도체와 HBM이 함께 패키징된 구조

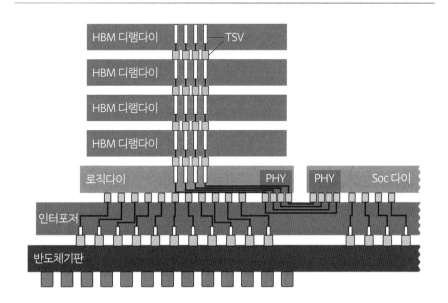

의 D램을 수직으로 연결한 모양이다.

2023년 8월 기준 가장 진보한 HBM 버전인 'HBM3'를 대량 양산하는 곳은 SK하이닉스가 유일하다. 이에 따라 SK하이닉스는 엔비디아에 HBM3를 독점 납품하고 있다. SK하이닉스는 2013년 세계 최초로 HBM을 개발한 후 시장 선두 자리를 지켜왔다. 시장조사업체 트렌드포스^{TrendForce}에 따르면 2022년 기준 HBM 글로벌 시장 점유율은 SK하이닉스가 50%, 삼성전자가 40%, 마이크론 테크놀로지가 10%다. 삼성전자와 마이크론 테크놀로지는 2023년 말 또는 2024년에 HBM을 양산할 수 있을 것으로 관측된다.

HBM의 등장으로 SK하이닉스는 2023년 3분기 증권사의 컨센서스를 크게 상회하는 실적을 발표했고, 글로벌 투자 은행들은 AI 반도체의 등장으로 반도체의 업황이 생각보다 빠르게 회복할 것이라고 전망했다. 특히 TSV^{Through Silicon Via}처럼 HBM 제조에 필수 공정 장비를 만드는 한미반도체, HBM용 기판을 만드는 이수페타시스도 주가가 크게 상승했다. 이처럼 새로운 시장을 창출하는 신제품의 등장은 관련 업체 실적과 주가에 긍정적인 영향을 줄 수 있다.

4) 반도체 팹리스, OSAT: 고객사 낙수 효과

엔비디아, 퀄컴, AMD 등 미국 팹리스 기업들 대부분은 시가총액 100조 원이 넘는 초대형주다. 반면 국내 팹리스 기업들은 시가총액 1조 원 미만의 중소형주가 대부분이다. 또한 디스플레이, 차량용, 이미지 센서, 멀티미디어, 모바일기기 등 각자 주력 분야가 다르다. 따라서 팹리스 기업을 평가할 때는 일관적인 잣대를 들이대서는 안 된다. 자신이 투자하는 팹리스 기업이 설계하는 반도체의 종류가 무엇인지, 고객은 누구인지, 전방 산업의 성장성은 어떠한지 등을 다각도로 따져야 한다.

국내 OSAT 기업들 역시 시가총액 1조 원 미만의 중소형주가 대다수다. 국내 팹리스와 다른 점은 삼성전자, SK하이닉스와 *끈끈한* 협력 관계를 맺고 있다는 점이다. 메모리 반도체 중심의 산업 구조인 탓에 후공정 역시 삼성전자나 SK하이닉스가 직접 담당하는 경우가 많았다. 그러나 최근 삼성전자가 시스템 반도체 역량을 강화하면서 OSAT 기업에 위탁하는 물량이 많아지고 있다. 따라서 OSAT 기업 중에서 시스템 반도체 패키징, 테스트 물량을 확대하는 업체에 주목할 필요가 있다.

미세화 공정이 한계에 봉착하면서 패키징 기술 경쟁력이 강화되는 부분도 눈여겨보아야 한다. 30나노에서 20나노로 가는 것보다 3나노에서 2나노 공정으로 가는 것이 훨씬 어렵고 더 많은 비용이 소요된다. 특히 10나노 이하 노광 공정에서는 극자외선^{Extreme UltraViolet, EUV} 장비가 사용되는데, 1대당 가격이 약 2,000억 원에 달한다.

돈만 있다고 EUV 장비를 조달할 수 있는 것도 아니다. 전 세계에서 EUV 장비를 만들 수 있는 곳은 네덜란드의 ASML뿐이다. 이러한 미세화 공정의 한계를 극복하기 위해 반도체 산업은 OSAT에서 대안을 찾고 있다. 선진화된 패키징 방법으로 반도체의 성능을 개선하는 것이다. 가령 서로 다른 반도체 칩을 하나의 패키지로 구현하는 SiP^{System in Package}를 적용하면 크기와 비용을 줄일 수 있고 성능 역시 개선할 수 있다. OSAT 기업별로 구현할 수 있는 패키징 기술이 다르므로 이 점을 잘 살펴보아야 한다.

5) 지정학적 리스크

지정학적 역학구도도 반도체 산업에 영향을 미친다. 2022년 8월 미국은 동맹국과 함께 안정적인 반도체 공급망을 확보하기 위해 반도체 전략 공동체인 '칩4^{CHIP4}'를 결정한다고 밝혔다. 칩4 대상 국가는 미국을 포함한 한국, 대만, 일본이다. 한국이 메모리 반도체, 대만은 파운드리, 일본은 소재와 장비 분야를 맡아 전략 공동체를 이루고자 한 것이다. 업계에서는 자국 중심의 반도체 패권을 강화함과 동시에 중국을 견제하려는 의도가 담겨 있다고 해석한다.

이와 함께 미국은 반도체지원법을 제정해 향후 반도체 시설 확보 및 연구개발에 약 527억 달러를 투입하겠다고 밝혔다. 이 중 약 390억 달러가 시설 투자와 관련된 보조금이다. 미국 내 반도체 제조 시설 투자를 추진하는 기업의 경우 미국 정부로부터 보조금, 대출 또는 대출 보증 등의 방식으로 혜택을 받을 수 있다. 이에 따라 대만의 TSMC와 삼성전자는 미국에 파운드리 공장을 짓고 있는 상황(2023년 10월 기준)이다.

다만 보조금 혜택이 오히려 독이 될 수도 있다. 대표적으로 '초과이익공유제'다. 1억 5,000만 달러 이상의 보조금을 받는 기업은 예상 현금 흐름 같은 내용을 기입한 재정 상세 계획을 제출해야 한다. 만약 실제 수익이 이를 초과하면 지원된 보조금의 최대 75%까지 미국 정부에 내야 한다. 원가 및 이익 등 민감한 정보가 미국 정부에 흘러들어가는 것도 문제로 지적된다. 반도체 공장 자체가 기밀인 기업 입장에서는 기밀 유출 리스크가 생길 수 있다.

반도체지원법 외에도 미국의 대중국 반도체 수출 규제도 지속되고 있다. 2022년 10월 미국 상무부는 대중국 첨단 반도체 장비 수출을 제한하는 조치를 발표했다. 구체적으로 '14나노 이하 로직 반도체' '18나노 이하 D램' '128단 이상의 낸드플래시를 생산할 수 있는 장비' 수출을 금지하는 제재다. 세계에서 가장 큰 반도체 시장에 장비 수출을 막는 것은 당연히 반도체 섹터에 부정적으로 작용한다. 이에 중국에 공장을 두고 있는 반도체 제조사들 역시 피해를 볼 수 있다. 세부 규정에 따르면 삼성전자나 SK하이닉스처럼 중국 내 생산 시설을 보유한 타국 기업은 개별 심사를 거친다. 다행히 2023년 10월 미국 정부가 삼성전자와 SK하이닉스의 중국 공장을 '검증된 최종 사용자'로 지정해 심사 없이도 장비 반입이 가능해졌다.

한편 2023년 10월 미국 정부는 AI, 슈퍼컴퓨터용 반도체 칩 대중국 수출을 추가로 금지할 것이라고 밝혔다. 향후 중국을 대상으로 한 미국의 반도체 수출 규제 움직임은 계속될 수 있기 때문에 투자자는 해당 이슈가 미치는 영향을 면밀히 살펴볼 필요가 있다.

'나노'는 얼마나 작을까?

반도체 관련 기사를 접하면 심심치 않게 등장하는 용어가 있다. 바로 '나노'다. 나노는 정확히 나노미터로 길이를 나타내는 단위다. 나노는 고대 그리스어로 '난쟁이'를 뜻하는 '나노스^{nanos}'에서 유래했다. 그렇다면 나노는 얼마나 작은 단위일까? 밀리미터의 1/1,000이 마이크로미터, 마이크로미터의 1/1,000이 바로 나노미터다. 1나노는 머리카락 굵기의 1/10만 수준이다. 육안으로 도저히 확인할 수 없는 크기다. 현재 삼성전자는 3나노 수준의 미세화 공정을 진행하고 있다고 하니 반도체 기술력의 진보는 실로 대단하다고 볼 수 있다.

반도체 미세공정 단위

m	meter	미터	1m
cm	centi	센티미터	10^{-2}m
mm	milli	밀리미터	10^{-3}m
μm	micro	마이크로미터	10^{-6}m
nm	nano	나노미터	10^{-9}m
pm	pico	피코미터	10^{-12}m
fm	femto	펨토미터	10^{-15}m
am	atto	아토미터	10^{-18}m

출처: 삼성전자반도체이야기

반도체 산업 투자 지표

실적 및 투자 지표: 2023년 3분기 연환산 기준
배당수익률: 2022년 주당 배당금/2023년 11월 24일 주가
시가총액: 2023년 11월 24일 기준

* 회색음영은 신규 상장 종목으로 2022년 연간 실적 반영　　　　　　　　　　단위: 억 원

종목코드	종목명	매출액	영업이익	순이익	PER	배당수익률	시가총액
005930	삼성전자	2,616,201	80,484	319,521	13	2.0%	4,280,334
000660	SK하이닉스	291,322	-99,747	-114,829	-8	0.9%	931,843
042700	한미반도체	1,677	307	1,789	33	0.3%	59,182
403870	HPSP	1,925	1,020	819	36	0.1%	29,217
058470	리노공업	2,493	999	916	29	1.7%	26,750
000990	DB하이텍	12,719	3,769	2,775	9	2.3%	25,041
014680	한솔케미칼	7,967	1,288	1,211	17	1.1%	20,891
357780	솔브레인	9,093	1,547	1,261	17	0.7%	20,808
039030	이오테크닉스	3,500	393	350	56	0.6%	19,613
005290	동진쎄미켐	13,607	1,977	1,295	15	0.4%	19,049
095340	ISC	1,487	98	36	478	0.7%	17,318
240810	원익IPS	7,848	-36	-137	-125	0.6%	17,155
036930	주성 엔지니어링	2,933	371	284	57	0.6%	16,212
108320	LX세미콘	18,452	746	666	22	4.9%	14,801
067310	하나마이크론	9,432	593	-191	-73	0.2%	13,945
353200	대덕전자	9,718	656	415	30	1.6%	12,404
140860	파크 시스템스	1,526	362	242	48	0.2%	11,632
064760	티씨케이	2,394	793	694	16.7	0.0%	11,558
440110	파두	564	15	-	-	0.0%	11,126
101490	에스앤에스텍	1,422	230	240	46	0.3%	11,069

반도체

- **IP**
  - 오픈엣지테크놀로지 · 칩스앤미디어 · 퀄리타스반도체

- **OSAT**
  - SFA반도체 · 네패스 · 두산테스나 · 하나마이크론 · LB세미콘
  - 아이텍 · 시그네틱스 · 에이팩트 · 윈팩 · 아이윈플러스 · 에이엘티
  - 테크엘 · 에이티세미콘 · 네패스아크 · 티에프이 · LB루셈

- **디자인하우스**
  - 모바일기기
    - 에이디테크놀로지
  - 가온칩스 · 에이직랜드

- **반도체 장비**
  - 검사
    - 고영 · 티에스이 · 파크시스템스 · 유니테스트 · 와이아이케이
    - 테크윙 · 디아이 · 엑시콘 · 네오셈 · 제이티 · 피엠티
    - 미래산업 · 넥스틴 · 펨트론 · 바이옵트로 · 오로스테크놀로지
  - 결함제거
    - HPSP
  - 설비
    - 원익홀딩스 · 케이씨 · 한양이엔지 · 시스웍 · 케이엠
    - 엑사이엔씨 · 케이엔솔 · 위드텍
  - 세정과 코팅
    - 젬백스 · 코미코 · 뉴파워프라즈마 · 제우스 · 더코디 · 이큐셀 · 아이엠티
  - 스트립
    - 피에스케이
  - 식각
    - 에이피티씨 · 그린리소스
  - 약품공급
    - 에스티아이 · 씨앤지하이테크
  - 연마
    - 케이씨텍
  - 웨이퍼이송
    - 싸이맥스 · 3S · 라온테크 · 에스비비테크
  - 중고
    - 서플러스글로벌
  - 증착
    - 원익IPS · 유진테크 · 주성엔지니어링 · 테스
    - 예스티 · 러셀 · 지오엘리먼트
  - 진공
    - 엘오티베큠 · 엔투텍 · 제이엔비
  - 패키징
    - 한미반도체 · 이오테크닉스 · 프로텍 · 인텍플러스 · 피에스케이홀딩스
    - 코세스 · 네온테크 · 제너셈 · 레이저쎌 · 기가비스
  - 환경제어
    - 에프에스티 · 유니셈 · GST · 한솔아이원스
    - 지앤비에스 에코 · 저스템 · 예스티 · 워트

반도체 소재

- 노광 · 동진쎄미켐 · 와이씨켐 · 퓨릿 · 제이아이테크
- 블랭크마스크 · 에스앤에스텍
- 식각 · 솔브레인 · 티씨케이 · 하나머티리얼즈 · 이엔에프테크놀로지
  · 미코 · 월덱스 · 램테크놀러지 · 비씨엔씨 · 티이엠씨
- 증착 · 한솔케미칼 · 원익머트리얼즈 · 디엔에프 · 오션브릿지 · 제이아이테크 · 케이엔더블유
- 쿼츠 · 원익QnC
- 테스트부품 · 리노공업 · 오킨스전자 · ISC · 타이거일렉 · 마이크로컨텍솔 · 샘씨엔에스
- 패키지부품 · 빛샘전자 · 심텍 · 대덕전자 · 해성디에스 · 엠케이전자 · 덕산하이메탈
  · 비케이홀딩스 · KX하이텍 · 티엘비 · 성우테크론 · HLB이노베이션 · 아비코전자
- 히터블록 · 메카로

반도체 유통

· 유니퀘스트 · 한양디지텍 · 매커스 · 유니트론텍 · 미래반도체

반도체 제조

· 삼성전자 · SK하이닉스 · DB하이텍 · KEC · 오디텍

팹리스

- 액추에이터 · 동운아나텍
- 이미지센서 · 알파홀딩스 · 픽셀플러스
- 카메라 · 넥스트칩
- MCU · 어보브반도체 · 에이디칩스
- 디스플레이 · LX세미콘 · 아나패스 · 티엘아이 · 엘디티 · 이미지스 · 라온텍
- 메모리 · 제주반도체 · 피델릭스 · 파두
- 모바일기기 · 지니틱스 · 알에프세미 · 하이딥
- 오디오 · 엔시트론
- 인포테인먼트 · 텔레칩스 · 케이알엠

디스플레이

디스플레이 산업은 저가 제품을 앞세운 중국의 공격적 확장 전략에 따라 공급과잉을 맞은 지 오래다. 따라서 성장률, 마진율이 매우 낮은 상태다. 한국 업체들은 OLED를 중심으로 자동차, XR기기 등 고부가가치 산업에서 성장 돌파구를 찾고 있다.

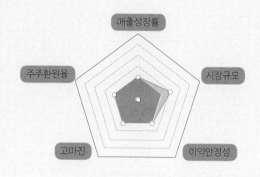

주위를 둘러보면 TV, 스마트폰, PC, 태블릿 PC 등 수많은 전자기기에 탑재되어 있는 디스플레이를 볼 수 있다. 한때 디스플레이는 반도체와 함께 국내 제조 산업의 위상을 높였던 품목이었다. 그러나 정부 지원을 등에 업은 중국 디스플레이 기업들이 공격적으로 시장에 침투하면서 국내 디스플레이 산업은 어려움을 겪고 있다.

디스플레이 산업에 속한 기업은 총 71곳으로 주식 시장에서 차지하는 비중은 0.7%다. 중국산 디스플레이의 저가 공세로 국내 디스플레이 업계의 고전이 지속되고 있다. 국내 디스플레이 업계의 양대 산맥인 LG디스플레이, 삼성디스플레이는 해결책으로 OLED Organic Light Emitting Diode 같은 고부가가치 제품을 내세워 중국 기업과 기술 격차를 벌리고 있다. 투자 관점에서도 차세대 디스플레이 기술과 맞물려 성장할 수 있는 기업에 주목해야 한다.

디스플레이는 공장 하나를 짓는 데만 수조 원이 투입될 정도로 자본집약적인 산업이다. 이러한 이유로 국내에서 디스플레이 패널을 제조하는 기업은 LG와 삼성에만 있다. 2023년 기준 디스플레이 패널을 제조하는 상장사는 사실상 LG디스플레이뿐이다. 디스플레이 산업에서는 LG디스플레이, 삼성디스플레이를 중심으로 디스플레이 제조 공정 장비를 만드는 기업과 소재 기업들, 디스플레이 패널 부품을 만드는 기업들의 관계를 잘 알아야 한다.

디스플레이

1. 디스플레이 산업의 개요

한국디스플레이산업협회에 따르면 2022년 전 세계 디스플레이 시장 점유율은 중국이 42.5%로 1위, 한국이 36.9%로 2위다. 한국은 2020년까지 전 세계 디스플레이 시장 1위를 지켜왔지만 2021년부터 중국에 1위를 내주었다. 중국 정부가 자국 디스플레이 산업 육성을 위해 수년간 대대적으로 보조금을 지급한 결과다.

중국의 추격에 대한 해결책은 OLED 같은 최첨단 디스플레이 시장에서 찾을 수 있다. 한국디스플레이산업협회에 따르면 전 세계 OLED 시장은 금액 기준 2022년 한국이 약 81.3%를 차지하고 있다. 중국의 맹추격이 예상되지만, 아직까지는 국내 기업들의 입지가 굳건한 상황이다. 구체적으로 살펴보면 한국은 대형(TV용) OLED 시장에서 95.2%를 차지하고 있으며, 스마트폰이나 노트북, 태블릿 PC에 쓰이는 중소형 OLED 시장에서 79.1%를 점하고 있다. 애플은 2024년부터 아이패드에 OLED 패널을 탑재할 계획이며 향후 4년 내 대부분의 제품에 OLED를 탑재한다는 계획을 내세웠다. 또한 새로운 시장도 열릴 것으로 보인다. 메타버스로 성장하는 VR기기 역시 OLED가 탑재될 것이며, 차량용 OLED 시장도 성장 초입기다. 경쟁이 과열된 LCD^{Liquid Crystal Display} 시장에 비해 OLED 시장의 성장 여력은 충분하다.

LG디스플레이와 삼성디스플레이는 다음 세대의 디스플레이도 준비하고 있다. 대표적으로 QD^{Quantum Dot*}와 마이크로·미니 LED가 있다. QD를 활용한 디스플레이는 앞서 살펴본 QLED가 있다. 향후 QD는 QD OLED, QNED^{Quantum dot Nanorod LED} 형태로 발전할 전망이다. QD OLED는 기본적으로 OLED와 같은 구조이지만, 발광층으로 파란색 유기물만 사용하며 QD 컬러필터^{Color filter**}를 추가했다.

국가별 디스플레이 시장 점유율 추이

단위: %

국가	2017	2018	2019	2020	2021	2022
중국	21.0	25.0	30.9	36.7	41.3	42.5
한국	44.4	42.6	40.4	36.8	33.3	36.9
대만	22.9	24.5	21.9	22.5	23.1	18.2
일본	10.8	6.7	5.9	3.6	1.9	2.1
기타	0.9	1.2	1.0	0.5	0.4	0.3

출처: 한국디스플레이산업협회, 옴디아

---

* 퀀텀닷이라고도 부르며, 빛을 내는 나노미터 단위의 반도체 결정

** 디스플레이에서 다양한 색을 구현할 수 있도록 하는 광학필름. 백색광원에서 화소 단위로 빨강, 초록, 파랑 세 가지 색을 추출한 후 조합해 다양한 색을 연출함

QNED는 QD OLED에서 발광층을 아예 나노 LED로 바꾼 것이다. 발광층으로 유기물이 아닌 매우 작은 LED를 사용했다는 점에서 OLED와 다르다. 마이크로·미니 LED는 기존 LED 백라이트유닛*을 매우 작은 LED로 대체한 것이다. 100~200μm(마이크로미터) 크기의 LED를 탑재해 기존 LED 광원에 비해 명암비를 개선했다. 그럼에도 여전히 LCD 디스플레이기 때문에 OLED만큼의 성능은 나오지 않는다는 평가다. 다만 이런 상황에서도 지속해서 마이크로·미니 LED를 개발하는 이유는 여전히 LCD가 전체 디스플레이 시장에서 큰 비중을 차지하고 있고, 기존 LCD 라인 제조 공정을 바꾸지 않아도 된다는 장점이 있기 때문이다.

QD를 활용한 디스플레이, 마이크로·미니 LED 제작은 LG디스플레이보다는 삼성디스플레이가 적극적이다. 대면적 OLED 시장에서는 이미 LG디스플레이가 시장을 선점했기 때문이다. 시장조사기관 옴디아^{OMDIA}에 따르면 2023년 2분기 대형 OLED 패널 시장 점유율을 LG디스플레이가 약 61.7%를 차지했다.

2. 디스플레이의 종류

10년 전만 하더라도 TV의 대세는 LED TV였다. 하지만 얼마 지나지 않아 OLED TV가 출시되었으며, 최근에는 QLED TV가 OLED TV의 아성에 도전하고 있다. 얼핏 보면 디스플레이의 종류가 상당히 많은 것처럼 느껴진다. 사실 이런 다양한 디스플레이의 종류는 제조사의 마케팅 전략에서 나왔다고 해도 과언이 아니다. 실제 우리가 사용하는 디스플레이는 크게 LCD와

✕ LCD는 스스로 빛을 낼 수 없기 때문에 뒤에서 빛을 비추어주는 광원

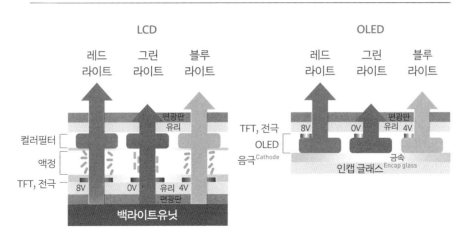

출처: LG디스플레이 블로그

OLED 두 가지로 구분할 수 있다.

　LCD는 '액정표시장치'로 액체와 고체 중간의 특징을 지닌 액정^{Liquid crystal}
의 상태 변화를 통해 화면에 정보를 표시하는 디스플레이다. LCD는 화면
을 나타내기 위해 분자를 배열해야 하는 시간 탓에 반응 속도가 느리고, 스스
로 빛을 내지 못해 광원이 필요하며, 컬러필터를 통해 색상을 구현한다. 반면
OLED는 '유기발광다이오드'라는 말 그대로 스스로 빛을 내는 유기물로 구
현된 디스플레이다. 유기물에 전류가 흐르면 구동하는 방식인데 빨간색, 녹
색, 청색 등의 유기물이 스스로 빛을 내기 때문에 광원이 필요 없으며, 서로
다른 색상을 조합해 다양한 색을 연출할 수 있다. 액정이 없어 반응 속도도 빠
르다. 정리하면 스스로 빛을 낼 수 있는지 없는지에 따라 LCD와 OLED로
구분할 수 있다.

　이런 관점에서 LCD TV, LED TV, QLED TV는 사실상 같은 LCD TV
에 포함된다고 볼 수 있다. LED TV는 LCD TV와 동일한 구조에 백라이트
유닛만 LED를 사용한 것이다. 현재 상용화된 QLED TV 역시 LED BLU

	LCD	OLED
색 재현율	70%	110%
명암비	3,000:1	1만:1
반응 속도	4ms	0.001ms
시야각	180도	프리 뷰 앵글
두께	0.8mm	0.05mm
소비 전력	100%	65%

출처: 신한금융투자

위에 QD 필름을 얹어 광원의 성능만을 개선한 것이다.

LCD와 OLED에 대해서 좀 더 알아보자. LCD는 화면을 표시하기 위해 BLU, 컬러필터가 필요하다. 필요한 품목이 많다 보니 디스플레이의 두께가 두꺼워질 수밖에 없다. 반면 OLED는 LCD에 필요한 이 두 가지가 들어가지 않는다. 디스플레이가 휠 때까지 최대한 얇게 만들 수 있는 이유이기도 하다. 또한 유기물이 직접 빛을 내기 때문에 화질이 보다 선명하고 반응 속도, 시야각 측면에서 LCD보다 유리하다. 물론 OLED가 무조건 좋은 것은 아니다. LCD에 비해 만들기가 어려우므로 가격이 비싸다.

3. 디스플레이 제조 공정

디스플레이를 만들기 위해서는 먼저 특별한 반도체가 필요하다. 박막트랜지스터Thin Film Transistor, TFT란 디스플레이 픽셀Pixel들의 빛을 조절하는 반도체다.

TFT를 만드는 공정을 결정화 공정이라고 한다. LCD 디스플레이를 만든다면 TFT와 함께 컬러필터 역시 제조해야 한다. 이후 완성된 컬러필터와 TFT 사이에 액정을 넣고 합치는데 이를 셀 공정이라고 한다. 다음으로는 디스플레이가 구동할 수 있도록 PCB, 편광판, BLU 등 다양한 부품을 부착해 모듈을 만든다. 마지막으로 완성된 디스플레이 모듈이 제대로 작동하는지 최종 검사를 진행한다.

OLED는 LCD에 비해 제조 공정이 간단하다. 컬러필터와 액정이 필요 없기 때문에 해당 공정을 건너뛸 수 있다. OLED에서 추가되는 공정은 유기물 증착과 봉지 공정이다. 증착 공정은 완성된 TFT에 빨강$^{Red, R}$, 초록$^{Green, G}$, 파랑$^{Blue, B}$ 발광 물질을 증착하는 공정이다.

증착은 두 가지 방식으로 진행되는데, 먼저 미세 마스크$^{Fine Metal Mask, FMM}$로 R, G, B를 각각의 픽셀에 수평으로 증착하는 'RGB 수평 픽셀 방식'이다. 두께를 얇게 만들 수 있고, 색 재현성이 뛰어나지만 대형화가 어렵고 생산수율이 낮아 중소형 패널에 적합한 방식이다.

다음으로는 R, G, B를 수직으로 적층해 백색광을 구현한 후 컬러필터를 통과시켜 다양한 색을 구현하는 WOLED$^{White OLED}$ 방식이 있다. 성능은 RGB 수평 픽셀 방식에 비해 떨어지지만 생산수율이 높고, 큰 면적의 화면을 만들 수 있다는 장점이 있다.

LG디스플레이는 초창기 OLED TV를 WOLED 방식으로 구현했다. 이후 WOLED 방식의 단점을 극복하기 위해 RGBW$^{RGB White}$를 도입했다. RGBW는 백색광을 컬러필터 없이 바로 통과시키는 방식으로 전력 소모가 낮고 기존 WOLED 방식 대비 발광효율이 더 높다. 사실 LG디스플레이가 구현한 WOLED, RGBW는 완벽한 OLED라고 보기에는 다소 애매한 점이

✖ 2차원 화상에서 이미지를 이루는 가장 작은 단위인 작은 점. 화소라고도 함

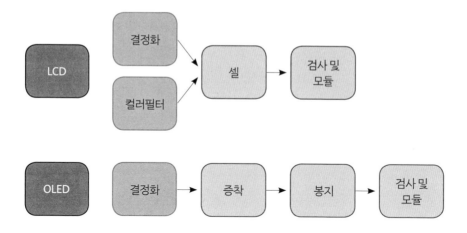

있다. 컬러필터를 여전히 사용하기 때문이다. 타 디스플레이 기업이 RGB 수평 픽셀 방식으로 OLED 구현에 성공하지 않는 이상 컬러필터를 삽입하는 OLED 방식이 앞으로도 주를 이룰 것으로 보인다.

유기물 증착이 끝나면 내용물을 보호하는 캡슐처럼 유기물을 씌우는 봉지 공정이 진행된다. 발광층은 유기물이므로 산소와 수분에 취약하다. 따라서 외부 환경에 발광층이 노출되지 않도록 잘 보호해야 한다. 일반 OLED를 제조할 때는 유리로 유기물을 감싸는 글래스 봉지 공정을, 플렉시블Flexible OLED를 제조할 때는 무기물과 유기물을 번갈아 증착하는 박막 봉지 공정을 진행한다. 봉지 공정이 끝나면 LCD 제조 공정과 마찬가지로 디스플레이가 잘 작동하는지 최종 검사한다.

한편 접거나 휠 수 있는 플렉시블 OLED를 제조할 때는 일반 OLED 공정 앞뒤로 간단한 공정이 추가된다. 플렉시블 OLED는 유리 기판 대신 폴리이미드Polyimide, PI를 사용한다. 구부러지는 게 가능하므로 고정하기 위해 증착, 봉지 공정을 진행할 때까지 밑에 유리 기판을 덧대어 놓는다. 따라서 OLED

유리 기판 위에 PI를 도포하는 공정과 봉지 공정이 끝난 뒤 덧댄 유리 기판을 분리하는 공정이 추가된다. 과거 LCD 공정에 주력하던 디스플레이 장비 및 소재, 부품 기업들은 OLED 쪽으로 선회한 상태다.

다음은 OLED 주요 공정에 해당하는 장비, 소재를 만드는 기업들을 정리해놓은 표다. 원익IPS, 케이씨텍 등 반도체 장비 기업이 종종 포함되어 있는데, 이들 기업은 디스플레이 장비 사업도 병행하므로 포함시켰다.

주요 OLED 장비 및 소재 밸류체인

공정	구분	장비	소재
PI 기판	PI 큐어링Curing	원익IPS, 비아트론	
결정화	세정	에스티아이, DMS, 케이씨텍	
	증착	PE CVD: 원익IPS, 주성엔지니어링, AP시스템, 와이엠씨 스퍼터: 아바코	
	ELA	AP시스템	
	열처리	원익IPS, 비아트론	
	식각	원익IPS, DMS, 위지트, 아이씨디, 인베니아	박리액: 엘티씨
증착		에스에프에이, 케이피에스, 포인트엔지니어링, 에스엔유, 선익시스템, 야스, 위지트	유기재료: 덕산네오룩스, 덕산테코피아
봉지		원익IPS, AP시스템, 주성엔지니어링, 아바코, 에스엔유	봉지재: 이녹스첨단소재
LLOLaser Lift Off		AP시스템, 필옵틱스, 이오테크닉스	
기타	물류, 자동화	에스에프에이, 톱텍, 아바코, 로체시스템즈, 인베니아	

공정	구분	장비	소재
기타	AOI, 레이저 리페어	HB테크놀로지, 참엔지니어링, 케이맥, 힘스, HB솔루션	
	디스펜서, 스크라이버	에스에프에이, 미래컴퍼니, 탑엔지니어링, 로체시스템즈	
후공정	레이저 커팅	이오테크닉스, 디아이티, 필옵틱스, 제이스텍, 로체시스템즈, 힘스	
	어태처, 엣지 그라인더	에스에프에이, 미래컴퍼니, 탑엔지니어링	
	본딩테스트	톱텍, 동아엘텍, 제이스텍, 영우디에스피, 파인텍	
	라미네이팅	에스에프에이, 톱텍, AP시스템, 제이스텍, 아바코	

주요 OLED 장비 및 소재

종류	설명
PE CVD 장비	플라즈마를 활용한 화학적 증착 방식으로 주로 절연막과 보호막을 증착할 때 사용하는 장비
스터퍼	물리적 증착 방식으로 금속을 증착할 때 사용하는 장비
ELA 장비	레이저를 이용해 비정질실리콘을 폴리실리콘으로 변환하는 장비. 5.5세대 중소형 패널 결정화 공정 대부분에 사용하는 장비
열처리 장비	고해상도 디스플레이 구현을 위한 TFT를 제조할 때 이온을 활성화시키기 위해 500℃ 이상 열을 가하는 장비
식각 장비	식각을 통해 유리 기판 위에 트랜지스터 회로를 새기는 장비
LLO 장비	봉지 공정이 완료된 후 최초에 덧댄 유리를 제거하는 장비
AOI 장비	빛의 광량 차이를 통해 결함의 유무를 분석하는 비접촉 검사 장비

종류	설명
스크라이버 장비	마더글라스에서 제조된 디스플레이 패널을 잘라 분리하는 장비
레이저 커팅 장비	디스플레이 제조 공정 중 절단, 가공에 쓰이는 장비
어태처	디스플레이 패널과 각종 모듈 등을 부착시키는 장비
엣지 그라인더	디스플레이 패널 절단면을 균일하게 연마해주는 장비
본딩 장비	인쇄회로 기판과 디스플레이 패널을 합착시키는 장비
라미네이팅 장비	디스플레이 패널과 커버글라스를 합착시키는 장비

디스플레이에서 말하는 '세대Generation'는 무엇일까?

"중소형 OLED '8세대' 전환…삼성·LG, 연내 투자계획 가시화"

전자신문, 2021.08

위 기사 제목처럼 디스플레이 관련 기사에서 빠지지 않고 등장하는 용어가 있다. 바로 '세대'다.

디스플레이는 처음부터 TV, PC, 스마트폰 규격에 맞게 제작되지 않는다. 매우 큰 디스플레이를 만들어 각각의 제품에 맞게 잘라 쓰는 형식이다. 이렇게 디스플레이 패널의 기초가 되는 글라스를 '마더글라스'라고 한다. 디스플레이에서 말하는 세대는 이 마더글라스의 사이즈를 의미한다. 세대의 숫자가 높을수록 마더글라스의 크기는 커진다.

가령 7세대 마더글라스의 경우 가로 1,950mm, 세로 2,250mm의 크기다. 이 마더글라스를 잘라 42인치 8매, 47인치 6매를 생산할 수 있다. 일반적으로 5세대까지가 중소형 디스플레이용이며, 6세대 이후부터는 TV 등 대형 디스플레이 제작에 사용된다.

세대별 마더글라스의 크기

출처 : LG디스플레이 공식 블로그

4. 디스플레이 산업의 투자 포인트

1) 디스플레이 패널 가격

디스플레이 패널 가격은 디스플레이 업황을 판단할 수 있는 바로미터다. 전방 산업인 TV, 스마트폰, PC, 노트북 수요가 늘면 디스플레이 패널 가격에 긍정적으로 작용한다. 다만 수년간 중국 디스플레이 기업들의 공격적인 생산 시설 증설로 인한 공급 물량 확대로 LCD 가격은 장기적으로 하락 추세다.

그러나 OLED 패널 가격은 조금 다르게 볼 필요가 있다. 처음 OLED TV가 출시되었을 때는 가격이 수천만 원에 달했다. OLED 패널 제조 비용이 그만큼 비쌌기 때문이다. 그러나 대량생산에 따른 원가절감과 생산수율 향상으로 OLED 패널 가격은 합리적인 경제성을 띨 정도로 하락했다. 2022년 기준 전체 디스플레이 시장에서 LCD의 비중은 64.9%다. 따라서 아직 OLED 시장은 가격보다는 물량 확대가 더 중요한 상황이다. 투자자는 사이클을 타는 LCD 업황을 잘 모니터링하면서 장기적으로 OLED 패널 생산 비중을 높여가는 디스플레이 패널 기업에 투자하는 것이 좋다.

2) 디스플레이 설비 투자 스케줄

반도체와 마찬가지로 디스플레이 장비, 소재 기업들의 업황은 디스플레이 패널 기업의 설비 투자 규모 및 스케줄에 영향을 받는다. 디스플레이 패널 제조사가 대규모 설비 투자를 확정하면 먼저 장비 발주가 시작된다. 이 시점 이후가 디스플레이 장비 기업들이 돈을 버는 시간이다. 공장이 완공되고 가동이 시작되면 본격적으로 소재 수요가 발생한다. 즉 일정 부분 시차를 두고 디스플레이 장비 기업과 소재 기업의 실적이 좋아진다고 볼 수 있다. 실적 안전성 측면에서는 디스플레이 소재 기업이 장비 기업보다 좋다. 소재는 공장을 돌리는 한 지속적으로 수요가 발생하지만, 장비는 대규모 설비 투자가 없다면 유지, 보수 일감밖에 없기 때문이다. 따라서 주가 변동성도 소재 기업보다는 장비 기업이 크다.

또한 디스플레이 장비, 소재 기업 중에서 OLED 같은 첨단 디스플레이 기술과 관련된 기업에 관심을 두는 것이 좋다. 국내 LCD 산업은 중국에 밀려 점차 설 자리를 잃어가고 있기 때문이다. 혹은 생각을 바꾸어서 디스플레이 굴기를 펼치고 있는 중화권 기업에 납품하는 장비, 소재 기업을 찾아보는 것도 하나의 방법이다.

디스플레이 산업 투자 지표

실적 및 투자 지표: 2023년 3분기 연환산 기준
배당수익률: 2022년 주당 배당금/2023년 11월 24일 주가
시가총액: 2023년 11월 24일 기준

* 회색음영은 신규 상장 종목으로 2022년 연간 실적 반영   단위: 억 원

종목코드	종목명	매출액	영업이익	순이익	PER	배당수익률	시가총액
034220	LG디스플레이	212,365	-35,177	-46,894	-1	0.0%	45,085
213420	덕산네오룩스	1,669	313	323	36	0.0%	11,484
056190	에스에프에이	16,294	716	448	23	3.0%	10,503
272290	이녹스 첨단소재	3,856	464	321	21	1.4%	6,687
095500	미래나노텍	6,177	29	-3	-1,949	0.4%	4,949
110990	디아이티	1,177	70	110	35	1.5%	3,893
079810	디이엔티	949	-45	-74	-50	0.0%	3,695
117730	티로보틱스	385	-99	-458	-8	0.0%	3,604
317330	덕산테코피아	1,010	-6	-12	-270	0.0%	3,157
265520	AP시스템	5,111	672	404	8	1.3%	3,072
297890	HB솔루션	1,307	144	611	5	0.9%	2,927
108230	톱텍	3,630	299	155	19	1.3%	2,878
049950	미래컴퍼니	1,346	130	131	20	1.0%	2,681
171090	선익시스템	776	-9	45	52	0.0%	2,349
239890	피엔에이치테크	383	64	56	40	0.0%	2,251
149950	아바텍	784	3	28	80	0.0%	2,229
083930	아바코	2,192	61	80	27	2.1%	2,182
078150	HB테크놀러지	1,642	346	-155	-14	0.9%	2,142
900290	GRT	4,296	525	442	4	0.0%	1,822
419080	엔젯	217	53	-	-	0.0%	1,654

디스플레이

디스플레이 장비
- 에스에프에이 · AP시스템 · HB솔루션 · 톱텍 · 아바텍 · 케이피에스
- 아이씨디 · 미래컴퍼니 · 디바이스이엔지 · 선익시스템 · HB테크놀러지
- 아바코 · 디아이티 · DMS · 야스 · 디에스케이 · 에스엔유 · 비아트론
- 동아엘텍 · 신도기연 · 에프엔에스테크 · 넥스트아이 · 케이엔제이
- 힘스 · 위지트 · 티로보틱스 · 제이스텍 · 영우디에스피 · 한송네오텍
- 로체시스템즈 · 디이엔티 · 참엔지니어링 · 파인텍 · 이엘피 · 베셀
- 인베니아 · 포인트엔지니어링 · 나래나노텍 · 트윔 · 프로이천
- 에스에이티이엔지 · 풍원정밀 · 엔젯 · 스마트솔루션즈

디스플레이부품
광학필름
- 오성첨단소재 · 미래나노텍 · 상보 · 신화인터텍
- 엘엠에스 · GRT · 세진티에스

기타부품
- 예선테크 · 제이엠티 · 유아이디

도광판
- 삼진엘앤디 · 아이컴포넌트 · 일월지엠엘 · 코이즈

모듈부품
- 인지디스플레 · 한국컴퓨터 · 파인디앤씨

디스플레이소재
- 덕산네오룩스 · 덕산테코피아 · 이녹스첨단소재 · 펨스
- 와이엠씨 · 엘티씨 · 이엠앤아이 · 피엔에이치테크

디스플레이패널
- LG디스플레이

모바일기기와 카메라

스마트폰 시장의 양적 성장이 끝나면서 모바일기기 부품 제조사의 성장률도 둔화된 상태이며 기술보단 가격 경쟁을 펼치고 있다. 특정 고객사 한 곳에 다수의 부품사가 종속되는 구조라 마진이 높지 않다. 카메라 부품 업체들을 중심으로 자동차, XR기기 등 새로운 시장으로 개척을 시도 중이다.

모바일기기란 이동하면서 편리하게 사용할 수 있는 중소형 IT 기기를 말한다. 대표적으로 스마트폰, 태블릿 PC 등이 있다. 모바일기기 산업에 속한 상장사는 휴대폰(주로 스마트폰)에 들어가는 각종 부품을 만든다. 카메라는 사진, 영상을 찍는 기기다. 카메라 산업에 속하는 상장사는 디지털카메라 관련 부품, 모듈을 만든다. 상장된 카메라 관련 기업은 완성품보다는 스마트폰이나 자동차에 탑재되는 카메라 모듈과 관련된 밸류체인에 속한다. 한마디로 모바일기기와 카메라 산업에 속한 기업은 완성품이 아닌 부품을 만들어 완성품을 취급하는 고객사에 납품하는 B2B 기업들이다.

모바일기기와 카메라 산업에 속한 기업은 총 81곳으로 전체 시가총액의 0.7%를 차지한다. 기업 수는 적지 않지만, 시가총액 비중은 미미하다. 이는 모바일기기와 카메라 산업의 특징이다. 국내에서 모바일기기와 카메라 부품을 만드는 기업은 삼성전자라는 큰 고객사에 종속되어 있다. 2009년 애플의 아이폰을 시작으로 스마트폰 대중화 바람이 불면서 모바일기기와 관련된 밸류체인들이 형성되기 시작했다. 갤럭시S 시리즈를 중심으로 삼성전자도 본격적으로 스마트폰 시장에 뛰어들면서 관련 산업은 호황을 맞았다.

그러나 2014년에 들어서 주요 소비국 시장에서 스마트폰 보급률이 50%를 넘기면서 스마트폰 시장 경쟁이 과열되었다. 삼성전자 역시 2017년을 기점으로 스마트폰 출하량이 줄었고, 급기야 LG전자 역시 2021년 스마트폰 사업을 중단한다고 밝히면서 관련 업계 역시 구조조정을 맞았다. 최근 5년간 모바일기기와 카메라 산업의 시가총액 비중은 점차 줄어들고 있다. 스마트폰 시장이 성숙기에 진입한 지 오래되었고 삼성전자라는 최상위층 기업이 있기 때문이다.

돌파구는 자동차 시장에서 찾고 있다. 가장 먼저 팔을 걷어붙인 곳은 카메라 부품 기업이다. 첨단운전자보조시스템Advanced Driver Assistance Systems, ADAS을 장착한 자동차가 늘어난 데다 자율주행 자동차 시장도 커지고 있어 카메라 수요가 늘고 있기 때문이다. 과거 카메라 산업은 모바일기기의 한 섹터에 불과했지만, 이제는 점차 스마트폰의 그늘에서 벗어나고 있다. 이러한 이유로 이 책에서도 모바일기기와 카메라 산업을 분리했다. 카메라 외에도 인쇄회로기판같이 다양한 부품사들이 자동차 시장으로 전방 산업을 확대하고 있다.

모바일기기 산업의 세부 섹터는 주로 탑재되는 부품 종류에 따라 인쇄회로 기판, 터치스크린, 통신부품, 내외장재, 차폐 소재, 액세서리, 케이스, 스피커와 리서버로 구분했다. 카메라 산업은 액추에이터, 렌즈, 광학필터 등 카메라의 주요 구성품을 기준으로 분류했으며, 이를 조합해 모듈을 만드는 기업도 추가했다.

모바일기기와 카메라

1. 모바일기기와 카메라 산업의 개요와 성장성

모바일기기는 휴대하기 편한 소형 IT 기기다. 2000년대 초반 모바일기기는 '휴대전화'라고 부를 정도로 그 역할이 단순했다. 그러나 2009년 애플의 아이폰을 시작으로 스마트폰은 모바일기기를 단순 휴대전화가 아닌 '내 손 안의 컴퓨터'로 인식하게 만들었다. 사실 스마트폰의 원조는 PDA다. PDA는 Personal Digital Assistant의 약자로, 직역하면 '개인용 디지털 단말기'다. 당시 PDA를 사용하는 사람은 한정적이었다. 바쁜 사업가가 일정을 기록하는 용도로 사용한 것이 전부였다. 그런 기기에 전화 기능을 탑재한 스마트폰이 출시되면서 새로운 전성기를 맞았다.

시장조사기관 IDC^{International Data Corporation}에 따르면 글로벌 스마트폰 시장은 2015년까지 두 자릿수 이상의 성장률을 기록했다. 그러나 주요 소비국에서 스마트폰 보급률이 정점에 달하자 성장이 둔화되기 시작했다. 2016년 전 세계 스마트폰 출하량은 약 14억 7,300만 대로 정점을 찍었으며, 2020년에는 코로나19 팬데믹의 여파로 약 13억 대를 밑돌았다. 2021년에도 코로나19 팬데믹 여파로 모바일기기 사용량이 늘면서 전 세계 스마트폰 출하량은 약 13억 7,000만 대로 다시 증가했지만, 2022년 기저효과 및 중국 경기 둔화 여파로 다시 약 11억 9,280만 대로 감소했다. IDC에 따르면 2023년 전 세계 스마트폰 출하량은 약 11억 9,000만 대로 소폭 감소할 것으로 추정되며 향후 5년간 연평균 성장률은 2.6%로 관측된다.

시장 성장 둔화에도 경쟁은 더욱 격화되고 있다. 2014년만 하더라도 전 세계 점유율이 10% 미만이었던 중국 기업들이 내수 시장을 빨아들이면서 시장 지배력을 확대했다. 중국 기업들의 선전에 가장 큰 영향을 받은 곳은 삼성전자다. 2013년 스마트폰 시장 점유율 30%를 넘겼던 삼성전자는 중국 기업들의 성장세에 눌려 20%대 초반의 시장 점유율을 보이며 주저앉았다. 시장조사기관 카운터포인트리서치에 따르면 삼성전자의 2023년 2분기 스마트폰 시장 점유율은 20%다. 예전에 비해 점유율이 많이 하락했지만, 출하량 기준으로는 여전히 전 세계 1위를 유지 중이다.

다만 스마트폰 시장의 성장세가 꺾이고 삼성전자의 점유율이 하락하면서 모바일기기 및 카메라 부품 기업들의 업황도 기울었다. 게다가 프리미엄 부품의 경우 삼성그룹의 계열사인 삼성전기가 담당하고 있으므로 업황이 둔화된 상황에서 중소형 부품사의 상황은 더 악화되었다. 특히 중국 기업들의 저가공세에 터치스크린 패널 관련 기업들은 구조조정이 불가피했다. 과거 괄목할 만한 실적 성장세를 보여주었던 여러 기업이 상장폐지되거나 외국계 기업에 인수되었다. 현재 남아 있는 모바일기기 및 카메라 관련 기업들 역시 예전에 비해 실적이 둔화된 상태다.

전 세계 스마트폰 출하량 전망

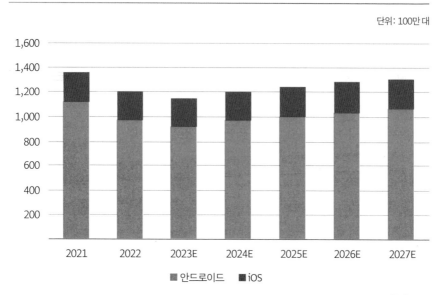

단위: 100만 대

■ 안드로이드   ■ iOS

출처: IDC

주요 메이커별 전 세계 스마트폰 시장 점유율 추이

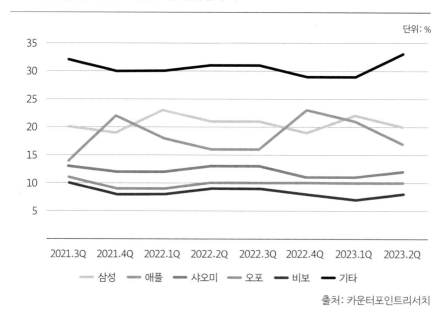

단위: %

─ 삼성 ─ 애플 ─ 샤오미 ─ 오포 ━ 비보 ━ 기타

출처: 카운터포인트리서치

2. 모바일기기 부품의 종류

모바일기기는 케이스부터 카메라 모듈, 디스플레이 모듈 등 외장재와 PCB, 통신부품, 터치스크린 패널 등 다양한 내장재로 구성되어 있다. 제품을 중심으로 구분한 모바일기기 산업의 섹터 분류는 다음과 같다.

모바일기기에서 가장 큰 섹터는 인쇄회로 기판 PCB다. PCB란 Printed Circuit Board의 약자로, 전자부품이 탑재된 판이다. 부품 간 전기를 통하게 해주는 판으로, 사람으로 비유하자면 혈관과 같은 역할이다. PCB는 경성^{Rigid} PCB와 연성^{Flexible} PCB로 구분할 수 있는데, 경성 PCB는 스마트폰의 메인보드와 같은 역할을 한다. 스마트폰용 경성 PCB를 HDI^{High Density Interconnection}라고 부르기도 한다. 연성 PCB는 디스플레이 모듈, 카메라 모듈, 안테나 등에 탑재된다. 연성 PCB는 연성을 뜻하는 Flexible의 앞글자 F를 따서 FPCB라고 부른다. PCB는 모든 전자기기에 탑재되기 때문에 관련 기업들 역시 매출의 다변화를 위해 노력 중이다. 2021년 비에이치에서 자동차 전장용 FPCB 시장에 진출하기 위해 약 500억 원을 투자한다는 뉴스가 나오기도 했다. 구체적으로 전기차 배터리 케이블용 FPCB를 생산한다는 계획이었다.

디스플레이 모듈 섹터는 터치스크린 패널을 포함해 각종 디스플레이에 탑재되는 부품을 만드는 기업이 포함되어 있다. 터치스크린 패널은 기술 변화가 가장 심했던 분야 중 하나다. 과거에는 디스플레이 패널에 필름 형태의 터치스크린 패널을 부착하는 외장형 방식이 많이 사용되었다. 현재는 터치스크린 패널을 디스플레이 패널 안쪽 글라스나 셀에 부착하는 내장형이 대세를 이루고 있다. 빛 반사가 적고 더 얇게 만들 수 있다는 장점이 있기 때문이다. 내장형은 디스플레이 기업이 디스플레이 모듈 공정을 직접 수행하므로 터치스크린 패널 모듈 기업들의 일감도 점차 줄어드는 결과를 낳았다.

통신부품 섹터는 통신 안테나, 무선통신 부품 등을 만드는 기업이 포함된다. RF 부품은 SAW$^{Surface\ Acoustic\ Wave}$ 필터와 듀플렉서^{Duplexer}로 나누어지는데, SAW 필터는 이동통신 시스템에서 통신에 필요한 특정 주파수만을 선택적으로 통과시키는 부품이다. 듀플렉서는 휴대폰의 안테나 뒤에 위치해 송신호와 수신호를 분리해주어 하나의 안테나를 통해 송신과 수신이 모두 가능하도록 하는 부품이다.

이 밖에 모바일기기의 하부 섹터로는 금속 부품, 키 버튼, 고무 부품 등 다양한 내외 부품을 만드는 내외장재, 휴대폰에서 발생하는 전자파 차단 부품 및 소재를 만드는 차폐 소재와 휴대폰 충전기, 휴대폰 브라켓, 블루투스 스피커 등 휴대폰 주변기기를 제작하는 액세서리, 휴대폰 케이스, 음성 관련된 부품인 스피커와 리시버 등이 있다.

3. 카메라 부품의 종류

카메라는 렌즈, 액추에이터, 광학필터, 이미지 센서 등으로 구성되어 있다. 카메라 산업의 세부 섹터 역시 해당 제품으로 중심으로 분류할 수 있다.

카메라 렌즈는 유리나 플라스틱 소재로 만들어진다. 빛을 모아 촬영한 피사체를 이미지 센서에 투영시키는 역할을 한다. 액추에이터는 카메라 렌즈 밑에 위치해 있으며 모터를 이용해 상하좌우로 움직일 수 있다. 액추에이터는 피사체의 초점과 촬영 시 흔들림을 보정해주는 장치로 나뉜다. 자동으로 초점을 잡아주는 장치를 AFA$^{Auto\ Focus\ Actuator}$라고 하며, 손 떨림 보조 장치는 OIS$^{Optical\ Image\ Stabilization}$라고 부른다. 광학필터는 빛에서 가시광선만 통과시키는 필터로, 실제 색을 구현하는 기능을 수행한다. 이미지 센서는 피사체의 정보를 읽어 전기적인 영상신호로 변환해주는 반도체다. 참고로 카메라 산업 밸류체인에 속한 이미지 센서 제조 기업은 반도체 팹리스 기업이다. 해당 기업들의 리스트는 반도체 산업에서 찾아볼 수 있다. 카메라 모듈은 렌즈, 액추에이터, 광학필터, 이미지 센서 등을 조립해 만든 완성품이다.

4. 모바일기기와 카메라 산업의 투자 포인트

모바일기기와 카메라 산업은 이미 성숙기에 진입한 지 오래다. 따라서 투자자는 투자하고자 하는 모바일기기, 카메라 관련 기업의 차별화된 투자 포인트를 알아야 한다.

1) 폴더블폰

먼저 기술 발전의 혜택을 받는 기업에 주목해야 한다. 전 세계 스마트폰 시장의 양적 성장은 오래전 막을 내렸다. 질적 성장은 이어지고 있는데, 대표적으로 질적 성장을 하는 곳은 폴더블폰 시장이다. 삼성전자가 폴더블 스마트폰

폴더블폰 관련 기업

기업명	폴더블폰 관련 부품	설명
PI 첨단소재	베이스 필름	디스플레이 맨 하단부를 지지하고 보호하는 폴리이미드 필름
비에이치	기판	OLED 디스플레이용 FPCB
SKC, 코오롱인더스트리	커버윈도	경도를 보완하기 위한 하드 코팅의 투명 폴리이미드 필름
세경하이테크	보호 필름	디스플레이를 물리적 충격에서 보호하는 역할. 커버윈도 위에 부착
KH바텍	힌지	폴더블폰용 힌지

인 갤럭시Z 시리즈를 출시하면서 관련 시장이 본격적으로 성장하고 있다.

대만 시장조사기관 트렌드포스에 따르면 전 세계 폴더블폰 출하량은 2023년 약 1,830만 대로 전년 대비 43% 급증할 것으로 보인다. 그럼에도 전체 스마트폰 시장에서 차지하는 비중은 약 1.6%에 불과하다. 트렌드포스는 전 세계 폴더블폰 출하량이 2024년 38% 성장해 약 2,520만 대, 2027년에는 약 7,000만 대까지 치솟아 전체 스마트폰 시장의 5%를 차지할 것으로 전망했다. 따라서 폴더블폰에 들어가는 핵심 부품을 만드는 기업은 눈여겨볼 만하다.

2) 고객사·전방 산업 다변화

고객사가 다변화되어 있는 기업도 주목할 필요가 있다. 국내 모바일기기 부품 기업 대부분은 삼성전자에 종속되어 있다. 최상위층 기업과 거래하는 입장이므로 같은 부품을 만드는 협력사끼리 단가 경쟁이 치열하다. 따라서 삼성전자 외 애플, 중화권 기업 등 매출처가 다변화되어 있는 기업이 시장에서 높게 평가받는다.

새로운 시장을 개척하는 기업도 좋은 투자 대상이다. 최근 카메라 관련 기업들이 앞다투어 진출하고 있는 자동차 시장이 대표적이다. 자동차 시장은 스마트폰 시장보다 약 4~5배가량 크다. 탑재되는 카메라의 단가도 스마트폰에 비해 훨씬 높다. 미래가 유망한 새로운 시장을 잘 개척한다면 스마트폰 부품주에서 자동차 전장 부품주로 재평가를 받을 수 있다.

한편 매년 1월 미국 라이베이거스에서 열리는 CES는 최신 IT 제품, 기술 트렌드가 공개되는 글로벌 최대 IT 행사다. 증시에서는 CES에서 공개되는 기술 또는 제품과 관련이 있는 기업들이 종종 부각되니 잘 살펴볼 필요가 있다. 또한 직접 CES에 참여해 기술을 공개하는 기업도 종종 있으니 투자자들은 이를 잘 모니터링할 필요가 있다.

모바일기기와 카메라 산업 투자 지표

실적 및 투자 지표: 2023년 3분기 연환산 기준
배당수익률: 2022년 주당 배당금/2023년 11월 24일 주가
시가총액: 2023년 11월 24일 기준

단위: 억 원

종목코드	종목명	매출액	영업이익	순이익	PER	배당수익률	시가총액
001740	SK네트웍스	94,561	2,054	518	26	2.1%	13,557
204270	제이앤티씨	2,509	22	-169	-51	0.0%	8,567
091120	이엠텍	2,692	-117	-109	-77	0.3%	8,395
192650	드림텍	10,902	327	84	96	1.7%	8,104
090460	비에이치	15,778	952	918	8	1.2%	7,014
033240	자화전자	3,710	-588	-764	-7	0.0%	5,572
097520	엠씨넥스	9,273	133	142	37	1.7%	5,223
091700	파트론	11,432	489	297	17	3.6%	4,979
049070	인탑스	6,337	305	220	22	3.0%	4,928
179900	유티아이	205	-181	-212	-23	0.0%	4,902
007810	코리아써키트	13,742	-280	-176	-21	0.0%	3,659
060720	KH바텍	3,917	318	190	18	2.1%	3,402
025320	시노펙스	2,548	200	62	53	0.0%	3,261
441270	파인엠텍	3,835	231	-13	-230	0.0%	3,030
126700	하이비젼시스템	3,255	734	561	5	0.6%	2,929
031330	에스에이엠티	20,789	519	321	9	8.1%	2,840
047310	파워로직스	7,274	-26	-265	-10	0.0%	2,609
285490	노바텍	976	233	281	9	0.8%	2,607
051370	인터플렉스	4,278	142	141	17	0.0%	2,431
054210	이랜텍	8,050	391	83	29	1.6%	2,375

모바일기기와 카메라

모바일기기

- PCB
  - 드림텍 · 비에이치 · 코리아써키트 · 인터플렉스 · 와이엠티
  - 디케이티 · 시노펙스 · 이브이첨단소재 · 디에이피 · 엔피디
  - 뉴프렉스 · S&K폴리텍 · 태성 · 씨유테크

- 내외장재
  - KH바텍 · 파인테크닉스 · 에스에이엠티 · 앤디포스 · 에스코넥
  - 와이제이엠게임즈 · 서원인텍 · 유아이엘 · 파인엠텍

- 스피커와 리시버
  - 이엠텍 · 블루콤

- 액세서리
  - 알에프텍 · 장원테크 · 에이치앤비디자인 · 하인크코리아

- 안테나
  - 아이씨에이치

- 유통
  - SK네트웍스

- 차폐소재
  - 노바텍 · 다산솔루에타 · 성우전자 · 아모센스

- 케이스
  - 인탑스 · 슈피겐코리아 · 이랜텍 · 리튬포어스

- 터치스크린
  - 제이앤티씨 · 세경하이테크 · 디스플레이텍 · 일진디스플
  - 이라이콤 · 육일씨엔에쓰 · 크루셜텍

- 통신부품
  - 와이팜 · 와이솔 · 모다이노칩 · 아모텍
  - 기가레인 · 소니드 · 케스피온 · 쏘닉스

카메라

- 광학필터
  - SBW생명과학 · 옵트론텍

- 렌즈
  - 유티아이 · 세코닉스 · 엘컴텍 · 삼양옵틱스
  - 코아시아씨엠 · 노블엠앤비

- 모듈
  - 엠씨넥스 · 파트론 · 파워로직스 · 하이비젼시스템 · 코아시아
  - 이즈미디어 · 캠시스 · 덕우전자 · 탑엔지니어링 · 나무가 · 팸텍

- 액추에이터
  - 자화전자 · 바이오로그디바이스 · 재영솔루텍 · 액트로
  - 하이소닉 · 해성옵틱스 · 아이엠

IT 서비스

IT서비스는 SI, 소프트웨어, 정보 보안 등 다양한 영역을 포함하지만 대다수 기업들의 비즈니스가 국내 시장에 국한되어 있어 시장규모와 성장률은 제한적이다. 다만 대기업 계열사, 관공서, 금융권을 중심으로 안정적인 영업활동을 벌이고 있어 이익의 안정성은 높은 편이다.

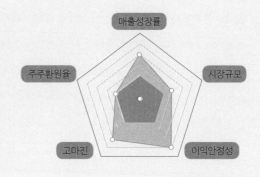

IT는 Information Technology의 약자로 정보 기술을 뜻한다. IT에서 말하는 정보는 데이터인데 IT 산업은 데이터를 수집, 가공, 저장, 검색, 송수신하는 모든 기술 기반 산업을 의미한다. 매우 광범위하므로 통신, 반도체, 인터넷 등 특정 산업은 IT에서 분리해 따로 살펴볼 필요가 있다. 이 책에서는 상장 기업의 구성 및 시가총액 비중을 고려해 IT 서비스를 중심으로 IT 하드웨어, 소프트웨어 기업을 한데 묶어 IT 서비스 산업으로 정의했다.

IT 서비스 산업에 속한 기업은 총 155곳으로 주식 시장에서 차지하는 비중은 1.9%다. 과거 IT 서비스 산업은 인터넷의 대중화, 디지털 전환과 함께 2000년대 초에 호황을 맞았으나, 낮은 진입장벽과 성장률 둔화로 수익성이 점차 낮아지고 있다. 대기업 계열사들은 그룹 기반 수요로 캐시카우를 창출하고 있으며, 중소기업들은 관공서, 금융권을 중심으로 단가 경쟁을 벌이고 있다. 투자자는 클라우드, 빅데이터, 인공지능 솔루션 등 차세대 먹거리에서 두각을 나타내는 기업에 주목할 필요가 있다.

IT 서비스 산업은 컴퓨터 및 주변기기 등을 만드는 기업이 속한 IT 하드웨어 섹터, IT 하드웨어에서 구동되는 다양한 소프트웨어를 만드는 기업이 속한 소프트웨어 섹터, IT 하드

웨어와 소프트웨어를 바탕으로 고객에게 디지털 솔루션을 제공해주는 기업이 속한 SI 서비스 섹터로 구분된다. 추가로 사이버 보안 섹터도 있는데, 원래 소프트웨어에 포함되어야 하지만, 기업의 구성 및 성장성을 고려해 따로 분류했다.

IT 서비스

1. IT 서비스 산업의 개요

한국IT서비스산업협회에 따르면 IT 산업은 하드웨어, 소프트웨어, 서비스로 구분된다. 하드웨어는 컴퓨터이며, 네트워크 장비나 단말기 및 소프트웨어는 윈도우를 뜻한다. 오피스365처럼 단말기에서 구동되는 애플리케이션 및 서비스는 하드웨어와 소프트웨어를 통해 고객 맞춤 IT 솔루션을 제공해주는 것을 뜻한다. IT 하드웨어를 만드는 국내 기업은 삼성전자, LG전자 등이 대표적이다. 다만 국내 기업은 PC 및 컴퓨터 주변기기를 주로 다루고 있으며, 네트워크 장비는 주로 해외 제품에 의존하고 있다.

소프트웨어는 오피스365 같은 사무용 애플리케이션, 기업의 재고관리나 물류 시스템에 활용되는 프로그램, 빅데이터 및 AI를 활용한 챗봇, 음성비서, 이상 탐지, 예측 솔루션 등이 있다. 대부분의 기업은 오라클, SAP 등 글로벌 IT 소프트웨어 브랜드를 사용하지만, 일부 AI 솔루션의 경우 「소프트웨어 진홍법」에 따라 대기업의 참여가 제한되기도 한다. IT 서비스는 기업에 필요한 최적의 정보 시스템을 조언해주는 IT 컨설팅, 기업의 IT 시스템 기획, 개발부터 구축 및 운영까지 도맡는 SI(시스템 통합)가 대표적이다. 국내 IT 서비스 기업 대부분은 SI 사업에 집중하고 있다. 삼성SDS, LG CNS 등 대기업 계열사는 그룹사 기반으로 안정적인 영업 활동을 펼치고 있으며, 중소기업의 경우 공공기관, 금융권을 대상으로 치열한 경쟁을 펼치고 있다.

IT 인프라 투자는 주력 고객사인 공공기관, 금융권의 예산이 집중되어 있는 하반기에 주로 발생한다. IT 서비스 기업 역시 상반기보다 하반기에 매출이 집중되는 경향이 있다.

2. IT 서비스 산업의 성장성

2000년대 초반의 IT 서비스 산업은 인터넷의 대중화와 공공기관 및 기업의 디지털화로 유례없는 성장을 맞았다. 그러나 IT 서비스 보급률이 정점에 달하면서 2010년 들어서부터는 성숙기 산업에 진입했다. 부가가치가 높은 네트워크 장비, 소프트웨어는 대기업 및 해외 기업이 장악하고 있는 상황에서 중소기업들은 단가 경쟁을 이어가고 있다.

IT 시장조사기관 날리지리서치그룹에 따르면 2021년 국내 ICT 시장규모는 약 34조 500억 원에 달했다. 기업들의 IT 관련 지출이 가장 집중된 분야는 클라우드다. 2021년 전체 IT 예산에서 클라우드가 차지한 비중은 12%에 달했다. 지출 규모가 전년 대비 15.5% 증가했다. 투자 2순위는 빅데이터 구축, 3순위는 AI 기술 접목이다. 향후 국내 ICT 시장은 2022년부터 2027년까지 연평균 2.3%씩 성장할 전망이다.

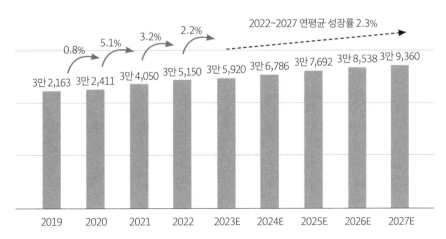

단위: 10억 원

2022~2027 연평균 성장률 2.3%

0.8% 5.1% 3.2% 2.2%

3만 2,163 3만 2,411 3만 4,050 3만 5,150 3만 5,920 3만 6,786 3만 7,692 3만 8,538 3만 9,360

2019 2020 2021 2022 2023E 2024E 2025E 2026E 2027E

* 기업용 ICT 시장만을 의미하며 개인용 ICT 시장, 반도체 및 통신장비 시장 제외

출처: 날리지리서치그룹

3. IT 서비스 산업의 투자 포인트

1) 클라우드 사업을 바라보는 두 가지 시선

시시각각 발생하는 빅데이터를 효율적으로 관리하고 활용하기 위해서는 서버 구축이 필수다. 그러나 기업 자체적으로 서버를 마련하려면 전산실이나 데이터센터가 필요하다. 그러나 대기업이 아니고서는 투자 및 관리 비용의 부담이 클 수밖에 없다. 따라서 필요한 만큼 서버를 임대해서 사용하는 클라우드 서비스가 확장되고 있다. 그런데 어떤 클라우드 서비스를 사용할지, 해당 서버에 이전할 수 있는 데이터나 애플리케이션은 무엇인지 파악하는 과정은 IT 전문 기업이 아니면 막막할 수 있다. 이에 따라 기업별 맞춤형 클라우드 서비스를 제공하고 운영 및 관리까지 담당하는 MSP^{Managed Service Provider} 서

비스가 IT 서비스 기업들의 차세대 먹거리로 부상하고 있다.

삼성SDS를 비롯한 LG CNS, SK 등 대기업들이 클라우드 MSP 사업에 집중하고 있다. 다만 아마존의 AWS, 마이크로소프트의 애저^{Azure}, 구글 클라우드, 네이버 클라우드 등 클라우드 전문 기업들의 서비스를 재판매하는 것에 지나지 않는다는 지적이 있다. 즉 과거 SI 사업에서 크게 벗어나지 않는다는 해석이다. 투자자는 클라우드 MSP 사업이 IT 서비스 기업들의 신성장동력으로 자리할지, 또 하나의 SI 사업이 될지 지켜볼 필요가 있다.

2) AI를 활용한 소프트웨어 시장

인공지능은 확실한 미래의 먹거리이지만 동시에 막연한 먹거리이기도 했다. 챗GPT가 등장하기 전까지 말이다. 2022년 11월 오픈AI가 챗GPT 서비스를 출시했다. 챗GPT란 딥러닝을 사용해 인간과 유사한 텍스트를 생성하는 대규모 자연어 기술이다. 챗GPT는 서비스 출시 5일 만에 사용자 100만 명을 넘겼고, 40일 만에 1,000만 명이 가입했으며, 불과 2개월 만에 활성 사용자 수 1억 명을 돌파했다.

챗GPT가 단기간 내 폭발적으로 성장한 것은 범용성 때문이다. AI는 이미 1950년대에 선보였던 기술이다. 컴퓨터 과학자 앨런 튜링^{Alan Turing}이 기계가 인간과 얼마나 비슷하게 대화할 수 있는지, 기계에 지능이 있는지를 판별하기 위해 튜링 테스트를 제안한 것이 AI의 시작이 되었다. 국내에서는 지난 2016년 알파고와 이세돌 9단의 대국으로 AI가 많은 사람에게 각인되기도 했다. 그러나 대중화에는 실패했는데, 실생활에서의 활용도가 낮았기 때문이다. 이후 인터넷 플랫폼 기업들을 통해 개발된 AI 스피커 서비스도 단순 문답 기능만 가능해 효용성이 낮았다.

그런데 챗GPT는 사용자가 원하는 PPT 자료를 만들어주는 것은 물론, 냉장고 속 재료 사진만으로 요리 레시피를 소개하고 몇 가지 키워드를 주면 순식간에 작가를 방불케 하는 시나리오를 써 내려갔다. 심지어 미국 변호사 자격시험에 합격하고 미국 생물학 올림피아드에서 87점(상위 1%)의 성적을 받을 정도로 똑똑하다는 평가를 받았다. 이러한 이유로 챗GPT와 같은 생성형 AI는 콘텐츠, 예술, 음악 등을 만들고 생성할 수 있어 다양한 산업에 효율성과 생산성을 증대시킬 수 있는 기술로 평가받는다.

챗GPT가 생성형 AI 시장의 포문을 열자 빅테크 기업들도 앞다투어 관련 서비스를 출시하거나 투자 계획을 발표했다. 구글은 '바드Bard'를 출시했으며, 메타 역시 대형 언어 모델 '라마Llama 2'를 공개했다. 이에 질세라 애플은 생성형 AI 챗봇 '애플 GPT' 출시를 예고했으며 국내에서는 네이버가 '하이클로바X'를 출시했다.

블룸버그 인텔리전스에 따르면, 글로벌 생성형 AI 시장은 2023년 약 400억 달러에서 2032년 약 1조 3,000억 달러로 연평균 41.6% 성장할 것으로 전망된다. 전체 기술 투자에서 생성형 AI가 차지하는 비중은 2022년 1% 미만에 불과했지만, 2032년에는 12%까지 확대될 것으로 관측된다. 이에 따라 생성형 AI와 관련해 챗GPT처럼 대형언어모델을 제공하는 플랫폼 기업을 포함해 다양한 유관 및 파생 서비스를 제공하는 소프트웨어 기업에 관심을 기울일 필요가 있다.

사이버 보안

1. 사이버 보안 산업의 개요

사이버 보안이란 정보 통신과 관련된 디지털 공격에서 시스템을 안전하게 보호하는 것을 말한다. 구체적으로는 인터넷에 연결된 컴퓨터, 스마트폰, 서버, 네트워크 등 사이버 공간에서 허가되지 않은 접근, 데이터 도난, 공격, 무단 조작으로부터 보호하는 것을 의미한다. 사이버 보안 시장은 크게 정보 보안 시스템의 개발과 이를 바탕으로 서비스를 제공하는 것으로 나뉜다. 정보 보안 시스템은 네트워크 보안 시스템, 정보 유출 방지 시스템, 암호인증 시스템, 보안관리 시스템 등으로 구분된다. 정보 보안 서비스는 보안 컨설팅 및 유지관리, 보안관제, 클라우드 보안 서비스, 모바일 케어 서비스 등이 대표적이다.

사이버 보안의 주요 고객층은 관공서와 금융권이다. B2B 비즈니스 모바일 특성상 결산 시기에 맞추어 재계약 및 IT 예산 집행이 이루어지므로 하반기에 수요가 집중된다. 과거 사이버 보안 시장은 기업들의 IT 예산 규모에 따라

2024~2025 대한민국 산업지도

업황이 형성되었지만, 디지털 인프라 확장 및 산업 전체 영역에 걸쳐 디지털 트랜스포메이션*이 진행됨에 따라 경기에 대한 영향은 점점 낮아지는 흐름이다. 국내 시장은 대기업 계열사 중에서 유일한 사이버 보안 회사인 SK쉴더스가 시장 점유율 30% 내외로 1위를 기록하고 있으며, 안랩이 뒤를 잇고 있다. 국내 사이버 보안 시장은 내수 중심이다. 국내 사이버 보안 시장이 꾸준히 성장함에 따라 엑소니어스^Axonius, 세일포인트^SailPoint 등 글로벌 기업의 국내 시장 진출이 가속화되고 있어 향후 치열한 경쟁이 예상된다.

2. 사이버 보안 시장의 성장성

스마트폰의 대중화와 사물인터넷의 등장, 나아가 자율주행, AI 등 ICT 산업의 비약적인 발전과 더불어 사이버상의 공격도 기하급수적으로 늘고 있다. 금융기관들의 개인정보 유출 사건은 주기적으로 발생하고 있으며, 랜섬웨어** 공격으로 글로벌 기업들의 시스템이 마비되는 일이 종종 발생하고 있다. 특히 미국에서는 송유관 운영 회사인 콜로니얼 파이프라인을 대상으로 한 '다크사이드^DarkSide' 랜섬웨어 공격 여파로 미국 동남부 지역 휘발유 공급이 일시적으로 중단되었다. 이 사건으로 미국 정부는 18개 주에 비상사태를 선언하기도 했다. 이처럼 IT 시스템과 운영 시스템이 결합되는 제조 분야를 대상으로 사이버 공격이 증가하고 있어 사이버 보안 시장은 꾸준히 성장할 것으로 전망된다.

랜섬웨어 감염, 개인정보 유출 등 사이버 공격으로 인한 피해 규모가 커지

---

* 디지털 기술을 모든 비즈니스 영역에 통합시켜 고객 서비스 방식을 근본적으로 바꾸기 위해 적용하는 프로세스
** 시스템을 잠그거나 데이터를 암호화해 사용할 수 없도록 하는 악성 프로그램

기업 침해사고 유형별 비중

단위: %

구분	2018	2019	2020
랜섬웨어	56.3	54.1.	59.8
악성코드	47.7	39.5	42.7
해킹	4.4	13.7	6.6
애드웨어, 스파이웨어	12.1	6.6	4.0
내부인력에 의한 중요 정보 유출	3.9	1.1	1.6
도스[DoS], 디도스[DDoS] 공격	2.5	0.8	4.1

출처: 한국인터넷진흥원

국내 사이버 보안 시장 전망 및 추이

단위: 억 원

구분	2021	2022	2023	2024	2025	연평균 성장률
사이버 보안	4만 8,606	5만 4,533	6만 1,646	7만 1,130	8만 1,800	13.90%
클라우드 보안	5,928	7,113	9,484	1만 3,041	1만 6,597	29.35%
모바일 보안	597	691	799	925	1,072	15.76%

출처: 인피니티 리서치 마켓

자 정보 보안 관련 제도도 강화되고 있다. 특히 2021년 12월「정보보호산업의 진흥에 관한 법률」개정 시행에 따라 일정 규모 이상의 기업에 정보 보호 현황 공시 및 체계적인 보안 시스템을 갖추어야 할 의무가 생겼다. 이에 따라 사이버 보안 시장은 꾸준히 성장할 것으로 전망된다.

인피니티 리서치 마켓에 따르면 국내 사이버 보안 시장은 2021년 약 4조 8,606억 원에서 2025년 약 8조 1,800억 원으로 연평균 13.9%씩 성장할 것으로 전망된다. 특히 기업들이 자체 서버보다는 클라우드 서비스 사용을 늘리고 있으므로 클라우드 보안 시장이 대폭 성장할 것으로 관측된다.

3. 사이버 보안 산업의 투자 포인트

1) 사이버 보안 공격 이슈

사이버 보안 관련 기업은 해킹, 랜섬웨어, 디도스 등 주요 사이버 공격 이슈 발생 시 부각되는 경향이 있다. 사이버 보안에 대한 경각심 및 니즈가 커질 것이라는 관심 때문이다. 블록체인 기반 가상자산 시장이 커지면서 거래소를 해킹하거나 랜섬웨어 공격으로 주요 기관들의 IT 시스템을 마비시킨 후 가상자산을 갈취하는 범죄가 늘고 있다. 따라서 투자자는 해당 이슈로 주목받는 사이버 보안 기업 중에서 장기적으로 성장할 만한 기술력을 보유한 기업을 잘 선별할 필요가 있다.

2) 클라우드, 블록체인 등 신규 사업 진출

클라우드 시장은 사이버 보안 산업의 새로운 먹거리다. 인피니티 리서치 마켓에 따르면 2021년 클라우드 보안 시장은 약 7,113억 원에서 2025년 약 1조 3,041억 원으로 연평균 29.3%씩 성장할 것으로 전망된다.

국내 랜섬웨어 피해 금액

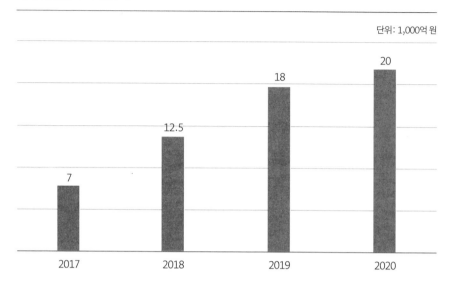

단위: 1,000억 원

출처: 한국랜섬웨어침해대응센터(2020)

코로나19 팬데믹으로 원격 근무가 확산되면서 관공서 및 기업들의 클라우드 서비스 이용이 대폭 늘었다. 글로벌 보안 기업 맥아피McAfee에 따르면 클라우드 서비스에 대한 사이버 공격 횟수도 증가했다고 한다. 2020년 1월부터 4월까지 무려 630% 늘었다. 정부 역시 공공부문 클라우드 시스템 전환을 위해 2025년까지 약 1조 6,000억 원을 투입하는 만큼 클라우드 보안 시장은 꾸준히 성장할 것으로 전망된다.

블록체인 보안 시장 역시 급성장할 전망이다. 포춘 비즈니스 인사이트 Fortune Business Insights에 따르면 블록체인 소프트웨어 및 플랫폼, 애플리케이션 서비스를 합친 글로벌 블록체인 기술 시장규모는 2022년 약 111억 4,000만 달러에서 2023년 약 175억 7,000만 달러로, 2030년 약 4,694억 9,000만 달러까지 연평균 59.9% 성장할 것으로 전망된다. 또한 블록체인을 기반으로 한 가상자산, NFTNon-Fungible Token 시장규모도 커지고 있어 가상자산 해킹을 차단하는 보안 수요는 더욱 커질 전망이다. 국내 주요 사이버 보안 기업들은 가상자산, NFT 등 가상자산을 안전하게 보관, 거래, 관리할 수 있는 보안 시스템 개발에 집중하고 있다.

IT 서비스 산업 투자 지표

실적 및 투자 지표: 2023년 3분기 연환산 기준
배당수익률: 2022년 주당 배당금/2023년 11월 24일 주가
시가총액: 2023년 11월 24일 기준

* 회색음영은 신규 상장 종목으로 2022년 연간 실적 반영   단위: 억 원

종목코드	종목명	매출액	영업이익	순이익	PER	배당수익률	시가총액
018260	삼성 에스디에스	141,497	7,812	7,954	15	2.1%	120,090
022100	포스코DX	15,724	1,117	836	104	0.1%	86,812
307950	현대오토에버	29,999	1,865	1,485	32	0.7%	47,361
012510	더존비즈온	3,267	531	236	37	0.4%	8,735
023590	다우기술	96,041	10,497	4,704	2	3.3%	8,067
058970	엠로	604	55	-200	-35	0.0%	7,064
053800	안랩	2,406	274	280	25	1.6%	6,880
032190	다우데이타	100,794	10,739	2,473	2	2.4%	4,788
286940	롯데정보통신	11,686	546	461	9	2.5%	4,357
402030	코난 테크놀로지	152	-111	-98	-42	0.0%	4,093
030520	한글과컴퓨터	2,529	267	108	34	0.0%	3,687
029530	신도리코	4,053	179	316	11	4.5%	3,357
012030	DB	4,227	406	230	14	0.0%	3,293
138580	비즈니스온	510	158	136	23	0.0%	3,124
304100	솔트룩스	277	-83	-161	-19	0.0%	3,077
298830	슈어소프트 테크	434	97	–	–	0.0%	2,873
096040	이트론	565	-75	-350	-7	0.0%	2,456
045390	대아티아이	1,168	77	88	28	0.0%	2,421
038540	상상인	9,170	-690	-762	-3	2.3%	2,407
041020	폴라리스 오피스	693	53	238	10	0.0%	2,392

IT 서비스

- **IT하드웨어**
  - **PC**
    - · 에스유홀딩스 · 이트론 · 에이텍 · 제이씨현시스템 · 메디프론
    - · 피씨디렉트 · 주연테크 · 율호 · 한국정보공학 · 앱코
  - **POS**
    - · 에이루트 · 빅솔론
  - **복합기**
    - · 신도리코
  - **자동화기기**
    - · 한국전자금융 · 에이텍모빌리티 · 케이씨티 · 푸른기술
    - · 한네트 · 로지시스 · 씨아이테크 · 청호ICT
  - **프린터**
    - · 잉크테크 · 딜리 · 아이디피 · 파커스 · 디지아이

- **SI**
  - · 삼성에스디에스 · 솔트웨어 · 웨이버스 · 에스넷 · 현대오토에버
  - · 다우기술 · 포스코DX · 롯데정보통신 · 다우데이타 · 상상인
  - · 신세계 I&C · 지어소프트 · 아시아나IDT · DB · 큐로컴
  - · 오상자이엘 · 인성정보 · 이니텍 · 콤텍시스템 · 오픈베이스
  - · 비케이탑스 · 아이티센 · 링네트 · 나무기술 · 링크제니시스
  - · 대신정보통신 · 소프트센 · 케이씨에스 · 데이타솔루션 · 아이크래프트
  - · 정원엔시스 · 미래아이앤지 · 쌍용정보통신 · 인지소프트 · 오파스넷 · 광무

- **컨택센터**
  - · 효성ITX · KTcs · KTis · 이씨에스 · 브리지텍 · 한솔인티큐브

소프트웨어

ERP
- 아이퀘스트 · 더존비즈온 · 비즈니스온 · 영림원소프트랩
- 핸디소프트 · 토마토시스템

교통
- 대아티아이 · 에스디시스템 · 에스트래픽 · 시티랩스

기타 소프트웨어
- 브레인즈컴퍼니 · 모아데이타 · 모코엠시스 · 산돌 · 알서포트
- 키네마스터 · MDS테크 · 디모아 · 인포뱅크 · 투비소프트
- 이루온 · 슈어소프트테크 · 인스웨이브시스템즈

데이터와 AI
- 알체라 · 바이브컴퍼니 · 에프앤가이드 · 비플라이소프트 · 비투엔
- 비트나인 · 코난테크놀로지 · 엑셈 · 솔트룩스 · 오브젠 · 마음AI
- 플리토 · 위세아이텍 · 엠브레인 · 비아이매트릭스 · 크라우드웍스

디지털전환
- 이노룰스 · 아이티아이즈

스마트팩토리
- 엠로 · 이삭엔지니어링 · 티라유텍 · 엠아이큐브솔루션

영상분석
- 씨이랩 · 이노뎁 · 핀텔 · 씨유박스

오피스
- 한글과컴퓨터 · 폴라리스오피스

인증
- 한국정보인증 · 한국전자인증 · 인포바인

전자문서
- 포시에스

핀테크
- 쿠콘 · 핑거 · 웹케시 · 시큐센 · 벨로크

정보 보안

- 싸이버원 · 안랩 · 한컴위드 · 드림시큐리티 · 윈스 · 라온시큐어
- 이스트소프트 · 케이사인 · 아톤 · 파수 · 이글루 · 소프트캠프
- 지니언스 · 네오리진 · 시큐브 · 휴네시온 · 세토피아 · 지란지교시큐리티
- 에스에스알 · SGA솔루션즈 · SGA · 한싹 · 샌즈랩 · 엑스게이트
- 모니터랩 · 시큐레터 · 신시웨이 · 벨로크

인터넷

인터넷 산업은 온라인의 모든 비즈니스와 연관되기 때문에 시장규모가 크고 성장성도 높다. 다만 네이버와 카카오 등 국내 대표 인터넷 기업들의 비즈니스 영역이 아직 내수에 치중되어 있어 시장규모 점수가 높지 않다. 서비스 산업이며 제조 원가가 거의 없어 마진이 높으며 이익도 안정적이다.

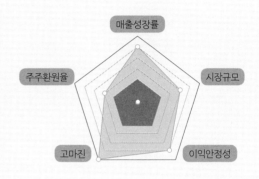

플랫폼이란 기본적으로 '평평하고 높이 솟은 지역 또는 구조물' 이라는 뜻이다. 공간을 지칭할 때 플랫폼은 기차를 타고 내리는 장소, 강의나 공연을 할 때 쓰이는 연단이나 강당을 의미하기도 한다. 플랫폼에는 다양한 뜻이 있지만 많은 사람이 모여 있거나 왕래하는 공간이라는 점에서 공통점을 찾을 수 있다. 특정 온라인 공간에서 수많은 사람을 대상으로 다양한 서비스를 제공하는 사업자를 인터넷 플랫폼이라고 하는 이유다. 즉 인터넷 플랫폼은 특정 산업에 국한되지 않고 콘텐츠, 광고, 미디어, 모빌리티, 게임 등 수많은 영역에 진출해 비즈니스를 펼칠 수 있다는 의미다. 따라서 이 책에서는 국내 인터넷 플랫폼 대표 기업이라고 할 수 있는 네이버와 카카오의 비즈니스 모델, 성장성, 투자 포인트 등을 다루는 것으로 인터넷 플랫폼 산업 설명을 갈음하고자 한다. 플랫폼 기업 외에는 데이터센터 서비스를 제공하는 인터넷 인프라 기업도 존재한다.

인터넷 산업에 속한 기업은 총 12곳으로 시가총액 기준 주식 시장에서 차지하는 비중은 2.5%다. 2020년 코로나19 팬데믹 사태로 비대면 서비스의 수요가 폭발하면서 플랫폼 기업들의 시가총액은 크게 증가했다. 그러나 리오프닝 시작으로 비대면 특수가 사라지고 미

국 연방준비은행의 강력한 긴축 정책으로 인터넷 플랫폼 기업들은 주가는 크게 조정 받았다. 그러나 네이버와 카카오 모두 금융, 커머스, 콘텐츠 부문에서 여전히 괄목할 만한 성장세를 보여주고 있으며, 적극적으로 해외 시장에 문들 두드리는 등 성장 스토리는 아직 끝나지 않았다. 투자자 입장에서 인터넷 플랫폼 기업들을 주목해야 하는 이유다.

인터넷

1. 인터넷 산업의 개요

4차 산업혁명의 핵심은 IT 기술의 결합과 산업 간의 경계가 허물어지는 데 있다. 이를 가장 대변해주는 것이 인터넷 플랫폼 기업의 비즈니스 모델이다. 사실 산업은 소매업, 서비스업, 광업, 건설업 등 특정 사업의 형태를 지칭하는데, 인터넷 플랫폼은 딱히 하나의 산업으로 정의할 수 없다. 인터넷 플랫폼이란 매개체를 기반으로 다양한 사업이 이루어지기 때문이다. 국내에서는 네이버와 카카오가 플랫폼 기업의 대표주자라고 할 수 있다. 인터넷 플랫폼이 모체인 네이버는 광고, 커머스, 웹툰, 금융, 클라우드를 전략 사업으로 추진하고 있다. 모바일 메신저로 시작한 카카오는 광고, 뮤직, 게임, 웹툰, 커머스, 모빌리티, 금융 등 다양한 영역으로 서비스를 확장하고 있다.

　두 기업의 사업 전략은 캐시카우를 바탕으로 다양한 영역에서 비즈니스를 확장하는 전략이다. 두 기업 모두 포털이나 메신저에서 창출되는 광고 수익

또는 뮤직이나 게임에서 꾸준히 캐시카우를 창출한다. 이를 바탕으로 핀테크, 콘텐츠, 클라우드 등 신사업에 투자하고 있다. 투자한 신사업이 성공적으로 안착하면 캐시카우로 바뀌고, 이를 바탕으로 또 다른 영역에 투자하는 선순환구조를 이루고 있다. 인터넷 플랫폼 기업은 다양한 산업에 진출해 있고, 제조업이 아닌 주로 도소매 서비스업에 해당하는 비즈니스를 영위하는 까닭에 경기에 크게 영향을 받지 않는다. 단, 네이버나 카카오 모두 포털이나 메신저 기반 광고 수익 비중이 크기 때문에 광고 경기에 영향을 받는다.

두 거대 기업을 제외하고 인터넷 산업은 특정 영역에서 플랫폼 사업을 하거나 인터넷 인프라를 제공하는 기업들로 구성되어 있다. 아프리카TV는 인터넷 방송 플랫폼을 운영하고 있으며, 사람인에이치알, 원티드랩은 구인구직 플랫폼 비즈니스를 영위하고 있다. 케이아이엔엑스는 인터넷 서비스 사업자들에게 데이터센터, 인터넷교환 등 인프라를 제공해주고 있다. 같은 인터넷 산업에 속해 있는 기업이라도 전방 산업과 제공하는 서비스가 다르기 때문에 해당 기업의 비즈니스 모델을 잘 이해해야 한다.

2. 인터넷 산업의 성장성

과학기술정보통신부에 따르면 국내 무선데이터 트래픽은 2023년 8월 기준 1,082페타바이트로 작년 12월보다 11% 증가했다. 2023년 무선데이터 트래픽은 월간 기준 처음으로 엑사바이트를 넘겼다. 스마트폰 보급이 빠르게 확산되던 2016년까지 무선데이터 트래픽 성장률은 40%대를 기록했지만, 스마트폰 보급률이 정점에 다다르자 차츰 둔화되기 시작했다. 2021년부터 무선데이터 트래픽은 10%대 성장을 이어가고 있다. 여전히 국내 잠재성장률을 크게 상회하고 있지만 과거에 비해 낮아진 것은 확실하다. 이에 따라 인터넷

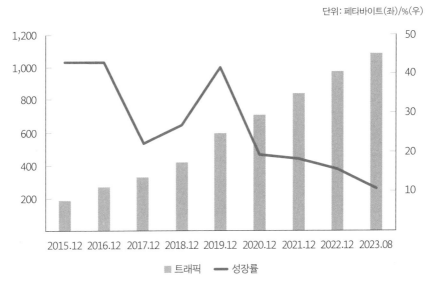

단위: 페타바이트(좌)/%(우)

출처: 과학기술정보통신부

서비스 기업들은 플랫폼 산업의 강점인 확장성을 활용해 다양한 사업에 진출하고 있다. 이 책에서는 네이버와 카카오의 사례를 보며 인터넷 기업들의 비즈니스 모델을 이해하고자 한다.

　네이버의 사업부는 크게 서치 플랫폼, 커머스, 핀테크, 콘텐츠, 클라우드 및 기타로 구분된다. 서치 플랫폼은 네이버 포털을 활용한 광고 비즈니스로, 네이버의 캐시카우를 담당하고 있는 분야다. 커머스는 네이버쇼핑, 스마트스토어가 포함되며, 핀테크는 네이버페이가 핵심이다. 콘텐츠에서는 네이버웹툰, 스노우 등을 서비스하며, 클라우드 및 기타에서는 기업형 클라우드 서비스와 AI 서비스인 클로바 등 신사업이 포함되어 있다.

　카카오의 사업부는 먼저 플랫폼과 콘텐츠로 나뉜다. 플랫폼은 톡비즈, 포털, 플랫폼 기타로 구분된다. 콘텐츠는 스토리, 게임, 미디어, 뮤직으로 이루어져 있다. 톡비즈는 카카오톡 메신저를 통한 광고 수익, 선물하기 등의 서비

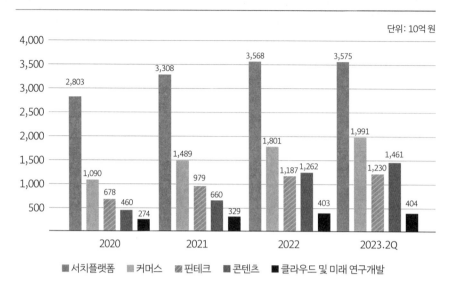

단위: 10억 원

* 2023.2Q는 연환산 기준

출처: 네이버

스이며, 포털은 사이트 '다음Daum'에서 진행하고 있는 디플레이 광고, 검색 광고 서비스다. 플랫폼 기타는 모빌리티, 카카오프렌즈, 페이 등 다양한 사업으로 구성된다. 게임은 카카오게임즈의 퍼블리싱 서비스, 뮤직은 멜론 사이트를 통한 음원 서비스, 스토리는 카카오엔터 및 웹툰 서비스인 카카오 픽코마로 구성되어 있다.

최근 3년간 사업부별 매출 비중 변화를 보면 두 기업이 어느 분야에 집중하는지 알 수 있다. 네이버의 경우 서치 플랫폼의 비중은 2020년 53%에서 2023년 2분기 연환산 기준 41%로 줄어든 반면, 같은 기간 커머스(21% → 23%), 콘텐츠(9% → 17%)의 비중이 커졌다. 특히 콘텐츠 비중이 크게 늘어난 것은 글로벌 웹툰 기업 인수 및 일본 등 해외 이용자가 늘어난 덕이다.

카카오는 포털 비즈 비중(12% → 5%)은 크게 축소된 반면 플랫폼 기타(15% → 20%)와 미디어(4% → 9%)의 비중이 크게 늘었다. 플랫폼 기타는 블록체인

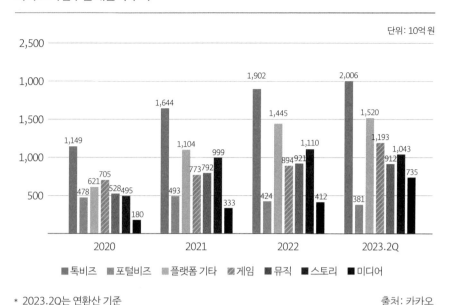

단위: 10억 원

* 2023.2Q는 연환산 기준

출처: 카카오

모빌리티, 페이 결제 및 금융 서비스 등 카카오의 신사업이 집중된 사업부인 만큼 매출 성장세가 타 사업부에 비해 빠르다. 카카오는 엔터테인먼트, 뮤직, 웹툰에서 확보한 아티스트, 크리에이터 및 IP를 기반으로 미디어 사업을 꾸준히 강화하고 있다.

3. 인터넷 플랫폼 기업의 투자 포인트

1) 플랫폼 기업들의 영원한 숙제, 해외 진출

국내에서 네이버는 포털 부문, 카카오는 모바일 메신저 부문에서 독점적 지위를 누리고 있다. 그러나 구글, 페이스북처럼 글로벌 플랫폼 기업이 되려면 갈 길이 멀다. 네이버, 카카오 모두 국내 중심의 사업을 펼치고 있기 때문이다. 플랫폼 기업으로서 다양한 영역으로 비즈니스를 확장할 수는 있지만, 내수 시장의 한계가 명확한 만큼 해외 진출은 불가피한 상황이다.

네이버는 일찍이 해외 비즈니스에 성공한 경험이 있다. 국내에서는 조명받지 못했던 라인Line 메신저가 가까운 나라 일본에서 국민 메신저로 자리 잡았으며, 동남아 시장까지 영역을 확대했다. 라인은 성장성을 인정받아 2016년 7월 미국의 뉴욕증권거래소에 상장했다. 2020년에는 야후재팬과 합병을 통해 Z홀딩스 통합 법인을 출범했으며, 본격적으로 글로벌 시장 공략에 나설 것으로 보인다.

이 외에도 네이버는 스노우, 제페토, 웹툰 등 걸출한 글로벌 서비스를 내놓은 바 있으며, 긍정적 평가를 이끌었다. 최근에는 북미 왓패드Wattpad와 유럽 AI 연구소 인수 등 여러 파트너와 해외 포트폴리오를 구축했다. 일본 및 동남아 시장에서 머물지 않고 북미, 유럽 시장 역시 공략할 계획이다. 네이버는 2027년까지 전 세계 이용자 약 10억 명을 확보하고 매출 약 15조 원을 돌파하겠다는 목표를 내세웠다. 또한 2022년 10월에는 북미 최대 개인 간 거래 플랫폼인 포시마크Poshmark를 약 16억 달러에 인수한다고 밝혔다. 포시마크는 미국판 당근마켓으로 약 8,000만 명의 사용자를 보유하고 있다. 포시마크 사용자의 80%가 MZ 세대인 만큼 네이버는 웹툰과 왓패드를 중심으로 스토리 및 엔터테인먼트 사업과의 연계도 염두에 두고 있다.

카카오는 글로벌 비즈니스 분야에서 후발주자인 만큼 먼저 일본을 거점으로 해외 비즈니스를 키운다는 전략을 세웠다. 이미 일본에서 웹툰 서비스를 제공하고 있는 카카오 픽코마를 중심으로 다양한 서비스를 제공한다는 계획이다. 북미를 포함한 서구권 시장 공략 움직임도 활발하다. 카카오는 북미 웹툰 플랫폼 타파스Tapas, 웹소설 플랫폼 래디쉬Radish, 세계 최대 아시아 판타지 웹소설 플랫폼 우시아월드Wuxiaworld를 차례대로 인수해 북미 시장 1위를 노리고 있다. 이를 바탕으로 카카오엔터테인먼트는 2024년까지 글로벌 거래액을

3배까지 성장시킨다는 계획이다. 추가로 인수한 굵직한 웹툰, 웹소설 플랫폼에서 파생된 IP를 활용해 OTT부터 TV, 스크린용 콘텐츠도 제작한다는 계획이다.

2) 플랫폼 규제 흐름

네이버, 카카오 등 특정 플랫폼 기업들의 독과점 지위가 강화되면서 이를 규제하기 위한 움직임도 커지고 있다. 21대 국회에서 발의된「온라인 플랫폼 중개거래의 공정화에 관한 법률」(이하 온라인 플랫폼 공정화법)이 대표적이다. 해당 법률안은 플랫폼과 입점 기업 간 중개거래계약서 작성·교부 의무화, 계약해지 및 서비스 제한 관련 플랫폼의 사전통지 의무화, 플랫폼의 입점 기업에 대한 불공정행위 기준 및 분쟁조정 절차, 손해배상책임 명시, 공정거래위원회의 플랫폼 불공정행위에 대한 조사 권한 규정 등의 내용을 담고 있다. 윤석열 정권이 들어서면서 플랫폼 규제는 '정부 규제'에서 '자율 규제'로 선회하는 듯했으나, 2022년 10월 데이터센터 화재 사건에 따른 카카오톡 서비스 장애로 규제의 목소리가 다시 커지고 있다.

이미 유럽과 미국은 우리나라보다 한발 앞서 규제 움직임을 보이고 있다. 유럽연합은 지난 2020년 7월부터 온라인 플랫폼과 입점 기업 간의 거래를 규율하는 공정성·투명성 규칙을 시행하고 있다. 미국 역시 2021년 6월 '플랫폼 반독점 패키지 5대 법안'이 미 하원에서 발의되었다. 이 법안은 거대 플랫폼 기업들이 잠재적 경쟁자를 선제적으로 인수해 시장지배력을 유지하는 것을 방지하는 데 목적이 있다. 인터넷 플랫폼 규제는 전 세계적 흐름으로 시간의 문제이지, 결국 피할 수 없을 것으로 보인다. 플랫폼 규제 법안이 시행되면 네이버나 카카오 등 시장지배력이 높은 독과점 사업자는 비즈니스 확장에 제약이 생길 수밖에 없다. 플랫폼 기업 입장에서는 여러모로 해외 진출이 시급한 상황이다.

3) 생성형 AI 시장 진출

오픈AI의 챗GPT가 출시되면서 전 세계적으로 빠르게 사용자를 확보하자 빅테크 기업들 역시 앞다투어 대형언어모델, LLM AI 시장에 진출했다. 구글은 바드를 출시했으며, 메타 역시 대형언어모델 라마 2를 공개했다. 이에 질세라 애플은 생성형 AI 챗봇 애플 GPT 출시를 예고했다. 국내 빅테크 격인 네이버와 카카오도 관련 서비스 시장에 뛰어들었다.

네이버는 2023년 8월 자사의 LLM 모델 '하이퍼클로바X'를 선보였다. 파라미터 수는 2,040억 개로 오픈AI사의 GPT-3.5 1,750억 개보다 많고 한국어 학습량은 GPT-3의 6,500배 이상으로 알려졌다. 네이버의 하이퍼클로바X를 통해 B2B 사업에 집중할 전망이다. 플러그인이나 API를 통해 과금 및 구독 모델을 추진할 계획이다. 네이버는 AI 개발 도구 '클로바 스튜디오'를 통해 2023년 6월 기준 700여 개 기업에 서비스하고 있다.

2023년 10월 네이버는 사우디아라비아 '자치행정주택부'로부터 국가 차원

네이버와 카카오의 LLM 서비스 비교

구분	네이버	카카오
LLM	하이퍼클로바X	KoGPT(가칭)
공개일	2023년 8월	2023년 4분기(예정)
파라미터	2,040억 개	최대 650억 개
사업영역	B2B 중심 (클라우드를 통한 API·플러그인 과금·구독 모델)	B2C 중심 (카카오톡 서비스 기능 향상. 주문, 예약 등 거래형 서비스에 도입)
가격 정책	유료	무료

출처: 네이버, 카카오

의 디지털 트윈 플랫폼 구축 사업을 수주했다고 밝혔다. 네이버는 이번 사우디아라비아의 대형 프로젝트인 디지털 트윈 사업에 자사 생성형 AI 하이퍼클로바X를 활용한다는 계획이다. 네이버는 이번 수주 레퍼런스를 통해 글로벌 AI 사업 본격 진출을 노리고 있다. 싱가포르 정부, 영국 국립 데이터과학 및 AI 연구기관인 '앨런 튜링 연구소'에도 클라우드 및 하이퍼클로바X 기술을 선보였다.

반면 카카오는 B2C 모델로 생성형 AI 서비스를 준비 중이다. 카카오의 LLM 서비스 'KoGPT(가칭)'의 파라미터 수는 최대 650억 개로 하이퍼클로바X에 비해 적다. 파라미터 수가 많으면 많을수록 서버 유지 비용이 커지기 때문에 KoGPT는 경제성을 고려했다는 평가다. 따라서 네이버처럼 기업 고객 대상의 유료 서비스보다는 자사의 다양한 서비스에 접목시키는 B2C 서비스로 고객의 편의성을 도모한다는 계획이다. 일례로 카카오톡에서 메시지를 전달하거나 주문, 예약 등 거래형 서비스에 AI를 적용시키는 방법이 유력하다.

생성형 AI 서비스가 본격 상용화되는 만큼 관련 시장에서 의미 있는 성과를 내는 기업은 재평가가 가능할 것으로 보인다.

인터넷 산업 투자 지표

실적 및 투자 지표: 2023년 3분기 연환산 기준
배당수익률: 2022년 주당 배당금/2023년 11월 24일 주가
시가총액: 2023년 11월 24일 기준

* 회색음영은 신규 상장 종목으로 2022년 연간 실적 반영

단위: 억 원

종목코드	종목명	매출액	영업이익	순이익	PER	배당수익률	시가총액
035420	NAVER	94,054	14,198	8,473	39	0.4%	333,750
035720	카카오	77,179	4,252	437	513	0.1%	224,470
067160	아프리카TV	3,271	794	620	12	1.1%	7,380
093320	케이아이엔엑스	1,196	267	232	18	0.7%	4,163
143240	사람인	1,368	254	215	9	4.1%	1,993
079940	가비아	2,553	423	168	11	0.5%	1,876
377450	리파인	616	199	201	8	0.0%	1,577
376980	원티드랩	426	34	37	32	0.0%	1,181
440320	오픈놀	163	7	–	–	0.0%	1,021
239340	줌인터넷	172	-40	-39	-21	0.0%	828

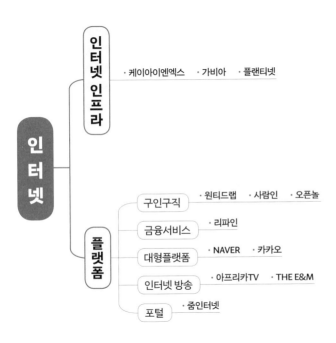

인터넷

인터넷 인프라
· 케이아이엔엑스   · 가비아   · 플랜티넷

플랫폼

구인구직
· 원티드랩   · 사람인   · 오픈놀

금융서비스
· 리파인

대형플랫폼
· NAVER   · 카카오

인터넷 방송
· 아프리카TV   · THE E&M

포털
· 줌인터넷

4장

소비재 1

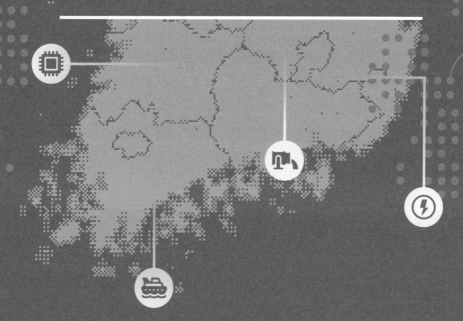

음식료

음식료 산업은 일부 품목을 제외하고 내수 중심의 시장을 형성하고 있다. 따라서 양적 성장보단 물가상승률에 따른 가격 인상, 신제품 출시에 따른 질적 성장에 집중하고 있다. 필수소비재로 경기에 둔감해 이익안정성이 높으며 캐시카우를 바탕으로 주주환원에 적극적이다.

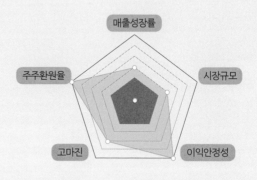

유튜브 콘텐츠 중 전 세계적으로 인기를 끄는 키워드가 있다. 바로 '먹방'이다. 말 한마디 없이 먹음직한 음식을 맛있게 먹기만 하면 되는 콘텐츠지만 전 세계적으로 시청자들의 호응을 얻고 있다. 평범한 사람이라면 도저히 먹을 수 없는 대량의 음식을 혼자 순식간에 먹어치우는 장면을 보는 것도 매우 흥미롭다. 사람들은 이렇게 먹방 콘텐츠를 보는 것도 좋아하지만, 반대로 본인의 식사는 건강을 위해 1일 1식을 하기도 하며, 백반보다는 샐러드로 끼니를 때우는 사람도 많다. 이렇듯 음식은 단순히 생존하기 위해 섭취하는 것에서 문화, 즐거움, 건강이라는 개념까지 더해져 그 의미가 확장된 지 오래다.

음식료 산업에 속한 기업은 총 102곳으로 시가총액 비중은 2.2%에 불과하다. 이미 성숙기에 진입한 지 오래인 데다 내수 중심의 시장을 형성하고 있으므로 증시에서 차지하는 비중이 낮다. 반면 음식료는 필수소비재인 만큼 경기와 상관없이 꾸준히 수요가 발생하는 안정적인 산업이다.

이 책에서는 음식료 산업을 일반식품업, 농업, 축산업, 수산업, 주류, 담배 총 6가지로 분류했다. 일반식품업은 곡물을 수입하거나 해당 곡물 등 원부자재를 바탕으로 가공식품을

만드는 기업을 포함한다. 농업은 작물에 쓰이는 비료, 농약과 종자를 만드는 기업, 축산업은 닭·돼지·소 등 사육부터 도축·판매까지 담당하는 기업, 수산업은 원양 어업부터 각종 수산 물을 가공하는 기업을 포함한다. 음료 및 주류업은 음료와 주류 및 소주의 원료인 주정을 만 드는 기업이 해당한다.

음식료

1. 음식료 산업의 개요

우리가 살아가는 데 가장 중요한 것은 의식주 중 '식^食', 즉 먹는 것이다. 음식료 산업은 인간의 생존과 가장 직접적으로 연관된 기초 산업이다. 6·25 전쟁 이후 한국에서 산업화의 씨를 뿌린 산업이 음식료 산업이다. 전쟁으로 초토화된 나라에서 시급하게 해결해야 할 부분이 국민의 먹고사는 문제였다. 따라서 '삼백^{三白} 산업(제당·제분·면방직)'을 제도적으로 육성하기 시작했으며, 삼성그룹의 모태인 제일제당은 여기에서 탄생했다.

음식료는 우리나라 제조업의 근간을 이룬 산업이지만 현재 국내 식량 자급률은 심각하다. 농림축산식품부에 따르면 2021년 국내 식량 자급률은 44.2%, 곡물 자급률은 20.9%에 불과하다. 밀은 98.9%를 수입에 의존하고 있으며, 콩과 소고기 역시 대부분 해외에서 들여온다. 문화를 누리고 건강한 생활을 위해 여유롭게 음식을 즐기고 있는 것에 비하면 음식료 원부자재 자

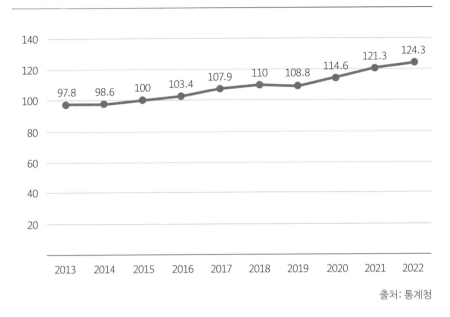

출처: 통계청

급률은 초라한 수치다. 이는 우루과이라운드[*]와 세계무역기구 출범으로 값싼 해외 농산물이 유입되었기 때문이다. 국내 음식료 기업 역시 밀, 콩, 옥수수, 설탕 등 거의 대부분의 원부자재를 수입에 의존하고 있다. 즉 국내 음식료 기업의 수익성은 국제 곡물 시세에 민감하며, 원달러환율에 직접적인 영향을 받는다. 또한 국내 음식료 산업은 내수 시장 중심이다.

저출산이란 구조적인 사회 현상 탓에 향후 국내 인구는 꾸준히 줄어들 것으로 예측된다. 장기적으로 내수 식품 판매량의 감소가 불가피한 상황이다. 이에 따라 국내 음식료 기업은 물가 상승률에 맞추어 꾸준히 판매 가격을 올리거나 신제품 출시로 판매량 감소의 돌파구를 마련하고 있다. 몇몇 해외 진출에 성공한 기업들은 수출이 확대되면서 차별화된 실적을 보이기도 한다.

---

[*] 세계 무역에 관한 일반협정 체제의 문제점을 해결하고 다자간 무역으로 발전시키고자 한 국가 간 협상

음식료 산업은 성숙기에 접어든 지 오래기 때문에 경쟁 강도가 낮다. 과점 형태를 보이고 있으며 산업 내 몇몇 기업 간 신제품 경쟁이 펼쳐지고 있다. 다만 유통 기업들이 밀키트[*], HMR[**] 등 PB 상품을 출시하며 음식료 기업과 직접 경쟁하는 등 산업 간 경계가 허물어지고 있다.

2. 음식료 산업의 세부 분류

음식료 산업은 담배를 제외하고 일반식품업, 농업, 축산업, 수산업, 주류업 총 5가지로 구분된다. 또한 각각의 섹터 내에서 밸류체인상 1차 가공 기업과 2차 가공 기업으로 구분된다.

1) 일반식품

마트에 가면 매대를 꽉 채운 가공식품들이 즐비해 있다. 이 책에서는 이러한 가공식품을 만드는 기업을 일반식품 기업으로 정의했다. 상장된 음식료 기업은 식용유, 마가린부터 과자, 음료, 라면까지 제각각 다양한 가공식품을 만든다. 식품 기업은 밸류체인상으로 1차 가공 기업과 2차 가공 기업으로 다시 구분할 수 있다. 1차 가공 기업은 해외에서 밀, 원당, 옥수수 등을 수입해서 밀가루, 설탕, 전분 등 가공식품의 원부재료를 만드는 기업이다. 1차 가공 기업은 소비자에게 직접 제품을 판매하기도 하지만 2차 가공 기업에 납품하기도 한다.

[*] 식사[Meal]와 키트[Kit]의 합성어로, 완성된 요리가 아닌 식재료와 양념이 포장된 제품
[**] Home Meal Replacement의 약자로, 조리가 되어 있어 간단하게 데워서 먹을 수 있는 제품

2) 농업

농업은 비료와 농약, 종자를 만드는 기업이 해당한다. 국내 비료 수요의 절반 정도는 농협경제지주 회사를 통해 입찰 방식으로 농가에 공급된다. 농협에서 매년 필요 비료 수요를 파악하고 경쟁 입찰로 회사별 공급 물량을 선정하는 방식이다. 비료의 주요 원재료는 암모니아, 요소, 염화칼륨 등인데 모두 해외에서 수입된다.

과거 비료 가격은 농협 주도하에 경쟁 입찰 방식으로 정해졌지만, 2022년 원재료 가격의 인상 정도를 반영해 결정되는 방식으로 바뀌었다. 또한 가격에 대한 반영 시점을 연 단위가 아닌 분기 단위로 조정했다. 이에 따라 비료 기업들은 3개월마다 농협과 비료 공급계약 공시를 하고 있다. 다만 농가들의 원가 부담을 감안해 농협은 비료 기업들과 협의를 통해 적절히 비료 가격을 조절한다. 농협을 통한 판매 외에도 비중은 적지만 원예용 비료는 자체 판매로 매출을 발생시킨다. 이와 같은 이유로 비료 기업의 대부분이 비료부문을 캐시카우로 두고, 다양한 사업을 시도한다.

종자 기업은 종자를 육성하고 신품종을 개발 및 보급하는 기업이다. 내수 중심의 비료 산업과 달리 기술력이 있으면 얼마든지 해외 진출이 가능한 분야다. 상장사 중에서는 농우바이오, 아시아종묘가 대표적인 종자 기업이다. 특히 농우바이오의 경우 미국, 중국, 터키 등 다양한 지역에 해외 법인을 두고 있다. 기후변화에 따른 식량 안보 문제가 커지면서 앞으로 기술력 있는 종자 기업이 부각될 가능성이 높은 상황이다.

3) 축산업

기존의 축산업은 사료를 농가에 공급하거나 닭이나 돼지 등을 도축 및 유통해 가공식품을 만드는 기업으로 나뉘었다. 그러나 현재 축산업과 관련한 상장 기업들은 대부분 계열화가 완성된 상태다. 계열화란 사료 공급부터 사육,

도축 및 유통, 가공까지 전체 밸류체인을 한 기업이 도맡는 것을 뜻한다. 사육은 계열화된 기업이 농가와 계약을 맺고 가축의 새끼와 사료를 공급하고, 농가는 위탁 사육을 하는 형태로 진행된다.

계열화는 수입개방에 대비해 영세한 농가들로 구성된 우리나라가 축산업 경쟁력을 강화하기 위해 생겨난 비즈니스 모델이다. 2009년 「축산법」과 「농지법」이 개정되며 계열화 기업이 등장할 수 있는 발판을 마련했고, 이후 M&A를 통해 대부분의 기업이 사육부터 가공까지 계열화를 이룬 상황이다. 축산업 역시 내수 기반의 산업으로, 기르는 닭, 돼지 가격이나 원재료인 사료 가격에 따라 실적이 결정되는 구조다.

4) 수산업

수산업의 비즈니스 모델은 크게 원양어업과 수산물 유통 및 가공으로 구분된다. 원양어업은 연안이나 근해에서 잘 잡히지 않는 어종을 먼바다에 나가서 잡아오는 것을 말한다. 주력 어종은 참치다. 과거 동원산업, 사조산업은 원양어업에 주력했지만, M&A 같은 몸집 불리기를 통해 수산물 유통 및 가공 사업에 진출하며 축산업과 마찬가지로 계열화를 이루고 있다.

5) 음료와 주류

음료와 주류 섹터에 속한 기업 대부분은 주류를 만드는 기업이다. 대표적인 음료 제조 기업인 롯데칠성은 맥주와 소주 브랜드를 각각 보유하고 있다. 국내 주류 시장은 크게 소주와 맥주 시장으로 구분되는데, 2019년부터 소주 시장이 맥주 시장을 추월했다. 소주 시장에서는 진로 브랜드를 보유한 하이트진로가 2022년 기준 약 60%가 넘는 점유율로 1위이며, '처음처럼'을 앞세운 롯데칠성이 약 10%대 점유율을 기록하고 있다. 소주는 지역별 선호 브랜드가 뚜렷해 오랜 기간 기업별 점유율이 고착화된 상태다. 맥주 시장의 경우 비상장사인 오비맥주가 시장의 절반을 차지하고 있으며, 하이트진로가 약 30% 대, 롯데칠성은 한 자릿수를 기록하고 있다.

　음료와 주류 섹터에서 대부분은 주정 기업이다. 주정의 90%는 소주의 원료로 사용된다. 주정 기업은 대한주정판매를 통해 소주 제조 기업에 주정을 납품한다. 대한주정판매는 주정의 구입과 판매를 위한 목적으로 1972년 설립된 법인으로, 국내 주정 회사들이 지분을 나누어 가지고 있다. 특이한 점은 주정 기업들이 보유한 대한주정판매 지분 비율대로 공급 비중이 결정된다는 점이다. 지분율 1위인 창해에탄올(지분 19.8%), 진로발효(16.8%) 순으로 공급 비중이 높다.

3. 음식료 산업의 투자 포인트

1) 원재료와 제품 가격의 스프레드

식품의 주요 원재료인 곡물은 대부분 수입에 의존하고 있다. 따라서 국제 곡물 가격, 원달러환율이 실적에 미치는 영향이 크다. 곡물 가격과 원달러환율이 오르면 수입 가격이 올라 음식료 기업 실적에 부정적이다.

　다만 1차 가공 기업과 2차 가공 기업에 미치는 영향은 각각 다르다. 밀가루나 설탕 등을 만드는 1차 가공 기업은 곡물 가격 상승분을 제품 가격에 반영시키기 때문에 오히려 곡물 가격이 오르는 구간에서 수익성이 좋아진다. 사료 기업이나 원양어업 기업 역시 곡물가나 어가가 오르면 실적에 긍정적이다. 단, 음식료 기업 대부분이 2차 가공 기업이거나 수입부터 유통, 가공까지 담당하는 계열화 기업이 많기 때문에 원자재 가격이 오르면 좋아지는 기업은 한정적이다.

　원자재 가격의 상승은 단기적으로 음식료 기업에 부정적이지만, 장기적으

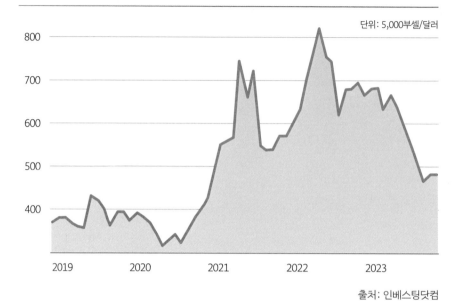

단위: 5,000부셸/달러

출처: 인베스팅닷컴

로는 호재로 볼 수 있다. 제품 가격을 인상시킬 수 있는 빌미를 마련하기 때문이다. 2021년 말부터 국제 곡물 시세가 급등했으며, 에너지를 포함한 수많은 품목의 가격이 상승했다. 41년 만에 약 8%가 넘는 인플레이션이 발생하면서 음식료 기업들은 여러 차례 가격 인상 계획을 밝혔다.

독자들도 잘 알겠지만 웬만해서는 한번 오른 식품 가격은 절대 내려오지 않는다. 어렸을 때 50원, 100원 하던 아이스크림 가격이 지금은 1,000원이 훌쩍 넘는 것만 보아도 알 수 있다. 추후 곡물 같은 원자재 가격이 하락하면 제품 가격과 원재료 가격의 차이가 벌어지면서 음식료 기업의 실적은 개선될 수 있다.

한편 축산업에 속한 기업의 실적은 주기적으로 발생하는 가축 전염병에도 민감하다. 겨울철에 주로 발생하는 조류 인플루엔자, 구제역은 가축 사육두수에 크게 영향을 미칠 수 있다.

2) 신제품 흥행 여부

2022년, 단종 이후 16년 만에 출시된 포켓몬빵이 불티나게 팔리는 현상이 벌어졌다. 이른 오전 매장 앞에서 포켓몬빵을 사기 위해 늘어선 줄을 매일 볼 수 있을 정도였다. 이러한 포켓몬빵 열풍으로 포켓몬빵을 출시한 SPC삼립은 2022년 2분기에 역대 최대 실적을 거두었다. 매출액은 약 8,149억 원으로 전년 동기 대비 14% 늘었으며, 영업이익은 약 235억 원으로 약 61.5% 증가했다. 포켓몬빵 열풍이 이렇게까지 커진 것은 코로나19 팬데믹 특수가 한몫했다. 사회적 거리두기가 시행되면서 여가 활동이 제한된 상황에서 MZ 세대들의 향수를 자극할 수 있는 포켓몬 카드 수집이 대안으로 떠올랐기 때문이다. 달리 말하면 포켓몬빵 열풍은 유행처럼 사라질 수 있다. 실제 포켓몬빵은 출시 후 1년이 지난 시점에 인기가 시들해졌다는 기사가 나왔다.

이처럼 주기적으로 특정 신제품이 인기를 끈 적이 있었는데, 장기적으로 이어진 적은 없다. 2011년 하얀국물 라면 열풍이 불어 삼양식품, 오뚜기 등의 주가가 단기간에 2배가량 올랐지만, 단기 유행으로 끝나면서 제자리로 돌아온 바 있다. 2015년 선풍적인 인기를 끌었던 과일소주 열풍도 마찬가지의 결과를 보였다. 모두 채 1년을 가지 못하고 지금은 추억 속에만 존재하고 있다.

그나마 지속된 것이 허니버터칩 대란이다. 해태제과에서 출시한 단짠의 대

유행이 사라진 포켓몬빵 관련 기사

---

y 영남일보

없어서 못사던 포켓몬빵, 1년 지나니 진열장에 수북히 쌓였다

포켓몬빵의 인기가 시들하다. 지난해 2월23일 SPC삼립은 20년 만에 포켓몬빵을 재출시했다. 포켓몬빵은 소비자에게 뜨거운 반응을 얻으며 곳곳에서...

2023. 4. 21.

출처: 영남일보

출처: 키움증권HTS

명사 감자칩으로 선풍적인 인기를 끌었다. 마트에서 순식간에 품절되기 일쑤였으며, 대형마트들은 허니버터칩을 구매하려는 손님에게 번호표를 나누어 주기도 했다. 히트 상품 여파로 해태제과를 자회사로 둔 크라운제과 주가 역시 2014년 주가가 1만 원대에서 5만 원까지 치솟기도 했다. 그러나 열풍이 시작된 지 8년이 지난 지금, 허니버터칩은 이제 마트에서 흔히 접할 수 있는 제품 중 하나가 되었다.

포켓몬빵 열풍을 보여준 SPC삼립 주가 역시 단기간 주가가 급등했지만, 이내 제자리로 내려왔다. 시장은 과거의 히트 상품 사례에서 보았듯이 지속될 가능성이 낮다고 본 것이다. 이처럼 음식료 기업의 신제품 흥행은 단기간 폭발적인 주가 상승을 불러일으킬 수는 있지만 꾸준히 주가가 상승하기는 힘들다.

3) 수출 확대

국내 음식료 기업 대부분은 내수 시장 비중이 훨씬 크다. 이러한 이유로 수요가 꾸준히 발생하는 안정적인 산업이라는 평가 대신 성장성은 그만큼 제한되어 있다고 평가받는다. 반대로 이러한 고정 관념을 깨고 수출에 성공한 기업들은 높은 밸류에이션을 받을 수 있다. 2012년 오리온은 중국, 러시아, 동남아 시장 개척에 성공하면서 주가가 불과 2년 만에 4배가량 상승(인적 분할 전 오리온홀딩스 기준)했다. PER도 40배가 넘었으며, PBR 역시 6배를 웃돌았다. 당시 음식료 기업들의 가치보다 2~3배 이상을 부여한 것이다.

삼양식품의 라면 수출 확대도 좋은 성공 사례다. 전 세계적인 먹방 열풍에 한국 매운맛의 대명사인 불닭볶음면이 주요 인플루언서들의 먹방 아이템으로 자리 잡으면서 해외에서 인기를 끌기 시작했다. 그 결과 2016년 초 2만 원대에 불과했던 삼양식품 주가는 2020년 6월 한때 14만 원을 기록하기도 했다.

오리온홀딩스 주가 차트

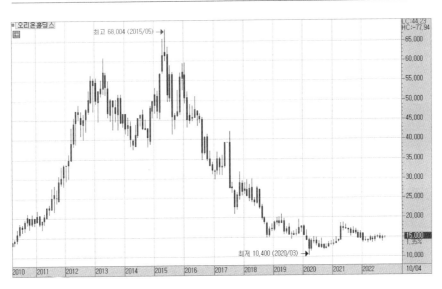

출처: 키움증권HTS

소비재1

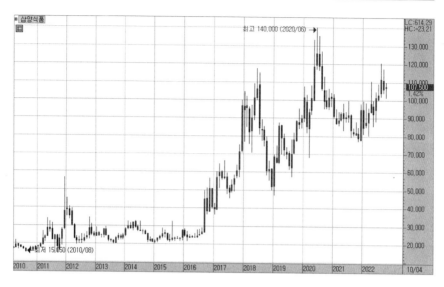

출처: 키움증권HTS

또한 영화 〈기생충〉이 흥행을 거두면서 덩달아 관심을 받은 '짜파구리'를 기점
으로 농심 역시 라면 수출을 확대하고 있다. CJ제일제당은 '비비고' 브랜드와
현지 인수 기업인 슈완스Schwan's를 통해 미국 시장을 공략하고 있다. 제2의 오
리온, 삼양식품이 누가 될 수 있을지 투자자는 관심을 가져야 할 것이다. 한편
라면, 분유 등 주요 수출 품목은 무역협회에서 월별 수출 실적을 꾸준히 발표
하고 있으니, 투자자는 이 점을 꼭 참고할 필요가 있다.

음식료 산업 투자 지표

실적 및 투자 지표: 2023년 3분기 연환산 기준
배당수익률: 2022년 주당 배당금/2023년 11월 24일 주가
시가총액: 2023년 11월 24일 기준

단위: 억원

종목코드	종목명	매출액	영업이익	순이익	PER	배당수익률	시가총액
033780	KT&G	58,279	11,708	7,332	17	5.5%	121,243
097950	CJ제일제당	293,051	12,339	3,252	15	1.7%	48,098
271560	오리온	29,956	4,987	4,277	11	0.8%	46,890
004370	농심	33,774	2,194	1,764	15	1.2%	25,821
026960	동서	5,025	436	1,983	9	4.0%	18,125
003230	삼양식품	11,062	1,305	972	17	0.6%	16,309
000080	하이트진로	25,081	1,072	173	93	4.2%	16,026
007310	오뚜기	34,497	2,476	2,990	5	2.3%	15,911
006040	동원산업	132,990	6,255	2,027	7	3.5%	14,805
005300	롯데칠성	29,754	2,271	1,341	11	2.1%	14,577
280360	롯데웰푸드	41,132	1,673	685	18	1.7%	12,473
001680	대상	41,264	1,244	844	8	3.9%	7,068
049770	동원F&B	43,371	1,628	1,177	5	2.2%	6,020
005180	빙그레	13,734	1,154	894	6	2.6%	5,704
005610	SPC삼립	34,475	934	510	11	2.7%	5,471
007390	네이처셀	212	-47	9	613	0.0%	5,293
001390	KG케미칼	92,444	4,786	1,779	3	1.5%	4,587
145990	삼양사	26,488	978	1,001	5	2.8%	4,553
017810	풀무원	29,589	414	-263	-15	1.0%	3,995
025860	남해화학	16,575	-123	-161	-23	1.4%	3,651

음식료

- 농업
  - 농기계 · 대동 · TYM · 대동기어 · 아세아텍 · 골든센츄리
  - 비료와 농약 · KG케미칼 · 남해화학 · 경농 · 동방아그로 · 조비
    · 효성오앤비 · 성보화학 · 대유 · 누보
  - 스마트팜 · 우듬지팜 · 그린플러스
  - 종자 · 농우바이오 · 인바이오 · 아시아종묘

- 수산업
  · 동원산업 · 사조대림 · 사조산업 · 신라교역 · CJ씨푸드
  · 사조오양 · 사조씨푸드 · 한성기업 · 동원수산 · 신라에스지

- 식품
  - 곡물가공 · CJ제일제당 · 삼양사 · 대한제당 · 대한제분 · 사조동아원 · 한탑
  - 기타식품 · 동서 · 푸드나무 · 인산가
  - 라면 · 농심 · 삼양식품
  - 유제품 · 빙그레 · 매일유업 · 남양유업
  - 제과 · 오리온 · 롯데웰푸드 · 해태제과식품 · 크라운제과
  - 제빵 · SPC삼립 · 조흥 · 서울식품
  - 조미식품 · 대상 · 샘표 · 샘표식품 · 신송홀딩스
  - 종합식품 · 오뚜기 · 동원F&B · 풀무원 · 우양 · 푸드웰
  - 첨가물 · 엠에스씨 · 보락 · 에스앤디
  - 커피 · 한국맥널티 · 큐로홀딩스

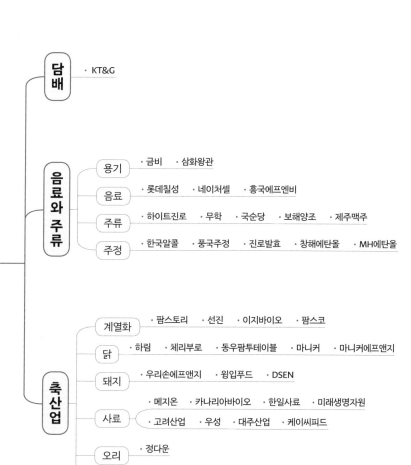

담배
· KT&G

음료와 주류
용기
· 금비   · 삼화왕관
음료
· 롯데칠성   · 네이처셀   · 흥국에프엔비
주류
· 하이트진로   · 무학   · 국순당   · 보해양조   · 제주맥주
주정
· 한국알콜   · 풍국주정   · 진로발효   · 창해에탄올   · MH에탄올

축산업
계열화
· 팜스토리   · 선진   · 이지바이오   · 팜스코
닭
· 하림   · 체리부로   · 동우팜투테이블   · 마니커   · 마니커에프앤지
돼지
· 우리손에프앤지   · 윙입푸드   · DSEN
사료
· 메지온   · 카나리아바이오   · 한일사료   · 미래생명자원
· 고려산업   · 우성   · 대주산업   · 케이씨피드
오리
· 정다운
펫푸드
· 오에스피

패션

패션 산업의 성장률은 글로벌 경제 성장률과 유사하나 유행에 민감하고 브랜드에 따라 경기 영향이 다르기 때문에 개별 기업의 특성을 이해하는 것이 중요하다. 시장규모와 성장성은 제한적이지만 일부 기업을 중심으로 높은 주주환원율을 보이고 있다.

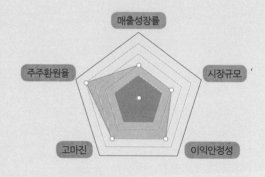

옷은 사람에게 없어선 안 될 필수소비재인 '의식주' 중 하나다. 수렵 시절 인간은 외부의 물리적인 충격이나 추위로부터 몸을 보호하기 위해 의복을 만들어 입었다. 그러나 생존의 문제에서 차츰 벗어나면서 계급, 직업, 문화에 따라 의복의 종류도 다양해졌다. 근래 들어서 옷은 '의식주'의 하나인 필수소비재 개념보다 디자인과 트렌드에 민감한 소비재로 인식된다. 라이프 사이클이 짧고 유행에 큰 영향을 받아 경기뿐 아니라 트렌드에도 민감한 제품이다.

패션 산업에 속한 기업은 75곳으로 시가총액에서 차지하는 비중은 0.9%다. 패션 산업은 우리나라 산업화의 시초다. 6·25 전쟁 이후 대한민국 정부는 제당, 제분, 면방직이 속하는 삼백 산업을 중심으로 산업화의 고삐를 당겼다. 그 뒤로 현재에 이르기까지 우리나라는 원사, 직물, 염색 가공, 패션 의류 등 전 영역에 걸쳐 균형적인 생산 기반을 확보하고 있다.

패션 산업은 크게 의류의 소재인 원단을 만드는 섬유, 브랜드 및 외주가공을 전문으로 하는 의류 섹터로 구분되며 이 밖에 가죽과 신발, 액세서리를 제조하는 기업으로 분류된다. 같은 패션 산업이라도 기업마다 실적에 영향을 미치는 변수가 상이하므로 투자자는 이를 잘 선별해서 접근할 필요가 있다.

패션

1. 패션 산업의 개요

국내 패션 산업은 원자재의 1/3을 수입 및 가공해 제작한 완제품의 2/3를 다시 해외로 수출하는 해외의존형, 수출 주도형 구조다. 국내 패션 산업은 원사, 직물, 염색 가공, 패션 의류 등 전 영역에 걸친 생산 기반을 보유하고 있다. 패션에 종사하는 기업은 크게 원재료를 취급하는 섬유 기업과 완제품을 만드는 기업으로 구분할 수 있는데, 완제품 기업은 다시 생산 전문 기업인 OEM^{Original Equipment Manufacturing}과 브랜드 기업으로 나눌 수 있다. 패션 의류는 국내 생산 인프라가 잘 갖추어져 있고 기능성보다는 디자인, 트렌드가 중요해 브랜드 단에서는 수많은 기업이 난립해 있는 상황이다. 2021년 기준 섬유 산업에 종사하는 사기업은 4만 7,443곳에 달한다. 패션 의류는 필수소비재이지만 트렌드에 민감한 제품으로 라이프 사이클도 상대적으로 짧다. 또한 사치재 성격을 지니고 있기 때문에 경기에 민감한 편이다.

내수 시장 중심의 브랜드 기업과는 달리 OEM 기업은 노동력이 값싼 동남아 등 해외 공장을 두고 생산품의 90% 이상을 수출하고 있다. 주요 고객사는 나이키, 아디다스, 언더아머 등 글로벌 스포츠 의류 회사와 갭GAP, H&M 등 캐주얼 브랜드다. OEM 기업들이 글로벌 패션 의류 회사와 거래하기 위해서는 충분한 생산 능력과 자재 조달 능력, 품질 등을 확인하는 까다로운 테스트를 통과해야 한다. 또한 원재료 조달부터 바이어에게 최종적으로 수금하기까지 최소 6개월이 소요되기 때문에 안정적인 자금 운영 능력도 중요하다. 테스트가 까다로운 만큼 통과되면 고객사와 장기간 협력 관계를 유지하는 것이 일반적이다. 이는 패션 브랜드와 달리 OEM 사업의 진입장벽이 높은 이유이기도 하다.

OEM 사업은 노동집약적이며 고정비에서 발생하는 감가상각비 비중이 크다. 고정비가 높은 비용 구조를 보이므로 업황 변동에 따른 실적 변동이 큰 편이다. 저렴한 인건비를 충족하기 위해 OEM 기업 대부분은 필리핀, 베트남, 미얀마 등 동남아 지역에 공장을 두고 있으며, 여기서 생산한 제품을 미국, 유럽 등 서구권 시장에 판매하고 있다. 즉 생산은 값싼 노동력 기반의 동남아에서, 소비는 미국과 유럽 등 서구권에서 주로 이루어지는 이원화된 시장이다.

2. 패션 산업의 성장성

의류를 포함한 신발, 액세서리는 필수소비재인 만큼 성숙기 산업에 진입한 지오래다. 통계청에 따르면 국내 의류 소매 판매액은 2020년 약 51조 7,982억 원에서 2021년 약 60조 1,835억 원, 2022년 약 64조 2,361억 원으로 꾸준히 증가하고 있다. 세계가 코로나19 팬데믹에서 차츰 벗어나면서 의류 소비가

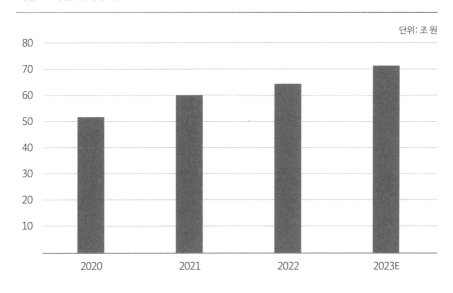

단위: 조 원

출처: 패션넷, 통계청

늘어난 까닭이다. 2023년 사회적 거리두기가 완벽히 해제되면서 의류 판매액은 더욱 늘어날 것으로 보인다.

　전 세계 패션 시장의 성장률도 국내와 크게 다르지 않다. 글로벌 마케팅 리서치 기업 칸타Kantar에 따르면 2020년부터 2025년까지 전 세계 패션 시장은 연평균 3.9% 성장할 것으로 전망된다. 주요 세계 패션 시장은 중국과 미국, 인도다. 글로벌 시장조사기관인 유로모니터Euromonitor에 따르면 2024년 의류 시장규모는 중국 약 4,350억 달러, 미국 약 3,840억 달러, 인도 약 1,010억 달러, 독일 약 790억 달러, 영국 약 760억 달러에 달할 것으로 관측된다. 특히 중국과 인도의 성장세가 가파를 것으로 보인다.

3. 패션 산업의 투자 포인트

1) 섬유 기업: 면화 가격 상승 수혜

섬유 기업은 섬유 패션 산업 밸류체인에서 맨 앞 단에 위치해 있다. 섬유의 원자재인 원면 및 원사를 수입 및 가공해 패션 의류 제조 기업들에 판매한다. 원면은 브라질, 미국, 인도, 호주 등에서 100% 수입한다. 환율이 오르면 매입단가가 올라가 원가 부담이 가중된다. 섬유 기업들의 섬유 판매 가격은 국제 면화 가격 시세, 즉 인터컨티넨털 익스체인지에서 거래되는 면화 가격을 적절히 반영하고 있다.

다만 섬유 기업들은 일반적으로 2~6개월 치 재고를 미리 확보해놓는다. 즉 제품 판매 시 반영되는 면화 가격은 2~6개월 전에 매입한 것이다. 이러한 이유로 원재료 투입 가격과 제품 판매 가격 사이에 시차가 존재한다. 따라서 국제 면화 가격이 상승하는 시기에 수익성이 개선된다. 제품 가격은 국제 면화 가격에 연동되어 오르지만, 제품 생산에 투입된 원재료는 과거에 매입한 것이기 때문이다. 상대적으로 저가에 매입한 원재료가 매출원가에 반영되는 셈이다. 반면 면화 가격이 하락하는 시기에는 반대의 효과가 발생해 수익성이 악화된다.

2) OEM 기업

패션 의류나 신발 등을 제조하는 OEM 기업은 글로벌 고객사와 안정적인 계약을 맺는 것이 중요하다. 나이키, 아디다스 등 글로벌 스포츠 의류 및 신발 회사나 갭, H&M 등 캐주얼 브랜드가 대표적이다. OEM 기업의 실적은 글로벌 브랜드사의 판매 실적, 생산량에 영향을 받는다. 주요 브랜드 대부분이 미국, 유럽 서구권에 속해 있기 때문에 해당 국가의 의류 재고 현황을 잘 파악하는 것이 중요하다. 재고가 쌓이면 의류 발주가 줄기 때문에 실적에 부정적이다. 반면 의류 재고가 빠르게 축소하면 발주가 늘고 OEM 기업들의 생산량도 늘어나게 된다.

OEM 기업은 환율 상승 수혜주로 분류되기도 한다. 매출의 90% 이상을 수출로 벌어들이기 때문이다. 동남아 등 인건비가 저렴한 지역에서 생산을 담당하지만 미국, 유럽 등 서구권에서 소비가 이루어져 매출의 대부분이 해외에서 발생할 수밖에 없다. 다만 환율 하락의 위험을 헤지하기 위해 과도한 통화 선도 거래*를 맺는다면 환율 급등 시 대규모 파생상품 손실이 발생할 수 있다.

한편 미국과 중국의 무역분쟁이 커지면서, 글로벌 의류 패션 기업들의 외주 물량도 점차 동남아 지역으로 몰리고 있다. 이에 따라 동남아 지역에 공장을 보유하고 있으며 레퍼런스가 있는 OEM 기업들에 기회가 되고 있다.

3) 브랜드 기업

패션 의류 브랜드 기업은 제품의 라이프 사이클이 짧다. 건강과 라이프스타일에 대한 관심이 커지면서 '운동'을 의미하는 애슬레틱Athletic과 '여가'를 뜻하는 레저Leisure를 합친 '애슬레저' 패션이 여성들 사이에서 선풍적인 인기를 끌었다. 결국 애슬레저 브랜드를 보유한 브랜드엑스코퍼레이션의 상장을 이끌기도 했다. 또한 과거 중장년층의 전유물이었던 골프가 대중화되면서 3040세대에서 골프 의류 소비가 대폭 늘기도 했다.

이처럼 의류 소비 행태는 소득수준 향상, 소비 트렌드의 변화 및 시대상 또는 문화에 영향을 받는다. 이러한 이유로 브랜드 기업은 항상 기민하게 패션 트렌드를 살펴보고 소비자들의 니즈를 파악해야 한다. 또한 철 지난 패션 제

✖ 사전에 고정된 환율로 외화를 매입하기로 금융기관과 계약을 맺는 것으로, 환율 변동 위험을 회피하기 위한 환헤지 파생상품

소비재 1

품은 이월 상품으로 아웃렛 같은 매장에서 정가보다 크게 낮은 값에 판매된다. 이월 상품이 많을수록 브랜드 기업 입장에서는 수익성이 크게 악화될 수 있다. 또한 패션 의류 수요는 계절성이 존재한다. 특히 두껍고 비싼 옷이 많이 팔리는 겨울에 매출이 크게 늘어나는 경향이 있다.

한편 대다수 국내 브랜드 기업은 내수 시장 중심이다. 다만 휠라홀딩스 등 몇몇 기업은 해외에서 두각을 나타내기도 한다. 당연히 해외 진출에 성공한 의류 브랜드 기업은 높은 밸류에이션을 받을 수 있기 때문에 이러한 기업을 잘 찾아보아야 한다.

패션 산업 투자 지표

실적 및 투자 지표: 2023년 3분기 연환산 기준
배당수익률: 2022년 주당 배당금/2023년 11월 24일 주가
시가총액: 2023년 11월 24일 기준

단위: 억 원

종목코드	종목명	매출액	영업이익	순이익	PER	배당수익률	시가총액
383220	F&F	19,544	5,647	4,893	7	1.8%	33,634
081660	휠라홀딩스	41,425	3,370	2,151	11	4.1%	23,693
111770	영원무역	38,838	7,508	6,266	3	3.3%	20,693
105630	한세실업	17,777	1,503	935	9	2.3%	8,840
001530	DI동일	7,895	64	134	63	0.8%	8,437
033290	코웰패션	11,736	801	488	16	2.2%	7,753
031430	신세계 인터내셔날	13,921	540	728	8	3.0%	5,980
241590	화승 엔터프라이즈	12,748	93	-496	-11	0.5%	5,277
020000	한섬	15,275	1,181	1,004	5	3.9%	4,702
093050	LF	18,912	635	1,000	4	5.1%	4,023
036620	감성 코퍼레이션	1,590	274	187	18	0.0%	3,419
000680	LS네트웍스	3,751	89	41	80	0.0%	3,318
004700	조광피혁	1,390	81	105	32	0.0%	3,311
005390	신성통상	15,075	1,209	665	4	0.0%	2,843
298540	더네이처 홀딩스	5,659	837	569	5	2.2%	2,711
001460	BYC	1,672	255	206	13	0.7%	2,614
000050	경방	3,808	10	-100	-23	1.5%	2,336
194370	제이에스 코퍼레이션	8,255	789	489	5	5.0%	2,286
003200	일신방직	5,438	-519	1,005	2	5.5%	2,121
035150	백산	4,166	515	354	6	1.6%	2,057

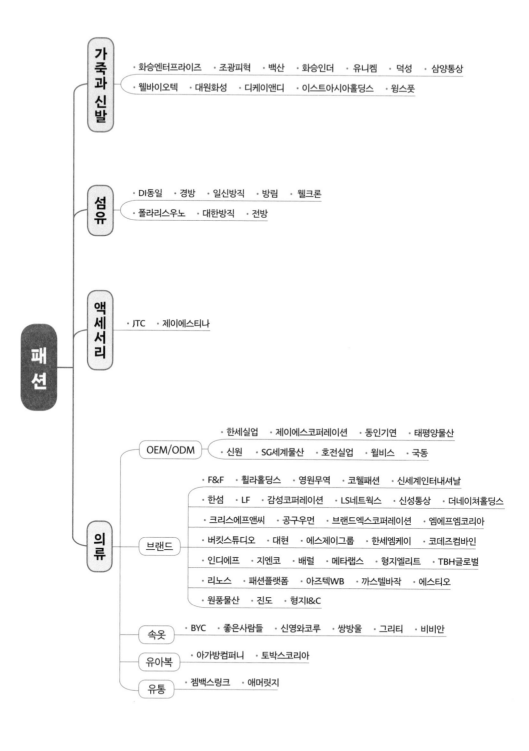

패션

가죽과 신발
· 화승엔터프라이즈 · 조광피혁 · 백산 · 화승인더 · 유니켐 · 덕성 · 삼양통상
· 웰바이오텍 · 대원화성 · 디케이앤디 · 이스트아시아홀딩스 · 윙스풋

섬유
· DI동일 · 경방 · 일신방직 · 방림 · 웰크론
· 폴라리스우노 · 대한방직 · 전방

액세서리
· JTC · 제이에스티나

의류

OEM/ODM
· 한세실업 · 제이에스코퍼레이션 · 동인기연 · 태평양물산
· 신원 · SG세계물산 · 호전실업 · 윌비스 · 국동

브랜드
· F&F · 휠라홀딩스 · 영원무역 · 코웰패션 · 신세계인터내셔날
· 한섬 · LF · 감성코퍼레이션 · LS네트웍스 · 신성통상 · 더네이쳐홀딩스
· 크리스에프앤씨 · 공구우먼 · 브랜드엑스코퍼레이션 · 엠에프엠코리아
· 버킷스튜디오 · 대현 · 에스제이그룹 · 한세엠케이 · 코데즈컴바인
· 인디에프 · 지엔코 · 배럴 · 메타랩스 · 형지엘리트 · TBH글로벌
· 리노스 · 패션플랫폼 · 아즈텍WB · 까스텔바작 · 에스티오
· 원풍물산 · 진도 · 형지I&C

속옷
· BYC · 좋은사람들 · 신영와코루 · 쌍방울 · 그리티 · 비비안

유아복
· 아가방컴퍼니 · 토박스코리아

유통
· 젬백스링크 · 애머릿지

유통

백화점, 할인점, 홈쇼핑 등 전통 유통 채널의 성장성은 둔화된 반면 이커머스 기업들의 성장률은 매우 가파르다. 다양한 상품을 취급하는 유통 기업들의 이익은 일정한 반면 치열한 가격 경쟁으로 마진율은 낮은 편이다.

경기가 좋으면 소비자들의 지갑이 활짝 열린다. 반대로 경기가 안 좋으면 소비 심리가 꽁꽁 얼어붙는다. 우리나라의 경우 GDP에서 소비가 차지하는 비중이 40~50% 정도다. 이처럼 소비자들이 지갑을 여는 정도는 경제 성장률에 큰 영향을 미친다. 그리고 소비를 가장 잘 파악할 수 있는 산업이 바로 유통이다.

유통 산업에 속한 기업은 총 43곳으로 시가총액에서 차지하는 비중은 0.8%다. 전 세계를 강타한 코로나19 팬데믹이 촉발시킨 가장 큰 사회적 변화는 바로 온라인의 일상화다. 직장도 수업도 여가생활도 모두 온라인에서 즐기는 진풍경이 벌어졌다. 쇼핑 역시 빼놓을 수 없다. MZ 세대들의 전유물이었던 온라인 쇼핑이 전 연령층으로 확대되는 계기가 되었다. 네이버, 쿠팡 등 새롭게 등장한 유통 공룡과 기존 전통 유통 채널의 경쟁이 유통 산업의 관전 포인트다.

유통 산업은 크게 오프라인과 온라인으로 구분된다. 오프라인 쇼핑은 전통 유통 채널인 백화점, 할인점, 편의점이며, 온라인 쇼핑은 홈쇼핑을 포함한 온라인 쇼핑으로 구분된다. 형태는 다르지만 식자재 유통도 이 책에서는 유통 산업에 포함시켰다.

1. 유통 산업의 개요

유통 산업에 속한 기업들은 생산자가 제조한 물건을 소비자들에게 판매하는 판매 창구다. 유통 산업은 크게 오프라인과 온라인 판매 채널로 구분할 수 있는데, 오프라인 채널은 백화점, 할인점, 슈퍼마켓, 편의점, 면세점이 대표적이다. 채널에 따라 취급하는 품목도 다르며 경기에 따른 영향 역시 다르게 나타난다.

오프라인 쇼핑 시장은 성숙기에 접어들었다. 이에 따라 신세계, 롯데, 현대, GS 등 몇몇 대기업이 시장을 과점하고 있다. 백화점, 할인점, 면세점, 편의점 등 모든 업태에서 대기업들이 경쟁하고 있다. 다만 온라인 쇼핑 시장은 네이버, 쿠팡 등 신흥강자들이 두각을 나타내고 있으며, 경쟁 또한 치열하다.

유통 산업은 내수 시장 중심이다. 과거 신세계, 롯데 등이 중국 시장에 진출했지만 부진을 면치 못했다. 현재 국내 오프라인 유통 대기업들은 베트남, 인도네시아 등 동남아 시장 진출에 집중하고 있지만 아직 이렇다 할 성과를 내지 못하고 있는 상황이다.

2. 유통 채널별 성장성

코로나19 팬데믹 영향으로 업태별 업황은 극명하게 갈렸다. 사회적 거리두기, 외국인 입국 제한으로 백화점과 면세점 매출은 직격탄을 맞았지만 필수 소비재를 주로 판매하는 할인점, 마트 매출은 늘었다. 특히 특정 시간 이후 식당들의 영업 제한이 잦아지면서 마트를 방문하는 소비자가 늘었다. 그러나 본격적인 리오프닝이 시작되며 상황은 반전되었다. 백화점 매출은 2021년(약 33조 7,000억 원)부터 2023년 8월(약 39조 7,000억 원) 연환산 기준 3년째 증가세를 기록하고 있으며, 반면 호황을 누렸던 대형마트와 슈퍼마켓은 성장 정체를 맞았다. 면세점 매출은 여전히 코로나19 팬데믹 이전을 회복하지 못하고 있지만, 2023년 9월부터 중국인 단체 관광객이 본격적으로 유입되면서 증가할 것으로 기대된다.

반면 업황에 상관없이 꾸준히 성장하는 채널이 있다. 바로 온라인 쇼핑이다. 온라인 쇼핑 거래액은 2022년 약 210조 원으로, 2017년부터 연평균 성장률이 16.7%에 달한다. 인터넷 쇼핑은 인터넷과 모바일로 구분되는데, 이 중 모바일 쇼핑 거래액의 성장세가 더욱 가파르다. 같은 기간 모바일 쇼핑 거래액은 연평균 약 22.7%, 인터넷 쇼핑 거래액은 약 4.7% 성장했다. 스마트폰의 대중화와 맞물려 네이버, 쿠팡 등 공룡 이커머스 기업들의 등장으로 온라인 쇼핑은 업황과 상관없이 빠르게 성장하고 있다. 2023년 8월 연환산 인터넷 쇼핑 거래액은 약 220조 원으로 2022년보다 10조 원 가까이 성장했다. 최근 리오프닝 등으로 성장률은 다소 둔화되었지만, 여전히 전체 판매 채널 중

업태별 소매 판매액 추이

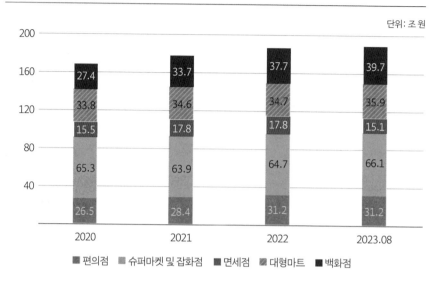

단위: 조 원

* 2023.08월은 최근 12개월 합산 기준

출처: 통계청

국내 온라인 쇼핑 거래액 추이

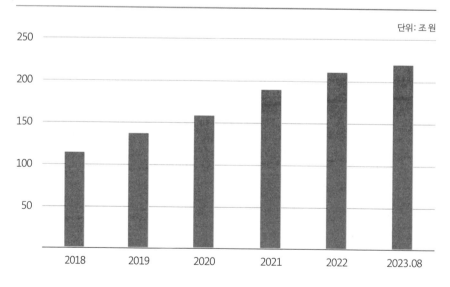

단위: 조 원

* 2023.08월은 최근 12개월 합산 기준

출처: 통계청

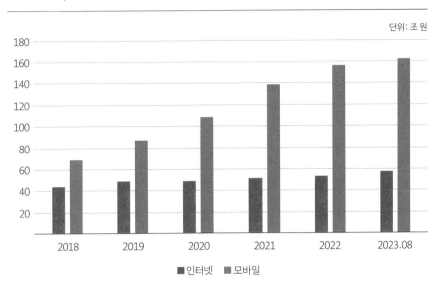

단위: 조 원

■ 인터넷 　■ 모바일

* 2023.08월은 최근 12개월 합산 기준　　　　　　　　　　　출처: 통계청

에서도 비교적 빠르게 성장하고 있다.

　그러나 온라인 점포라고 해서 다 호황을 누리는 것은 아니다. TV가 주요 판매 채널인 홈쇼핑의 전체 취급고[*]는 2020년 코로나19 팬데믹 특수로 약 21조 6,313억 원을 기록해 전년 대비 약 5.8% 성장했지만, 2021년에는 약 21조 9,771억 원으로 약 1.6% 성장하는 데 그쳤다. 2022년에는 약 21조 7,776억 원으로 오히려 소폭 줄었다. TV를 대체하는 스마트폰과 같은 하드웨어가 등장하고 유튜브, OTT 플랫폼이 주류 미디어로 자리하면서 TV 시청 시간이 지속해서 감소한 것에도 영향을 받았다.

---

[*] TV 홈쇼핑사의 모든 플랫폼에서 판매된 상품가 총액으로, 홈쇼핑사의 매출액은 취급고에서 발생하는 판매 수수료

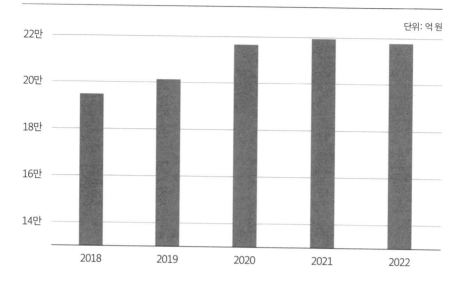

단위: 억 원

출처: 한국TV홈쇼핑협회

3. 유통 산업의 투자 포인트

1) 백화점, 할인점: 복합문화공간으로 돌파구 마련

오프라인 점포 성장의 핵심은 출점이다. 그러나 오프라인 유통 산업은 이미 성숙기에 접어들었으며, 소상공인 보호의 일환으로 영업시간 및 출점 제한 등 규제에 직면해 있다. 또한 산업 간 경계가 허물어지는 상황에서 온라인 쇼핑 기업들이 다양한 상품을 취급하며 오프라인 유통 기업들의 영역까지 침범하고 있다. 따라서 백화점, 할인점은 '양'보다는 '질'로 승부하는 전략을 선택했으며, 단순히 물건을 사는 점포가 아니라 쇼핑과 함께 다양한 경험을 할 수 있는 복합문화공간으로 거듭나고 있다.

그 일환으로 유·아동 자녀를 둔 부모를 겨냥해 키즈카페와 유·아동 전문관, 가족문화센터 등을 마련하고 있다. 쇼핑몰 내 미디어 아트 시설과 미술품 공간이 자리한 경우도 있으며, 1,000만 반려동물 시대를 맞아 반려견 출입이 가능한 쇼핑몰도 있다. 이러한 흐름을 보았을 때 생필품이나 비교적 가격이 저렴한 공산품은 온라인 소비가 중심이 되겠지만, 경험이 필요한 고가의 신제품은 오프라인 소비가 중심이 될 수 있다. 이처럼 오프라인 점포의 생존 전략은 체험 공유를 통해 온라인보다 더 값비싼 소비를 유도하는 것이다.

2) 편의점: 다양한 상품과 서비스 제공

업태는 다르지만 편의점의 상황도 백화점, 할인점과 유사하다. 한국편의점산업협회와 메리츠증권에 따르면 2021년 8월 우리나라의 편의점 점포당 인구 수는 1,297명이다. 우리보다 앞서 편의점 산업이 발달했던 일본의 점포당 인구수가 2,292명이다. 일본에 비해 우리나라가 인구 대비 편의점 수가 2배가량 많은 셈이다. 이에 따라 편의점 기업 간 출점 제한 자율규약이 시행되어 점포 수를 늘리는 데 한계가 있다. 결국 편의점 기업들은 다양한 서비스를 선보이며 점포당 매출을 늘리는 데 집중하고 있다. 편의점의 주요 수입원인 다양한 신선식품, 가정간편식을 선보이는 것은 물론이고 편의점 카페, 택배 서비스 및 배달까지 영역을 넓히고 있다.

자체 PB상품 경쟁도 치열하다. GS25는 기존 팔도도시락보다 8.5배 용량을 키운 점보도시락을 선보이며 SNS를 중심으로 선풍적인 인기를 끌었다. 2023년 2월 출시한 김혜자 도시락은 6개월 누적 판매량이 1,000만 개를 넘어서기도 했다. CU는 출시 7년 동안 약 3억 5,000만 개가 팔린 백종원 도시락을 중심으로 연세우유 생크림빵 시리즈를 선보이는 등 베이커리, 디저트로 사업 영역을 다각화하고 있다.

최근에는 탈편의점 서비스가 생겨나고 있다. BGF 리테일의 CU는 이동형 집을 판매하기도 했으며, 롯데가 보유한 세븐일레븐은 롯데하이마트와 제휴해 '홈케어 서비스'를 도입했다. 고객의 가정을 방문해 가전, 침구 등을 관리해주는 종합 관리 서비스다. GS25는 일부 편의점에서 버버리 같은 명품을 판매하는 서비스를 선보였다.

3) 홈쇼핑: 온라인 쇼핑 비중 확대

홈쇼핑은 TV 시청으로 판매가 이루어지므로 특정 채널에 입점해야만 영업 활동을 할 수 있다. 홈쇼핑 기업들은 좋은 채널에 입점하기 위해 매년 IPTV 등 유료 방송 사업자에게 송출 수수료를 지급하는데, 일종의 채널 임대료인 셈이다. 스마트폰의 등장과 OTT, 유튜브 등 뉴미디어의 활성화로 TV 시청 시간은 지속해서 줄어들고 있다. 홈쇼핑 기업들의 TV 취급고도 정체된 지 오래다. 그러나 홈쇼핑 기업들의 알짜 채널 선점 경쟁은 더욱 격해지면서 유료 방송 사업자들에게 지불하는 송출 수수료는 높아지는 형국이다.

이에 따라 홈쇼핑 기업들은 TV 채널 의존도를 낮추고자 자사의 온라인 쇼

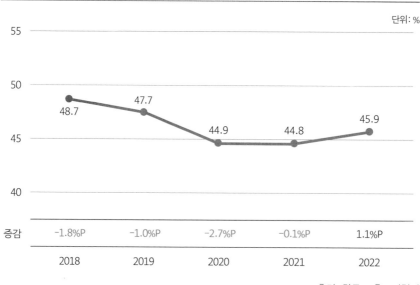

홈쇼핑 기업들의 전체 취급고 대비 TV 방송 취급고 비중 추이

단위: %

증감	-1.8%P	-1.0%P	-2.7%P	-0.1%P	1.1%P
	2018	2019	2020	2021	2022

48.7 / 47.7 / 44.9 / 44.8 / 45.9

출처: 한국TV홈쇼핑협회

핑몰과 '라이브 커머스Live commerce'에 집중하고 있다. 라이브 커머스란 라이브 스트리밍Live streaming과 커머스Commerce의 합성어로, 실시간으로 쇼 호스트가 제품을 설명하고 판매한다는 점에서 TV 홈쇼핑과 유사하다. 하지만 모바일 환경에서 진행되며, 실시간으로 소비자들이 직접 라이브에 참여해 상품에 관해 궁금한 부분을 물어볼 수 있다. 즉 판매 채널과 고객이 직접 소통한다는 큰 차이가 있다. 실제 홈쇼핑 기업들의 온라인 매출 비중이 늘면서 TV 취급고 비중은 꾸준히 낮아지고 있다. 이 밖에 홈쇼핑 기업 스스로 PB 상품을 개발해 판매하는 전략도 펼치고 있다.

4) 면세점: 외래관광객 증가

면세점은 여타 오프라인 유통 채널과 여러모로 다르다. 가장 큰 차이점은 주요 고객층이 내국인이 아닌 외국인이라는 점이다 2022년 면세점을 방문

방한 외국인 수 및 방한 중국인 수 추이

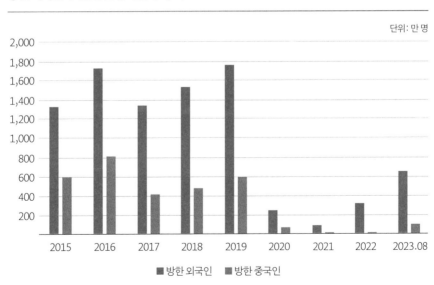

출처: 한국면세점협회

한 외국인은 156만 3,046명, 내국인은 926만 7,985명이다. 그러나 매출의 91.9%는 외국인에게서 창출되었다. 내국인 매출이 외국인에 비해 매우 적은 이유는 내국인 면세점 구매 한도에 있다. 해외로 출국하는 내국인은 5,000달 러 한도로 면세점에서 물품을 구매할 수 있다. 그러나 2022년 3월 내국인 면 세점 구매 한도가 폐지되었다. 다만 600달러인 면세 한도는 그대로 유지되다 보니 구매 유인책이 유효하다고 볼 수는 없다. 따라서 면세점의 실적은 외국 인 방문객이 얼마나 늘어나는지가 중요하다.

매년 고공행진을 거듭하던 외국인 면세점 방문객은 2016년부터 불거진 '사 드THAAD' 배치 이슈로 중국 관광객의 발길이 끊기면서 정체기를 맞았다. 그러 나 1인당 구매 금액은 더욱 성장하면서 면세점 매출은 2019년까지 꾸준히 늘 었다. 2020년 본격화된 코로나19 팬데믹으로 외국인들의 발길이 끊기자 면 세점 매출은 대폭 줄었다. 그리고 2022년부턴 서서히 하늘길이 열리면서 면 세점 매출이 회복되고 있다. 특히 2023년 8월 중국인 단체 관광객이 허용되 면서 9월부터 중국인 관광객 유입 수가 늘고 있다. 2023년 8월 누적 방한 중 국인은 103만 857명이다. 코로나 이전인 2019년 연간 수준의 1/6에 불과한 점을 감안하면 향후 성장 여력이 크다.

면세점에는 사전면세점Duty free과 사후면세점Tax refund이 있다. 사전면세점은 공항에서 접할 수 있는, 우리가 잘 아는 면세점이다. 사전면세점에서는 세금 없이 제품을 구매할 수 있다. 사후 면세 제도는 한국을 방문한 외국인 관광객 들이 여행 중에 사후면세점에서 3만 원 이상 물품을 구매 후 3개월 이내 출국 시 이를 개별 수출로 간주해 내국세(부가가치세, 개별소비세 등)를 공항 등에서 환급해주는 개념이다. 사후면세점은 관할 세무서에 신고해 등록하는 것으로 소상공인도 영업이 가능하다.

2020년 12월 말 기준 전국의 사후면세점은 1만 1,677개다. 증시에는 사후 면세점 사업자가 있는데, 이들은 공항이나 항만 또는 시내 곳곳에 설치된 환

국적별 면세점 연간 방문객 수 추이

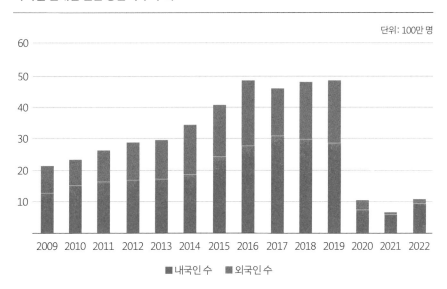

단위: 100만 명

■ 내국인 수   ■ 외국인 수

출처: 한국면세점협회

국적별 면세점 연간 매출액 추이

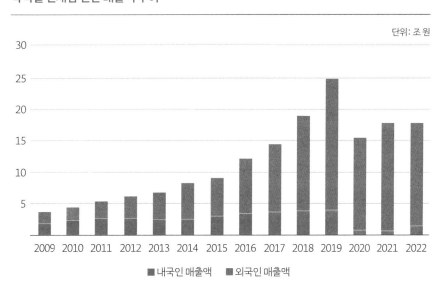

단위: 조 원

■ 내국인 매출액   ■ 외국인 매출액

출처: 한국면세점협회

급 창구에서 사후면세점에서 구입한 물건에 대해 부가가치세를 환급해주고 수수료를 받고 있다.

5) 온라인 쇼핑: 풀필먼트, 크로스 보더 이커머스

네이버, 쿠팡, 11번가 등이 단순 상품을 나열 및 판매하는 1세대 이커머스 기업이라면 신선식품 새벽배송의 강자 마켓컬리, 온라인 최대 패션 스토어 무신사는 특정 품목에 집중하는 2세대 이커머스 기업이다. 특정 카테고리 내 전문 큐레이션 서비스 수요가 강화되면서 이커머스 산업은 1세대에서 2세대로 진화하고 있다.

서비스 고도화를 위해 이커머스 기업들이 집중하고 있는 것 중, 대표적으로 마이크로 풀필먼트^{Micro fulfillment} 서비스가 있다. 마이크로 풀필먼트란 직역하면 소형 물류센터이지만, 실제로는 그 이상의 의미를 뜻한다. 주로 도심에 위치하며 재고관리부터 피킹^{Picking}✱, 포장, 출하, 배송까지 일련의 물류 과정을 수행한다. 기존 대형 물류창고는 도심 외각에 위치해 있어 빠른 배송이 불가능했으며, 대량 배송으로 소비자 만족보다는 원가절감이 핵심이었다. 그러나 마이크로 풀필먼트는 빠른 배송이 가능하며 고객이 주문한 옵션에 따라 맞춤형 상품 공급이 가능하다.

네이버는 배송 경쟁력을 키우기 위해 CJ대한통운과 지분 교환을 실시하는 등 물류 대기업과 협력하고 있으며 파스토^{FASSTO}, 딜리셔스 등 수많은 물류 및 풀필먼트 스타트업과 마이크로 풀필먼트 생태계를 구축하고 있다. 쿠팡은 마이크로 풀필먼트 서비스로 편의점이나 슈퍼마켓을 대신해 물품을 배달해주는 퀵커머스 사업을 시작했다.

국경과 국경을 넘나드는 크로스 보더 이커머스^{Cross Boarder E-Commerce, CBEC} 시

✱ 제품이 보관된 위치에서 주문 수량에 맞추어 가져오는 것

장은 이커머스 기업들의 차세대 먹거리다. CBEC란 쉽게 말하면 해외 제품 직구 서비스, 국내 제품을 해외에 판매하는 역직구 서비스다. 대표적인 명품 직구 플랫폼으로 발란^{BALAAN} 등이 있다. 네이버와 소프트뱅크가 합작해 설립한 Z홀딩스는 일본 내 IT 서비스 기업으로 이커머스 분야에 방점을 찍고 있다. 라인 서비스는 동남아에서 수많은 유저를 보유하고 있기 때문에 네이버의 다음 이커머스는 CBEC가 될 것이라 분석된다.

유통 산업 투자 지표

실적 및 투자 지표: 2023년 3분기 연환산 기준
배당수익률: 2022년 주당 배당금/2023년 11월 24일 주가
시가총액: 2023년 11월 24일 기준

* 회색음영은 신규 상장 종목으로 2022년 연간 실적 반영

단위: 억 원

종목코드	종목명	매출액	영업이익	순이익	PER	배당수익률	시가총액
007070	GS리테일	116,367	3,558	776	34	1.7%	26,179
282330	BGF리테일	81,038	2,544	1,981	11	3.1%	22,659
023530	롯데쇼핑	147,130	3,991	-695	-32	4.2%	22,405
139480	이마트	295,903	514	1,375	16	2.6%	21,715
004170	신세계	68,509	5,752	3,723	5	2.2%	16,973
069960	현대백화점	46,546	2,761	1,147	11	2.5%	12,263
005440	현대지에프홀딩스	25,842	-56	9,417	1	5.5%	6,196
119860	커넥트웨이브	6,747	368	-1	-8,188	0.0%	5,240
257720	실리콘투	2,838	374	301	17	0.0%	5,207
057050	현대홈쇼핑	19,462	619	1,096	5	6.1%	5,142
042000	카페24	2,841	-110	8	491	0.0%	4,018
051500	CJ프레시웨이	29,968	923	400	7	1.4%	2,909
036030	케이티알파	4,401	173	204	14	0.0%	2,760
122900	아이마켓코리아	34,609	548	117	23	7.3%	2,734
204620	글로벌텍스프리	853	94	29	90	0.0%	2,620
071840	롯데하이마트	27,659	-265	-1,366	-2	2.9%	2,443
037710	광주신세계	1,795	557	530	5	7.3%	2,395
063170	서울옥션	500	-33	-53	-35	1.0%	1,856
035080	그래디언트	34,591	92	-225	-7	1.7%	1,681
418470	밀리의서재	458	42	-	-	0.0%	1,599

유통

기타유통
- 미술품경매
  - 서울옥션 · 케이옥션
- 현대코퍼레이션홀딩스 · 나라셀라 · 대명소노시즌
- 웨스트라이즈 · 바른손 · YW · 엑서지21

면세점
- 글로벌텍스프리

식자재유통
- 현대지에프홀딩스 · 현대그린푸드 · CJ프레시웨이 · 신세계푸드 · 보라티알

오프라인 쇼핑몰
- 롯데쇼핑 · 이마트 · 신세계 · 현대백화점 · 롯데하이마트 · 광주신세계
- 한화갤러리아 · 대구백화점 · 베뉴지 · 세이브존I&C · 위니아에이드

이커머스
- B2B
  - 아이마켓코리아 · 그래디언트 · 현대이지웰 · 티사이언티픽
  - 플레이그램 · 이상네트웍스
- B2C
  - 커넥트웨이브 · 실리콘투 · 케이티알파 · 예스24
- 서점
  - 밀리의서재
- 인프라
  - 카페24 · 아이에스이커머스 · 플래티어

편의점과 슈퍼마켓
- GS리테일 · BGF리테일

홈쇼핑
- 현대홈쇼핑

기타소비재

생활용품, 가구, 교육 및 완구 등을 포함하는 기타소비재 산업은 내수 중심이라 성장률이 낮은 편이다. 수출 규모도 미미하기 때문에 시장규모도 작다. 다만 반복 소비가 발생하며 경기에 크게 영향을 받지 않아 이익안전성이 높다. 몇몇 기업은 안정적인 이익을 바탕으로 주주환원에 힘쓰고 있다.

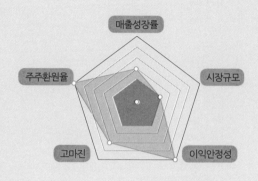

기타소비재 산업은 종이와 포장재, 가구와 생활용품, 교육과 완구로 구분되어 있다. 이미 앞에서 살펴본 음식료, 의류, 유통 외 하나의 산업으로 묶기에는 시장규모가 작거나 기업의 수, 시가총액이 작은 섹터를 기타소비재로 따로 묶었다.

기타소비재 산업에 속한 기업은 87곳이며, 전체 시가총액에서 차지하는 비중은 0.8%로 매우 미미하다. 종이와 포장재는 인쇄용지, 화장지, 골판지, 포장재 등 다양한 용도로 쓰이며 전방 산업이 상이하다. 대부분 일반소비재로 볼 수 있지만, 분류에 따라 2차전지, 반도체 등 첨단 IT 산업의 소재로 사용되는 만큼 종목별로 유심히 살펴볼 필요가 있다. 가구와 생활용품은 집, 사무실 등 일상생활에서 쓰이는 제품이 포함된다. 가구만 따로 떼어서 볼 필요가 있는데 건축자재와 유사하면서도 인테리어, 리모델링 시장 성장에 수혜가 기대되는 분야다. 교육과 완구는 출산율 저하 및 학령 인구 감소로 양적 축소가 진행되고 있는 산업이다. 성인교육 시장, 에듀테크 등으로 성장의 돌파구를 마련하고 있는 만큼 관련 기업을 잘 찾아낼 필요가 있다.

종이와 포장재

1. 종이와 포장재 산업의 개요와 성장성

종이는 서적, 노트 등 인쇄용지뿐만 아니라 화장지, 포장지, 벽지, 골판지 등 매우 광범위한 용도로 쓰인다. 이처럼 우리 생활에 밀접한 관련이 있는 종이를 만드는 업태를 제지 산업이라고 한다. 종이는 전 생산 공정이 자동화 설비로 진행된다. 대량생산 체제를 구성해 원가절감을 이루는 것이 중요하기 때문에 대규모 설비 투자가 필요하다. 자본집약적인 특성이 있어 진입장벽이 높다. 다만 스마트폰, 태블릿 PC 등 IT 산업의 발전으로 점차 종이 수요는 줄고 있다. 실제 2022년 국내 제지 생산량은 약 1,125만 톤으로 5년 전에 비해 3% 줄었다. 가뜩이나 자본 투입이 많은데 성장성도 없으니 시장에 진입하는 경쟁자도 없다. 이러한 이유로 국내 제지 산업이 특정 기업을 중심으로 과점 시장을 형성하고 있다.

종이의 주요 원재료는 펄프로, 대부분을 수입에 의존하고 있다. 이에 따라

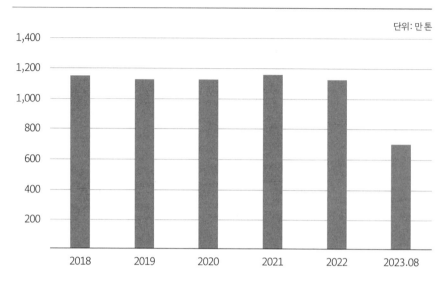

단위: 만 톤

* 2023.08은 누적 생산량 기준

출처: 한국제지협회

환율과 국제 펄프 가격에 따라 수익성이 크게 변한다. 국내 제지사들은 펄프의 대부분을 캐나다, 미국, 인도네시아, 칠레, 브라질 등에서 수입하고 있다. 국제 유가 역시 제지사의 수익 구조에 영향을 미친다. 종이를 만들 때 건조 공정을 거치는데, 이때 열과 전기를 많이 사용하기 때문에 열 에너지가 필요하다.

국내 제지 산업은 내수 시장 중심이다. 2023년 8월 누적 기준 전체 제지 생산량에서 수출이 차지하는 비중은 24%다. 포장재는 각종 제품의 부자재로 쓰이므로 식품 포장용 랩부터 각종 IT 산업에 쓰이는 전자소재용 테이프까지 다양한 전방 산업에서 사용되고 있다. 전방 산업별로 성장률이 상이하고 경기에 대한 영향도 성장률에 차이를 만들기 때문에 개별 기업 관점에서 접근할 필요가 있다.

2. 종이와 포장재 산업의 투자 포인트

1) 인쇄용지, 위생지 등 일반용지

IT 산업의 발전으로 전자문서를 사용하는 비중이 늘어나면서 전체 종이 시장 규모 자체는 축소되고 있다. 국내에서 생산된 제지 중 일부를 수출하고 있지만, 내수 물량이 80%에 달한다. 제지사에 투자한다면 타 산업에서 이루어지는 큰 판매량의 증가는 기대하기 어렵다.

이보다는 펄프 가격에 따른 제품 가격과 원재료 가격의 스프레드가 중요하다. 펄프는 대부분 수입에 의존하기 때문에 국제 펄프 가격 추이가 중요하다. 일반적으로 제지 기업들은 펄프 가격이 오를 때 수익성이 악화된다. 시차를 두고 원재료 가격 상승분을 제품 가격에 반영시키기 때문이다. 이 경우 제품 가격이 후행적으로 올라가기 때문에 계속해서 펄프 가격이 오르면 수익성에 부정적이다. 반면 펄프 가격이 하락하는 구간에서는 제품 가격이 뒤늦게 하락하기 때문에 수익성 개선에 긍정적이다. 환율과 유가도 변수다. 펄프는 대부분 수입에 의존하기 때문에 환율이 낮을수록 좋다. 종이 제조 과정에서 건조를 위해 에너지를 많이 사용하기 때문에 국제 유가 역시 하향 안정되는 것이 제지사에 유리하다.

한편 한솔제지처럼 수출 비중이 50%에 달하는 기업은 환율이 오르면 유리하다. 펄프 매입 금액보다 수출 금액이 크기 때문이다. 또한 무림P&P처럼 자체적으로 펄프 일부를 생산하는 기업은 펄프 가격이 오르면 오히려 수혜다. 따라서 제지 기업별로 비즈니스 모델, 수출 비중 등을 잘 따져서 투자할 필요가 있다.

2) 골판지

제지 중 유일하게 판매량이 성상하는 분야가 있는데 바로 골판지다. 골판지는 주로 택배 상자의 원재료로 사용된다. 온라인 쇼핑의 성장과 맞물려 수요가 꾸준히 늘고 있는 분야다. 한국제지연합회에 따르면 2021년 골판지원지 생산량은 약 598만 3,065톤으로 5년 전에 비해 23.3% 증가했다. 일찍이 골판지가 돈 되는 분야라는 사실이 알려지면서 2015년 IMM 사모 펀드가 태림포장, 태림페이퍼(구 동일제지)를 대상으로 바이아웃 전략을 구사한 바 있다.

2022년 들어 골판지원지 생산량은 약 564만 6,280톤으로 전년 대비 5.6% 줄었다. 2018년 이후 처음으로 생산량 성장세가 꺾였는데, 이는 리오프닝이 본격적으로 시작되면서 비대면 소비 성장세가 주춤했기 때문이다. 또한 친환경 바람이 온라인 쇼핑 업계에도 불어닥치면서 이커머스 업체들의 재활용 정책도 영향을 미쳤다. 쿠팡 등 일부 이커머스 업체는 특정 유형의 상품을 골판지상자 대신 다회용 비닐백, 부직포나 비닐 재질의 프레시백 사용을 장려하고 있다. 2023년부터 고물가, 고금리 상황에서 성장률이 둔화되는 '스태그플

국내 골판지원지 생산량 추이

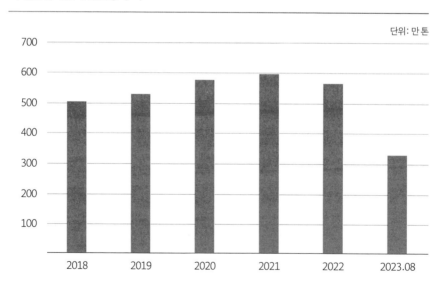

단위: 만톤

출처: 한국제지연합회

레이션' 상황을 맞은 만큼 골판지원지 생산량도 정체될 가능성이 크다.

골판지 시장은 2,500개 기업이 난립해 있지만 신대양제지 그룹, 아세아제지, 태림포장 그룹, 삼보판지, 수출포장 등 일부 상장사가 전체 시장의 70%를 차지하고 있다. 골판지의 주요 원재료는 폐지(고지)다. 일반 제지 기업과 마찬가지로 원재료인 고지 가격이 오를 때 시차를 두고 제품 가격이 뒤늦게 오른다. 따라서 원재료 가격 상승 시기에 일반적으로 수익성이 악화된다. 반대로 폐지 가격이 하락하는 사이클에서는 제품 가격이 뒤늦게 하락하기 때문에 수익성이 개선된다. 따라서 골판지 기업 투자자라면 폐지 가격이 하락하는 시기를 잘 가늠해야 한다.

3) 포장재

포장재는 각종 제품의 부자재로 사용되는 만큼 전방 산업도 다양하다. 식품, 음료, 디스플레이, 반도체, 2차전지에 걸쳐 다양한 종류의 포장재가 사용된다. 당연한 이야기지만 투자자 입장에서는 성장하는 전방 산업을 둔 기업에 주목할 필요가 있다. 동원그룹의 포장재 기업인 동원시스템즈는 그룹사 식품 포장재 및 용기를 주로 제작하다가 2021년 4월 삼성SDI, LG에너지솔루션 등 국내 주요 배터리 기업에 2차전지용 캔을 납품해온 엠케이씨를 인수했다. 한솔케미칼의 자회사 테이팩스도 식품 포장재 외 2차전지 양극보호용, 절연용 테이프를 만드는데, 이 분야 점유율 80%로 1위(소형 2차전지 기준)다.

가구와 생활용품

1. 가구와 생활용품 산업의 개요와 성장성

가구는 실내에 배치해 사용하는 각종 기구를 말한다. 책상, 의자, 식탁, 소파, 장롱 등 매우 다양하며 집이나 사무실의 필수 집기다. 아파트나 빌딩 완공 시점에 수요가 발생하기 때문에 건축자재의 한 종류로도 볼 수 있다. 가구 수요는 신규 주택 공급에 영향을 받는다. 또한 입주 물량에 민감하다. 사람들이 이사를 하면서 가전 및 가구를 새로 구입하기 때문이다. 따라서 대체적으로 가구는 주택 거래 수요와 관련이 있다.

생활용품은 일상생활에서 주로 사용하는 것으로, 주방용품, 위생용품, 가전, 가구 등 매우 광범위하고 다양하다. 이 책에서는 가전, 화장품 등 주식 시장에서 이미 큰 산업군을 이루고 있는 분야는 제외하고 기타 나머지 용품을 생산하는 기업을 생활용품 섹터로 정의했다. 집이나 사무실 등 일상생활에서 주로 사용하는 품목이란 점에서 가구와 유사하다. 다만 가구는 내구재, 생활

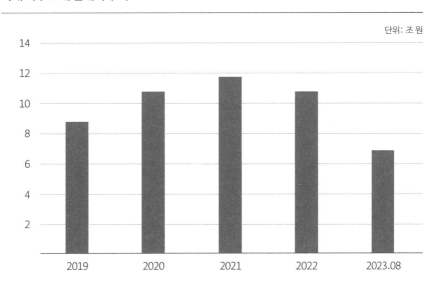

단위: 조 원

* 2023년 8월은 누적 기준

출처: 통계청

용품은 소비재적 특성이 강하다는 차이점이 있다.

국내 가구 소매 판매액은 2019년 약 8조 7,522억 원에서 2020년 약 10조 8,265억 원, 2021년 약 11조 667억 원으로 꾸준히 성장했다. 특히 가구 소매 판매액은 2020년 23.7%나 급증했는데 코로나19 팬데믹으로 '집콕족(집에만 있는 사람)'이 늘면서 인테리어 수요가 늘었고 집값 상승으로 부동산 거래가 활성화되었기 때문이다.

다만 2022년 들어 금리가 가파르게 오르면서 부동산 경기가 한풀 꺾였고 2023년 경기 둔화까지 겹치면서 가구 수요는 정체되었다. 2022년 가구 소매 판매액은 전년 대비 9% 줄었으며 2023년 8월 누적 판매액도 약 6조 8,583억 원으로 전년 연간치의 64.3%에 불과한 상태다.

2. 가구와 생활용품 산업의 투자 포인트

1) 신규 주택 공급과 주택 거래

가구 수요는 신규 주택 공급과 주택 매매 건수가 늘수록 커진다. 입주 물량이 많아질수록 가구, 가전 수요가 증가하기 때문이다. 2022년 글로벌 중앙은행들의 강력한 긴축 정책으로 금리가 가파르게 오르면서 주택 매매 시장이 얼어붙었다.

　주택 매매 시장이 차갑게 식으면서 건설사들은 신규 분양을 자연스레 줄이는 모습을 보이고 있다. 2023년 전국 주택 공급 실적은 8월 누적 기준 9만 4,449호로 2022년 주택 공급 실적의 32.8% 수준에 불과하다. 2020년 34만 9,029호를 기점으로 3년째 감소세를 보이고 있다.

전국 주택 공급 실적(분양)

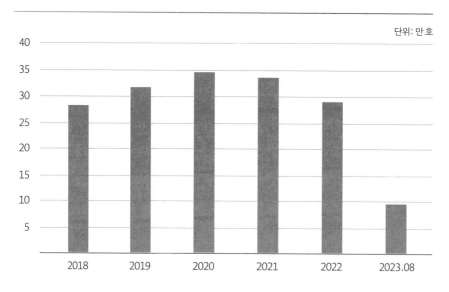

단위: 만 호

* 2023년 8월은 누적 기준

출처: KB부동산, 국가통계포털

2) 인테리어와 리모델링은 성장 동력

가구업계는 주택 거래 시장에 영향을 받지만 장기적으로 성장이 기대되는 분야도 있다. 바로 인테리어, 리모델링 시장이다. 국민의 소득수준이 높아지면서 의식주의 하나로 여겨졌던 주거 시설이 업무, 여가 등 다양한 라이프스타일 기능을 갖춘 모습으로 진화하고 있다. 최근 신축 아파트는 팬트리, 알파룸, 홈 오피스 등 특화공간을 갖춘 곳이 대세다.

한국건설산업연구원에 따르면 국내 인테리어, 리모델링 시장은 2021년 약 60조 원으로 2020년 대비 44.6% 커졌다. 코로나19 팬데믹 특수도 있지만 장기적으로 꾸준히 성장하고 있다. 통계청에 따르면 국내 홈퍼니싱 시장 역시 2015년 약 12조 5,000억 원에서 2024년까지 약 18조 원으로 성장할 것으로 전망된다. 노후된 주택이 늘어나는 것도 성장을 가속화하는 요인이다. 통계청에 따르면 20년 이상 된 노후 주택은 943만 5,000호로 전체 주택의 50% 이상이다. 지은 지 30년이 지난 주택도 397만 5,000호에 달한다.

인테리어, 리모델링 시장의 성장은 국내 이슈만은 아니다. 리서치앤마켓에 따르면 전 세계 홈 데코 시장은 2021년 약 6,820억 달러에서 2027년 약 8,983억 달러로 연평균 7.1% 성장할 것으로 관측된다. 소득수준 향상 및 도시화, 온라인 리테일 시장의 성장 영향이다.

가구 기업들 역시 적극적으로 인테리어 시장에 뛰어들고 있으므로 향후 인테리어, 리모델링 시장에서 두각을 나타내는 기업을 잘 살펴보아야 한다.

3) 해외 진출

가구와 생활용품은 기본적으로 내수 중심의 시장을 형성하고 있다. 우리나라 인구는 장기적으로 감소하는 추세를 보이고 있어 관련 기업은 해외 시장 진출이 절실한 상황이다. 일부 기업은 이미 해외에 진출해 성과를 내고 있다. 밀폐용기 및 주방기기 제조 기업 락앤락LocknLock은 중국, 동남아 지역에 수출을

소비재 1

시작해 이미 해외 매출 규모가 국내 매출 규모를 넘어섰으며, 침대 매트리스 온라인 판매 전문 기업인 지누스는 북미 아마존 베스트셀링으로 유명세를 떨치기도 했다. 지누스는 2023년 상반기 매출의 95.1%를 수출에서 벌어들였다. 투자자는 투자 관점에서 해외에서 괄목할 만한 성과를 내는 기업이 있는지 잘 살펴보아야 한다.

교육과 완구

1. 교육과 완구 산업의 개요와 성장성

교육 산업은 교육 서비스, 교육자료 등 교육과 직간접적으로 관련 있는 산업을 말한다. 서비스 주체에 따라 공교육과 사교육으로 구분할 수 있으며, 교육 단계에 따라 영유아교육, 초·중등교육, 고등교육, 성인교육으로 분류할 수 있다. 영유아교육부터 고등교육까지의 시장이 크며 상장된 교육 기업 역시 대부분 이 시장에서 사업을 영위하고 있다.

교육 산업은 타 서비스 산업 대비 경기변동에 큰 영향을 받지 않는다. 다만 지역별로 인구 구조 및 변동, 교육제도와 정책, 사회 구조, 언어, 문화 등 비경제적 요인에 큰 영향을 받는다. 또한 교육 연령별로 경기에 대한 민감도가 다르다. 초등 교과 학원의 경우 일반적으로 학원비가 과목별 월 15만~20만 원 초반대로 시장이 형성되어 있다. 일반 가계에서 부담할 만한 수준이므로 경기에 둔감한 편이다. 그러나 중등·고등교육 시장으로 갈수록 월 교육비가 높

단위: 1,000명(좌)/%(우)

출처: 통계청

아져 경기에 따른 수요 변동성이 있는 편이다. 학교급이 올라갈수록 대학 입시를 비롯한 교육 정책의 영향에 시장이 민감하게 반응한다.

국내 사교육 시장은 학령인구 감소의 영향을 받고 있다. 학령인구의 선행지표인 출생아 수도 꾸준히 줄고 있어 양적 성장을 기대하기 힘들다. 통계청에 따르면 출생아 수는 2017년 약 35만 7,800명에서 2022년 약 24만 9,100명으로 30.8% 감소했다. 같은 기간 가임여성 1인당 출산율도 1.052명에서 0.78명으로 감소했다. 대한민국은 전 세계에서 출산율이 가장 빠르게 낮아지는 나라다. 테슬라의 CEO 일론 머스크도 대한민국이 세계에서 가장 빠른 인구 붕괴를 겪고 있다며 한국의 소멸을 경고하기도 했다.

다만 1인당 사교육비는 꾸준히 높아져 오히려 전체 사교육비 지출은 늘어나고 있다. 2017년 전체 사교육비 지출은 약 18조 6,703억 원에서 2022년 약 25조 9,538억 원으로 39% 늘었다. 1인당 월평균 사교육비는 같은 기간

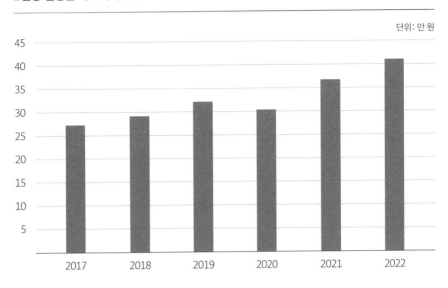

단위: 만 원

출처: 통계청

27만 2,000원에서 41만 원으로 50.7% 증가했다. 코로나19 팬데믹으로 학원 출입이 부분적으로 제한되었던 2020년을 제외하고 2013년부터 1인당 사교 육비는 꾸준히 증가하고 있다. 국내 교육 시장은 양적 역성장을 질적 성장으로 극복하고 있는 셈이다.

2. 교육과 완구 산업의 투자 포인트

1) 에듀테크

에듀테크란 교육Education과 기술Technology의 합성어로 빅데이터, AI 등 정보통 신 기술을 활용한 차세대 교육을 의미한다. 에듀테크는 기존 온라인 학습인 '이러닝'보다 한 단계 더 진보한 개념이며, 모바일기기 같은 디바이스 기반의

교육으로 AI와 로봇을 이용한 교육 방식, 가상현실과 증강현실을 활용한 교육 서비스 등이 해당된다. 또한 단방향 전달식 교육이 아닌 자기주도적 학습을 유도해 문제 해결 능력을 길러주는 교육 방식이다. 학습자의 데이터를 바탕으로 개인에게 맞는 맞춤형 보충 학습도 가능하다. 한국무역협회에 따르면 전 세계 에듀테크 시장은 2018년 약 1,530억 달러에서 2025년 약 3,410억 달러로 성장할 것으로 전망된다. 4차 산업혁명과 맞물려 성장하는 교육 산업인 만큼 기존 교육 기업뿐만 아니라 테크 기업들의 진출도 가시화될 것으로 보인다.

2) 성인교육 시장 진출

통계청에 따르면 6~21세의 학령인구는 2017년 약 847만 명에서 2067년 약 364만 명으로 약 57% 줄어들 전망이다. 학령인구 감소가 불가피하기 때문에 교육 산업은 돌파구로 성인교육 시장에 적극적으로 진출하고 있다. 업계에 따르면 2021년 기준 성인교육 시장은 약 20조 원으로 계산된다. 대신 초·중·고교육 시장보다 규모는 작지만 잠재력은 더 크다는 평가다. 주요 교육 기업들은 기존에 운영하고 있었던 어학, 자격증 시장뿐만 아니라 재테크, 취미, 자기계발 분야를 강화한다는 방침이다.

웅진씽크빅은 세계 최대 온라인 교육 플랫폼 '유데미^{Udemy}'의 독점 사업권을 계약해 2021년 10월 서비스를 시작했다. 유데미는 강사와 수강생이 직접 교류하는 플랫폼으로 비즈니스·예술·취미 등 15만 5,000개 이상의 분야별 온라인 강의 콘텐츠를 제공하고 있다. 누구나 유데미 플랫폼에 강사로 등록할 수 있고 콘텐츠를 자유롭게 올릴 수 있는 것이 특징이다. 대교는 성인 대상 어학시험 플랫폼 '반보^{Vanvo}'를 출시했으며 영어, 일본어 등 어학시험 콘텐츠를 제공하고 있다. 메가스터디는 자회사 메가엠디를 통해 약학대학 편입, 로스쿨 입시, 교원임용시험 등 성인 대상 자격증 교육 콘텐츠를 제공하고 있다.

3) 완구

완구 수요는 계절성이 명확하다. 어린이날, 크리스마스 등 주요 이벤트가 있는 시기에 수요가 늘어난다. 대표적인 저출산 수혜주로 분류되어 정부 및 지자체의 저출산 지원 정책 발표 등에 주가가 영향을 받는다. 다만 출산율 저하로 유아 및 초등생 인구가 구조적으로 줄면서 관련 기업 대부분은 어려움을 겪고 있는 상태다.

통계청에 따르면 국내 인형, 장난감 제조 기업 생산액은 2003년 약 3,705억 원에서 2019년 약 2,806억 원으로 감소했다. 사기업 수도 같은 기간 219곳에서 69곳으로 줄었다. 한국완구공업협동조합에 따르면 국내 완구 시장규모는 2019년 약 2조 210억 원에서 2021년 약 2조 320억 원으로 소폭 늘어나는 데 그쳤다. 이마저도 독일투자법인이 운영하는 레고코리아 매출을 제외하면 오히려 감소한 수준이다. 국내 완구 시장 1위 레고코리아 매출은 2019년 약 1,217억 원에서 2021년 약 1,828억 원으로 50.2% 늘었다. 단순히 완구를 생산하는 기업은 점차 퇴출될 수밖에 없다. 따라서 핑크퐁의 '아기상어'처럼 인지도 있는 캐릭터 IP를 이용해 콘텐츠를 지속적으로 만들 수 있는 기업에 주목할 필요가 있다.

기타소비재 산업 투자 지표

실적 및 투자 지표: 2023년 3분기 연환산 기준
배당수익률: 2022년 주당 배당금/2023년 11월 24일 주가
시가총액: 2023년 11월 24일 기준

단위: 억 원

종목코드	종목명	매출액	영업이익	순이익	PER	배당수익률	시가총액
009240	한샘	19,627	-299	-1,098	-11	1.6%	12,073
014820	동원시스템즈	13,146	850	695	13	1.9%	9,234
008730	율촌화학	4,674	-71	-94	-94	0.7%	8,767
215200	메가스터디교육	9,159	1,343	1,036	7	3.4%	7,274
009450	경동나비엔	11,662	963	535	13	1.0%	6,957
284740	쿠쿠홈시스	9,101	793	806	6	3.1%	5,060
005090	SGC에너지	31,746	1,608	851	5	6.0%	4,099
002310	아세아제지	9,357	952	836	4	2.5%	3,605
016800	퍼시스	3,632	334	570	6	3.6%	3,485
013890	지누스	9,886	340	70	45	2.9%	3,175
095720	웅진씽크빅	8,963	106	-86	-35	4.2%	3,032
003800	에이스침대	3,079	546	478	6	5.1%	2,917
115390	락앤락	4,868	-224	-474	-6	31.8%	2,660
272550	삼양패키징	4,132	321	207	12	4.7%	2,525
213500	한솔제지	22,677	448	38	66	6.7%	2,485
030960	양지사	601	-68	23	99	0.4%	2,282
016590	신대양제지	6,542	538	494	5	2.2%	2,281
027970	한국제지	2,273	35	23	97	0.0%	2,191
019680	대교	6,734	-432	-1,332	-2	1.2%	2,177
096240	크레버스	2,350	277	114	17	10.3%	1,979

기타 소비재

가구와 생활용품

가구
- 한샘 · 퍼시스 · 지누스 · 에이스침대 · 현대리바트 · 플래스크 · 꿈비
- 오하임앤컴퍼니 · 진영 · 한국가구 · 시디즈 · 에넥스 · 듀오백 · 코아스

생활용품
- 경동나비엔 · 쿠쿠홈시스 · SGC에너지 · 락앤락 · NPC
- 한컴라이프케어 · 삼익악기 · KH 필룩스 · 대륙제관 · 승일
- 태양 · 블레이드 Ent · 메디앙스 · 제이엠아이 · 케이엠제약

교육과 완구

교육
- 메가스터디교육 · 웅진씽크빅 · 대교 · 크레버스 · 멀티캠퍼스
- 디지털대성 · 메가스터디 · 정상제이엘에스 · NE능률 · 아이비김영
- YBM넷 · 비상교육 · 메가엠디 · 아이스크림에듀
- 예림당 · 유비온 · 골드앤에스 · 이퓨쳐

캐릭터와 완구
- 양지사 · 삼성출판사 · 대원미디어 · 블리츠웨이 · 로보로보
- 오로라 · 손오공 · 모나미 · 캐리소프트 · 헝셩그룹

종이와 포장재

골판지
- 아세아제지 · 신대양제지 · 태림포장 · 삼보판지 · 영풍제지
- 한국수출포장 · 대영포장 · 대양제지 · 대림제지

종이와 화장지
- 한솔제지 · 한국제지 · 무림P&P · 페이퍼코리아 · 국일제지
- 깨끗한나라 · 모나리자 · 무림페이퍼 · 삼정펄프
- 한창제지 · 무림SP · 신풍 · 한솔PNS

카톤팩
- 한국팩키지 · 삼륭물산

포장재
- 동원시스템즈 · 율촌화학 · 삼양패키징 · 삼영 · 세림B&G · 원림

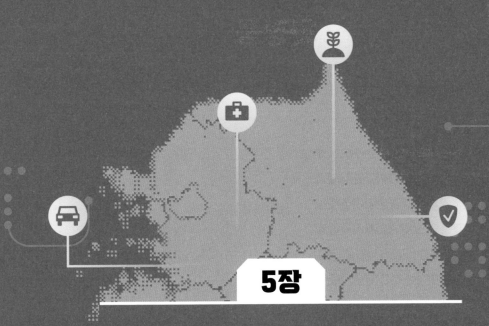

5장

소비재 2

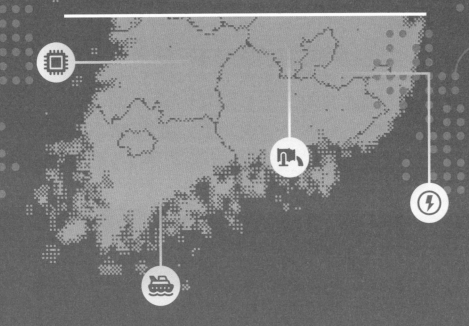

화장품

화장품은 대표적인 수출 주도형 산업이지만 주력 시장이었던 대중국 수출이 정체되며 성장률이 점차 낮아지고 있다. 필수 소비재 성격이 강해 이익안정성이 높다. 마진율, 주주환원율 측면에선 시장 평균 수준을 보이고 있다.

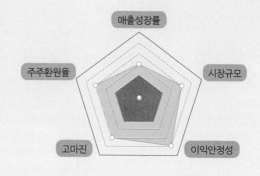

화장품은 인체를 청결하게 하거나 아름답게 가꾸고 피부 또는 모발의 건강을 유지하기 위해 인체에 바르고 문지르는 제품이다. 화장품의 법적 정의에서는 여기에 '인체에 경미한 영향을 미치는'이라는 문구가 추가된다. 반대로 인체에 경미하지 않은 영향을 미치는 것은 의약품으로 규정하고 있다. 결국 큰 틀에서 보면 화장품은 의약품에서 파생되었다는 것을 알 수 있다. 실제 상장사 중 몇몇 화장품 기업은 의약품 제조 사업을 병행하고 있다. 의약품과 화장품의 합성어인 코스메틱^{Cosmetic} 상품이 출시된 것도 의약품과 무관하지 않음을 보여준다.

　우리나라 화장품의 역사를 거슬러 올라가다 보면 삼국시대 때부터 이미 미의식이 형성되어 화장술이 발달한 것을 알 수 있다. 고려 시대에는 머리치장에 사용되는 향유가 수출되기도 했다. 그 유명한 단옷날 '창포물에 머리 감기' 풍속도 창포의 약효를 활용해 모발과 두피를 건강하게 만드는 화장술이라고 볼 수 있다.

　화장품 산업에 속한 기업은 53곳으로 시가총액에서 차지하는 비중은 1%다. 국내 화장품 산업은 2014년, 2015년 대^對중국 수출이 크게 늘어나면서 호황을 맞았다. 중국인 관광객을 실은 관광버스 수십 대가 늘 면세점 앞에 대기했으며, 매장을 방문한 중국인들은 화장품을

쓸어가다시피 했다. 이에 따라 국내 화장품 기업의 주가는 크게 올랐으며, 액면분할 전 아모레퍼시픽 주가는 약 400만 원을 넘어 황제주로 등극했을 정도다. 한때 아모레퍼시픽 서경배 회장의 지분가치가 고 이건희 삼성전자 회장의 것을 넘어서기도 했다. 그러나 2016년 사드 배치 이후 중국의 경제보복으로 화장품 산업은 점점 성장률이 둔화되었고 2020년 코로나19 팬데믹으로 어려움을 맞았다.

2023년 화장품 산업은 중국 로컬 브랜드의 약진, 중국의 제로 코로나 정책으로 여전히 부진한 가운데 일본, 미국, 동남아 수출로 활로를 모색하고 있다. 화장품 산업은 크게 브랜드와 OEM, ODM 섹터로 구분된다. 추가로 화장품 원료와 부자재를 만드는 기업들이 존재하며 일부 화장품 임상을 진행하는 기업도 있다.

화장품

1. 화장품 산업의 개요

화장품 산업은 음식료 산업과 마찬가지로 경기의 영향을 덜 받는 특징이 있다. 화장품은 지속적으로 쓰는 소모성 제품이기 때문에 화장품 기업들의 실적도 안정적인 편이다.

화장품 기업은 사업 형태에 따라 브랜드 기업과 OEM, ODM[*] 등 제조 기업으로 구분된다. 브랜드는 럭셔리를 표방하는 고가 브랜드와 매스[Mass] 타깃의 중저가 브랜드로 나뉜다. 럭셔리 브랜드는 소비자 충성도가 높아 중저가 브랜드에 비해 상대적으로 경기의 영향을 덜 받는다.

화장품 브랜드 시장은 진입장벽이 매우 낮은 편이다. 생산 및 제조는 OEM, ODM 기업에 맡기고 브랜드 기업은 판매와 마케팅에 집중하면 되기

---

[*] 개발력을 갖춘 제조 기업이 유통 기업에 상품을 제공하는 생산 방식

	2013	2014	2015	2016	2017	2018	2019	2020	2021	2022
제조 기업	1,535	1,750	2,017	2,033	2,069	2,328	2,911	4,071	4,428	4,548
책임판매 기업	3,884	4,853	6,422	8,175	1만 79	1만 2,673	1만 5,707	1만 9,769	2만 2,716	2만 8,015

출처: 통계청

때문이다. 한국보건산업진흥원, 식품의약품안전처에 따르면 2022년 국내 화장품 책임판매 기업은 2만 8,015곳에 달하며, 지난 10년간 621% 증가했다. 같은 기간 제조 업체 수는 1,535곳에서 4,548곳으로 196% 늘었다. 판매 업체 수에 비해 제조 업체 수의 증가율이 낮은 이유는 상대적으로 제조의 진입 장벽이 높기 때문이다.

화장품 브랜드 수가 매년 증가하는 이유로 유행에 민감하다는 측면도 있다. 특히 빨라진 트렌드 변화를 인지하고 이에 걸맞은 제품을 출시하는 인디 뷰티 브랜드의 활약이 점차 커지는 추세다. 화장품 유통 채널에서 온라인 비중이 확대된 점도 인디 뷰티 브랜드의 강세 이유다. 화장품 시장의 패러다임이 대기업 중심에서 중소 인디 뷰티 브랜드로 변화하는 과정에서 브랜드 기업보다는 OEM, ODM 기업의 투자 매력이 올라가고 있다.

화장품은 용도에 따라 크게 기초 화장품과 색조 화장품으로 구분된다. 기초 화장품은 말 그대로 화장의 기초가 되는 화장품이다. 메이크업을 효과적으로 하기 위해 바르는 스킨, 로션 등 보습 제품, 아이크림, 마스크팩 등이 이에 해당한다. 넓은 의미에서 자외선 차단제인 선크림, 화장을 지우기 위한 클렌저도 여기에 포함된다. 색조 화장품은 피부색, 피부 굴곡을 보정하거나 피부에 직접 색을 입히는 화장품을 말한다. 베이스 메이크업, 아이 및 립 메이크업 제품 등이 이에 해당한다.

　화장품 산업은 수출 주도형 산업이다. 수출로 간주할 수 있는 아모레퍼시픽의 면세점 매출과 해외법인 및 수출 금액을 합친 매출액은 2023년 상반기 기준 약 49%를 차지한다. 2022년 화장품 수출 금액은 약 79억 5,319만 달러, 수입액은 약 13억 2,513억 달러를 기록했다.

　유로모니터인터내셔널에 따르면 화장품 산업의 시장규모는 기초 화장품이 70%, 색조 화장품이 30% 정도다. 단, 지역별로 기초 화장품과 색조 화장품 시장규모가 다른데, 아메리카와 아시아-태평양 지역은 색조 화장품 시장규모가 상대적으로 크다. 반면 유럽은 색조 화장품 시장규모가 전체의 약 20% 대다. 중동과 아프리카는 색조 화장품 시장규모가 한 자릿수에 불과하다. 지역마다 화장품 종류별 시장규모가 다른 것은 계절 및 문화적·종교적 특징에 기인한다.

　화장품 판매 채널은 크게 면세점과 면세점을 제외한 오프라인, 온라인으로 구분한다. 면세점을 따로 분류하는 이유는 그만큼 판매 채널로서의 영향력이 크기 때문이다. 방한 관광객이 면세점에서 가장 많이 구매하는 품목이 화장품이다. 나머지 오프라인 매장은 백화점, 가두판매점, H&B스토어[*] 등이 있다. 국내 온라인 쇼핑의 성장으로 화장품 판매에서 온라인 채널 비중이 확대되고 있다.

2. 화장품 산업의 성장성

전 세계 화장품 시장은 연평균 약 3~4%대 성장을 보이고 있다. 스타티스

---

[*] 드러그스토어이며 의약품, 화장품, 건강보조식품 등을 한데 모아 판매하는 소매점

타^{Statista}에 따르면 전 세계 화장품 시장규모는 2023년 약 6,257억 달러로 2028년까지 연평균 3.3% 성장할 것으로 관측된다. 리서치다이브^{Researchdive}에 따르면 지역별 시장규모는 2023년 기준 아시아-태평양 지역 38%, 북미 29%, 유럽 22%, 남미 12%의 시장을 형성할 것으로 전망된다. 아시아-태평양 지역의 시장규모가 가장 크지만, 성장률도 높을 것으로 기대된다. 2023년부터 2027년까지 아시아-태평양 지역의 화장품 시장 성장률은 연평균 6.6%로 관측된다.

전체 화장품 시장 성장률에 비해 국내 화장품 기업들의 수출 증가율이 높은 이유는 국내 기업들이 아시아-태평양 지역의 중심이기 때문이다. 통계청에 따르면 화장품 수출 금액은 꾸준히 증가세이며, 2021년 약 91억 8,800만 달러로 전년 대비 약 21.3% 성장했다.

다만 2022년 수출은 13.4% 줄었는데, 이는 중국 시장 부진 탓이다. 다른

한국 화장품 수출 금액 및 전년 대비 증감률 추이

단위: 100만 달러(좌)/%(우)

출처: 통계청

나라와 달리 중국은 제로 코로나 정책을 지속해 도시 봉쇄 등 바깥 활동이 제한되면서 화장품 소비도 줄었다.

실제 2022년 대중국 화장품 수출 금액은 약 36억 1,175만 달러로 전년 대비 26% 감소했다. 같은 중화권인 홍콩으로 수출 금액도 32%나 줄었다. 반면 베트남은 약 3억 7,509만 달러로 23% 증가했으며, 대만과 태국향 수출도 각각 21%와 13% 늘었다.

2022 국가별 화장품 수출 금액 및 전년 대비 증감률

단위: 100만 달러

국가	수출 금액	점유율	증감률
중국	3,612	45.4%	-26%
미국	839	10.6%	0%
일본	746	9.4%	-5%
홍콩	394	5.0%	-32%
베트남	375	4.7%	23%
러시아 연방	287	3.6%	-1%
대만	200	2.5%	21%
태국	155	1.9%	13%
싱가포르	119	1.5%	2%
말레이시아	115	1.5%	10%

출처: 통계청

3. 화장품 산업의 투자 포인트

1) 외국인 관광객

해외여행을 다녀올 때 대다수의 여행객이 들르는 곳이 있다. 바로 면세점이다. 좋은 물건을 세금 없이 정가보다 싼값에 구매할 수 있는 기회를 그냥 지나치는 사람은 별로 없다. 방한 외국인 관광객도 마찬가지다. 특히 외국인은 면세 한도가 없으므로 국내 면세점에서 매우 큰 금액을 지출한다. 방한 관광객이 면세점에서 가장 큰 금액을 지출하는 품목이 화장품이다. 따라서 외국인 관광객이 늘면 화장품 수요가 증가할 수밖에 없다.

특히 면세점 화장품의 큰손은 '따이공'이다. 따이공이란, 한국과 중국을 오가며 면세품, 농산물을 소규모로 밀거래하는 보따리상을 일컫는다. 중국의 코로나19 팬데믹에 따른 잦은 봉쇄령으로 방한 따이공이 줄자 국내 면세점 및 화장품 산업은 고전을 면치 못했다. 그러나 중국이 2022년 12월을 기점으로 코로나 봉쇄 정책을 해제하고 2023년 8월 중국인 단체 관광객이 허용되면서 9월부터 중국인 관광객 유입 수가 늘어났다. 2023년 8월 누적 방한 중국인은 103만 857명이다. 코로나19 팬데믹 이전인 2019년 연간 수준을 기준으로 1/6 수준에 불과한 점을 감안하면 향후 성장 여력이 크다.

다만 추세적으로 대중국 수출 증가율은 둔화될 것으로 전망된다. 중국의 애국 소비 강화로 로컬 브랜드가 수입 브랜드 수요를 대체하고 있기 때문이다. 중국 국가통계국에 따르면 2021년 중국 화장품 시장규모는 약 14% 늘었다. 상위 30개 화장품 브랜드 중 12개를 로컬 브랜드가 차지하고 있지만 국내 기업은 2019년부터 중국 시장 점유율이 줄고 있다. 일본, 유럽 브랜드가 럭셔리 시장에서 입지를 강화하고 있는 가운데 중저가 시장에서는 중국 로컬 브랜드의 약진이 지속되고 있다.

2015년까지 중국인 관광객 증가로 화장품 산업은 호황을 누렸지만, 사드 배치를 기점으로 중국 모멘텀은 점점 사라져가고 있다. 동남아, 미국 등 신시장 개척이 절실한 상황이다.

2) 계절성과 이벤트

기초 화장품은 화장의 베이스 역할로, 외부 변수에 상관없이 수요가 꾸준한 편이다. 반면 색조 화장품은 계절과 트렌드에 민감하다. 또한 코로나19 팬데믹 같은 사태가 발생한다면 바깥 활동이 줄어들고 외부 활동을 하더라도 마스크를 착용해야 한다. 이 경우 자연스럽게 색조 화장품 수요는 감소하게 된다. 반대로 코로나19 팬데믹이 종료되고 바깥 활동이 많아지면 억눌려 있던 색조 화장품 수요가 많이 늘어난다. 이처럼 어떤 화장품을 만드는지에 따라 실적 방향성과 투자 포인트가 달라질 수 있다.

화장품 산업 투자 지표

실적 및 투자 지표: 2023년 3분기 연환산 기준
배당수익률: 2022년 주당 배당금/2023년 11월 24일 주가
시가총액: 2023년 11월 24일 기준

* 회색음영은 신규 상장 종목으로 2022년 연간 실적 반영

단위: 억 원

종목코드	종목명	매출액	영업이익	순이익	PER	배당수익률	시가총액
090430	아모레퍼시픽	38,357	1,445	1,610	47	0.5%	76,041
051900	LG생활건강	70,454	5,612	1,520	35	1.2%	52,711
192820	코스맥스	17,413	956	351	37	0.0%	13,018
048410	현대바이오	101	-172	-176	-67	0.0%	11,724
161890	한국콜마	20,828	1,074	45	248	1.0%	11,074
018290	브이티	2,788	339	137	47	0.0%	6,419
352480	씨앤씨인터내셔널	1,956	277	234	26	0.0%	6,068
237880	클리오	3,133	274	242	21	0.7%	5,205
018250	애경산업	6,602	621	349	15	1.6%	5,065
241710	코스메카코리아	4,544	379	180	23	0.0%	4,069
439090	마녀공장	1,018	245	–	–	0.0%	3,890
251970	펌텍코리아	2,684	323	230	14	1.4%	3,236
226320	잇츠한불	1,368	80	-64	-43	1.2%	2,726
950140	잉글우드랩	1,909	237	172	15	0.0%	2,539
114840	아이패밀리에스씨	853	95	76	29	0.2%	2,180
078520	에이블씨엔씨	2,706	156	45	43	0.0%	1,915
092730	네오팜	923	244	207	9	3.1%	1,851
214260	라파스	255	-37	-85	-20	0.0%	1,744
115960	연우	2,264	-6	4	467	0.0%	1,727
052260	현대바이오랜드	984	71	44	34	0.7%	1,503

화장품

OEM/ODM
· 한국콜마 · 코스맥스 · 코스메카코리아 · 잉글우드랩 · 라파스 · 한국화장품제조
· 씨티케이 · 뷰티스킨 · 코스나인 · 코디 · 스킨앤스킨 · 제닉 · 올리패스

브랜드

기초화장품
· 브이티 · 마녀공장 · 네오팜 · 제로투세븐
· 아우딘퓨처스 · 원익 · 오가닉티코스메틱

마스크팩
· 리더스코스메틱 · 제이준코스메틱 · 에스디생명공학

색조화장품
· 씨앤씨인터내셔널 · 본느

종합화장품
· 아모레퍼시픽 · LG생활건강 · 클리오 · 애경산업 · 잇츠한불
· 아이패밀리에스씨 · 에이블씨엔씨 · 청담글로벌 · 코리아나
· 한국화장품 · 토니모리 · 디와이디

헤어케어
· 현대바이오 · TS트릴리온 · 세화피앤씨 · 이노진

원료와 부자재

화장품 용기
· 펌텍코리아 · 연우 · 휴엠앤씨

화장품 원료
· 에이에스텍 · 현대바이오랜드 · 선진뷰티사이언스 · 대봉엘에스
· KCI · 엔에프씨 · 컬러레이 · 셀바이오휴먼텍

화장품 임상
· 피엔케이피부임상연구센타

레저

여행, 호텔, 항공, 카지노로 구성된 레저 산업은 국민 관광객과 방한 외래 관광객 수요에 기반하고 있다. 2020년 코로나19로 관광객 수요가 급감하면서 어려움을 겪었지만 2022년부터 본격적인 리오프닝과 맞물려 턴어라운드가 기대되는 분야다.

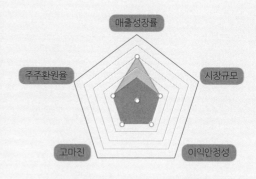

코로나19 팬데믹으로 하늘길이 막히면서 캠핑 등 국내 여행을 테마로 하는 여행 프로그램이 인기를 끌었다. 우리나라 국민의 소득수준이 높아지면서 여가에 대한 관심이 커지고 있다. 일하는 시간보다 일의 집중도를 중요하게 생각하면서 주 4일제를 도입하는 기업도 늘고 있다. 이에 따라 여행, 오락, 레저 시장은 꾸준히 성장할 것으로 보인다.

증시에서 레저 산업에 속한 기업은 35곳으로 전체 시가총액에서 차지하는 비중은 1.1%다. 2020년 코로나19 팬데믹으로 사회적 거리두기가 시행되면서 여행, 항공, 카지노 기업들의 실적이 크게 꺾였으며, 이에 따라 주가 역시 부진했다. 그러나 2021년부터 백신 접종률 상승에 따라 리오프닝이 시작되면서 회복 기대감이 일었다.

레저 산업은 먼저 여행, 호텔, 항공, 카지노로 구분된다. 이 밖에도 레저용품, 레저 시설, 외식, 자전거, 골프 등도 존재하지만 4개 섹터가 가장 비중이 크다. 항공은 본래 운송 산업에 속하지만 항공사의 주요 매출원이 화물 운송보다는 여객 운송이며, 저비용 항공사의 경우 여객 운송만 담당하고 있기 때문이다. 특히 여객 운송의 국내외 여행 수요가 대부분이므로 레저 산업에 포함시켰다. 또한 여행, 호텔, 항공, 카지노 모두 실적에 영향을 미치는 핵심변수가 유사하다는 특징이 있다.

여행과 호텔

1. 여행과 호텔 산업의 개요

부모님 세대에 인기 있는 신혼여행지는 제주도였다. 즉, 20세기의 제주도는 평생 한 번 있을까 말까 한 의미 있는 날을 기념하기 위해 찾는 곳이었다. 그러나 현재 제주도는 가장 만만한 여름휴가지 중 하나다. 요즘 유치원생, 초등학생도 방학 때가 되면 가족 단위로 심심치 않게 해외여행을 가기도 한다. 국민 소득수준이 꾸준히 증가하는 가운데 워라밸[*]을 중시하는 MZ 세대의 소비 여력이 커지면서 여가 지출 역시 자연스럽게 확대되고 있다.

2014년 가계당 문화여가지출률(가구 월평균 오락문화비/가구 월평균 지출액×100)은 4.35%에서 2018년 5.76%로 1% 넘게 올랐다. 같은 기간 오락문화비 역시 12만 6,351원에서 19만 1,772원으로 51.8% 증가했다. 그렇지만 2020년

---

[*] Work and Life Balance의 줄임말로, 일과 삶의 적절한 밸런스를 뜻하는 용어

가계지출액, 문화여가지출률, 오락문화비 추이

단위: 만 원

	2015	2016	2017	2018	2019	2020	2021	2022
문화여가지출률	4.44%	4.53%	5.27%	5.76%	5.41%	4.31%	4.23%	4.7%
가계지출액	289	286	332	333	333	324	337	359
오락문화비	12.8	12.9	17.5	19.2	18.0	14.0	14.3	16.9

출처: 통계청

여행업, 관광숙박업 사업자 수 추이

	2016	2017	2018	2019	2020	2021
여행업	1만 9,848	2만 900	2만 2,544	2만 2,283	2만 1,647	2만 906
관광숙박업	1,740	1,949	2,105	2,227	2,312	2,430

출처: 관광지식정보시스템

코로나19 팬데믹으로 사회적 거리두기가 시행되면서 2021년 문화여가 지출률은 4.23%로 하락했다. 본격적인 리오프닝을 맞아 2022년에는 4.7%로 회복했으며, 2023년에는 경기둔화로 다소 주춤했지만 장기적으로 꾸준히 증가할 것으로 전망된다.

여행업은 자본금 등록요건이 5,000만 원으로 진입장벽이 낮은 산업이다. 관광숙박업은 고정자본 투자가 필요하지만, 소규모 숙박 시설로도 얼마든지 사업을 영위할 수 있다.

또한 여행 트렌드가 빠르게 바뀌고, 유형별 숙박 시설 선호 현상이 뚜렷한데, 치열한 경쟁 속에서도 규모와 상관없이 경쟁력 있는 기업은 꾸준히 선전하고 있다. 코로나19 팬데믹으로 관광 산업에서 전반적으로 구조조정이 일어났지만, 2021년 기준 여전히 여행업 사업자는 약 2만 906곳, 숙박업소도 약 2,430곳에 달한다.

2. 여행과 호텔 산업의 성장성

K팝, K콘텐츠 등 한류 문화 선호 현상으로 방한 외래관광객은 2019년까지 꾸준히 늘었다. 그러나 코로나19 팬데믹으로 국가 간 이동이 사실상 불가능해지면서 2020년 들어 급감했다. 그리고 2022년 다시 하늘길이 열려 관광객은 이전 수준을 점차 회복하고 있다. 2023년 9월 누적 방한 외래관광객은 약 765만 명으로 2022년 연간 대비 139% 늘었다.

방한 외래관광객 수 추이

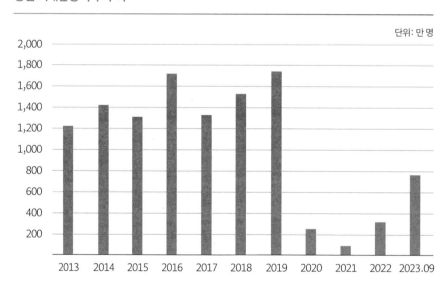

단위: 만 명

출처: 관광지식정보시스템

국민 해외관광객 수 추이

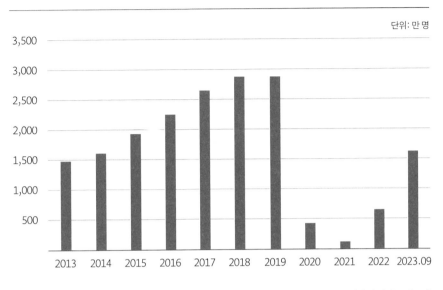

단위: 만 명

출처: 관광지식정보시스템

    국민 해외관광객도 2019년까지 꾸준히 늘었다. 방한 외래관광객이 2013년부터 2019년까지 약 57% 증가했다면 국민 해외관광객은 같은 기간 약 2배가량 성장했다. 한국을 찾는 외국인 관광객보다 해외로 나가는 우리나라 국민이 더 빠르게 증가하고 있는 셈이다. 국민 해외관광객이 방한 외래관광객보다 변동성도 적다.

    방한 외래관광객은 국제 정세, 질병 등 매크로 환경 등에 민감한 영향을 받는다. 방한 외래관광객 중 가장 큰 비중을 차지하는 국적은 중국인데, 사드 이슈가 불거지자 국내 발길이 줄면서 2017년 전체 방한 외래관광객이 줄어든 것을 알 수 있다. 2015년 메르스 당시에도 국내 팬데믹 우려가 커지면서 한국을 찾는 외국인 관광객이 줄었다.

3. 여행과 호텔 산업의 투자 포인트

1) 자유여행 선점 필요

MZ 세대의 소비 여력이 커지면서 자유여행 비중은 점차 확대되고 있다. 여행신문의 소비자 대상 설문조사에 따르면 2023년 7월 자유여행 선호 비중은 51.7%로 전년 46.8% 대비 4.9%p 올랐다. 반면 패키지여행 선호 비율은 45.5%에서 37.6%로 낮아졌다. 기존 여행사의 주요 매출원인 패키지 형태의 여행 알선 수수료 감소가 불가피한 상황이다.

이에 따라 여행사들은 앞다투어 OTA(온라인 여행 에이전시) 사업을 확대하고 있다. OTA란 Online Travel Agency의 약자로, 교통수단 및 숙박 등 여행 요소와 상품에 관한 전 세계적 공급망을 연결해 온라인상에서 검색, 비교, 예약 및 결제를 할 수 있도록 하는 플랫폼이다. 쉽게 말해 소비자가 직접 여행을 구성하고 일정을 세울 수 있도록 도와주는 종합 여행 플랫폼이다. 실제 소비자들은 해외여행 예약을 위해 활용하는 채널로 OTA(선호비율 42.3%)를 가장 선호하는 것으로 나타났다.

2021년 하나투어는 야놀자와 전략적 제휴를 체결하고 해외여행 상품을 야놀자에 단독 공급하기로 했다. 한 달에 수백만 명이 찾는 국내 1위 숙박 애플리케이션과 제휴해 구식의 패키지여행 수익 구조를 탈피한다는 전략이다. 노랑풍선도 2021년 자체 개발한 '노랑풍선 자유여행 플랫폼'을 오픈했다. 해당 플랫폼은 항공, 호텔, 투어, 액티비티, 렌터카 등 여행 관련 상품을 한꺼번에 모아 예약할 수 있는 '원스톱 서비스'를 제공한다. 다만 기존 여행사의 도전이 시장에 잘 통할지는 미지수다. 야놀자, 여기어때 등 숙박 유니콘들이 이미 OTA 시장을 선점했으며, 네이버, 쿠팡 등도 여행 커머스로의 진출을 노리고 있기 때문이다.

항공

1. 항공 산업의 개요

우리나라는 1948년 10월 대한국민항공사^{Korea National Airlines, KNA}를 창설하면서 본격 민간항공 시대를 맞이했다. 이후 70여 년이 흐른 현재 대한민국은 세계 5위 항공운송강국으로 자리매김했다. 국내 항공사는 2023년 9월 기준 모두 9곳으로 과점 시장을 형성하고 있다. 정부의 인가가 필요한 산업이기도 하지만 무엇보다 항공기 자체의 가격이 높다는 점은 진입장벽으로 작용한다. 항공기 1대의 가격이 150석급은 약 600억~700억 원, 550석급은 약 2,500억 원에 달한다.

  항공사는 이용요금에 따라 대형항공사^{Full Service Carrier, FSC}와 저비용항공사^{Low Cost Carrier, LCC}로 나뉜다. FSC는 대한항공, 아시아나항공 단 2곳만 존재하며, LCC는 진에어, 제주항공, 티웨이항공 등 7곳이 있다. FSC는 여객 운송 외에도 화물 운송 사업을 겸하고 있다. 운항 경로에 따라 국제선과 국내선으로 나눌 수 있는데, FSC는 국제선과 국내선 비율이 7:3이며, LCC는 4:6이다. 과거 LCC는 국내선 비중이 압도적으로 높았으나, 사업 확장 및 수익성 제고를 위해 가까운 아시아 지역을 중심으로 국제선 비중을 늘리고 있다.

2. 항공 산업의 성장성

항공 수요는 여가생활 시간의 증가로 장기적으로 꾸준히 늘어나는 추세지만, 중단기적으로 국제 정세, 환율, 국제 유가 등에 영향을 받는다. 국제선 탑승객은 2015년 약 6,143만 명에서 2019년 약 9,039만 명으로 47.1% 늘었지만, 2020년 코로나19 팬데믹 여파로 약 1,424만 명으로 급감했다. 2022년부터 본격적으로 리오프닝이 시작되며 국제선 탑승객은 약 1,950만 명으로 급증

운항 경로별 탑승객 수 추이

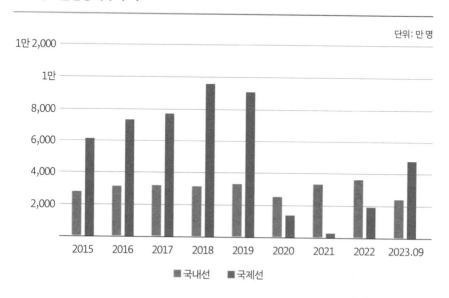

출처: 한국항공협회

했으며, 2023년 9월 누적 기준 약 4,848만 명을 기록했다.

항공사는 수천억 원에서 수조 원에 달하는 항공기 자산을 보유하고 있다. 여기서 발생하는 감가상각비, 리스 비용이 만만치 않다. 해당 비용은 숨만 쉬어도 나가는 고정비로, 대외 변수로 항공 수요가 꺾이는 상황이 발생하면 항공사들의 실적 역시 크게 감소한다. 실적 변동성이 크다는 것은 주가 역시 비슷하다는 의미다.

3. 항공 산업의 투자 포인트

1) 환율, 유가 등 매크로 변수

항공기 이용요금은 항공운임, 공항시설사용료 및 기타수수료, 유류할증료로 구성되어 있다. 유류할증료는 유가 변동에 따라 말 그대로 할증되는 요금이다. 유가가 오르는 국면에서는 유류할증료가 높아진다. 또한 국제 유가의 시세가 달러로 책정되기 때문에 환율이 오르면 유류할증료가 높아지게 된다. 또한 환율은 해외여행 수요 자체를 억제하기도 한다. 한국인이 해외여행을 갔을 때 환율이 변한다면 같은 100만 원으로 즐길 수 있는 숙소, 음식, 문화의 등급이 달라질 수 있다. 이처럼 국제 유가나 환율이 오르면 국제선을 이용하는 탑승객은 줄어들 수밖에 없다.

한편 실제 리오프닝이 본격화된 2022년에 국제선 여행객 수는 크게 늘지 못했다. 정부가 2022년 9월부터 입국 전 코로나19 검사를 폐지했지만 증시에서 항공주의 주가는 잠잠했다. 1년 전만 하더라도 1,100원대였던 환율이 20% 넘게 뛰면서 원달러환율이 1,400원에 육박하며 해외여행 수요에 찬물을 끼얹은 영향으로 해석할 수 있다. 코로나19로 발생한 전 세계적인 팬데믹 상황, 전쟁 등도 항공 수요를 위축시키는 요인이다.

소비재 2

대한항공 주가 차트

출처: 키움증권HTS

국가별 탑승객 비율

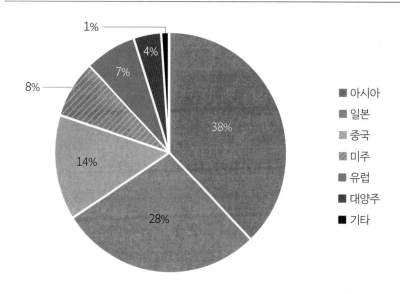

- ■ 아시아
- ■ 일본
- ■ 중국
- ▨ 미주
- ■ 유럽
- ■ 대양주
- ■ 기타

출처: 한국항공협회

2) 장거리노선 확보

항공사의 판매량에 해당하는 변수는 공급 좌석 수와 운항거리다. 공급 좌석이 늘어나거나 운항거리가 길어질수록 실적이 증가하는 구조다. 따라서 국제노선 등 장거리노선 확보가 중요하다.

과거 저비용 항공사의 국제선 비중은 10%에 불과했지만, 2023년 40%까지 확대된 것도 이러한 이유 때문이다. 또한 국내선 수요는 연간 3,000만~3,500만 명 수준에서 유지되는 반면, 코로나19 팬데믹 이전까지 국제선 수요는 꾸준히 증가했다. 항공사가 성장하려면 상대적으로 수익성이 높고 판매량 증가가 기대되는 국제선 경로를 늘리는 것이 중요하다.

카지노

1. 카지노 산업의 개요와 성장성

카지노는 게임, 음악, 쇼, 댄스 등 오락 시설을 갖춘 연회장이란 의미의 라틴 어 '카사Casa'가 어원이다. 세계 최초의 카지노는 1638년 이탈리아 정부가 인 정한 '리도또'라는 카지노 전용 공간으로, 베니스 축제 동안 운영되었다.

오랜 기간 유교적 사상이 사회에 팽배했던 우리나라는 카지노 산업을 한때 사행행위 영업으로 규정했다. 그러다가 1994년 8월 「관광진흥법」 개정으로 카지노 산업은 정식 관광 산업으로 인정을 받게 되었으며, 방한하는 '외국인 관광객을 유치해 외화 획득을 통한 관광수지 개선 및 일자리 창출' 등의 목적 으로 성장하게 되었다.

카지노는 문화체육관광부의 허가가 필요한 산업으로 전국에 총 17개 사업 장이 존재한다. 이 중에서 16곳은 외국인 카지노, 1곳은 내국인 카지노다. 외 국인 카지노는 말 그대로 외국인 관광객만 출입할 수 있는 곳이다. 내국인 입장이 가능한 국내 유일 카지노는 강원랜드다.

강원랜드는 석탄 산업 사양화에 따른 폐광지역 경제회생을 위해 관광 산업 육성을 목적으로 한 「폐광지역 개발 지원에 관한 특별법」 제정 후 1998년에 설립되었다. 강원랜드를 제외하고 카지노 산업은 외국인 관광객 유입에 영향을 받는다.

2010년 이후 K팝 같은 K콘텐츠의 인기 덕분에 중국인을 중심으로 방한 관광객이 크게 늘었다. 2009년 방한 외국인은 약 782만 명이었지만, 2016년 불과 7년 만에 약 1,724만 명으로 2배 넘게 늘었다.

그러나 한국과 중국 사이의 사드 배치 이슈가 불거진 이후 한국을 찾는 중국인 관광객이 줄면서 2017년 전체 방한 외국인은 줄었다. 이후 다시 방한 외국인 관광객 수는 회복세로 돌아섰지만 2020년 코로나19 팬데믹 발생으로 다시 크게 감소했다. 한편 2015년 방한 외국인 관광객이 줄어든 이유는 당시 메르스 전염병이 유행한 탓이다.

이처럼 외래관광객 수요는 국제 정세와 질병에 민감하며, 카지노 기업 실적에도 영향을 미친다.

2. 카지노 산업의 투자 포인트

1) 카지노 실적을 결정짓는 용어 세 가지

카지노가 돈을 버는 구조는 다소 독특하다. 이를 이해하기 위해서는 드롭액, 홀드율, 콤프 비용 이 세 용어를 알아야 한다.

먼저 방문객이 카지노에서 게임을 하기 위해서는 칩을 구매해야 한다. 방문객이 칩을 구매한 총액을 드롭액이라고 한다. 홀드율은 카지노의 승률이다. 드롭액 중 카지노가 게임에서 이겨 취득한 금액의 비율을 뜻한다. 콤프 비용은 고객을 유치하기 위한 프로모션 비용이다. 카지노 방문객에게 무상 또는 할인된 가격으로 제공하는 숙박, 식음료 등 편의 서비스를 말한다.

정리하면, 카지노의 실적이 좋아지기 위해서는 드롭액과 홀드율은 높아야 하며, 콤프 비용은 낮아야 한다.

2) VIP와 매스

카지노의 고객은 매스Mass와 VIP로 나뉜다. 구분의 기준은 드롭액이다. VIP는 전체 드롭액의 80~90%를, 매스는 10~20%를 차지한다. 반면 방문객 중의 비율은 매스가 VIP보다 많다. 그렇지만 VIP가 많을수록 카지노 기업 실적에 긍정적이라고 볼 수는 없다. VIP는 드롭액이 큰 대신 승률도 매스에 비해 높기 때문이다. 따라서 카지노 기업 입장에서는 매스 고객이 최대한 많이 방문해주는 편이 낫다.

2019 파라다이스 고객 국적별 드롭액 비중

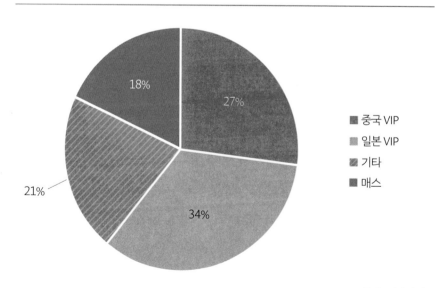

출처: 파라다이스

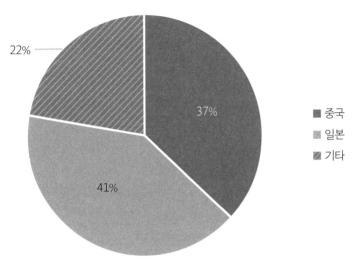

국내 외국인 카지노 기업의 주요 방문객 국적은 중국과 일본이다. 2019년 파라다이스의 국적별 드롭액 비중은 일본인 VIP가 34%, 중국인 VIP가 27%였다. 같은 기간 GKL^{Grand Korea Leisure}의 경우 일본인 드롭액이 41%, 중국인 드롭액이 37%를 차지했다. 외국인 카지노 기업의 실적은 일본인, 중국인 관광객이 얼마나 많아지는가에 달려 있다고 해도 과언이 아니다.

3) 복합리조트

과거에 비해 카지노 사업장이 많아지면서 기업 간 경쟁도 치열해지고 있다. 이에 따라 카지노 기업들은 고객을 유치하기 위해 카지노, 호텔뿐만 아니라 다양한 레저, 문화 시설을 보유하고 있는 복합리조트를 선보이고 있다. 복합리조트는 콤프 비용의 효율성을 높일 수 있는 장점이 있다. 따라서 홀드율을 높일 수 있는 매스 고객 유치가 가능하다.

구분	제주 드림타워	파라다이스 시티	하이원리조트
위치	제주도 제주시	인천국제공항 IBC-1	강원도 정선
카지노	외국인 전용	외국인 전용	내국인 출입 가능
주요 시설	호텔, 카지노, 컨벤션, 수영장, 스파, 사우나 등	호텔, 카지노, 스파, 컨벤션, 아레나, K스튜디오 등	호텔, 리조트, 카지노, 컨벤션, 워터파크, 골프장, 스키장 등
사업자	롯데관광개발	파라다이스	강원랜드

출처: 각 사

　　국내 복합리조트는 대표적으로 롯데관광개발의 제주 드림타워, 파라다이스의 영종도 파라다이스 시티, 강원랜드의 하이원리조트가 있다.

레저 산업 투자 지표

실적 및 투자 지표: 2023년 3분기 연환산 기준
배당수익률: 2022년 주당 배당금/2023년 11월 24일 주가
시가총액: 2023년 11월 24일 기준

단위: 억 원

종목코드	종목명	매출액	영업이익	순이익	PER	배당수익률	시가총액
003490	대한항공	155,980	20,223	13,489	6	3.3%	82,481
035250	강원랜드	13,980	2,619	2,764	12	2.2%	33,696
008770	호텔신라	39,308	1,028	413	63	0.3%	26,100
034230	파라다이스	9,456	1,493	676	19	0.0%	12,892
039130	하나투어	3,382	69	447	20	0.0%	8,822
114090	GKL	3,987	574	332	26	0.0%	8,734
089590	제주항공	15,416	1,622	1,167	7	0.0%	8,523
020560	아시아나항공	73,081	6,339	4,538	2	0.0%	8,059
032350	롯데관광개발	2,651	-870	-2,226	-4	0.0%	7,837
272450	진에어	11,590	1,470	1,431	4	0.0%	6,290
025980	아난티	8,981	2,984	1,309	5	0.0%	6,235
215000	골프존	6,600	1,073	741	8	4.9%	5,729
091810	티웨이항공	12,038	1,340	941	5	0.0%	4,618
298690	에어부산	7,943	1,191	1,264	3	0.0%	3,429
080160	모두투어	1,570	101	69	46	0.0%	3,134
339770	교촌에프앤비	4,626	139	86	22	2.6%	1,896
084680	이월드	1,195	110	16	115	0.0%	1,851
070960	용평리조트	1,744	98	-49	-30	0.0%	1,480
005430	한국공항	5,014	351	321	4	0.0%	1,396
111710	남화산업	251	122	174	7	4.9%	1,264

레저

- **골프**
  - 골프존
  - 남화산업
  - 브이씨

- **노래방**
  - TJ미디어

- **레저시설**
  - 이월드
  - 메쎄이상
  - 시공테크

- **레저용품**
  - ES큐브

- **여행**
  - 하나투어
  - 모두투어
  - 노랑풍선
  - 참좋은여행
  - 세중

- **외식**
  - 교촌에프앤비
  - 인바이오젠
  - 티엔엔터테인먼트
  - 씨티프라퍼티
  - 디딤이앤에프
  - 엔터파트너즈

- **자전거**
  - 삼천리자전거
  - 알톤스포츠

- **카지노**
  - 강원랜드
  - 파라다이스
  - GKL
  - 롯데관광개발

- **항공사**
  - **FSD**
    - 대한항공
    - 아시아나항공
  - **LCC**
    - 제주항공
    - 진에어
    - 티웨이항공
    - 에어부산
  - **항공운수보조**
    - 한국공항

- **호텔**
  - 호텔신라
  - 아난티
  - 용평리조트

미디어

미디어 산업은 방송 콘텐츠, 연예기획, 영화, 광고 등 매우 다양한 업종이 포함되어 있다. 따라서 방송과 광고처럼 내수 중심의 성장률이 낮은 분야도 있지만, 연예기획사 및 웹툰 등 글로벌 시장에서 가파르게 성장하는 분야도 존재한다.

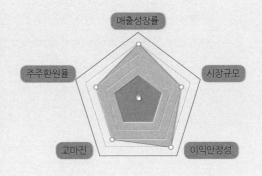

봉준호 감독의 〈기생충〉이 한국 영화 역사상 최초로 아카데미 4관왕을 휩쓸었다. 영어가 아닌 언어로 제작된 영화가 아카데미 작품상을 받은 영화도 기생충이 최초다. 머지않아 또 하나의 낭보가 날아들었다. BTS가 한국 가수 최초로 미국 빌보드 싱글 차트 정상에 오른 것이다. 아시아 가수가 '핫100' 1위에 오른 것은 1963년 일본 가수 '사가모토 규' 이후 57년 만이다. 2021년에는 〈오징어 게임〉이 국내 드라마 최초로 넷플릭스 전 세계 1위를 거머쥐기도 했다.

잇달아 세계인의 마음을 뒤흔드는 한국 콘텐츠의 기세가 매섭다. 한국은 반도체, 2차전지 강국을 넘어 이미 K콘텐츠 같은 문화 부문에서도 남다른 경쟁력을 보여주고 있다. 내수 시장을 넘어 전 세계에 영향을 행사하는 콘텐츠, 엔터테인먼트 분야가 속해 있는 한국의 미디어 산업에 투자자는 주목해야 한다.

미디어 산업에 속해 있는 기업은 총 83곳으로, 시가총액에서 차지하는 비중은 1.5%다. 미디어 산업은 방송과 콘텐츠, 엔터테인먼트, 영화배급과 멀티플렉스, 광고로 구분했다. 방송사는 시청자에게 드라마, 예능, 영화 등의 콘텐츠를 전달하며 광고를 통해 수익을 창출한다. 과거 플랫폼 역할을 했던 방송사의 지위가 높았으나 OTT 플랫폼과 인터넷 플랫폼 기

업들의 등장으로 점차 그 지위가 약화되고 있다.

반대로 플랫폼 경쟁으로 콘텐츠 제작사들의 입지가 커지고 있다. 실감형 콘텐츠와 가상현실 시장의 본격적인 성장으로 경쟁력 있는 콘텐츠 제작사의 가치는 더욱 커질 전망이다. 각종 드라마, 예능에 출연하는 연예인들은 엔터테인먼트사 소속이며, 콘텐츠와 함께 노출되는 광고 역시 미디어 산업에서 뺄 수 없는 유관 섹터다.

미디어

1. 미디어 산업의 개요

21세기 초 인터넷 혁명으로 인쇄 매체가 쇠락하고 네이버, 다음과 같은 포털에서 텍스트 콘텐츠를 찾아보는 시대가 열렸다. 그리고 2007년 애플의 아이폰 출시로 내 손 안의 컴퓨터인 '스마트폰' 시대가 도래했고, 결과적으로 TV에서 벗어나 온라인 동영상 플랫폼이 대중화되는 시발점이 되었다. 유튜브, 넷플릭스의 등장으로 OTT 플랫폼 사업자도 동영상 플랫폼 사업에 뛰어들면서 매체 간 경쟁은 더욱 치열해지고 있다. 미디어의 헤게모니가 기존 언론사, 방송사에서 구글, 네이버 등 인터넷 플랫폼 기업으로 옮겨 가면서 콘텐츠 제작사의 위상도 커지고 있는 상황이다.

미디어 산업은 크게 채널 역할을 하는 방송사와, 콘텐츠를 제작하는 제작사로 나뉜다. 국내 산업분류에 따르면 방송사와 콘텐츠사를 모두 합해 방송영상 산업으로 분류하고 있다. 방송사는 지상파방송, 유선방송, 위성방송, 인

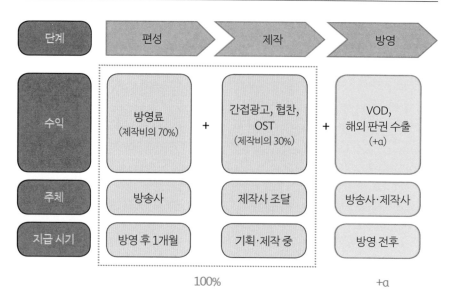

출처: 래몽래인 투자설명서

터넷영상물 제공업 등으로 구분되는데 콘텐츠의 전송 방식이 다르다는 점이 차이점이다.

지상파는 공중파라고 흔히 알고 있는 KBS, MBC, SBS, EBS다. 전파를 통해 안테나 대 안테나로 직접 수신하는 방식이다. 유선방송은 유료 가입자를 따로 모집하는 방송으로, 흔히 케이블 TV라고 알려져 있으며, 동축 케이블을 통해 콘텐츠를 공급한다. 위성방송은 말 그대로 위성을 통해 송수신을 하는 사업자로, 국내에서는 KT 스카이라이프 1곳만 존재한다. 인터넷영상물 제공업자는 IPTV로 국내 통신 3사의 인터넷망을 통해 방송 서비스를 제공한다.

방송사는 일반적으로 제작사에 콘텐츠 제작을 의뢰하며 제작비의 약 70%를 지원한다. 제작사는 방송사 지원 제작비를 제외하고 간접광고[PPL], 협찬, OST 등으로 제작비의 30%를 충당해 손익분기점을 맞춘다. 제작사의 추가

수익은 VOD 판매, 재방송 등이 대표적이며, 흥행작의 OTT 플랫폼 진출과 해외 판권 수출을 통해 추가 매출을 창출하기도 한다. 그러나 방송 플랫폼 간 경쟁이 치열해지면서 제작 전 단계에서 OTT 플랫폼과 계약을 맺는 사례가 늘고 있다. 과거 방송사의 영역을 OTT 플랫폼이 대체하는 흐름이다.

▎2. 미디어 산업의 성장성

방송통신위원회에 따르면 유료방송 가입 가구 비율은 2013년 93.2%에서 2022년 92.7%로 소폭 하락했다. 이를 채널별로 살펴보면 디지털 케이블의 경우 2019년(46.1%)까지 지속적으로 상승했지만, 이후 하락해 2022년 기준 38%에 불과하다. 아날로그 케이블은 거의 자취를 감추었으며, 위성방송은 8%대를 유지하고 있다. 유일하게 가입 가구 비율이 확대되고 있는 것은 IPTV뿐이다. 2013년 22.8%에 불과했던 IPTV는 2022년 52.1%로 상승했다.

유료방송의 가입률은 정체되어 있는 반면, OTT 이용률은 급성장 중이다. 방송통신위원회에 따르면 국내 OTT 이용률은 2016년 35%에서 2022년 72%까지 급성장했다. 특히 코로나19 팬데믹을 거치며 유튜브 이용률이 2019년 47.8%에서 2022년 66.1%로 늘었고, 넷플릭스 이용률도 4.9%에서 31.5%까지 높아졌다.

기존 방송매체의 수요 침체와 OTT 플랫폼의 선전은 앞으로도 지속될 것으로 보인다. 컨설팅 기업 PwC에 따르면 글로벌 유료방송 가입료는 2020년 약 1,838억 달러에서 2025년 약 1,765억 달러로 연평균 약 0.8%씩 감소할 것으로 전망된다. 반면 같은 기간 OTT 동영상 매출은 약 583억 달러에서 약 939억 달러로 연평균 약 9.98%씩 성장할 것으로 관측된다.

유료방송별 가입 가구 비율 추이

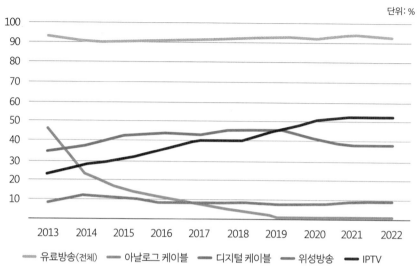

단위: %

유료방송(전체) ── 아날로그 케이블 ── 디지털 케이블 ── 위성방송 ── IPTV

출처: 방송통신위원회

OTT 이용률 추이

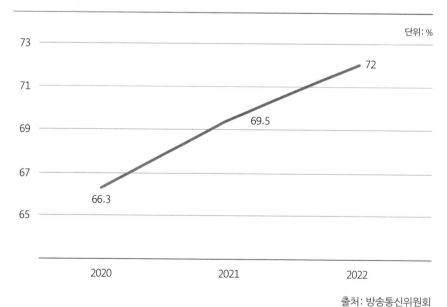

단위: %

66.3
69.5
72

출처: 방송통신위원회

OTT 매체별 이용률

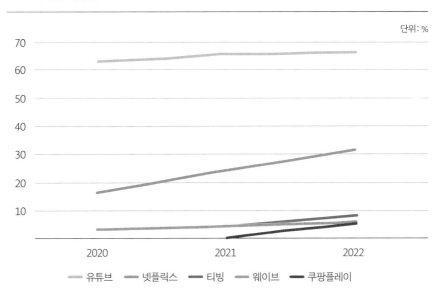

단위: %

출처: 방송통신위원회

글로벌 방송영상 산업 연평균 성장률 전망

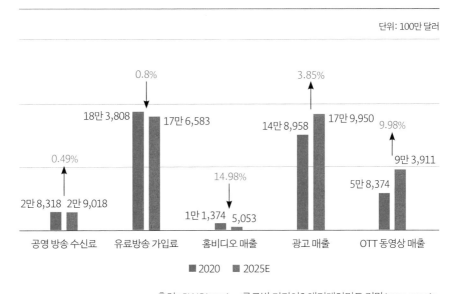

단위: 100만 달러

출처: PWC(2021), <글로벌 미디어&엔터테인먼트 전망(2021~2025)>

방송매체의 다양화와 OTT 플랫폼의 등장으로 콘텐츠 제작사의 먹거리도 늘고 있다. 전 세계 OTT 1위 사업자 넷플릭스의 콘텐츠 투자 금액은 2016년 약 69억 달러에서 2020년 약 160억 달러로 증가했고, 2028년에는 약 263억 달러가 목표치다. 넷플릭스뿐만 아니라 아마존 프라임, 애플TV플러스, 디즈니플러스 등 글로벌 OTT 기업들 역시 과감히 투자를 집행하고 있다. 국내에서는 CJ ENM이 2025년까지 약 5조 원, 지상파와 SKT가 연합한 웨이브가 약 1조 원을 각각 콘텐츠 사업에 투자할 계획이다. 이에 따라 콘텐츠 제작사의 매출도 지속적으로 증가할 전망이다.

3. 미디어 산업의 투자 포인트

1) IP를 활용한 원소스 멀티유즈

게임 산업과 마찬가지로 방송 콘텐츠 시장 역시 IP가 중요하다. 단순히 방송용 콘텐츠를 넘어서 웹툰, 웹소설 IP를 영상으로 제작하는 IP 원소스 멀티유즈*가 일반화되고 있다. IP를 활용한 콘텐츠는 제작사나 방송사 입장에서 선호할 수밖에 없다. 이미 흥행 검증을 마친 웹소설, 웹툰을 배경으로 기본 인지도와 시청자를 확보할 수 있기 때문이다. 실패 가능성도 적으며, 스토리 제작을 크게 따로 하지 않아 비용도 절감된다. 네이버웹툰의 IP를 활용해 넷플릭스 OTT로 방영된 작품으로는 〈지금 우리 학교는〉, 〈지옥〉이 있으며, 카카오 엔터테인먼트의 IP를 활용한 작품으로는 tvN의 〈김비서가 왜 그럴까〉, 티빙의 〈술꾼도시여자들〉이 대표적이다.

✖ 하나의 소재를 서로 다른 장르에 적용해 파급 효과를 노리는 마케팅 전략

2) 실감형 콘텐츠 시장

메타버스 시대가 도래하면 가장 각광받을 시장 중 하나가 실감형 콘텐츠 시장이다. 실감형 콘텐츠란 가상현실Virtual Reality, VR이나 증강현실Augmented Reality, AR, 홀로그램 등 실감 기술을 적용한 디지털 콘텐츠를 말한다. 물리적 세계의 시간과 공간에 대한 제약을 허물어 사용자 경험을 극대화해주는 콘텐츠 산업의 새로운 먹거리다. 소프트웨어정책연구소에 따르면 전 세계 실감형 콘텐츠 시장은 2019년 약 140억 달러에서 2024년 약 892억 달러로 연평균 44.7%씩 성장할 것으로 전망된다. 5G 통신의 상용화와 XR* 기기의 대중화가 실감형 콘텐츠 시장에 활력을 불어넣어줄 것으로 예상된다.

실감형 콘텐츠 시장은 전 세계적으로 각국 정부의 정책 지원을 받고 있다.

전 세계 실감형 콘텐츠 시장규모 및 성장률 추이 및 전망

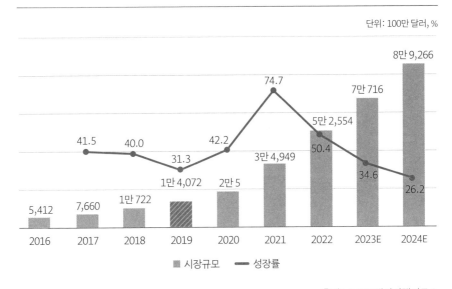

단위: 100만 달러, %

출처: 소프트웨어정책연구소

✻ eXtended Reality, 확장현실이라 부르며 가상현실과 증강현실을 아우르는 혼합현실 기술을 망라하는 용어

국가	분야	기술(정책)	주요 내용
미국	국방	전투용 MR 헤드셋	· AR 단말기 홀로렌즈2 개발 · 위치, 지도, 건물, 아군 위치 정보 확인 · 2022년 도입 목표, 2028년 상용화 목표
	교육	학습 참여 자율성 제고	· 학생 참여도 자율성 개선 프로그램 제안 · VR·AR기술 적용으로 자율 참여(VR·AR 적용 차세대 교육 시스템 구축 예정)
중국	산업 전반	핵심 기술 양성	· 2020년까지 VR 산업 기술혁신 센터 건설 · 2025년까지 VR 관련 핵심 특허 취득 · 산학 협력 강화(VR 관련 기초이론 정립 및 기술 연구 추진)
		다양한 산업과 연계 추진	· 제조, 교육, 문화, 헬스케어 등 다양한 산업군과 기술 연계 추진 · 지적재산권 보호 및 관련 기업 창업 지원 체계 구축
일본	콘텐츠	VR 콘텐츠 제작 기술 활용 가이드라인	· 양질의 VR·AR 콘텐츠 제공 목적 · 콘텐츠 제작 기업과 광고 대행사, 지방자치단체의 VR 활용 콘텐츠 제작 도모
	관광	문화재 관광에 활용할 VR기술 운영 지침	· VR·AR·MR 등의 최신 기술을 활용한 체험형 문화재 도입 추진 · VR 기술 관련 기본 정보 및 활용 사례 제공

출처: 정보통신산업진흥원

미국은 국방과 교육 분야에서, 중국은 산업 전반에 걸쳐서, 일본은 콘텐츠와 관광 목적으로 실감형 콘텐츠 육성 계획을 구체화한 상태다. 이 밖에 실감형 콘텐츠 시장은 헬스케어, 자동차 등 다양한 산업군으로 확산될 전망이다. 투자 관점에서 앞으로 시장을 주도할 실감형 콘텐츠 제작 기술을 보유한 기업에 주목해야 한다.

엔터테인먼트

1. 엔터테인먼트 산업의 개요

엔터테인먼트^{Entertainment}란 '오락'으로, 많은 사람을 즐겁게 하는 것을 바탕으로 하는 문화 활동을 의미한다. 다만 국내 주식 시장에서 엔터테인먼트라는 개념은 하이브, 에스엠^{SM}, JYP 엔터테인먼트 같은 연예기획사를 다루는 섹터를 지칭하는 용어다. 이 책에서도 아티스트들을 발굴하고 육성해 음반 판매 및 콘서트 기획 등 다양한 부가가치를 창출하는 기업을 엔터테인먼트사(이하 엔터사)로 지칭한다.

2021년 국내 음악제작업 사기업 수는 1,453개로 전체 매출액은 약 3조 5,397억 원, 사기업당 평균 매출액은 약 24억 3,613만 원이다. 소자본으로 누구나 창업이 가능하기 때문에 진입장벽이 낮다. 다만 하이브, JYP 엔터테인먼트, 에스엠, YG 엔터테인먼트 등 상위 5개 엔터사가 시장의 70%를 점유하고 있는 과점 시장이다. 플레이어는 많지만 자본력과 아티스트 육성 시스템을 갖추고 있는 상위권 기업들의 입지가 점차 견고해지고 있다. 다만 상위권 기업이라고 해도 특정 아티스트 비중이 큰 것이 특징이다. 업계 4위권인 YG 엔터테인먼트의 2023년 음반판매량 기준 블랙핑크의 비중은 60%대로 알려져 있다. 특정 아티스트 비중이 큰 것은 엔터사에 리스크다. 실제 블랙핑크의 재계약 시점을 맞아 주요 아티스트인 제니, 지수 등이 1인 기획사 설립 설이 돌자 YG 엔터테인먼트 주가가 급락한 바 있다.

YG 엔터테인먼트 외에도 하이브, JYP 엔터테인먼트, 에스엠 역시 몇몇 아티스트 의존도가 큰 편이다. 엔터사들은 특정 아티스트 집중도를 낮추기 위해 지속적으로 신규 아티스트들을 발굴하고 있다.

2. 엔터테인먼트 산업의 성장성

국제음반산업협회에 따르면 2022년 전 세계 음악 시장규모는 약 262억 달러로 전년 대비 9% 늘었다. 음원 스트리밍 시장이 약 175억 달러로 전체 음악 시장의 67%를 차지했으며, CD 및 레코드 등 실물 음반 판매 시장은 약 46억 달러, 공연 수익은 약 25억 달러를 각각 기록했다. 글로벌뉴스와이어 Globenewswire에 따르면 2023년 전 세계 음악 시장은 약 282억 9,000만 달러 규모의 시장을 형성한 뒤 2028년까지 연평균 8.5% 성장할 것으로 전망된다. 유튜브, 애플뮤직, 스포티파이 등 디지털 플랫폼이 활성화되는 가운데 음원 스트리밍 시장이 꾸준히 성장할 것으로 전망된다. PwC에 따르면 2024년 기준 미국 시장이 전체 음악 시장에서 39%를 차지할 것으로 보이며, 일본이 11%, 중국이 3%, 한국이 2%를 기록할 것으로 관측된다.

한국의 음반 수출은 크게 늘어나는 추세다. 산업통상자원부에 따르면 K팝 음반 수출 금액은 2017년 약 4,418만 달러에서 2022년 약 2억 3,311만 달러

2024 국가별 음악 시장 점유율 전망

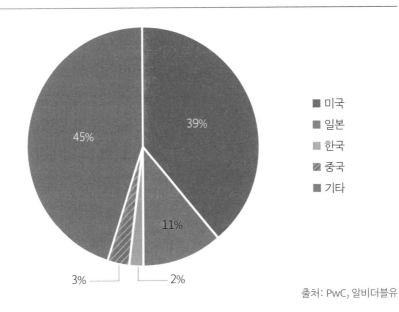

45%

39%

11%

3%

2%

- 미국
- 일본
- 한국
- 중국
- 기타

출처: PwC, 알비더블유

K팝 음반 수출 금액 추이

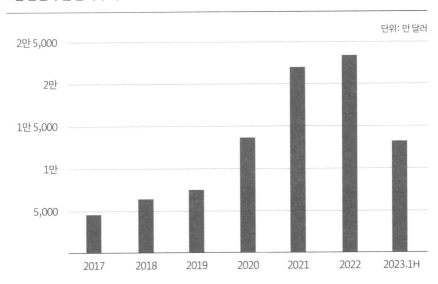

단위: 만 달러

2만 5,000

2만

1만 5,000

1만

5,000

2017 2018 2019 2020 2021 2022 2023.1H

출처: 무역협회

로 무려 5배나 증가했다. 특히 2020년부터 대폭 증가했는데, BTS와 블랙핑크 등 K팝 아티스트들의 선전 덕분이다. 2022년 수출 금액은 전년 대비 5.6% 느는 데 그쳤지만, 2023년 상반기 수출 금액은 약 1억 3,293만 달러로 전년 동기 대비 17.1% 증가해 여전히 성장세를 이어가고 있다. BTS 단체 활동은 중단되었지만, 솔로 활동이 이어지고 있고 스트레이키즈, TXT 등 다양한 아티스트들의 활동으로 만들어진 결과다.

이에 따라 2020년부터 해외 음반 판매량이 국내 음반 판매량을 넘어섰다. 국가별 음반 판매액은 2022년 기준 일본이 약 8,574만 달러로 1위이며, 중국이 약 5,132만 달러, 미국이 약 3,887만 달러를 각각 기록하고 있다. 단, 성장률로 보면 미국 시장이 가장 높다. 2017년 대비 음반 수출 금액은 일본이 399%, 중국이 222%, 미국이 1,575% 각각 증가했다. 특히 2023년 상반기 미국 수출 금액은 약 2,551만 달러로 중국(약 2,264만 달러)을 제치고 2위에 올랐

국가별 음원 수출 금액

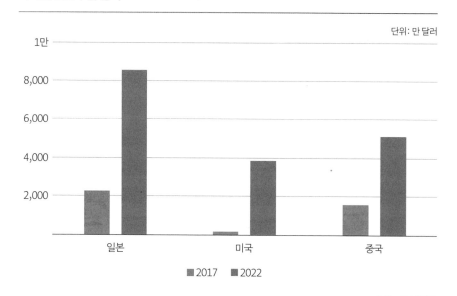

단위: 만 달러

■ 2017 ■ 2022

출처: 무역협회

다. 세계 최대 음원 시장인 미국에서 성장이 지속된다면 관련 엔터사들의 주가는 긍정적으로 평가될 가능성이 높다.

이 밖에도 독일, 대만, 홍콩, 네덜란트, 캐나다, 영국, 프랑스 순으로 수출 금액이 큰 것으로 나타났다. 과거 한국의 K팝은 일본, 중국을 중심으로 동남아시아권에서만 인기를 끌었지만, 2019년 블랙핑크, 2020년 BTS가 빌보드 싱글 순위 상위권을 차지하면서 서구권까지 저변을 확대했다. 사드 배치 이슈로 중국 시장의 성장은 더딘 반면, 미국, 유럽 등 선진 시장 점유율을 확대하면서 엔터사들은 질적·양적 성장의 두 마리 토끼를 잡을 수 있었다.

3. 엔터테인먼트 산업의 투자 포인트

1) 아티스트들의 컴백과 흥행 여부

엔터사들 대부분 특정 아티스트 비중이 큰 만큼, 해당 아티스트들의 컴백 이슈가 주가에 큰 영향을 미친다. 하이브는 BTS, JYP 엔터테인먼트는 트와이스, ITZY, 스트레이키즈, 에스엠은 NCT, 에스파, YG 엔터테인먼트는 블랙핑크가 대표적이다. 특히 하이브와 YG 엔터테인먼트가 주력 아티스트 매출 비중이 높다. 따라서 이들 아티스트의 컴백 여부와 신규 음원의 흥행 여부가 실적에 직접적인 영향을 미친다.

엔터사들은 아티스트 컴백 시 음원 공개와 함께 자사 유튜브 채널에 뮤직비디오를 공개한다. 신곡 뮤직비디오 조회수는 아티스트들의 흥행 여부를 가늠할 수 있는 좋은 지표다. 2020년 코로나19 팬데믹으로 오프라인 활동이 제한되자 엔터사들은 온라인 콘서트 등 아티스트 활동의 돌파구를 마련했다. 이에 따라 아티스트들의 온·오프라인을 망라한 하이브리드 활동이 가능해지면서 컴백 주기도 짧아지는 추세다.

신규 아티스트들의 발굴 및 흥행 여부도 중요하다. BTS, 블랙핑크 등 주력 아티스트들은 시간이 지날수록 아티스트와 회사 간 수익 배분 비율에서 우위를 점할 수밖에 없다. 즉, 엔터사 입장에서는 매출은 늘어날 수 있지만 이익률은 하락할 수 있다. 따라서 수익성을 제고할 수 있는 신규 아티스트들을 꾸준히 발굴해 선보이는 것도 기업 가치 상승에 중요하다.

2) 플랫폼(콘텐츠) 매출 확대

엔터사들의 사업부는 크게 음원 및 음반 판매, 콘서트, 광고 및 방송 출연, 매니지먼트, 아티스트들의 초상권을 활용한 굿즈로 구분된다. 아티스트가 새로운 음원을 선보이며 흥행을 거두면, 콘서트 및 방송 출연, 굿즈 판매까지 이어지는 구조다. 음원 판매 및 콘서트, 방송 활동이 아티스트를 활용한 엔터사의 1차 매출이라면, 굿즈 판매 등은 아티스트들의 IP를 활용한 2차 매출인 셈이다.

최근 엔터사들은 2차 매출에 집중하고 있다. 하이브의 위버스^{Weverse} 플랫폼이 대표적인 예시다. 위버스는 아티스트와 팬들이 직접 소통할 수 있는 플랫폼이다. 멤버십에 가입하면 유료 회원들에게만 제공되는 사진, 음성, 영상 등 독점 콘텐츠를 이용할 수 있다. 콘서트, 신곡 발표 등 멤버십 회원들이 먼저 알 수 있는 정보도 제공해준다.

엔터사들 입장에서는 위버스와 같은 콘텐츠 매출이 매우 중요한데, 아티스트들의 활동 여부와 크게 상관없이 매출이 꾸준히 발생할 수 있기 때문이다. 특히 팬들과 직접 소통할 수 있는 창구를 지속적으로 마련해 유저를 더욱더 플랫폼에 록인$^{Lock-in}$시키는 효과가 있다.

에스엠도 글로벌 팬 커뮤니케이션 기업 디어유^{DEARU}를 설립해 플랫폼 사업에 집중하고 있다. 디어유는 에스엠과 JYP 엔터테인먼트가 각각 1대, 2대 주주다. 이러한 신규 서비스를 엔터사들은 플랫폼 사업으로 지칭하지만, 유저들에게 새로운 콘텐츠를 제공해주는 의미에서 본질은 콘텐츠라고 볼 수 있다.

향후 엔터사들의 콘텐츠 사업은 메타버스, NFT 등으로 확장될 예정이다. 코로나19 팬데믹으로 인해 온라인 콘서트가 새롭게 등장해 긍정적인 반응을 보인 만큼, 아티스트들의 활동을 메타버스 세계에 접목시키는 시도가 증가할 것으로 기대된다. 메타버스 플랫폼에서 열리는 가상 콘서트, XR 기술을 활용해 현실세계와 가상세계를 접목시킨 초현실적 콘서트 등이 대표적이다.

아티스트들의 IP를 활용한 NFT 제작도 한창이다. NFT는 포켓몬 카드처럼 희소성에 기반해 소장 욕구를 불러일으킬 수 있는 온라인 아이템이다. 메타버스 세상에 맞는 엔터사의 새로운 먹거리가 될 수 있다. 특히 NFT는 실시간으로 사고팔 수 있는 마켓이 형성되어 있어 경제성이 강하다는 장점이 있다.

3) 아시아에서 미국으로

해외 진출 확대는 엔터테인먼트사 가치 상승의 핵심이다. 무엇보다 기존 K팝의 주 무대였던 아시아보다 미국 등 서구권으로의 확대가 중요하다. 아시아는 같은 동양권으로 지리적 근접성, 유사한 외모, 문화 등 K팝의 진출이 비교적 용이하다. 그러나 북미, 유럽은 앞선 모든 부분에서 차이가 있어 진입장벽이 높다.

그러나 BTS, 블랙핑크 등 주요 아티스트들의 앨범이 빌보드 차트에서 의미 있는 순위에 오르면서 K팝은 본격적으로 서구권 시장에 발을 들였다. 이에 따라 2017년 5.2%에 불과했던 미국향 수출 금액은 2022년 17.1%까지 상승했다.

관세청 수출입 데이터에 따르면 미국 K팝 음악 수출 금액은 2023년 9월 누적 약 4,975만 달러로 2022년 연간 수치 약 3,892만 달러를 초과했다. 미국 수출 비중은 22.5%로 중국 수출 비중 10.4%를 크게 뛰어넘었다. 미국에서 K팝

미국 레이블과 파트너십 맺은 K팝 아티스트

소속사	아티스트	미국 레이블 소속	모기업	체결시기
하이브	· BTS · TXT · 세븐틴 · 엔하이픈 · 르세라핌 · 뉴진스	· Geffen · Republic · Geffen · Geffen · Geffen · Geffen	· UMG · UMG · UMG · UMG · UMG · UMG	· 2021.10 · 2019.03 · 2021.05
에스엠	· NCT 127 · SuperM · 에스파 · 라이즈	· Capitol · Capitol · Warner · RCA	· UMG · UMG · WME · SME	· 2019.04 · 2019.08 · 2022.06 · 2023.09
JYP 엔터테인먼트	· 트와이스 · 스트레이키즈 · ITZY · 엔믹스 · 엑스디너리 히어로즈	· Republic · Republic · Republic · Republic · Republic	· UMG · UMG · UMG · UMG · UMG	· 2020.02 · 2022.02 · 2022.02 · 2023.06 · 2023.06
YG 엔터테인먼트	· 블랙핑크 · 트레저	· Interscope · Columbia	· UMG · SME	· 2018.10 · 2023.07
큐브엔터	· (여자)아이들	· 88rising	· WMG	· 2023.07
스타쉽 엔터테인먼트	· 몬스타엑스 · 아이브	· Epic · Columbia	· SME · SME	· 2019.05 · 2023.03
KQ	· 에이티즈	· RCA	· SME	· 2019.07
ATTRAKT	피프티 피프티	· Warmer	· WME	· 2023.04

출처: 교보증권, 언론 보도 취합

의 인지도가 높아지면서 미국 현지 레이블[*]과 파트너십이 이어지고 있다.

K팝의 미국 수출 확대는 단순히 시장만 확대하는 것을 의미하지 않는다.

---

[*] 음반사를 지칭하는 용어로, 음반을 만들고 유통하는 역할을 하는 단체

미국은 전 세계 1위 음악 시장으로 미국에서의 인기는 전 세계적으로 확산되는 파급력을 지닌 것과 같은 의미다. 미국은 1인당 GDP가 높아 소비여력이 높고 공연 인프라가 뛰어나다는 점에서 미국의 팬 1명 확보 시 수익성 기여도는 아시아권 팬 1명보다 웃돈다. 향후 K팝이 미국 시장에서 얼마나 확산되는지가 엔터테인먼트 산업 성장에 큰 영향을 미칠 것으로 보인다.

광고

1. 광고 산업의 개요

제품이나 서비스를 판매하기 위해서는 광고가 필수다. 광고는 소비자와 기업이 만나는 접점이며, 다양한 미디어 채널을 통해 노출된다. 과거 광고는 전통 4대 매체로 불리는 TV, 라디오, 신문, 잡지에서의 노출 비중이 높았다. 그러나 인터넷 같은 새로운 채널이 급부상하고 주요 소비자에게 집중해 광고하는 방식의 타깃 광고의 중요성이 커지면서 4대 매체의 광고 비중은 점차 감소하고 있다. 인터넷은 전통 4대 매체에 비해 잠재 고객을 정확히 찾아내 광고할 수 있다. 또한 잠재 고객의 클릭, 이탈, 잔류 시간 등을 실시간으로 확인하고 분석할 수 있다.

광고 산업의 이해관계자는 크게 광고주, 대행사, 미디어랩, 매체로 구분된다. 광고주는 제품을 홍보하고자 하는 기업이며, 대행사는 광고주를 대신해 매체에 광고를 하는 데 필요한 모든 업무를 수행한다. 미디어랩은 매체의 광고지면을 광고 대행사에 판매하는 역할을 한다. 특정 매체사의 매체 광고 판매권을 가진 회사로 볼 수 있다. 광고주가 광고 대행사에 광고를 맡기면, 광고 대행사는 이에 걸맞은 광고를 제작 후 미디어랩사에 적합한 매체 광고를 의뢰한다. 미디어랩사는 온오프라인 등 적절한 매체를 선정해서 광고 대행사에 판매하는 구조다.

광고 산업은 경기와 흐름을 함께한다. 경기가 위축되면 소비가 침체되고 기업들 역시 광고 예산을 줄인다. 반대로 호황이 찾아오면 소비가 활력을 띠고 기업들의 광고 예산 역시 증가한다. 기업들의 광고비 지출은 연말 소비 시즌, 올림픽 및 월드컵 등 특정 스포츠 이벤트 발생 시 증가하는 경향이 있다.

2. 광고 산업의 성장성

광고 산업의 성장성은 국내 경제 성장률과 유사하다. 내수 중심의 시장을 형성하고 있고 광고비가 GDP 규모와 관련이 있기 때문이다. 국내 총광고비는 2016년 약 12조 1,626억 원에서 2019년 약 14조 4,269억 원으로 꾸준히 늘었다. 그러나 2020년 코로나19 팬데믹을 맞아 전년 대비 2.2% 줄었으며, 2021년에는 기저효과로 약 15조 5,173억 원을 기록해 9.9% 늘었다. 2022년 각국 중앙은행들의 긴축 여파로 경기 둔화 우려가 형성된 가운데 총광고비는 약 15조 7,678억 원으로 1.6% 늘었다.

매체별로 살펴보면 방송 광고비는 정체되어 있는 가운데 인쇄, 옥외 광고비는 추세적으로 감소하고 있다. 특히 2020년 코로나19 팬데믹으로 크게 감소한 후 좀처럼 회복하지 못하고 있다. 반면 온라인 광고비는 코로나19 팬데믹 때 유일하게 성장한 매체로 증가세를 이어가고 있다. 온라인 중에서도 모바일 광고비 성장세가 두드러진다. 모바일 광고비는 2020년 약 5조 6,890억

총광고비 및 전년 대비 증감률 추이

단위: 억 원(좌)/%(우)

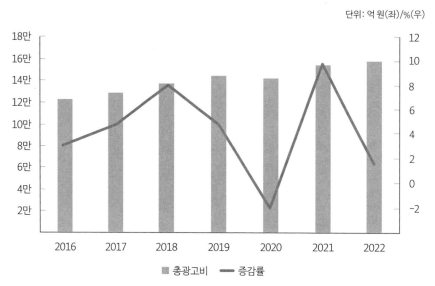

■ 총광고비 ━ 증감률

출처 : 한국방송광고진흥공사

채널별 광고비 추이

단위: 억 원

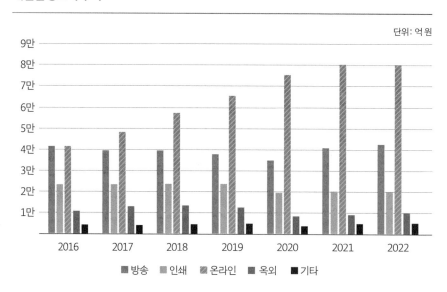

■ 방송 ■ 인쇄 ▨ 온라인 ■ 옥외 ■ 기타

출처 : 한국방송광고진흥공사

원으로 전년 대비 22.3% 성장했으며, 2021년 약 6조 2,239억 원, 2022년 약 6조 4,762억 원으로 늘었다. 반면 같은 기간 PC 광고비는 약 1조 8,393억 원에서 약 1조 5,465억 원으로 오히려 줄었다. 전통 매체뿐만 아니라 PC에서 이탈한 광고 예산이 모바일에 집중되는 모양새다. 스마트폰 대중화에 따른 모바일 트래픽이 확산되는 가운데 유튜브, OTT 플랫폼 등 온라인 동영상 광고 시장이 급성장한 결과다.

모바일 광고 시장의 성장은 단순히 트래픽 확산에서 비롯된 결과가 아니다. TV나 신문 등 전통 매체의 경우 노출 규모는 크지만 타깃 광고가 불가능했다. 광고주 입장에서는 필연적으로 비효율을 발생시킬 수 있는 광고 매체인 셈이다. 그러나 인터넷 광고의 경우 유저의 관심사 등을 파악해 맞춤형 광고를 노출해주므로 구매전환율이 높다.

또한 노출 수, 클릭률, 구매전환율 등 광고 결과를 계량화된 데이터로 분석

PC와 모바일 광고비 추이

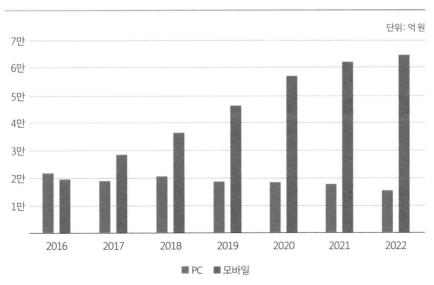

출처: 한국방송광고진흥공사

해 제공해주므로 피드백 측면에서도 우수하다. 이러한 이유로 앞으로도 인터넷 광고 시장의 성장이 지속될 것으로 전망된다. 이에 따라 네이버, 카카오, 유튜브 등 인터넷 플랫폼 기업들의 광고 매체 파워는 더욱 커질 것으로 예상된다.

3. 광고 산업의 투자 포인트

1) 우량 광고주, 매체 확보 여부

광고 대행사는 우량 광고주를 확보하는 것이 중요하다. 그런 차원에서 제일기획, 이노션 등 대기업 광고 계열사는 그룹사라는 안정적인 마켓을 확보하고 있다. 미디어랩사의 경우 경쟁력 있는 매체를 확보하는 것이 중요하다. 특히 모바일 광고 시장이 급성장하고 있는 만큼 네이버, 카카오 등 인터넷 플랫폼 기업의 광고 판매권을 쥐고 있는 것이 핵심이다.

2) 계절성과 이벤트

전통적으로 광고비 집행은 여름휴가를 앞둔 2분기와 크리스마스 등 연말 시즌인 4분기에 집중된다. 계절 및 시기에 따라 소비자들의 소비 동향이 바뀌고, 이에 따라 기업들의 마케팅 활동이 집중되기 때문이다. 올림픽, 월드컵과 같은 글로벌 스포츠 이벤트 기간에도 광고비 확대가 발생한다. 전 세계 시청자들의 시선이 집중되기 때문에 기업들 역시 자사 제품을 홍보하기 위해 열을 올리기 때문이다.

미디어 산업 투자 지표

실적 및 투자 지표: 2023년 3분기 연환산 기준
배당수익률: 2022년 주당 배당금/2023년 11월 24일 주가
시가총액: 2023년 11월 24일 기준

단위: 억 원

종목코드	종목명	매출액	영업이익	순이익	PER	배당수익률	시가총액
352820	하이브	21,029	2,574	768	114	0.0%	87,678
035900	JYP Ent.	5,246	1,572	1,147	30	0.4%	34,487
030000	제일기획	41,956	3,033	1,944	12	5.7%	23,066
041510	에스엠	9,688	1,271	1,322	17	1.3%	21,972
035760	CJ ENM	45,727	-667	-2,544	-7	0.0%	16,995
253450	스튜디오 드래곤	7,825	609	383	44	0.0%	16,953
122870	와이지 엔터테인먼트	5,848	961	719	14	0.5%	10,330
376300	디어유	696	251	217	40	0.0%	8,688
214320	이노션	19,849	1,512	1,074	8	5.1%	8,390
079160	CJ CGV	15,373	188	-381	-18	0.0%	6,954
299900	위지윅 스튜디오	2,170	-241	200	26	0.0%	5,260
034120	SBS	11,232	789	694	7	3.9%	4,682
126560	현대퓨처넷	1,610	27	12	283	2.8%	3,538
230360	에코마케팅	3,488	530	388	8	3.2%	3,117
263720	디앤씨미디어	605	41	44	68	0.0%	2,971
036420	콘텐트리중앙	9,816	-404	-766	-4	0.0%	2,912
053210	스카이라이프	10,477	404	104	28	5.8%	2,908
037270	YG PLUS	2,179	180	245	12	0.0%	2,857
037560	LG헬로비전	11,355	445	-274	-10	3.5%	2,672
040300	YTN	1,355	-93	-73	-36	1.0%	2,642

미디어

광고
- 제일기획 · 이노션 · 에코마케팅 · YG PLUS · 나스미디어 · SM C&C · 오리콤
- 레뷰코퍼레이션 · 엔피 · 인크로스 · 엔비티 · HS애드 · 모비데이즈 · FSN
- 이엠넷 · 플레이디 · 와이즈버즈 · 스타플렉스 · 와이더플래닛

엔터테인먼트
- 하이브 · JYP Ent. · 에스엠 · 와이지엔터테인먼트
- 디어유 · 큐브엔터 · 키이스트 · 알비더블유 · 에프엔씨엔터
- 스튜디오산타클로스 · 판타지오 · 아이오케이

영화배급과 멀티플렉스

멀티플렉스
- CJ CGV

영화배급
- 쇼박스 · NEW · 아센디오 · 바른손이앤에이

- **방송과 콘텐츠**
  - **NO** · 스카이라이프
  - **PP** · CJ ENM · YTN · 애니플러스 · IHQ
  - **SO** · 현대퓨처넷 · LG헬로비전 · KX · 씨씨에스
  - **VFX** · 자이언트스텝 · 덱스터 · 맥스트 · 이노시뮬레이션
    · 포바이포 · 버넥트 · 스코넥
  - **드라마제작** · 스튜디오드래곤 · 위지윅스튜디오 · 콘텐트리중앙 · 초록뱀미디어
    · 에이스토리 · 팬엔터테인먼트 · 삼화네트웍스 · 코퍼스코리아
    · 래몽래인 · 빅텐츠
  - **방송솔루션** · 디지캡
  - **방송중계권** · 갤럭시아에스엠
  - **애니메이션** · SAMG엔터 · 스튜디오미르
  - **웹소설과 웹툰** · 디앤씨미디어 · 키다리스튜디오 · 와이랩 · 미스터블루 · 핑거스토리
  - **유사투자자문** · 한국경제TV
  - **음원** · 지니뮤직 · 드림어스컴퍼니 · NHN벅스
  - **인쇄물** · SM Life Design
  - **인터넷미디어** · 디지틀조선 · iMBC · 아시아경제
  - **지상파** · SBS · KNN · 티비씨

게임

글로벌 게임 산업은 PC에서 모바일, 메타버스로 넘어가면서 꾸준히 성장할 것으로 전망된다. 글로벌 게임 시장규모는 300조 원(2023년 기준) 내외를 형성하고 있어 타 산업에 비해 크지 않지만, 마진이 높은 것이 특징이다.

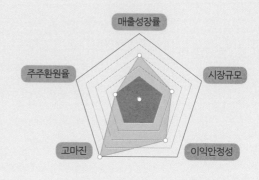

호모 사피엔스$^{Homo\ sapiens}$란 지혜와 이성, 지식을 갖춘 존재란 뜻이다. 다만 인간에겐 이런 본성만 있는 것이 아니다. 이미 수천 년 전부터 사람들은 문화, 예술, 오락을 즐겨왔다. 이처럼 인간은 본래 유희적인 존재라 여겨 호모 루덴스$^{Homo\ ludens}$라고 칭하기도 한다. 수천 년간 인간의 즐길 거리가 발전하면서 오늘날 '게임'이란 장르가 생겨났다.

게임 산업에 속하는 기업은 총 31곳으로 시가총액에서 차지하는 비중은 1.5%다. 과거 게임 산업은 집에서 혼자 또는 둘이서 즐기는 비디오 게임이 중심이었다. 이후 PC와 인터넷 혁명으로 온라인에서 다양한 사람들과 즐기는 온라인 게임이 흥행했으며, 스마트폰의 출현으로 모바일 게임이 급성장했다. 국내 게임 기업 대부분도 모바일 게임의 발전과 함께 증시에 등장했다. 게임 하나 잘 만들면 순식간에 전 세계 유저들을 충성 고객으로 만들 수 있는 만큼, 그 어떤 산업보다도 게임 산업은 개천에서 용 나는 게 가능하다. 이런 게임사를 발굴하기 위해서는 핵심 IP, 미래 먹거리인 메타버스, NFT의 활용성에 대해 알 필요가 있다. 게임 산업은 게임의 장르에 따라 FPS, RPG, 소셜 카지노, 보드게임, 캐주얼 게임 섹터로 구분했다.

게임

1. 게임 산업의 개요

코스피 시가총액 상위권에 속해 있는 엔씨소프트를 키운 것은 누가 보아도 리니지다. 크래프톤은 배틀그라운드 하나로 지금의 자리에 있다고 해도 과언이 아니다. 특히 배틀그라운드는 2018년 전 세계 유료 게임 1위를 차지했을 정도로 선풍적인 인기를 끈 게임이다. '게임 하나 잘 만들면 돈벼락 맞는다'라는 말이 괜히 나온 것이 아니다.

이처럼 게임 산업은 레버리지가 큰 산업이다. 과거 콘솔 게임만 존재했을 당시에는 이렇게 레버리지가 거의 없었다. 인터넷이 대중화되기 전에는 국경이라는 물리적인 장벽이 존재했기 때문이다. 그러나 인터넷의 발달로 전 세계 누구나 온라인 게임을 즐길 수 있는 시대가 찾아왔고, 스마트폰의 대중화로 전 세계 유저들의 접근성이 더욱 높아졌다. 그 결과 전 세계 게이머들을 사로잡을 수 있는 신작이 출시되면 돈방석에 앉는 게 가능해졌다.

물론 반대의 경우도 있다. 수년 동안 수천억 원의 개발비를 투입하고 야심차게 게임을 출시했지만, 기대 이하의 성적을 거두고 역사의 뒤안길로 사라지는 게임도 있다. 이렇게 실패하는 경우가 대다수이며, 성공하는 경우는 소수에 불과한 것이 현실이다.

게임은 필수소비재는 아니지만 경기에 거의 영향을 받지 않는다. 트렌드에 민감하지도 않다. 1998년 초기 인터넷 시대에 탄생한 '리니지'라는 게임이 지금도 여전히 유저들의 선택을 받는 것만 보아도 알 수 있다. 다만 청소년의 게임 중독 문제, 사행성 이슈로 정부의 규제를 받고 있다. 확률형 아이템 규제, 온라인 결제 한도 규제 등이 대표적이다. 확률형 아이템은 게임 내에서 무작위 확률로 획득하는 아이템이다. 2023년 2월 확률형 아이템 법적규제 내용을 담은 「게임산업진흥에 관한 법률」 일부 개정안이 국회 본회의를 통과했다. 2024년부터 게임사는 자사에서 서비스 중인 게임의 확률형 아이템 확률 정보를 게임물, 홈페이지 등에 표시해야 한다.

2. 게임 산업의 성장성

게임 시장은 모바일, 콘솔, PC, 아케이드 게임으로 구분된다. 모바일 게임은 구글 플레이스토어나 애플의 앱스토어에서 애플리케이션 형태로 다운로드받고 이용할 수 있는 게임이다. PC 게임은 PC를 활용한 온오프라인 게임이며, 콘솔은 엑스박스, 플레이스테이션 등 게임 전용 하드웨어 기기를 이용하는 게임이다. 아케이드 게임은 오락실 등 특정 장소에서 즐기는 게임을 말한다.

한국콘텐츠진흥원에 따르면 2023년 글로벌 게임 산업 규모는 약 2,427억 달러로 전년 대비 7.2% 성장한 것으로 추정된다. 게임 유형별 점유율은 모바일 48.0%, 콘솔 23.0%, PC 17.2%, 아케이드 11.8% 순이다. 2019년부터

2024 전 세계 플랫폼별 게임 시장 비중 전망

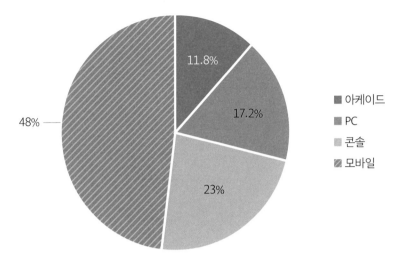

출처: 한국콘텐츠진흥원

전 세계 플랫폼별 게임 시장규모 추이

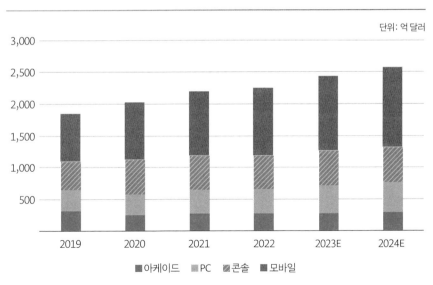

출처: 한국콘텐츠진흥원

2023년까지 전체 게임 시장은 연평균 7.1% 성장한 가운데 같은 기간 모바일(연평균 성장률 11.8%)과 PC(7.2%)가 시장 평균 성장률을 웃돈 것으로 파악된다.

권역별 시장 점유율을 살펴보면 2024년 기준 북미가 22.8%, 유럽 29%, 아시아 46.6%를 기록할 것으로 전망된다. 2021년에 비해 북미(점유율 24.1%)와 유럽(29.1%)은 줄어들 것으로 보이는 반면 아시아(45.4%)는 오를 것으로 전망된다. 한국의 2021년 게임 수출 금액은 약 86억 7,287만 달러로 전년 대비 5.1% 늘었다. 수입액은 약 3억 1,233만 달러로 15.3% 감소했다. 한국은 게임 산업에서 순수출 국가다. 게임 수출에서 제일 큰 비중을 차지하는 국가는 중국으로 전체 수출 중 34.1%를 차지했다.

3. 게임의 종류

스포츠는 육상 경기, 구기 종목, 수상 스포츠, 기계체조 등 다양한 종목으로 구성된다. 게임 역시 다양한 종목으로 나뉘는데 RPG, FPS, 보드게임, 소셜 카지노, 캐주얼 게임, 스포츠 게임 6가지가 대표적이다. 먼저 RPG는 Role-Playing Game의 약자로 '역할 수행 게임'이다. 쉽게 말해 게임사가 설정해놓은 가상세계에서 캐릭터를 설정하고 역할을 수행하는 게임이다. 리니지, 검은사막, 던전앤파이터 등이 대표적이다. RPG 게임은 대부분 매출 상위를 차지하고 있다. 다수의 유저가 온라인으로 참여하는 RPG 게임을 MMORPG^{Massively Multi-player Online Role Playing Game}라고 한다.

FPS 게임은 First Person Shooter의 약자로 1인칭 슈팅 게임으로 부른다. 게임상의 캐릭터 시점으로 3차원 공간을 누리며 총 같은 무기로 적을 공격하는 게임 장르다. 배틀그라운드, 서든 어택 등이 대표적이다. 보드게임은 고스톱, 포커, 바둑, 장기, 체스 등 '보드'에서 진행되는 게임을 말한다. 소셜 카지노 게임은 보드게임과 다소 영역이 겹치는데, 오프라인 카지노와 유사한 환경을 온라인상에서 구현한 게임이다. 게이머가 카드류, 슬롯머신 등에 참여해 게임머니를 획득할 수 있다. 캐주얼 게임은 '캐주얼'이라는 뜻처럼 간단하게 즐길 수 있는 게임을 뜻한다. 조작법, 규칙 등이 단순하고 비교적 짧은 시간에 즐길 수 있다. 애니팡, 앵그리버드, 카트라이더 등이 캐주얼 게임에 속한다. 마지막으로 축구, 농구 등 스포츠 환경을 매우 유사하게 구현해 게임을 즐길 수 있는 스포츠 게임이 있다. 위닝 일레븐, 피파 온라인이 대표적이다.

게임 산업은 비즈니스 모델에 따라 개발사, 퍼블리셔, 플랫폼으로 구분된다. 대부분의 중소 게임 기업은 개발에만 집중하기도 버겁다. 하지만 신작을 출시하고 유저들에게 어필하기 위해서는 마케팅도 필수다. 마케팅까지 챙길 여력이 없는 개발사 대신 게임을 유통, 홍보해주는 기업이 퍼블리셔다. 영화 산업에도 영화 제작사와 영화 배급사가 있는 것처럼 게임업계에서도 이 둘은 떼려야 뗄 수 없는 관계다. 퍼블리셔는 유통 채널 및 자금력을 보유한 카카오게임즈, 넷마블 등 대형사로 구성된다. 퍼블리셔는 게임 개발 역량이 출중한 개발사들을 발굴해 퍼블리싱 계약을 맺고 자금을 지원해준다. 이처럼 개발사가 계약에 따라 지원받은 돈을 선수금이라 한다. 최근에는 대형 게임사가 경쟁력 있는 중소형 개발사들을 인수하고 퍼블리셔와 개발을 동시에 추진하는 경우가 많아지고 있다.

플랫폼은 크게 모바일, PC, 콘솔로 나뉘는데, 각 플랫폼의 사업자들은 해당 채널에 입장하기 위한 입장료를 받는다. 모바일 플랫폼 회사는 애플의 앱스토어, 구글의 플레이스토어가 대표적인데 전체 게임 매출의 30%가량을 수취한다. 나머지 70%에서 퍼블리셔와 개발사가 나누어 갖는 구조다. 개발사가 퍼블리셔로부터 선수금을 받을 경우 퍼블리셔가 선수금을 회수할 때까지 42% 정도를 가져가지만, 이후에는 28%를 수취한다. PC 역시 모바일과 비슷하다.

플랫폼 (30%)	퍼블리셔 (42% → 28%)	개발사 (28% → 42%)

모바일 게임 비즈니스 모델에 따른 수익 배분율은 플랫폼 기업 없이 퍼블리셔와 개발사만 존재했다. 그런데 스팀이라는 거대 PC 게임 플랫폼이 탄생하면서 일부 대형사를 제외하고 스팀을 통해 유통하는 모양새다. PC 게임 플랫폼 회사는 전체 매출의 30%가량을 수취한다. 콘솔 게임 플랫폼 사업자는 엑스박스, 플레이스테이션이 대표적인데, 역시 전체 게임 매출의 30%가 이들 회사의 몫이다.

4. 게임 산업의 투자 포인트

1) 신작 게임 출시

개발사는 수년 동안 수백억, 수천억 원을 들여 게임을 만든다. 이렇게 준비한 게임이 세상에 공개되니 기대감이 클 수밖에 없다. 이때 퍼블리셔들은 유저들을 끌어모으기 위한 공격적인 마케팅을 펼친다. 이에 따라 신작 출시일이 다가올수록 게임사들의 주가는 긍정적으로 반응하는 경향이 있다. 실제 게임이 출시되면 클로즈 베타 서비스Closed Beta Service, CBT, 오픈 베타 서비스Open Beta Service 등을 거치는데 유저들의 반응이 어떤지, 얼마나 많은 게이머가 모였는지에 따라 게임 흥행 여부를 가늠할 수 있다.

클로즈 베타는 몇몇 유저들만 선택적으로 게임을 이용하며 테스트하는 방

게임 카테고리 무료 상위 앱 순위	게임 카테고리 매출 상위 앱 순위

* 2023.11.02 기준

출처: 모바일인덱스닷컴

식으로, 폐쇄적으로 운영된다. 중요한 것은 오픈 베타 서비스인데, 대중에게 정식으로 게임이 공개되며 해당 기간 동안 유저들은 게임을 무료로 이용할 수 있다.

모바일 게임은 구글 플레이스토어, 애플 앱스토어에 무료 인기 앱 순위에 오른다. 당연히 순위가 높을수록 주가는 긍정적으로 반응할 가능성이 높다. 오픈 베타 서비스가 끝나면 유료 모델로 바뀌게 되는데, 이 역시 구글 플레이스토어, 애플 앱스토어 인기 매출 앱 순위에 오른다.

2) 중국 판호 획득 여부

중국은 게임 수출 시장 중 규모가 가장 큰 곳이다. 크래프톤, 스마일게이트 등이 순식간에 대형 게임사로 클 수 있었던 것도 중국 시장 덕분이다. 그런데 사드 배치 이슈로 2017년을 기점으로 중국 판호의 문은 굳게 닫혔다. 이후

출처: 키움증권HTS

2020년 12월 컴투스의 '서머너즈 워: 천공의 아레나'가 판호 발급에 성공했으며, 펄어비스의 '검은사막 모바일'도 2021년 6월 판호 발급 소식을 알렸다. 이 소식에 당시 펄어비스 주가는 급등했다.

이처럼 중국 판호 발급 소식은 게임사 주가에 큰 모멘텀으로 작용한다. 그러나 펄어비스 주가는 2022년 다시 하락했는데, 미국 연방준비은행의 강력한 긴축 등 매크로 환경의 부진도 있었지만 2022년 4월 실제 중국에 출시한 검은사막 모바일이 예상 밖으로 흥행 참패를 거둔 까닭이다. 이처럼 중국 판호 획득 소식은 일시적으로 주가 상승의 촉매로 작용할 수는 있지만, 실제 게임 흥행까지 이어져야만 해당 주가가 합리화될 수 있다.

3) 핵심 IP 보유 여부

엔씨소프트를 국내 상위 게임사 반열에 오르게 만든 것은 리니지다. 1998년 초창기 인터넷 시대와 함께 출시된 2D 형태의 MMORPG 게임 리니지는 서비스 시작 후 꾸준히 리뉴얼 버전이 나오면서 엔씨소프트의 캐시카우로 자리하고 있다.

사업보고서에 따르면 2023년 반기 매출의 77%가 '리니지M' '리지니2M' '리니지W'에서 발생한다. 온라인 게임에 포함된 '리니지' '리니지2'까지 합하면 그 규모는 더 커진다. 크래프톤을 코스피 시가총액 상위권에 자리하게 만든 것도 배틀그라운드 하나다. 배틀그라운드는 2018년 전 세계 유료 매출 1위를 기록했으며, '배틀그라운드 모바일' '배틀그라운드: 뉴 스테이트'로 확장하며 크래프톤의 든든한 매출원을 담당하고 있다.

이처럼 게임사의 핵심 매출원으로 자리한 게임을 IP 게임이라고 한다. 게임 역시 지적재산권이 인정되므로 게임에 IP를 붙이는 것이다. 특정 게임을

주요 게임사 핵심 IP

게임사	핵심 IP
넥슨	던전 앤 파이터, 메이플스토리, 카트라이더
엔씨소프트	리니지, 아이온, 블레이드 앤 소울
크래프톤	배틀그라운드
넷마블	세븐나이츠, 모두의 마블
카카오게임즈	오딘
펄어비스	검은사막
위메이드	미르의 전설
컴투스	서머너즈 워
웹젠	뮤

출처: 각사

소비재 2

모태로 모바일이나 콘솔 등 플랫폼을 확장하거나 다양한 파생 작품을 출시하는 것이 IP 게임의 좋은 예다. 게임 기업 입장에서는 개발 리스크를 줄이고 사업성을 확보하고 있어 매우 중요한 자산으로 인식되고 있다. 따라서 게임 기업에 투자한다면 핵심 IP가 무엇이고 어떻게 확장할 계획인지 주의 깊게 살펴보아야 한다.

4) 신성장 동력 메타버스, NFT

메타버스란 '가상' '초월'을 뜻하는 Meta와 '세계'란 의미인 Universe의 합성어로, 현실을 초월하는 가상의 세계를 뜻한다. 가상현실에서 즐기는 게임, 현실과 가상세계를 결합한 증강현실, SNS 등도 메타버스에 속한다. 2020년 코로나19 팬데믹으로 바깥 활동이 제한되자 온라인상의 활동이 확산되며 메타버스란 개념이 대중화되었다. 여기에 NFT^{Non-Fungible Token}, 즉 대체 불가능한 토큰 시장이 열리면서 각종 무형 콘텐츠를 NFT에 담아 판매하는 시장이 열렸다.

게임업계 입장에서 메타버스는 잠재적 시장의 확대, NFT는 사업성을 부여 한다. 게임상 캐릭터나 아이템 등을 NFT화해 판매할 수 있는 시장이 마련되면 게임 기업 입장에서는 또 하나의 수익 모델이 창출되는 것이다. 대표적으로 위메이드가 2022년 7월 출시한 '미르4'가 좋은 예다. 유저들은 미르4 글로벌 버전 게임 내에서 '흑철'을 채굴해 이를 '드레이코'라는 게임 코인으로 바꿀 수 있다. 드레이코는 다시 위메이드가 발행한 암호화폐 '위믹스 코인'으로 교환이 가능하다. 위믹스 코인은 국내 및 글로벌 가상자산 거래소에 상장되어 있어 현금화할 수 있다.

이처럼 가상자산 시스템을 활용해 유저가 게임을 하면서 돈을 버는 활동을 P2E^{Play To Earn}이라고 한다. 다만 P2E는 국내에서는 불법이다. 2021년 '무한돌파 삼국지'가 국내 1호 P2E 게임으로 출시되었지만, 게임물관리위원회 사후 모니터링에 적발되어 퇴출된 바 있다. 위메이드는 미르4를 국내에 출시하지 않았기 때문에 규제를 비껴갈 수 있었다. 다만 '미르4'는 코인과 관련된 이슈 탓에 결국 반짝 흥행에 그쳤고 암호화폐, NFT 시장 침체와 함께 P2E 시장은 침체의 길로 접어들었다.

그럼에도 게임사들은 메타버스를 향후 먹거리로 지목, 블록체인 기반 게임을 준비하고 있다. 넥슨은 대표 IP인 메이플스토리를 활용해 블록체인 기반 게임 출시를 준비 중이다. '메이플스토리 유니버스'를 형성해 첫 게임으로 '메이플스토리 N'을 선보일 계획이다. 위메이드는 '미르 4'에 이어 '나이트크로우' 블록체인 버전 출시를 계획하고 있다. 컴투스는 2023년 3월 출시한 '서머너즈워: 크로니클'을 블록체인 게임으로 전환한다. 이어 '미니게임천국' '낚시의 신: 크루' 등도 순차적으로 블록체인 버전 출시 계획을 보이고 있다.

게임 산업 투자 지표

실적 및 투자 지표: 2023년 3분기 연환산 기준
배당수익률: 2022년 주당 배당금/2023년 11월 24일 주가
시가총액: 2023년 11월 24일 기준

단위: 억 원

종목코드	종목명	매출액	영업이익	순이익	PER	배당수익률	시가총액
259960	크래프톤	18,496	7,408	4,427	22	0.0%	99,385
036570	엔씨소프트	18,901	1,809	1,536	39	2.5%	59,166
251270	넷마블	25,234	-1,114	-4,964	-10	0.0%	47,704
263750	펄어비스	3,520	-74	-824	-32	0.0%	26,085
293490	카카오게임즈	10,206	693	-2,868	-8	0.0%	21,866
112040	위메이드	6,039	-705	-847	-21	1.5%	17,439
225570	넥슨게임즈	1,948	270	203	52	0.0%	10,532
192080	더블유게임즈	5,866	2,020	-223	-38	1.3%	8,441
078340	컴투스	8,119	-412	415	16	2.6%	6,446
095660	네오위즈	3,289	138	180	34	0.0%	6,037
194480	데브시스터즈	1,721	-594	-419	-14	0.0%	5,753
069080	웹젠	1,688	493	514	10	2.5%	5,201
101730	위메이드맥스	705	70	60	63	0.0%	3,802
217270	넵튠	824	-74	-631	-6	0.0%	3,659
067000	조이시티	1,451	147	49	39	0.0%	1,921
950190	고스트 스튜디오	983	282	261	6	11.9%	1,491
052790	액토즈소프트	752	338	277	5	0.0%	1,285
058630	엠게임	855	269	232	5	0.0%	1,268
123420	위메이드 플레이	1,227	-8	57	22	0.0%	1,254
201490	미투온	1,089	251	99	10	0.0%	947

FPS
· 크래프톤　· 드래곤플라이

RPG
· 엔씨소프트　· 넷마블　· 펄어비스　· 카카오게임즈　· 위메이드　· 넥슨게임즈
· 컴투스　· 네오위즈　· 웹젠　· 액토즈소프트　· 엠게임　· 액션스퀘어　· 모비릭스
· 플레이위드　· 썸에이지　· 룽투코리아　· 스카이문스테크놀로지　· 베스파

보드게임
· 위메이드맥스　· 고스트스튜디오

소셜카지노
· 더블유게임즈　· 미투온

캐주얼
· 데브시스터즈　· 넵튠　· 조이시티　· 위메이드플레이　· 티쓰리　· 한빛소프트　· 밸로프

게임

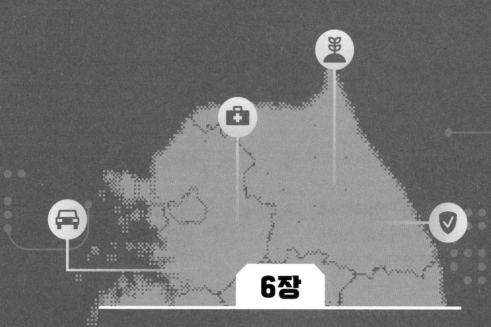

6장

소비재 3

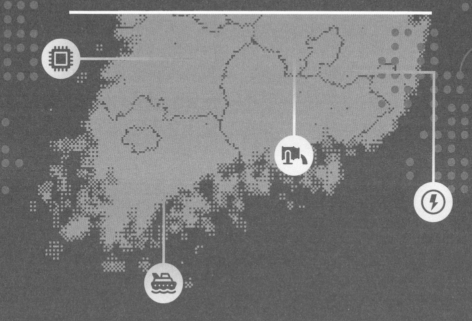

전자기기

전자기기는 가정에서 사용하는 가전 제품을 포함해 산업현장에서 사용되는 제조 공정 장비나 소재, 부품을 포함한다. 품목에 따라 전방 산업이 상이해 기업별로 성장성, 업황을 다르게 보아야 한다. 대부분 수요가 꾸준한 소비재 성격을 보여 안정성이 높은 편이다.

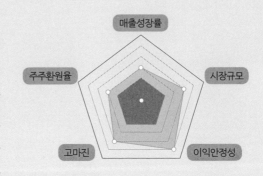

전자기기는 전기를 이용해 작동되는 제품이나 기계, 기구를 말한다. 일상생활에서 사용되는 스마트폰, 컴퓨터, TV, 스피커, 주방가전 등이 전자기기에 포함된다. 다만 스마트폰의 경우 주식 시장에서 차지하는 비중과 특수성을 살려 모바일기기 산업으로 따로 분류했다. 그 외 모든 전자제품은 전자기기에 속한다. 전자기기 산업에 포함되는 기업들은 전방 산업과 고객사가 각각 다르다. 똑같은 전자기기를 취급하는 기업이라고 해서 실적이나 주가 역시 비슷하다고 생각해서는 안 된다.

전자기기 산업에 속한 기업은 총 128곳으로 주식 시장에서 차지하는 비중은 2.7%다. 전자기기 산업은 전자제품 및 부품을 만드는 기업을 제외하고는 소규모 섹터들의 집합이다. 전자기기 산업에 속한 기업에 투자한다면 섹터별 특징, 성장성, 경쟁 현황 등을 잘 따져야 한다.

이 책에서는 전자기기 섹터를 전자제품이나 전자제품의 부품을 만드는 기업, LED 완성품을 비롯해 제조 공정 장비나 소재, 부품을 만드는 기업, 물리 보안 시스템을 구축하는 기업, 셋톱박스를 만드는 기업, 전자 소재와 장비를 제조하는 기업으로 구분했다.

전자제품과 부품

1. 전자제품과 부품 산업의 개요와 성장성

국내 전자제품 시장은 삼성전자와 LG전자 두 대기업의 과점체제다. 물론 그렇다고 해서 다른 전자기기 브랜드가 없지는 않다. 정수기 부문에서는 대기업 계열사를 포함해 코웨이가 렌털 비즈니스 모델을 앞세워 시장을 장악하고 있고 에어컨, 공기청정기 시장에서는 위닉스WINIX, 파세코PASECO 등이 선전하고 있다. 쿠쿠홈시스, 부방, PN풍년은 밥솥 시장의 전통적인 강자다. 정리하면, 전체 전자제품 시장은 삼성전자와 LG전자 두 대기업의 영향력이 크지만, 몇몇 제품을 중심으로 형성된 니치마켓에서는 명함을 내밀 수 있는 중견, 중소기업이 많다.

국내 글로벌 가전 브랜드는 해외 시장에서도 인지도가 높다. 삼성전자와 LG전자는 TV, 세탁기, 냉장고 등의 주요 품목에서 시장 1~2위를 다투고 있다. 관광이나 비즈니스 목적으로 해외에 나가 숙박 시설을 방문하면 한국산

가전을 어렵지 않게 찾아볼 수 있다.

전자제품은 수출 주도형 산업이며, 2023년 반기 기준 LG전자의 매출액에서 해외 매출이 차지하는 비중은 62.5%에 달한다. 특히 2020년 가전 시장은 코로나19 팬데믹의 수혜를 누렸다. 사회적 거리두기 및 이동 제한 명령이 떨어지자 사람들이 집에 머무는 시간이 많아지면서 자신이 살고 있는 집의 인테리어에 신경을 쓰기 시작했다. 오래된 가전이나 가구를 바꾸기에 좋은 시기였던 셈이다. 코로나19 팬데믹의 영향으로 2020년 가전 수요가 크게 늘어났지만 글로벌 가전 시장은 성숙기에 진입한 상태다. 시장조사기관 스타티스타에 따르면 2023년 전 세계 가전 시장규모는 약 6,400억 달러로 2028년까지 연평균 4.8% 성장할 것으로 관측된다.

전자제품에 삼성전자와 LG전자가 있다면 전자제품에 들어가는 각종 부품을 만드는 대표 기업은 삼성전기와 LG이노텍이다. 두 기업은 전자부품 산업의 용호상박이다. 두 기업 모두 카메라 모듈, 반도체 기판 매출 비중이 크다. 카메라 모듈 부문에서 두 기업의 차이점이 있다면, 삼성전기는 삼성전자라는 내부 고객사를 둔 반면, LG이노텍은 애플이 주요 매출처라는 점이다. LG전자가 스마트폰 사업에서 철수하면서 LG이노텍은 외부 고객에 의존하고 있다. 한편 두 기업은 신성장동력으로 전장 부품 사업을 추진하고 있다. 삼성과 LG 두 그룹 모두가 미래 먹거리로 자동차를 지목했기 때문이다.

2. 전자제품과 부품 산업의 투자 포인트

1) 품목별 주요 시장

전자제품의 종류는 매우 다양하다. 삼성전자와 LG전자가 시장을 과점하고 있지만, 정수기, 공기청정기, 계절가전 등 특정 품목에서는 몇몇 중견기업의 입지가 견고하다. 따라서 투자자는 전자제품의 종류별로 시장을 선도하는 기업을 파악하는 것이 중요하다.

품목별로 주요 거점 시장이 나뉘기도 한다. 정수기와 밥솥이 대표적이다. 상장된 정수기 렌털 서비스 기업은 코웨이, 쿠쿠홈시스, 한독크린텍 등이 있다. 세 기업 모두 말레이시아, 베트남 등 동남아 시장에 집중하고 있다. 밥솥 제조 기업인 부방, PN풍년도 최근 동남아, 미주 시장으로 눈길을 돌리고 있다. 과거 주요 밥솥 시장은 중국이었지만, 사드 이슈가 불거지며 주력 수출 시장이 변했다.

국내 생활가전 시장은 성숙기에 진입한 지 오래다. 이러한 이유로 국내 제조사들이 높은 경제 성장률과 낮은 가전 보급률을 보이는 동남아 시장에 주력하고 있다. 그러므로 투자자는 정수기, 밥솥처럼 동남아 시장이 주력인 기업에 투자한다면, 해당 국가의 경제 성장률, 정치 상황 등을 고려해야 한다.

2) 실적의 계절성

실적에 계절성을 띠는 기업도 있다. 선풍기, 에어컨을 만드는 기업은 평균 기온이 높은 2~3분기에 계절가전 특수를 누린다.

그해 기온과 강수량에 따라 수요가 달라질 수 있으니 투자자는 이 점을 잘 고려해야 한다. 공기청정기 역시 계절성을 띤다. 황사와 미세먼지가 비교적 심한 봄에 수요가 늘어난다. 다만 최근 미세 먼지 농도가 계절과 상관없이 점점 심해지고 있다. 이에 따라 공기청정기나 필터를 만드는 기업들의 실적과 주가가 2016년부터 2020년 초까지 급격하게 상승한 바 있다. 이처럼 전자제품 제조 기업에 투자한다면 외부 환경, 일상생활의 변화에서 성장할 수 있는 아이템을 잘 찾아보는 것이 좋다.

또한 전자제품을 만드는 기업에 투자한다면 완성품 시장의 현황을 잘 살펴보아야 한다. 크린앤사이언스는 산업용·가정용 필터 등 부속품을 만드는 기

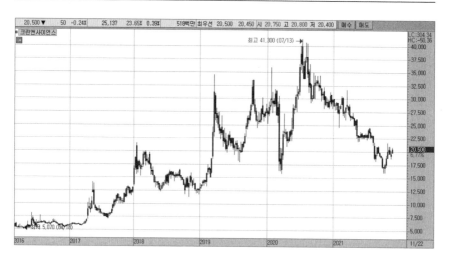

업인데, 미세먼지로 인해 공기청정기 시장이 대폭 성장하면서 대표적으로 수혜를 누렸다. 한편 감속기나 모터 등을 만드는 전자부품 기업은 장기적으로 주목할 만하다. 전 세계적으로 고령화가 가속화되면서 의료용, 서비스용 로봇 시장이 크게 성장할 것으로 전망된다. 로봇이 사람처럼 정밀하게 움직이기 위해 필요한 부품인 감속기와 모터를 제조하는 상장사는 에스피지^{SPG}가 대표적이다.

LED

1. LED 산업의 개요와 성장성

LED는 '발광 다이오드'라는 뜻으로 전기를 빛으로 변환시키는 반도체 소자다. LED는 반도체의 한 종류이므로 LED를 만드는 과정은 반도체를 제조하는 공정과 유사하다. 과거 LED는 백열전구에 비해 전력 소모가 낮고 발광효율이 좋으며 수명도 길어 기존 조명의 대체재로 각광받았다. LED는 조명뿐만 아니라 LCD TV 및 모바일기기의 백라이트유닛, 자동차 램프 등 다양한 영역으로 확장되었다. 반도체 강국이었던 국내 기업들 역시 LED 시장에서 높은 점유율을 기록했다.

그러나 보급률 확산과 정부 지원을 등에 업은 중국 기업들의 무분별한 진입으로 공급과잉이 일어나면서 LED업계는 출혈경쟁을 피할 수 없었다. 한때 LED BLU 시장의 강자였던 루멘스^{LUMENS}도 2021년 장기 영업손실로 관리종목에 지정되기도 했다(추후 루멘스는 흑자전환에 성공해 이듬해 관리종목에서 벗어났다). 시장조사기관 트렌드포스에 따르면 2022년 기준 LED 시장 1위는 일본 업체인 니치아^{Nichia}다. 뒤를 이어 독일의 AMS오스람, 서울반도체, 삼성전자 순이다.

반도체처럼 LED 역시 미세 공정과 패키징 기술에 따라 성능이 개선되고 생산비용이 절감된다. 따라서 자본력을 바탕으로 끊임없는 기술 개발을 추진할 수 있는 상위 대기업 중심으로 점차 시장이 재편될 것으로 보인다. 마켓앤마켓에 따르면 글로벌 LED 패키징 시장규모는 2021년 약 176억 달러에서 2026년 약 221억 달러로 연평균 4.6% 성장할 것으로 전망된다.

2. LED 산업의 투자 포인트

LED 산업은 성숙기에 진입했지만, 전방 산업에 따라 성장성은 상이하다. 따라서 성장하는 시장에서 점유율을 확대하거나 관련 밸류체인에 속한 기업들은 눈여겨보아야 한다. LED 전방 시장은 크게 조명, TV, 자동차로 구분할 수 있다. 이 중에서 TV 시장은 OLED에 밀려 점차 영역이 축소되고 있다. 돌파구는 마이크로 LED, 미니 LED다. 마이크로·미니 LED는 말 그대로 매우 작은 LED다. LED는 TV의 BLU로 사용되는데, 마이크로·미니 LED를 사용함으로써 기존 LED에 비해 명암비를 개선했다는 평가다. 마이크로·미니 LED를 사용한 TV 시장이 확대된다면 LED 제조 기업들에도 수혜다. 스트래트뷰리서치^{StratviewResearch}에 따르면 전 세계 마이크로 LED 시장은 2021년 약 5억 8,200만 달러에서 2028년 약 349억 달러로 연평균 79.5%로 급성장할 것으로 전망된다.

자동차 LED 시장은 여전히 성장 중이다. 얼라이어드마켓리서치에 따르면 전 세계 자동차 LED 시장규모는 2022년부터 향후 10년간 연평균 7.4% 성장해 2031년에 이르러 약 322억 달러의 시장을 형성할 전망이다. 이는 전체 LED 시장의 성장률을 상회하는 결과다. 특히 내연기관 차량에서 전기차로 바뀌면서 LED 사용 비중은 더 확대될 예정이다. 전기차는 에너지 효율이 매우 중요하다. 내연기관 차량은 엔진이 구동하면서 생기는 전기로 공조 장치, 조명 등 각종 전자 장치를 작동시키지만, 전기차는 오직 배터리에 충전된 전기로 주행과 전자장비 작동 등 모든 것을 해결해야 하기 때문이다. 이러한 점이 앞으로 LED 램프 사용 비중이 늘어날 것으로 보이는 이유다.

추가로 자외선 LED가 사용된 전자기기 시장도 확대되고 있다. 자외선 LED는 바이오레즈 기술로 대변되는데, 단파장 자외선을 이용해 화학성분 없이 세균 발생과 증식을 억제하고 각종 유해균을 살균할 수 있다. LED 전자 마스크 등 뷰티 시장뿐만 아니라 공기 살균도 가능해 에어컨, 공기청정기로 적용되고 있다. 자외선 LED 시장은 개화 단계라 얼마나 확대될 수 있을지 잘 지켜보아야 한다.

물리 보안

1. 물리 보안 산업의 개요와 성장성

해킹 피해로 인한 거대 인터넷 플랫폼 기업들의 고객정보 유출 사건이 터지는 경우가 종종 있다. 간혹 디도스 공격으로 유명 사이트가 마비되는 현상도 발생한다. 이 모든 사건은 정보 보안과 관련이 있다. 정보 보안 시장은 정보통신망을 이용한 외부의 공격을 방지하는 시스템을 구축하는 산업이다. 정보통신망을 이용한 공격으로 일상생활에서 도난이나 범죄 등이 발생하기도 한다. 이를 막기 위해서는 CCTV 및 출입통제 시스템 같은 물리 보안 시스템도 필요하다.

전체 보안 시장은 정보 보안 시장과 물리 보안 시장으로 구분된다. 한국정보보호산업협회에 따르면 2022년 국내 보안 시장규모는 약 16조 1,804억 원으로 계산된다. 이 중에서 물리 보안 시장의 규모가 약 10조 5,632억 원으로 정보 보안 시장의 규모인 약 5조 6,171억 원보다 2배 높다.

국내 물리 보안의 강자는 삼성그룹 계열사인 에스원으로 물리 보안 시장의 약 60%를 차지하고 있다. 뒤를 이어 ADT캡스 20%, KT텔레캅이 10%가량 차지한다. 세 기업 모두 대기업 계열사로, 그룹사 기반의 안정적인 내부 고객을 확보하고 있다.

물리 보안 시장은 내수 시장 중심이며 성숙기 산업이다. 따라서 관련 기업들은 물리 보안 시스템을 디지털 전환, 종합건물관리, 스마트홈 등으로 사업 영역을 확장하고 있다. 물리 보안 시장에 속한 중소형 기업은 주로 CCTV를 만들거나 렌즈 및 관련 부품, 출입인증 솔루션 등을 구축한다. 에스원 같은 종합 보안 시스템 기업과 거래 관계를 만들고 있으며, 직접 수출하기도 한다.

2. 물리 보안 산업의 투자 포인트

물리 보안 시장의 화두는 디지털 전환이다. AI 기술이나 홍채, 지문, 안면 등을 인식하는 바이오인식 기술을 이용해 보안 시스템을 고도화하고 있다. 특히 코로나19 팬데믹 이후 비대면 시장이 부각되어 바이오인식 기술을 활용한 비대면, 비접촉 출입통제 시스템을 개발하고 있다. 물리 보안 시스템과 시너지를 낼 수 있는 건물관리, 사물인터넷 사업도 함께 추진 중이다. CCTV, 사물인터넷 기술을 활용해 원격 감지하고 출동하는 방식의 서비스다.

투자자가 보안 시스템 기업에 투자한다면 해당 기업이 얼마나 신기술을 잘 접목하는지, 물리 보안과 시너지를 내는 사업을 잘 확장하는지를 따져야 한다. 또한 물리 보안 시장에서 요구되는 기술, 시스템, 제품 등을 개발하는 중소형주에도 관심을 가질 필요가 있다.

한편 물리 보안 시장을 키울 수 있는 제도가 구축되는지도 잘 살펴야 한다. 2021년 8월 '수술실 CCTV 설치법'이 국회 본회의를 통과해 2023년 8월 말부터 수술실 내부 CCTV 설치가 의무화되었다. 환자나 환자 보호자가 수술 장면 기록을 요청하면 의료기관은 수술 장면을 의무적으로 촬영해야 하는 것이 골자다. 이 같은 물리 보안 시장에 영향을 주는 규정은 관련 기업들의 투자 심리에 긍정적인 영향을 미칠 수 있다.

셋톱박스

1. 셋톱박스 산업의 개요와 성장성

셋톱박스는 외부 신호를 받아 TV에 영상을 표시해주는 장치다. SK나 KT, LG에서 제공하는 인터넷 서비스에 가입할 때 의례적으로 IPTV가 포함된 결합상품을 가입하게 되는데, 자사 IPTV를 세팅하기 위해 네모난 기기를 TV 주변부에 설치해준다. 이것이 바로 셋톱박스다. 셋톱박스는 방송매체에 따라 위성방송, 케이블방송, 지상파방송, IPTV 및 OTT 셋톱박스로 구분된다. 국내에서는 통신 3사의 공격적인 마케팅에 힘입어 IPTV 및 OTT 셋톱박스가 대세를 이루고 있다.

IPTV는 케이블방송뿐만 아니라 인터넷 기능을 포함한다. TV에서 인터넷 사이트를 열람할 수 있는 이유가 IPTV 셋톱박스가 설치되어 있기 때문이다. OTT 셋톱박스는 TV로 넷플릭스, 유튜브, 디즈니플러스 등 다양한 OTT 플랫폼을 이용할 수 있게 지원해주는 셋톱박스다. 물론 OTT는 TV에서 인터넷으로 해당 사이트에 방문해서 볼 수도 있다. 그러나 OTT 셋톱박스를 이용하면 TV 홈 화면에서 바로 OTT 플랫폼으로 접속할 수 있고, UI^{User Interface} 역시 TV에 맞게 잘 갖추어져 있다.

그런데 셋톱박스만이 TV에 OTT 플랫폼 UI를 깔끔하게 제공해주는 주변 기기가 아니다. 셋톱박스 기능을 포함한 내장형 칩이 들어 있는 스마트 TV는 굳이 셋톱박스가 필요 없다. 스마트 TV는 PC와 TV를 하나로 합친 기기다. TV에서도 다양한 애플리케이션을 다운로드해서 스마트폰이나 PC처럼 쓸 수 있는 것이 스마트 TV다. 이에 따라 삼성전자 등 글로벌 전자제품 제조 기업은 일찍이 셋톱박스 사업을 정리하고 스마트 TV에 집중했다. 그러나 TV 시장의 기대와는 달리 하드웨어 성능 부족으로 스마트 TV에 다양한 애플리케이션을 설치하는 데 한계가 있었고 애플리케이션 작동도 잘 안되었다. 가격도 기존 TV에 비해 비쌌다.

스마트 TV의 한계점이 밝혀지면서 다양한 기능이 추가된 IPTV가 TV 시

방송매체에 따른 셋톱박스의 종류

종류	설명
위성방송용	방송위성 및 통신위성으로부터 오는 전파를 파라볼라 안테나로 수신하고 그것을 튜닝하는 기능을 수행하는 셋톱박스
케이블방송용	디지털케이블 방송을 수신하는 셋톱박스로, 일반 시장보다는 케이블 방송사의 사양에 맞게 개발되어야 하며 ODM 시장이 대부분을 차지함
지상파방송용	디지털지상방송 전파를 수신하는 셋톱박스로, 유럽에서 본격적인 시장이 형성되고 있지만 저가형 제품군이 많음
IPTV·OTT방송용	인터넷 TV 기능을 내장한 복합제품으로, 디지털방송과 인터넷을 접속하는 셋톱박스

출처: 알로이스

장의 주류로 떠올랐다. 셋톱박스 시장의 주요 고객사인 방송사, 통신사 역시 스마트 TV보다는 유지보수 소요가 덜한 IPTV를 선호했다. 이러한 점이 10년째 소멸 논란이 있지만 여전히 셋톱박스 산업이 건재한 이유다. 그렇다고 셋톱박스 산업이 마냥 긍정적이지는 않다. 방송 기술의 진보로 셋톱박스 기기들은 꾸준히 진화했으며, 이를 따라가지 못한 기업은 저가 제품의 물량 공세를 이기지 못해 도태되고 있다.

셋톱박스 시장은 수출 중심이다. 셋톱박스 대표 기업인 가온그룹의 매출액에서 수출이 차지하는 비중은 60%가량이다. OTT 셋톱박스 전문 기업인 알로이스Aloys는 100% 해외에 의존하고 있다. 해외로 판매되는 셋톱박스는 미주, 유럽, 아시아, 아프리카 지역에 골고루 수출되고 있다.

2. 셋톱박스 산업의 투자 포인트

방송 기술의 발전에 따라 셋톱박스의 유형도 점점 진화하고 있다. 현재 시장을 주도하는 품목은 IPTV 및 OTT 셋톱박스다. 투자 관점에서도 해당 제품을 만드는 기업에 주력할 필요가 있다. 또한 셋톱박스 시장은 지난 10년간 구조조정을 겪었다. 살아남은 기업들은 음성인식 기술 기반의 AI 셋톱박스 같은 신제품을 출시하면서 차별화를 추구하고 있다. 셋톱박스와 시너지를 낼 수 있는 통신장비로 영역을 확장한 기업도 있다. 셋톱박스 시장은 이미 성숙기를 맞은 지 오래이므로 차별화된 제품과 기술을 보유한 기업에 주목해야 한다.

한편 셋톱박스의 주요 부품이 반도체이므로 반도체 가격은 세트 기업의 실적에 영향을 미친다. 일례로 2017년, 2018년 메모리 반도체 가격 상승으로 셋톱박스 기업들의 이익률이 낮아진 적이 있다. 반대로 메모리 반도체 가격이 크게 하락한 2019년에는 셋톱박스 기업들의 수익성이 높아졌다.

전자 소재와 장비

1. 전자 소재와 장비 산업의 개요

전자 소재와 장비 섹터는 다양한 산업 전반에 쓰이는 소재와 장비를 만드는 기업이 속한다. 상장된 전자 소재와 장비 기업들은 주로 반도체, 디스플레이, 2차전지 등의 전방 수요처를 갖고 있다. 전도성 페이스트를 만드는 기업인 대주전자재료, 2차전지 전도체, 반도체 및 디스플레이 공정 소재를 만드는 나노신소재, 켐트로스 등이 대표적인 기업이다.

2. 전자 소재와 장비 산업의 투자 포인트

전자 소재와 장비는 특정 산업에 종속되어 있지 않으므로 투자하는 기업의 전방 산업을 잘 살펴볼 필요가 있다. 최근 전자 소재 기업들은 성장하는 2차전지 분야에서 새로운 먹거리를 찾고 있다. 나노신소재와 대주전자재료가 대표적이다. 나노신소재는 CNT 도전재를 생산한다. 양극재는 세라믹 소재이므로 도전재가 필요하며 기존에는 카본 블랙이 사용되었다. 그러나 이온전도도가 높은 CNT 도전재로 대체되고 있다.

음극재 분야에서도 CNT 도전재가 도입되고 있다. 음극재는 기존에 흑연을 사용했다가 저장용량을 늘릴 수 있고 저온 성능이 강한 실리콘 비중을 늘리고 있다. 그러나 실리콘 음극재를 사용하면 부피가 팽창하는 문제가 발생하는데, 이러한 문제점은 CNT 도전재를 첨가함으로써 보완이 가능하다. 이에 따라 나노신소재는 CNT 도전재 생산량을 늘리고 있다. 대주전자재료는 실리콘 음극재를 생산해 LG에너지솔루션에 납품하고 있다. 2021년 LG에너지솔루션과 사모펀드 IMM이 출자한 배터리 펀드로부터 약 800억 원의 투자 유치를 받기도 했다.

전자기기 산업 투자 지표

실적 및 투자 지표: 2023년 3분기 연환산 기준
배당수익률: 2022년 주당 배당금/2023년 11월 24일 주가
시가총액: 2023년 11월 24일 기준

단위: 억 원

종목코드	종목명	매출액	영업이익	순이익	PER	배당수익률	시가총액
066570	LG전자	829,812	33,052	6,728	26	0.7%	171,667
009150	삼성전기	85,717	6,302	4,917	21	1.5%	102,330
011070	LG이노텍	195,944	5,171	4,184	14	1.7%	57,629
021240	코웨이	39,424	7,287	4,460	8	2.6%	37,121
012750	에스원	25,569	2,082	1,597	14	4.2%	22,762
121600	나노신소재	804	119	117	129	0.2%	15,005
248070	솔루엠	20,492	1,562	1,193	12	0.0%	14,102
078600	대주전자재료	1,741	33	−81	−158	0.1%	12,710
065350	신성델타테크	8,418	329	182	61	0.3%	11,076
093370	후성	5,662	−295	108	102	0.2%	10,992
281740	레이크머티리얼즈	1,236	305	262	35	0.0%	9,163
178920	PI첨단소재	2,171	68	59	151	2.6%	8,883
002840	미원상사	4,202	638	550	14	0.9%	7,949
025540	한국단자	12,856	1,144	641	12	0.9%	7,759
058610	에스피지	3,944	178	119	63	0.6%	7,540
046890	서울반도체	10,063	−510	−329	−18	2.2%	5,755
052020	에스티큐브	58	−230	−217	−19	0.0%	4,123
001820	삼화콘덴서	2,851	288	254	15	1.3%	3,909
089010	켐트로닉스	5,465	100	−82	−45	0.8%	3,648
082920	비츠로셀	1,824	423	342	10	1.3%	3,468

전자기기

- **LED**
  - 레이크머티리얼즈 · 서울반도체 · 소룩스 · 서울바이오시스 · 우리바이오 · 금호에이치티
  - 아이엘사이언스 · 루멘스 · 클라우드에어 · 우리이앤엘 · 우리엔터프라이즈 · 금호전기

- **보안장비**
  - 바이오인식
    - 슈프리마 · 엑스페릭스 · 슈프리마에이치큐 · 유니온커뮤니티
  - 영상보안
    - 에스원 · 에스티큐브 · 아이디스 · 트루엔 · ITX-AI
    - 뉴지랩파마 · 하이트론 · 포커스에이치엔에스 · 인콘

- **셋톱박스**
  - 홈캐스트 · 휴맥스 · 가온그룹 · 탑코미디어 · 알로이스
  - 디에스앤엘 · 알티캐스트 · 아리온

- **전자부품**
  - 스마트카드
    - 코나아이 · 바이오스마트 · 셀피글로벌 · 엑스큐어
  - 종합부품
    - 삼성전기 · LG이노텍
  - 커넥터
    - 한국단자 · 우주일렉트로 · 신화콘텍 · 씨엔플러스
  - 콘덴서
    - 삼화콘덴서 · 삼영전자 · 보성파워텍 · 삼화전기 · 뉴인텍 · 성문전자
  - 솔루엠 · 신성델타테크 · 에스피지 · 켐트로닉스 · 비츠로셀 · 상아프론테크
  - 새로닉스 · 스틱인베스트먼트 · 한솔테크닉스 · 녹원씨엔아이 · 테이팩스 · 광전자
  - 와이투솔루션 · 써니전자 · 에스씨디 · 현우산업 · 성호전자 · 파워넷 · 모아텍
  - 시지트로닉스 · 아이앤씨 · 동일기연 · 삼화전자 · MIT · 서울전자통신 · 삼영에스앤씨

시험인증
· 디티앤씨　· 에이치시티

전자소재와 장비

소재
· 나노신소재　· 대주전자재료　· 후성　· PI첨단소재　· 미원상사
· 켐트로스　· 큐에스아이　· KBG　· 나노씨엠에스

장비
· 아모그린텍　· 모비스　· 큐알티　· 라온피플
· 자비스　· 윈텍　· 파나케이아

전자제품
· LG전자　· 코웨이　· 토비스　· 비덴트　· 부방　· 포인트모바일　· 스톰테크
· 파세코　· 위닉스　· 동양이엔피　· 에브리봇　· 아남전자　· 신일전자　· 이랜시스
· 엔바이오니아　· 자이글　· 코텍　· 에스텍　· 씨앤투스　· 화인써키트　· PN풍년
· 피코그램　· 대동전자　· 남성　· 하츠　· 인포마크　· 한독크린텍　· 크린앤사이언스
· 상신전자　· 삼진　· 웰킵스하이텍　· KH 전자　· 경인전자　· 위니아　· 인터엠

2차전지

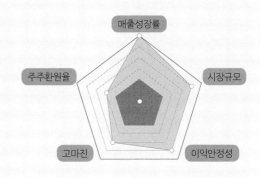

2024년, 2025년 2차전지 기업들의 합산 매출액 성장률 전망치가 30%를 상회하고 각종 시장조사기관들이 관측하는 성장 속도 역시 유사하다. 가파른 시장 확대에 따라 이익 안전성도 높은 편이다. 그러나 향후 완성차 기업들의 가격 인하, 리튬 가격 하락 등으로 마진 압박이 시작되는 상황이 변수로 작용할 수 있다.

아이들 장난감에 들어가는 건전지는 한 번 사용하고 버리는 1회용 전지가 대부분이다. 반면 스마트폰에 들어 있는 배터리는 계속 충전해서 사용한다. 이처럼 한 번 사용하면 쓸 수 없는 전지를 1차전지, 충전을 통해 계속 사용할 수 있는 전지를 2차전지라고 한다.

2차전지는 노트북, 휴대폰, 태블릿 PC 등 IT 기기 시장과 함께 성장했다. 다만 소형 IT 기기에서 2차전지의 역할은 주변기기에 가까웠다. 일례로 스마트폰 원가에서 배터리가 차지하는 비중은 5% 내외 정도다. 이러한 점이 과거 삼성이나 LG 등 대기업 IT 기기 부품 계열사가 배터리를 핵심 비즈니스로 삼지 않은 이유다.

그러나 ESS, 전기차 시장이 도래하며 상황은 달라졌다. ESS는 에너지저장 시스템으로, 각종 발전소에서 생산된 전기를 저장하는 용도다. 태양광, 풍력 등 신재생 에너지는 환경에 영향을 받기 때문에 일정하게 생산되지 않는다. 따라서 생산된 에너지를 저장할 수 있는 초대형 배터리 ESS가 등장한 것이다. ESS는 신재생 에너지, 스마트 그리드 산업과 맞물려 성장 중이다.

ESS가 2차전지의 존재감을 부각해주었다면, 전기차는 2차전지를 주인공으로 만들어주었다. 대부분의 사람이 집 다음으로 가장 큰돈을 쓰는 것은 자동차다. 내연기관 차량에서 전기차로 바뀌면서 원가의 40% 내외를 차지하는 2차전지는 투자자들의 관심을 받기에 충분했다. 이러한 흐름이 2019년부터 증시에 2차전지 열풍이 불고, 코스피와 코스닥 시장 시가총액 상위에 관련 주식들의 이름이 자리하게 된 배경이다. 큰 틀에서 보면 2차전지는 친환경이란 테두리 안에서 에너지 산업과 관련이 있으며, 전방 산업인 자동차 산업과 연관지어 볼 수 있다. 따라서 2차전지 기업에 투자하기 위해서는 에너지, 자동차 산업까지 잘 살펴보아야 한다.

2차전지 산업에 속한 기업은 총 53곳으로 주식 시장에서 차지하는 비중은 9.5%다. 기업 수에 비해 시가총액 비중은 큰 편이다. 특히 전방 시장인 자동차에 비해서도 더 큰 비중을 차지하고 있는데, 2차전지 산업의 성장성과 국내 기업들의 입지 덕이다. 글로벌 2차전지 시장에서 LG에너지솔루션, 삼성SDI, SK온이 선두권에 속해 있기 때문에 증시에 이들에 부여하는 밸류에이션 프리미엄도 상당하다.

이 책에서는 2차전지 산업을 비즈니스 모델에 따라 2차전지 완성품을 만드는 2차전지 세트, 2차전지 핵심 소재나 부품을 만드는 2차전지 소재 및 부품, 2차전지 제조 공정용 장비를 납품하는 2차전지 장비로 구분했다. 이 외에 2차전지 재활용 비즈니스를 영위하는 기업과 2차전지 설비 구축 및 시운전을 담당하는 엔지니어링 기업도 존재한다.

2차전지

1. 2차전지 산업의 개요와 성장성

2차전지는 ESS, 전기차 시장과 맞물려 성장한다. 시장조사기관에 따르면 글로벌 ESS 설치량 수요는 2022년 약 79GWh에서 2027년 약 308GWh로 연평균 31.3% 성장할 것으로 관측된다.

전기차 배터리 수요량은 더욱 크게 성장할 것으로 기대된다. 2022년 약 460GWh에서 2027년 약 2,286GWh로 연평균 37.8% 증가할 것으로 전망된다. 전기차가 내연기관 차량을 대체하며 전기차용 배터리 수요가 빠르게 늘고 있는 것으로 보인다.

전 세계에서 연간 판매되는 신규 전기차 대수는 약 8,000만~9,000만 대로 시장규모는 약 2,000조 원이다. 전기차 생산 원가에서 배터리의 비중은 약 40%다. 단순 계산만으로 잠재적인 전기차용 배터리 시장의 규모가 약 800조 원에 달한다고 볼 수 있다.

전 세계 2차전지 설치량 수요 추이 및 전망

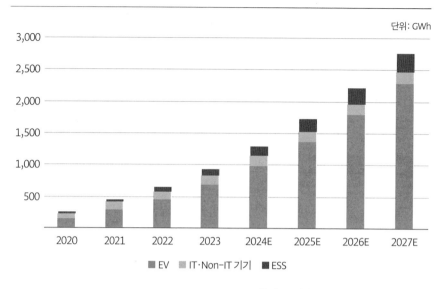

출처: 크레딧솔루션, 에코프로머티리얼즈

에너지 전문 시장조사기관인 SNE리서치에 따르면 2023년 8월 누적 전세계 전기차용 배터리 사용량 기준 중국의 CATL이 점유율 36.9%로 1위를 차지했다. 뒤를 이어 BYD가 15.9%, LG에너지솔루션이 14.2%, 파나소닉 Panasonic이 7.1%, SK온이 5.1% 순이다. 삼성SDI는 4.1%로 7위에 올랐다. 다만 중국은 국가적으로 나서서 일찍이 전기차 산업을 전략적으로 육성했으며 자국 기업들에 막대한 보조금을 지급해왔다. 이에 따라 중국과 중국 외 시장을 따로 구분해서 살펴볼 필요가 있는데, 같은 기간 중국 외 시장에선 LG에너지솔루션이 점유율 28.5%로 1위다. SK온은 10.9%로 4위, 삼성SDI는 8.9%로 5위다.

단위: GWh

순위	제조사명	2022. 01~08	2023. 01~08	성장률	2022 점유율	2023 점유율
1	LG에너지솔루션	35.2	56.3	59.7%	28.3%	28.5%
2	CATL	25.9	54.7	111.1%	20.8%	27.7%
3	파나소닉	22.0	30.4	38.4%	17.7%	15.4%
4	SK온	18.6	21.6	16.1%	15.0%	10.9%
5	삼성SDI	13.1	17.5	33.0%	10.6%	8.9%
6	BYD	0.6	3.3	472.7%	0.5%	1.7%
7	PPES	1.1	2.8	161.1%	0.9%	1.4%
8	AESC	2.5	2.4	-7.3%	2.0%	1.2%
9	패러시스	0.9	2.3	156.4%	0.7%	1.2%
10	PEVE	1.3	1.7	31.0%	1.1%	0.9%
	기타	3.0	4.6	52.6%	2.4%	2.3%
	합계	124.3	197.6	58.9%	100%	100%

출처: SNE리서치

2. 2차전지의 종류

1) 2차전지 모양에 따른 분류

2차전지는 배터리의 모양에 따라 원통형, 각형, 파우치형으로 나뉜다. 원통형 배터리는 일생상활에서 흔히 사용하는 건전지 형태다. 원기둥 모양의 배터리가 전기차에 맞게 커진 것이라고 보면 된다. 원통형 배터리는 사이즈가 규격화되어 있어 대량생산을 통한 비용 절감이 가능하다. 부피당 에너지 밀도가 높다는 장점도 있다. 반면 차량에 장착하기 위해서는 여러 개의 배터리를 하나로 묶어야 하므로 배터리관리 시스템 구축에 비용이 많이 든다. 원통형 배터리는 LG에너지솔루션, 삼성SDI, 파나소닉이 주로 생산하고 있으며 테슬라 차종에 주로 사용된다.

각형은 납작하고 각진 상자 모양의 배터리다. 알루미늄 캔으로 둘러싸여 있어 외부 충격에 강하다. 다만 알루미늄 캔 안의 2차전지 모듈은 원형 형태로 되어 있어 공간 활용성이 낮다. 또한 제조 공정이 복잡하며 무겁다는 단점도 있다. 각형은 CATL, BYD 등 중국 기업들이 주로 생산하며 국내에서는 삼성SDI가 주로 생산한다. BMW, 폭스바겐, 벤츠, 아우디 등 독일 완성차 기업과 도요타, 혼다 등의 일본 기업이 사용한다.

2차전지 종류 및 특성

구분	원통형	각형	파우치형
이미지			
장점	· 가격 저렴 · 대량생산 용이 · 에너지 밀도 높음	· 외부 충격에 강함 · 생산 공정 간단	· 용량, 크기 등 설계 용이 · 공간 효율성 높음
단점	· BMS 시스템 구축 비용 높음	· 열방출 어려워 냉각 장치 필요 · 공간 효율성 낮음	생산 원가 높음
제조사	LG에너지솔루션, 삼성SDI, 파나소닉	삼성SDI, CATL, BYD, 도시바	LG에너지솔루션, SK온

출처: 알로이스

파우치형은 얇은 판 같은 생김새다. 각형, 원통형과 달리 소재를 층층이 쌓아 올려 내부 공간을 빈틈없이 채웠다. 공간 효율성이 높아 에너지 용량 역시 높다. 다만 부드러운 필름으로 배터리 모듈을 감싸고 있기 때문에 외부 충격에 약하다. 따라서 이를 보완할 수 있는 기술이 필요하며, 이는 생산비용의 증가로 이어진다. 파우치형은 LG에너지솔루션, SK온이 대표적인 생산 기업이다. 현대차와 기아 등 국내 기업과 GM, 포드, 르노 등이 파우치형 배터리를 사용하고 있다.

SNE리서치에 따르면 2023년 1분기 기준 전 세계 배터리 시장에서 원통형 14%, 각형 65%, 파우치형 20%를 각각 차지하고 있다. 중국 전기차 시장의 성장에 힘입어 각형 배터리 점유율이 가장 높으며, 높은 에너지 용량이라는 장점을 지닌 파우치형은 점유율을 빠르게 확대하고 있다. 반면 원통형 점유율은 꾸준히 낮아졌다.

다만 테슬라가 기존 원통형 배터리의 단점을 개선한 4680 배터리를 채용할 것이라고 밝히면서 원통형 배터리 사용이 다시 늘어날 것으로 예상된다. 2170 배터리에 비해 4680 배터리는 용량은 5배, 출력은 6배 높으며 주행거리 역시 16% 이상 높다고 알려져 있다. 테슬라뿐만 아니라 리비안, 루시드, 랜드로버도 원통형 배터리 사용을 늘릴 전망이다.

2) 2차전지 소재에 따른 분류

2차전지의 핵심 소재는 양극재, 음극재, 전해질, 분리막이다. 양극재는 양극을 이루는 소재, 음극재는 음극을 이루는 소재다. 전해질은 양극과 음극을 둘러싸고 있는 물질로, 리튬이온이 원활하게 이동하도록 돕는다. 분리막은 양극과 음극의 직접적인 접촉을 차단해 열 발생 가능성을 낮춘다.

한편 음극으로 이동한 리튬이온이 머무는 곳을 음극기재라고 하는데 동박(전지박) 소재가 사용된다. 최근 음극기재의 중요성이 부각되면서 동박 역시

2차전지 핵심 소재와 역할

구분	기능	역할
양극재	배터리 용량, 출력	효율성 증가
음극재	배터리 용량, 수명	효율성 증가
전해질	리튬이온의 통로	안전성 증가
분리막	양극과 음극 섞임 방지	안전성 증가
동박	전자의 저장	효율성 증가

출처: 업계 자료 취합

양극재 종류별 2차전지의 종류

구분	LFP	삼원계
양극	LFP	NCM, NCA, NMx
음극	흑연	흑연
음극기판	동박	동박
전해질	LiPF6	LiPF6
에너지밀도(Wh/kg)	143.1	208
가격	저렴한 편	다소 높은 편
안전성	높음	다소 낮음
주력 국가	중국	한국

출처: 업계 자료 취합

핵심 소재로 떠오르고 있다.

2차전지 소재 중에서 원가를 가장 많이 차지하는 소재는 양극재다. 나머지 소재들의 원가 비중은 비슷하다. 이러한 이유로 2차전지 소재 기업뿐만 아니라 2차전지 생산 기업 역시 양극재 자체 생산 비중을 높이고 있다. 양극재에는 니켈, 철, 코발트, 망간, 구리, 알루미늄 등 다양한 소재가 쓰인다.

소재의 종류, 구성비에 따라 니켈 비중이 높은 삼원계 배터리 NCM(니켈, 코발트, 망간), NCA(니켈, 코발트, 알루미늄)와 니켈 대신 철을 사용하는 LFP(리튬 인산철) 배터리로 구분할 수 있다. 삼원계 배터리는 LFP 배터리에 비해 에너지 밀도가 높다는 장점이 있다. 일반적으로 고가의 전기차에는 성능이 좋은 삼원계 배터리가 쓰이며, 중저가 모델에는 LFP 배터리가 사용된다. 우리나라 기업은 삼원계 배터리, 중국 배터리 제조 기업은 LFP 배터리가 주력이다.

삼원계에 비해 LFP는 화학적 안정성, 가격 등에 경쟁우위가 있는 것으로 알려져 있다. 다만 재활용 가치가 낮고 삼원계에 비해 리튬 비중이 높아 향후 리튬 가격이 상승하면 가격 경쟁력이 낮아질 수 있다. 그럼에도 몇몇 글로벌 시장조사기관, IB들은 LFP 배터리 사용 비중이 늘어날 것으로 보고 있다. SNE리서치에 따르면 2025년 양극재 예상 적재량 약 264만 톤 중 LFP 배터리의 비중은 45.5%에 달할 것으로 전망된다. UBS증권은 2030년 전 세계 배터리의 40%는 LFP 배터리가 차지할 것이라고 내다보았다.

중국의 LFP 배터리에 맞서 국내 2차전지 기업들은 LFP 배터리 양산 계획을 발표함과 동시에 NMx(코발트프리) 배터리 개발에 집중하고 있다. 코발트프리 배터리는 말 그대로 코발트의 함량 줄이거나 아예 포함하지 않은 배터리다. 삼원계 배터리의 핵심소재 니켈, 망간, 코발트. 알루미늄 중 코발트는 가장 비싸고 생산 지역도 한정되어 있다. 수급이 불안정해 가격 변동이 심하고 생산에도 차질이 생길 수밖에 없다. 코발트를 다른 광물로 대체할 수 있다면 광물 수급 불안 해소 및 배터리 원가를 대폭 낮출 수 있다. 다만 코발트를

구분	기업	대응
셀	LG에너지 솔루션	· 중국 난징 공장 ESS 라인 일부, LFP 전환 · 미국 애리조나주에 16GWh 규모 ESS용 LFP 배터리 공장 　설립 추진
	SK온	· 2023 ESS용 LFP 출시, 2025 양산 · 2023 내 LFP 배터리 개방 완료 목표
	삼성SDI	· 2027 양산 목표 LFP와 코발트프리 제품으로 확대 · 울산에 10GWh 규모 LFP 배터리 시설 구축 검토
양극재	에코프로비엠	· 2024 내 3,000톤 규모 상용 파일럿 구축 · 니켈 함량 70% NMx, 니켈 함량 40%의 OLO
	포스코퓨처엠	· 2025 내 LFP 2만 톤 양산 목표, 2023 내 14만 톤 계획 · NCM622 대체 망간리치 LLO 개발
	엘앤에프	· 2025 LFP 개발, 2026 LMFP 개발 목표
	LG화학	· 2026년 LMFP와 고전압 미드니켈 양산, 2027 망간리치 양 　산 목표

출처: 각 사, 언론 보도, 삼성증권

무작정 제외할 수는 없다. 배터리 안전성에 무리가 갈 수 있기 때문이다. 양극재 회사 중에서 에코프로비엠이 NMx양극재[*]를 개발하고 있다.

　코발트와 니켈 함량을 줄이고 망간 비중을 늘린 망간리치(하이망간) 제품도 각광받고 있다. 망간리치 양극재 종류로는 고전압 $LiNi0.5Mn1.5O4$[LNMO], $Li2MnO3$기반의 리튬 과량 소재인 LLO[Li-rich Layered Oxides], OLO[Over-Lithiated Oxides]가 대표적이다. 망간리치 양극재 상용화는 포스코퓨처엠, LG화학, 에코프로비엠이 추진하고 있다. 포스코퓨처엠은 2028년 LLO 양극재 1만 톤 생

---

[*] 니켈과 망간으로 구성되어 낮은 가격과 우수한 안정성을 보여주는 차세대 배터리 소재

산을 목표하고 있으며 에코프로비엠은 2026년 이전 OLO 양극재를 출시한 다는 계획이다. LG화학은 2023년 2분기 컨퍼런스콜에서 고객사와 망간리치 양극재를 개발 중이라고 밝혔으며 목표 양산 시점은 2026년이다.

3. 2차전지 제조 공정

2차전지의 제조 공정은 크게 전극, 조립, 화성으로 구분되며 각각의 공정마다 여러 개의 하부 공정이 있다. 전극 공정은 양극과 음극을 만드는 공정이다. 양극활물질과 음극활물질에 도전재, 바인더 및 용매 등을 섞어 슬러리^{Slurry}✖ 상태로 만든 후 코팅한다. 코팅된 슬러리는 압연 과정을 거쳐 두께를 줄이고, 에너지 밀도를 높인 극판이 된다. 마지막으로 극판을 제품 기준에 맞게 절단한다. 전극 공정은 양극과 음극을 만드는 중요한 공정인 만큼 전체 장비 투자 금액의 32%를 차지한다.

조립 공정은 배터리 셀을 만드는 공정이다. 조립 공정은 원통형, 각형, 파우치형 등 배터리의 모양에 따라 조금씩 다르다. 먼저 배터리 모양에 상관없이 양극과 음극 탭을 만드는 노칭^{Notching} 공정을 거친다. 다음에는 원통형과 각형의 경우 양극판와 음극판, 분리막 등 배터리 소재를 쌓은 뒤 돌돌 말아 젤리롤을 만드는 와인딩^{Winding} 공정을 거친다. 파우치형은 젤리롤이 아닌 양극판과 음극판과 분리막을 층층이 쌓는 스태킹 공정을 거친다. 그 이후 완성된 젤리롤을 케이스에 넣고 양극 및 음극 탭을 접착시키는 웰딩^{Welding} 공정, 케이스에 전해액을 주입하는 필링^{Filling} 공정, 마지막으로 진공, 건조 등 과정을 거치면 배터리 셀이 완성된다. 배터리 셀을 만드는 조립 공정은 전체 장비 투자 금액

✖ 액체에 녹지 않은 분말 등을 섞어 걸쭉해진 물질

의 20%를 차지한다.

화성 공정은 배터리 셀에 전기적 특성을 부여하는 공정이다. 마치 고기의 육질을 부드럽게 하기 위해 숙성시키는 것처럼 배터리 셀도 일정한 온도와 습도에서 일정 시간을 들이는 에이징 과정을 거친다. 이후 셀에 전기적 특성을 부여하기 위해 충전과 방전을 반복하는 포메이션 공정을 거친다. 파우치형은 추가로 셀 내부 가스를 제거하는 디게싱Degassing, 폴딩Folding 공정이 필요하다. 마지막으로 검사 공정을 거쳐 내부 결함이 있는지 확인한다. 화성 공정은 전체 장비 투자 금액의 13% 수준이며, 이 중에서 화성 공정의 핵심인 포메이션 장비에만 약 55%가 투자된다.

전극, 조립, 화성 공정 외에도 중간에 2차전지 제조 과정에서 결함이 없는지 등을 검사하는 검사 공정, 각종 소재 및 반제품 등을 이송해주는 자동화 공정, 배터리 제조 과정에서 이물질 등을 제거하는 탈철 공정 등이 있다. 이 같은 공정을 한데 묶어 기타 공정이라 하며, 해당 공정은 전체 장비 투자 금액의 35%를 차지한다. IRA 법안 도입으로 미국 내 설비 투자가 늘면서 인건비 등 비용 감축의 일환으로 자동차 장비 투자 비중이 확대되고 있다. 2차전지 장비 제조사 대부분은 특정 장비 하나만 취급하지 않고 전 공정에 걸친 다양한 장비를 만든다.

4. 2차전지 산업의 투자 포인트

1) 변화하는 기술 트렌드

2차전지는 성장 산업인 만큼 기술 개발 경쟁도 치열하다. 앞서 살펴본 삼원계와 LFP의 경쟁, 4680 배터리 개발로 원통형 배터리의 부활 등이 대표적인 사례다. 오늘의 1등이 내일의 1등을 장담할 수 없는 시장이다. 현재 높은 점유율을 기록하고 있어도 기술 트렌드에 뒤처지면 언제든지 역사의 뒤안길로 사라질 수 있다. 업계에서는 2차전지의 성능을 업그레이드하기 위해 양극재에 니켈 비중이 점차 높아질 것으로 보고 있다. 수급이 불안하고 상대적으로 비싼 코발트 비중을 낮추고 니켈 비중을 최대한 높인 하이니켈 배터리가 대표적이다. 음극재는 실리콘 비중을 점차 높일 것으로 보인다. 실리콘은 흑연에 비해 에너지 밀도가 10배 이상 높고 충전과 방전 속도도 빠르다. 다만 부피 팽창 문제가 있어 안전성이 떨어지는 단점도 있다. 2차전지 제조사들은 부피 팽창 문제를 해결하고 에너지 밀도를 높이기 위해 CNT 도전재를 첨가하고 있다. 전해액은 F 전해질, P 전해질에서 D 전해질, B 전해질이 추가되며 수명, 충방전 효율, 저온에서 성능 개선이 이루어질 전망이다. 투자자라면 해당 소재를 만드는 기업을 주목해야 함은 물론이다.

리튬이온전지 이후에는 차세대 배터리인 리튬황, 전고체 배터리가 사용될 전망이다. 리튬황 배터리는 에너지 밀도가 리튬이온전지의 5배에 달하는 데 반해 무게는 가볍다. 무엇보다 기존 리튬이온전지 제조 공정을 대부분 그대로 활용할 수 있어 제조단가가 저렴하다. 단, 사용할수록 안전성, 수명이 저하되며, 황 성분에 의한 부식 문제가 해결해야 할 숙제로 남아 있다. 전고체

차세대 2차전지에서 소재 변화

	리튬이온	리튬황	전고체
양극재	LFP, 삼원계	황	LFP, 삼원계
음극재	흑연, 실리콘	리튬메탈	흑연 또는 리튬메탈
전해질	액체, 겔 폴리머	유기계, 고체 전해질	세라믹(황화물, 산화물)
분리막	필요	필요	필요 없음

출처: 업계 자료 취합

배터리는 배터리 용량, 안전성, 저온성능, 부피 등 거의 모든 면에서 강점을 보여 '꿈의 배터리'라고 불린다. 그러나 제조단가가 높고 수명이 낮다는 단점이 있다. 리튬황과 전고체 배터리에서는 기존에 사용되는 소재에도 다소 변화가 생기기 때문에 투자자는 수혜를 보는 기업과 피해를 보는 기업을 잘 가릴 필요가 있다.

어떤 고객사를 두고 있는지도 잘 살펴야 한다. 고객사에 따라 2차전지 모듈 및 소재 기업들의 명운이 갈릴 수 있기 때문이다. 실제 테슬라가 차세대 리튬이온전지로 4680 배터리를 낙점하면서 LG에너지솔루션, 삼성SDI 등이 수혜를 입을 것으로 내다보고 있다. 또한 CATL은 2021년부터 배터리 생산량을 기준으로 부동의 글로벌 1위를 기록하고 있는데, 이는 내수 시장 비중이 압도적이기 때문이다. SNE리서치에 따르면 2021년 사용량 기준 CATL의 글로벌 전기차 배터리 점유율은 36.9%이지만, 중국 시장 제외 시 27.7%로 낮아진다. 즉, 주력 시장 여부에 따라 점유율이 달라질 수 있다.

2) 북미 지역 합작사 설립에 따른 생산 능력 향상

국내 배터리 3사는 IRA 수혜를 등에 업고 북미 지역에 완성차 기업과 합작사 설립에 나서고 있다. LG에너지솔루션은 GM과 오하이오와 테네시, 미시간에 얼티엄셀즈 합작 법인을 세웠으며 스텔란티스와 캐나다에, 혼다와 오하이오에, 현대차그룹과 조지아에 각각 합작 법인을 설립한다고 밝혔다. LG에너지솔루션은 미시간과 애리조나에 독자적인 공장을 설립하고 있다. SK온은 포드와 블루오벌SK 합작사를 설립하고 테네시에 1공장, 켄터키에 2와 3공장을 지을 계획이다. 현대차그룹과도 조지아에 합작 법인을 세운다고 밝혔으며, 독자적인 1, 2공장 역시 조지아에 지어 가동 중이다. 삼성SDI는 스텔란티스와 인디애나에 합작 1, 2공장 설립 계획을 발표했으며, 같은 지역에 GM과 합작 공장을 계획하고 있다. 정리하면 2027년까지 북미지역에서 LG에너지솔루션의 생산능력은 약 343GWh, SK온은 약 185.5GWh, 삼성SDI는 약 97GWh를 각각 확보할 것으로 전망된다. 또한 2027년 배터리3사의 생산 능력의 북미 전체의 81.7%에 달할 것으로 보인다.

K배터리 3사 북미 생산공장 현황

기업명	합작사	지역	생산 능력	가동 시점
LG에너지 솔루션	GM	오하이오	45 GWh	가동 중
		테네시	50 GWh	가동 중
		미시간	50 GWh	2025
	스텔란티스	캐나다	45 GWh	2024
	단독	미시간	40 GWh	2025 (현재 20GWh 가동 중)
		애리조나	43 GWh	2025
	혼다	오하이오	40 GWh	2025
	현대차그룹	조지아	30 GWh	2025 하반기
SK온	포드	테네시	43 GWh	2025
		켄터키 1공장	43 GWh	2025
		켄터키 2공장	43 GWh	2026→잠정 연기
	단독	조지아	21.5 GWh	가동 중
	현대차그룹	조지아	35 GWh	2025 하반기
삼성SDI	스텔란티스	인디애나	33 GWh	2025
		인디애나	34 GWh	2026
	.GM	인디애나	30 GWh	2026

출처: 각 사

소
비
재
3

기업명	2023 생산 능력	최종 생산 능력	완공시점
에코프로비엠	약 18만 톤	약 71만 톤	2027
엘앤에프	약 13만 톤	약 44만 톤	2027
포스코퓨처엠	약 10.5만 톤	약 85만 톤	2030
LG화학	약 10만 톤	약 47만 톤	2028
코스모신소재	약 3만 톤	약 16.9만 톤	2028

출처: 각사

배터리 3사의 생산 능력 확정에 걸맞게 양극재 기업들 역시 과감히 증설 계획을 발표했다. 에코프로비엠은 2023년 기준 약 18만 톤의 생산 능력을 2027년까지 약 71만 톤으로 확장할 계획이다. 같은 기간 엘앤에프는 약 13만 톤에서 약 44만 톤까지 늘릴 계획이다. 포스코퓨처엠은 한발 더 나아가 2030년까지 약 85만 톤의 양극재 생산 능력을 확대한다는 목표다. LG화학은 2028년 약 47만 톤, 코스모신소재는 2028년까지 약 16.9만 톤의 생산 능력을 확보한다는 계획이다.

3) 미국과 유럽의 자국 밸류체인 강화

코로나19 팬데믹 이후 공급망 재편의 필요성이 커지면서 미국, EU 등 선진국을 중심으로 제조업 밸류체인을 직접 구축하려는 움직임이 본격화되고 있다. 특히 중국과 패권 다툼에서 장기적으로 우위를 점하기 위해 미국은 반도체, 2차전지, AI 등 첨단 산업에 대해 제도적 장치를 마련하고 있다. 대표적인 제도적 장치인 IRA는 상당 부분 친환경 산업 및 전기차 생태계 육성에 초점이 맞추어져 있다. 핵심 내용은 전기차 구매 시 최대 7,500달러의 세액공제다. 세부 지침에 따르면 북미에서 제조·조립된 배터리 부품을 50% 이상 사용 시 3,750달러, 미국이나 미국과 FTA를 체결한 국가에서 채굴·가공된 핵심 광물의 40% 이상 사용 시 3,750달러의 세액공제 혜택이 각각 주어진다.

다만 세부 지침에 대한 요건은 시간이 지날수록 강화된다. 세제공제 혜택을 위한 배터리 부품 북미 생산 요건은 2026년 70%까지, 핵심 광물 북미 채굴·가공 요건은 2029년 100%까지 상향된다. 전극활물질(양극재·음극재)과 동박 등은 배터리 광물, 전해액과 분리막은 배터리 부품으로 분류되었다. 중국과 달리 한국은 미국과 FTA를 체결한 상태이므로 북미에 생산공장을 보유하고 있는 한국 배터리 기업은 IRA의 수혜를 입을 것으로 판단된다. 추가로 미국 내 배터리 셀, 전극활물질생산 설비를 갖춘 제조사에 지급되는 '첨단제조 생산 세액공제Advanced Manufacturing Production Credit, AMPC'도 존재한다. 구체적으로 배터리 셀의 경우 1kWh당 35달러를, 전극활물질의 경우 해당 기업 생산 비용의 10%에 해당하는 금액에 대해 세액공제를 적용한다.

한편 상기 요건 외 배터리 부품 및 배터리 광물에 대해 해외우려집단에서 생산될 경우 세액공제 적용을 금지시킬 계획인데, 업계에서는 CATL 등 중국 기업이 해당될 것으로 보고 있다(2023년 11월 기준 해외우려집단에 대한 구체적 기준이 확립되지 않은 상태다).

2023년 기준 국내 기업들은 핵심 광물 및 부품에 대해 중국 의존도가 높아 장기적으로 다변화가 필요한 상태다. 가장 적극적인 기업이 POSCO홀딩

연도별 배터리 핵심 광물 규정지역 내 조달 비율 전망

연도	2023	2024E	2025E	2026E	2027E	2028E	2029E
비율	40%	50%	60%	70%	80%	80%	80%

출처: 언론 보도 종합

연도별 배터리 부품의 북미 조달 비율 전망

연도	2023	2024E	2025E	2026E	2027E	2028E	2029E
비율	50%	60%	60%	70%	80%	90%	100%

출처: 언론 보도 종합

스다. POSCO홀딩스는 일찍이 핵심 광물의 중요성을 깨닫고 리튬과 니켈 확보에 나섰다. 리튬 조달은 염수 리튬, 광석 리튬 두 가지 방식을 모두 사용한다. POSCO홀딩스는 염수 리튬 확보를 위해 2018년 아르헨티나 리튬 호수(염호)를 인수했으며, 2022년 10월 추가로 약 1조 5,000억 원을 투자했다. 2025년부터 염호에서 리튬 생산이 가능할 것으로 보인다. 포스코아르헨티나가 염호에서 리튬 추출을 담당하며, 포스코리튬솔루션이 추출된 리튬으로 수산화리튬을 생산한다. 두 회사는 2028년 리튬 생산량을 약 12만 톤으로 확장할 계획이다. 호주 필바라^{Pilbara}와 합작 설립한 포스코필바라리튬솔루션은 광석 리튬을 통해 수산화리튬을 생산할 계획이다. 당장 2024년부터 필바라미네랄스로부터 리튬정광을 받아 연간 약 4만 3,000톤의 수산화리튬을 생산할 수 있다.

포스코필바라리튬솔루션은 광산 지분을 확보해 추가로 리튬 생산량을 약 10만 7,000톤 늘릴 계획이다. 여기에 포스코그룹은 재활용으로 확보한 리튬을 더해 2030년까지 총 30만 톤의 리튬 생산량을 확보한다는 방침이다. 포스코그룹 내에서 니켈 생산을 담당하는 회사는 뉴칼레도니아 광석 수출 회사 SMSP와 합작 SNNC다. SNNC는 약 2만 800톤의 니켈 생산량을 확충할 계획이다. 이후 순차적으로 POSCO홀딩스는 호주(현지 광산·제련사 RNO 지분 30% 인수), 인도네시아 니켈 제련 공장 등을 통해 연 22만 톤의 니켈 생산능력을 확보할 계획이다.

구분	종류	규모
리튬	염수리튬	아르헨티나 기존 염호 10만 톤
		신규 엄호 발굴 2만 톤
	광석리튬	필바라 합작 4만 3,000톤
		광산 지분 확보 10만 7,000톤
	재활용	3만 톤
니켈	니켈 광석	SNNC 2만 톤
		호주 RNO 1만 5,000톤
		기타 7만 5,000톤
	재활용	3만 톤
	니켈 보유사와 전구체 합작	8만 톤

출처: POSCO홀딩스, 언론보도 취합

2차전지 수직계열화를 이룬 에코프로그룹도 배터리 핵심 광물 확보에 나섰다. 2021년 6월에는 계열사 에코프로이노베이션이 미국 네바다주 에스메랄다 카운티에 위치해 미국 최대 리튬 프로젝트인 '리오라이트 리지'를 운영하는 호주 원자재 기업 아이오니어loneer와 탄산리튬 3년 공급계약을 체결했고, 매년 탄산리튬을 최대 7,000톤 조달할 계획이다. 2022년 9월 에코프로는 독일 AMG 리튬사와 배터리용 수산화리튬 수급계약을 체결했다. 이번 계약에 따라 2023년 말 적격성 평가를 거친 후 2024년부터 연간 약 5,000톤의 수산화리튬을 안정적으로 공급받을 것으로 보인다.

에코프로는 니켈 확보를 위해 2022년 3월 인도네시아 니켈 제련소 QMB

지분 9%를 인수했다. QMB는 중국의 거린메이^{GEM}가 운영하는 인도네시아 니켈 제련소다. 에코프로는 2023년 8월 QMB로부터 니켈 약 400톤을 처음으로 공급을 받았으며, 매년 약 6,000톤의 니켈을 조달할 계획이다. 2023년 11월 에코프로는 QMB에 추가 투자를 결정했다. 총 8,600만 달러를 들여 QMB로부터 장기적으로 니켈 약 5만 톤을 확보한다는 계획이다.

유럽도 핵심원자재법$^{Critical\ Raw\ Materials\ Act,\ CRMA}$을 내세워 중국 등 특정 국가에 대한 의존도를 낮추고 자국 밸류체인을 강화하기 위한 제도 마련에 나섰다. 친환경 및 디지털 전환에 중요한 광물을 EU 내에서 최소 10% 이상 채굴 및 최소 40% 이상 가공, 최소 15% 이상을 재활용하고 전략 원자재의 모든 가공 단계에서 단일 국가 수입량을 연간 소비량의 최대 65%로 제한할 것으로 목표를 제시했다. 이에 해당하는 핵심 원자재는 34개, 전략 원자재는 16개로 구분했다. EU 이사회는 2023년 7월 배터리 생산부터 폐배터리까지 생애주기 전반에 관한 포괄적 규제가 담긴 '지속 가능한 EU 배터리법'을 승인했다.

EU 배터리법은 재활용 원료 사용 의무화, 폐배터리 회수 목표 설정 등 환경 이슈가 핵심이다. 특히 최소 회수 기준은 2027년 기준 코발트 90%, 구리 90%, 납 90%, 리튬 50%, 니켈 90%이며, 2030년에는 코발트 95%, 구리 95%, 납 95%, 리튬 80%까지 높아진다. CRMA 도입에 따라 1차적으로 배터리 셀 기업들의 EU 내 생산 기지 건설이 불가피해 보인다.

또한 업계에서는 폐배터리 재활용 관점에서 LFP에 비해서 삼원계가 경쟁력을 가져갈 것으로 보고 있다. LFP 배터리는 생산 시 가격 경쟁력을 가질 수 있지만, 재활용 단계에서는 오히려 가치가 떨어진다. 재활용 가능한 소재가 리튬 외에는 사실상 없기 때문이다. 배터리 기업은 같은 비용을 투입하더라도 핵심 소재 회수율이 낮은 LFP 배터리를 기피할 수 있다. 이처럼 단순히 생산 비용, 성능을 넘어 재활용 관점에서도 배터리 기업의 경쟁력이 달라질 수 있다.

4) 2차전지 다음 무조건 성장할 산업, 폐배터리

국내 스마트폰 교체 주기는 통상 3년 내외다. 신제품 출시에 따른 교체 수요도 있지만, 3년 정도 사용하면 배터리 성능이 저하되는 탓도 크다. 이는 전기차도 마찬가지다. 전기차는 일반적으로 주행거리가 15만~20만km 정도 되면 배터리의 용량이 줄어들며, 성능도 저하된다. 배터리 교체가 필요하며 이는 자연스레 폐배터리 처리 문제로 이어진다. 이러한 이유로 2차전지에 이어 폐배터리 산업이 본격적으로 성장할 것으로 기대된다.

SNE리서치에 따르면 전 세계 폐배터리 시장은 2019년 약 1조 6,500억 원에서 2030년 약 20조 2,000억 원으로 무려 1,124% 성장하지만, 2050년에도 성장세를 멈추지 않고 약 600조 원까지 무려 30배가량 추가로 성장할 전망이다. 앞서 이야기한 전기차 시장과 5년에서 10년 정도의 시차를 두고 폭발적으로 성장할 것으로 기대된다. 이러한 점이 2차전지 기업들이 차세대 성

전 세계 폐배터리 시장규모 전망

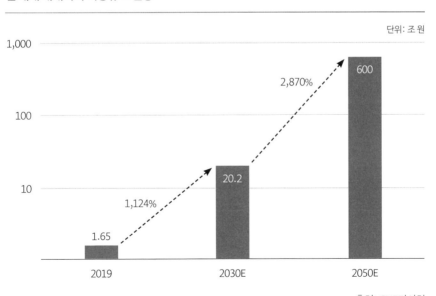

출처: SNE리서치

장 동력으로 폐배터리 시장을 낙점한 이유다.

폐배터리는 재사용과 재활용 시장으로 구분된다. 재사용은 수명이 다한 전기차 배터리를 분해해 검사 및 분석하고 ESS용으로 다시 만들어 사용하는 것을 말한다. 전기차마다 배터리 규격이 상이해 모든 것을 기계로 진행할 수 없으며 사람의 노동력을 필요로 한다. 즉, 대량생산이 불가능한 노동집약적 산업이다. 반면 재활용은 노후된 배터리를 파쇄하거나 용융시켜 니켈, 코발트, 망간 등 배터리의 핵심 소재를 추출해내는 것이다. 기술력에 따라 추출할 수 있는 소재의 양과 범위가 달라지므로 기술력이 중요하며, 노동력을 필요로 하지 않으므로 대량생산이 가능하다. 부가가치가 높은 분야는 단연 재사용보다 재활용이다. 기존 2차전지 모듈, 소재 기업뿐만 아니라 폐기물 처리 기업, 광물 제련 기업들도 폐배터리 시장의 문을 두드리고 있어 관련 기업들의 움직임을 잘 주시할 필요가 있다.

5) 전기차 판매량, 리튬 가격 추이

배터리는 전기차의 구성품인 만큼 2차전지 산업은 완성차 시장에 영향을 받는다. 전기차 신차 판매량이 많아질수록 2차전지 수요도 덩달아 증가한다. 반면 전기차 수요가 예상보다 못하다면 2차전지 성장세 둔화도 불가피하다. 실제 전 세계적인 고금리로 전기차를 포함한 완성차 수요가 둔화되자 LG에너지솔루션과 포드는 예정되어 있었던 튀르키에 합작공장 설립을 중단한다고 밝혔다. SK온도 포드와 설립을 추진하고 있는 켄터키 2공장 가동 계획을 2026년 이후로 연기한 바 있다.

2차전지의 핵심 소재가 리튬이므로 리튬 가격에 따라 양극재 판가도 영향을 받는다. 특히 리튬 가격이 하락하는 구간에는 고가에 사들인 원재료가 원가에 반영되어 양극재 기업들의 수익성이 악화된다. 반대로 리튬 가격이 상승하는 시기에는 저가에 매입한 원재료로 인해 수익성이 개선된다.

리튬 가격 추이

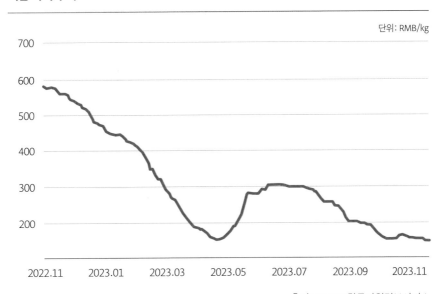

단위: RMB/kg

출처: KOMIS 한국자원정보서비스

2차전지 산업 투자 지표

실적 및 투자 지표: 2023년 3분기 연환산 기준
배당수익률: 2022년 주당 배당금/2023년 11월 24일 주가
시가총액: 2023년 11월 24일 기준

* 회색음영은 신규 상장 종목으로 2022년 연간 실적 반영

단위: 억 원

종목코드	종목명	매출액	영업이익	순이익	PER	배당수익률	시가총액
373220	LG에너지솔루션	342,817	16,356	15,215	68	0.0%	1,035,450
006400	삼성SDI	231,094	18,124	21,143	15	0.2%	318,380
247540	에코프로비엠	76,653	3,632	1,665	143	0.2%	237,657
003670	포스코퓨처엠	43,948	1,128	809	291	0.1%	235,101
450080	에코프로머티	6,652	390	–	–	0.0%	67,613
066970	엘앤에프	52,149	1,114	1,336	39	0.3%	52,306
361610	SK아이이테크놀로지	6,545	-52	181	273	0.0%	49,409
005070	코스모신소재	6,826	269	193	253	0.0%	48,735
011790	SKC	25,933	-1,260	-3,596	-10	1.1%	36,732
020150	롯데에너지머티리얼즈	7,506	258	-361	-56	0.7%	20,197
393890	더블유씨피	2,886	646	565	25	0.0%	14,119
365340	성일하이텍	2,758	157	120	99	0.0%	11,980
137400	피엔티	4,060	645	443	26	0.2%	11,553
278280	천보	2,278	146	-363	-29	0.5%	10,510
348370	엔켐	5,134	349	-163	-62	0.0%	10,021
372170	윤성에프앤씨	2,103	321	–	–	0.1%	8,617
336370	솔루스첨단소재	4,343	-788	1,954	4	0.4%	8,374
222080	씨아이에스	1,687	92	69	111	0.0%	7,629
299030	하나기술	1,329	24	-15	-376	0.0%	5,794
360070	탑머티리얼	630	118	–	–	0.0%	5,469

2차전지

부품
· 아이티엠반도체 · 신흥에스이씨 · 나노팀 · 알멕 · 상신이디피 · 신성에스티
· 와이엠텍 · 삼기이브이 · 세아메카닉스 · 에이에프더블류

세트
· LG에너지솔루션 · 삼성SDI

소재
- 동박 · SKC · 롯데에너지머티리얼즈 · 솔루스첨단소재
- 분리막 · SK아이이테크놀로지 · 더블유씨피
- 양극재 · 에코프로비엠 · 포스코퓨처엠 · 엘앤에프 · 코스모신소재
- 전구체 · 에코프로머티
- 전해질 · 천보 · 엔켐 · 이수스페셜티케미컬

엔지니어링
· 탑머티리얼 · 강원에너지

장비
· 피엔티 · 윤성에프앤씨 · 씨아이에스 · 하나기술 · 필에너지 · 원익피앤이
· 코윈테크 · 원준 · 대보마그네틱 · 필옵틱스 · 에이프로 · 티에스아이
· 브이원텍 · 엠플러스 · 나인테크 · 지아이텍 · 유일에너테크 · 메가터치 · 엔시스
· 디에이테크놀로지 · 유진테크놀로지 · 이노메트리 · 피엔티엠에스 · 에이치와이티씨

재활용
· 성일하이텍 · 새빗켐

자동차

자동차는 사람이 소유하는 물건 중 부동산을 제외하고 가장 비싼 품목이기 때문에 시장규모도 매우 크다. 글로벌 완성차 시장의 성장률은 세계 GDP 성장률과 유사하다. 다만 국내 자동차 산업은 현대차, 기아에 부품사 대부분이 종속되는 구조로 마진이

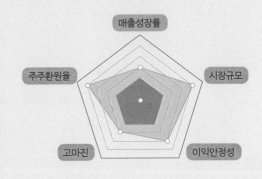

낮다. 전기차 시대를 맞아 수혜 기업과 피해 기업이 극명하게 갈릴 것으로 보인다. 해외 진출이 어려워 성장성이 낮고 시장규모는 제한적이지만, 꾸준히 유입되는 캐시카우를 바탕으로 주주환원에 적극적인 편이다.

자동차는 내구재 중 가장 비싼 품목이며, 가장 복잡한 기계다. 자동차는 2만여 개에 달하는 부품으로 구성되어 있다. 이 모든 것을 한 기업에서 만드는 것은 현실적으로 불가능하며 경제성도 없다. 현대차, 기아 등 몇몇 완성차 기업을 중심으로 수십, 수백 곳의 부품사가 밸류체인을 형성하고 있는 이유다. 구체적으로 자동차는 세세한 부품을 제조하는 부품사가 있으며, 부품을 모아 모듈을 만드는 기업과 모듈을 조립해 완성차를 만드는 기업이 존재한다. 이 책에서는 자동차 산업을 크게 완성차를 만드는 기업과 완성차 기업에 자동차 부품, 모듈을 납품하는 기업으로 구분했다.

자동차 산업에 속한 기업은 총 156곳으로 전체 시가총액의 5.9%를 차지한다. 기업 수는 많지만 소수 몇몇 기업이 차지하는 비중이 매우 높다. 현대차, 기아, 현대모비스 합산 시가총액은 전체 자동차 산업의 70%를 차지한다. 이는 자동차 산업 구조의 현 실태를 명확히 보여준다. 수많은 부품사가 존재하지만 대부분 영세하며, 슈퍼 갑이라는 완성차 기업에 종속

되는 구조다. 대부분 현대기아차라는 독과점 기업의 협력사이므로 단가 인하 압력에 취약하다. 주식 시장에서 자동차 부품 기업이 장부가치나 벌어들이는 이익 대비 낮게 거래되는 이유다. 자동차 산업 시가총액은 2019년까지 꾸준히 감소하다가 코로나19 팬데믹 이후 완성차 기업들의 실적 개선과 전기차 기대감이 일면서 예전 수준을 회복했다.

자동차 산업의 세부 분류는 크게 완성차와 부품을 만드는 기업으로 구분했으며, 부품 기업은 자동차의 구성품에 따라 나누었다. 완성차 기업은 승용차나 SUV, 승합차 등을 만드는 곳이며, 이런 차량을 유통하는 기업을 완성차 유통으로, 앰뷸런스, 냉동탑차 등 특수목적 차량을 만드는 기업을 특수차량으로 분류했다. 부품사의 경우 프론트엔드, 칵핏, 공조 장치, 섀시, 도어·차체, 시트·루프, 파워트레인, 엔진, 전장 용품, 배터리, 타이어, 기타로 구분했다.

자동차

1. 자동차 산업의 개요와 성장성

국내 도로에서 자주 마주치는 자동차 브랜드는 무엇이 있을까? 일단 현대차
와 기아가 가장 많다는 사실을 부인할 사람은 없을 것이다. 다음으로 국산 자
동차 브랜드 중에서는 쌍용, 르노삼성, 쉐보레가 간간이 눈에 들어온다. 수입
차 브랜드 중에서는 독일 3사라고 불리는 벤츠, BMW, 아우디가 단연 압도
적이다. '노No 재팬' 때문에 예전보다는 덜하지만 도요타 같은 일본 자동차 브
랜드도 종종 볼 수 있다.

앞서 일상생활에서 자주 접하는 자동차 브랜드를 언급했는데, 사실 이 정도
브랜드가 글로벌 자동차 시장을 주름잡고 있다. 자동차 산업 포털 마크라인
MarkLines에 따르면 2022년 글로벌 자동차 판매량은 도요타가 약 1,040만 대로
1위다. 뒤를 이어 아우디 브랜드를 가지고 있는 폭스바겐 그룹이 약 820만
대로 2위, 피아트와 크라이슬러, PSA가 합병해 설립된 스텔란티스가 3위(약

670만 대), 현대자동차 그룹이 4위(약 660만 대), GM 5위(약 590만 대) 순이다. 주요 자동차 생산국은 중국과 미국, 일부 유럽 지역과 일본, 한국 등이다.

자동차 주요 소비국 역시 생산국과 비슷하다. 2022년 중국이 약 2,620만 대 판매량을 기록했으며, 미국과 유럽이 각각 약 1,500만 대 내외의 판매 시장을 형성하고 있다. 중국, 미국, 유럽 지역을 합치면 전체 자동차 판매량의 60%가량이다. 이처럼 자동차 시장은 전 세계 상위 10개국이 생산의 90%, 판매의 70%를 점유하는 과점 체제다. 전 세계 자동차 판매량은 2019년 약 9,000만 대를 돌파했지만, 2020년 코로나19 팬데믹으로 약 7,220만 대로 급감했다. 2021년엔 기저효과로 약 8,135만 대로 성장했지만, 2022년 각국 중

2022 브랜드별 전 세계 자동차 판매량

단위: 만 대

순위	브랜드	판매대수
1	도요타	1,040
2	폭스바겐	820
3	스텔란티스	670
4	현대자동차그룹	660
5	GM	590
6	혼다	530
7	포드	490
8	닛산	420
9	BMW	250
10	메르세데스	230

출처: 마크라인

앙은행들의 긴축 정책으로 소비가 둔화되면서 약 7,940만 대를 기록했다.

국내 신차 판매량은 2022년 기준 약 166만 대 규모로 전년 대비 2.2% 줄었다. 이 중에서 현대차, 기아의 합산 판매량은 약 123만 대로 국내 시장의 73.9%를 점유하고 있다. 국산 자동차 브랜드만 놓고 본다면 점유율이 89%가 넘는다. 따라서 국내 자동차 부품사들은 현대기아차의 신차 발표 스케줄, 판매 동향에 민감하다. 일반적으로 자동차 부품 기업들의 수익성은 완성차 기업 수준을 넘어서기 어렵다. 거대 고객사 한두 곳에 수백 곳의 협력사가 종속되는 구조이기 때문이다. 완성차 기업의 판매가 부진해 수익성이 악화되면, 그 영향이 고스란히 협력사에 미치게 된다. 따라서 유독 자동차 부품 기업들의 주가가 자산가치나 벌어들이는 이익 대비 낮게 거래된다.

2. 미래 자동차 트렌드

1) 소유에서 공유

지금까지 자동차 산업은 '제조-판매'로 이어지는 단순한 구조였다. 이는 소비자가 자동차를 '소유'의 개념으로 받아들였기 때문이다. 그러나 미래에는 자동차 '소유'보다는 '공유' 수요가 늘어날 것으로 보인다. 이에 따라 자연스럽게 자동차 산업에 '서비스'의 영역이 커질 것으로 기대된다. 글로벌 컨설팅 기업인 맥킨지Mckinsey에 따르면 2030년 자동차 산업의 분야별 매출 비중은 차량 판매가 40%, 정비·유지보수가 19%, 자율주행·전기차가 11%, 차량 공유·서비스가 30%를 차지할 것으로 전망된다.

차량 공유 산업이 성장할 것으로 예상하는 이유는 자동차를 보유하는 데 발생하는 기회비용이 너무 크다는 점에 있다. 특정 직업군을 제외하고 대부분의 사람은 하루 중에 자동차를 오래 이용하지 않는다. 24시간 중에 자동차

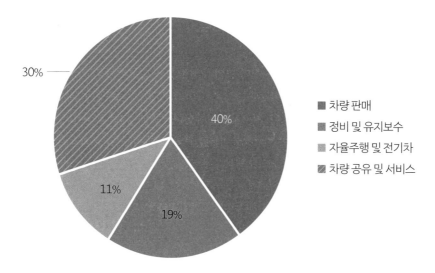

■ 차량 판매
■ 정비 및 유지보수
■ 자율주행 및 전기차
▨ 차량 공유 및 서비스

출처: 맥킨지 미래 자동차 연구소

를 이용하는 시간은 출퇴근 1~2시간이 전부다. 개인이 소유한 자동차 대부분은 주차장에서 대기하는 시간이 훨씬 긴 셈이다. 만약 주차되어 있는 자동차를 타인에게 공유해 수익을 창출할 수 있다면 차주 입장에서도 좋을 것이다. 또한 차량 공유 서비스를 이용하는 소비자 입장에서도 교통수단 선택의 폭이 넓어진다는 장점이 있다.

문제는 운전자다. 차량공유 서비스를 구현하기 위해서는 운전자가 필요한데, 이는 서비스 비용에 운전자의 인건비가 포함된다는 말과 같다. 서비스의 콘셉트는 좋으나 경제적인 측면에서 다른 교통수단에 비해 경쟁력을 지니기가 힘들다. 따라서 차량 공유 서비스가 본격적으로 시행되기 위해서는 자율주행 기술 발전이 선행되어야 한다.

전기차, 수소전지차 등 친환경 차량의 발전도 필요하다. 2015년 UN 기후변화회의에서 체결된 '파리기후변화협약'으로 국제 사회는 온실가스 감축에

소비재 3

카셰어링, 카헤일링, 라이드셰어링

차량공유 서비스 관련 정보를 찾다 보면 다양한 용어가 등장한다. 카셰어링Car Sharing, 카헤일링Car Hailing, 라이드셰어링Ride Sharing이 그것이다. 카셰어링이란 말 그대로 자동차를 공유하는 것이다. 자동차를 빌려 탄다는 것에서 렌터카와 다르지 않지만, 카셰어링은 시간 또는 분 단위로 이용할 수 있는 장점이 있다. 카헤일링은 자동차를 호출하는 서비스다. 카카오택시나 우버 등이 대표적인 카헤일링 서비스를 제공한다. 라이드셰어링은 쉽게 말하면 '카풀' 서비스다. 여러 명이 자동차를 함께 이용하는 서비스다. 국내에서는 출퇴근 시간에 한해 라이드셰어링 서비스를 허용해주고 있다.

합의했다. 이에 따라 각국은 2050년 전후로 탄소중립을 달성해야 한다. 달성하지 못할 경우 탄소세 같은 불이익을 당하게 된다. 이러한 이유로 신재생 에너지와 친환경 자동차 산업을 육성해야만 한다.

2) 친환경 자동차

친환경 자동차란 기존 내연기관 차량 대비 이산화탄소 배출이 적고, 연비가 우수한 자동차다. 친환경 자동차에는 하이브리드, 플러그인 하이브리드, 전기차, 연료전지차 등이 속한다. 연료전지차는 일반적으로 수소전지차로 통용된다. 연료전지차는 연료전지로 모터에 전력을 공급하는데, 수소가 연료로 사용되기 때문에 친환경적이다.

주요 시장조사기관들의 전망을 종합해보면 전 세계 친환경 자동차 시장은 2022년부터 2030년까지 연평균 25~30% 성장할 것으로 관측된다. 이 중에서 전기차 시장의 성장성이 압도적이다. BNEF에 따르면 전기차 판매량은

기관	2022	2025E	2030E
BNEF	802만 대	2,500만 대	6,000만 대
딜로이트	802만 대	2,300만 대	5,000만 대
마켓앤마켓	802만 대	2,500만 대	5,500만 대
SNE리서치	802만 대	2,800만 대	6,500만 대

출처: 각사

2022년 약 800만 대에서 2030년 약 6,000만 대로 성장할 것으로 관측된다. 이 밖에 딜로이트 등 타 시장조사기관들도 유사한 전망치를 제시하고 있다.

우리나라도 '한국판 뉴딜'을 통해 친환경 자동차 산업 육성에 나섰다. 정부는 저탄소, 분산형 에너지 확산을 위해 2025년까지 전기차 약 113만 대, 수소전지차 약 20만 대를 보급할 계획이다. 전기차는 2020년에 비해 12배가량, 수소전지차는 40배가량 늘어난 규모다. 이러한 이유로 국내 증시에서도 전기차와 수소전지차 관련 밸류체인에 주목해야 한다.

3) 자율주행 자동차

자율주행 자동차는 운전자가 브레이크, 스티어링 휠, 가속 페달 등을 제어하지 않아도 주행환경을 인식해 위험을 판단하고 주행 경로를 계획해, 스스로 안전 운행이 가능한 자동차다.

자율주행에 같이 따라오는 개념이 있는데, 첨단운전자보조시스템^{Advanced Driver Assistance Systems, ADAS}이다. ADAS는 운전 중 발생할 수 있는 수많은 상황 가운데 일부를 차량 스스로 인지하고 상황을 판단해 기계 장치를 제어하는 기술이다. ADAS는 완전 자율주행으로 가기 전 운전자를 보조해줄 수 있는

단계	정의	설명
레벨 0	수동	· 운전자가 자동차의 모든 기능을 항상 제어하고 책임짐
레벨 1	일부 기능 자동	· 일부 기능을 자동화해 운전자의 안전을 강화 · 각 기능을 ADAS로 통칭: ESC(전자식주행안전장치), SCC(스마트크루즈컨트롤)
레벨 2	복합 기능 자동	· 두 개 이상의 ADAS가 복합적으로 차량을 제어 예) SCC+LKAS, SCC+LKAS+AEB · 고속도로 자율주행까지 가능 · 여전히 사고의 책임은 운전자에게 있음
레벨 3	부분 자율주행	· 특정 주행 환경에서 차량 스스로 모든 안전 관련 기능을 제어 · 운전자의 개입이 필요하다고 판단 시 유연한 방법으로 운전자에게 경고해 제어권을 이양 · 운전자는 여전히 운전석에 있어야 하며 사고 시 책임 소재는 차량과 운전자 사이에 논란이 있을 수 있음
레벨 4	완전 자율주행	· 차량이 전체 이동 간 모든 안전 관련 기능을 스스로 제어 · 운전자는 목적지만 입력하며 출발부터 주차까지 차량 스스로 해결 · 운전석이 필요 없음. 사고의 책임은 차량에 있음

출처: 미국도로교통안전국

자율주행의 초기 버전이라고 보면 된다. 미국도로교통안전국에 따르면 자율주행은 자율주행의 범위에 따라 레벨 1부터 레벨 4까지 구분된다.

BNEF에 따르면 글로벌 자율주행 자동차 시장은 2022년 약 1,701억 달러에서 2025년 약 1조 262억 달러, 2030년엔 약 1조 8,074억 달러로 급성장할 전망이다. 다만 자율주행 자동차가 상용화되기 위해서는 넘어야 할 장벽이 많다. 자율주행 자동차 사고 시 책임 소지가 누구에게 있는지 등의 문제다. 여기에 따라 자동차 보험의 체계도 변경되어야 한다. 교통법규 체계 역시 변경되어야 함은 물론이다.

3. 자동차 산업의 투자 포인트

1) 일반적인 투자 포인트

자동차 기업에 투자할 때 가장 중요한 것은 판매량이다. 많이 판매할수록 실적이 좋아지기 때문이다. 현대차와 기아는 매월 첫 영업일에 지난달 국내, 해외 판매량을 공시한다. 국내 자동차 부품사 대부분은 현대기아차에 종속되는 구조이므로 매월 발표되는 판매량을 잘 체크해야 한다. 판매량이 저조해 수익성이 하락하면 협력사들의 실적 역시 자유로울 수 없다. 그런 차원에서 신차 출시 일정 역시 잘 보아야 한다. 모델마다 출시된 지 3~5년이 지나면 풀 체인지를 진행한다. 이때 대기 수요가 집중되어 판매량이 급증할 수 있다. 물론 신차가 출시된다고 해서 무조건 흥행하는 것은 아니다. 따라서 본격적인 판매에 앞서 발표되는 사전계약 대수는 판매량의 선행지표로 참조할 만하다.

고가 차량의 판매 여부도 중요하다. 현대차 입장에서는 저가 모델 몇 대를 파는 것보다 상위 모델인 제네시스 1대를 파는 것이 수익성 측면에서 유리하다. 따라서 제네시스 같은 고가 차량이 풀 체인지되며 높은 사전계약 대수를 기록했다고 한다면 긍정적인 신호다.

한편 국내 판매량보다는 글로벌 판매량이 중요하다. 특히 세계에서 가장 영향력 있는 시장인 미국 판매량이 중요하다. 미국 시장에서 인정받는 브랜드가 글로벌 판매량을 좌우하기 때문이다. 브랜드 가치에 영향을 주는 서비스, 품질 이슈도 잘 보아야 한다. 특히 특정 완성차 기업에서 자동차의 설계 및 제조 결함 등으로 발생하는 리콜이 잦다면 장기적으로 브랜드 가치를 떨어뜨릴 수 있다.

2) 친환경 자동차

한국수출입은행에 따르면 내연기관 차량에서 전기차로 변경되면 사라지는 부품 수가 약 1만 1,000개에 달한다. 대부분 엔진 부품과 구동 및 전달계통이다. 따라서 미래 먹거리가 사라지는 엔진 및 파워트레인 관련 부품사는 환골탈태가 필요하다. 반면 추가되거나 강화되는 쪽도 있다. 전기차 배터리, 구동 시스템, 열관리 시스템, 전장 부품 등이 대표적이다. 투자 관점에서도 이와 같은 밸류체인에 주목하는 것이 좋다.

구동 시스템은 구동 모터, 인버터, 회생 브레이크 시스템, 동력전달장치 등으로 구성되어 있다. 구동 시스템 중에서 가장 비싼 부품은 구동 모터다. 특히 전기차에 채용되는 구동 모터의 수가 늘어날 것으로 전망된다. 전륜 기반의 구동 모터는 내연기관과 토크 격차가 크기 때문에 구동 모터 2개가 들어가는 4륜 시스템이 확산될 것으로 기대되기 때문이다. 각 바퀴에 구동 모터를 설치한 구조인 인휠In-wheel 모터도 개발 중이다. 단, 인휠 모터는 넘어야 할 산이 많다. 모터가 바퀴마다 장착되기 때문에 이를 제어하기 위한 센서의 개수가 많아져 시스템이 복잡해진다. 또한 모터에 직접 충격이 가해지므로 내구성 측면에서도 불리하다.

열관리 시스템은 PTC 히터, 전동식 컴프레서 등이 대표적이다. PTC 히터는 전기저항을 이용해 공기를 가열하는 부품이며, 전동식 컴프레서는 차량이 정지된 상태에서도 배터리의 전력을 이용해 독립적으로 작동해 차량 전체의 열을 관리한다. 열관리 시스템이 전기차에 중요한 이유는 두 가지인데, 먼저 냉난방을 포함해 모터와 배터리 등 핵심 구성품의 성능을 최적으로 유지하기 위함이다. 전기차는 외기온도에 따라 배터리 소모량이 달라 전비가 크게 달라진다. 또한 엔진 동력이 없기 때문에 이 모든 것을 배터리에 충전된 전기로 해결해야 한다. 반면 내연기관 차량은 엔진에서 발생하는 폐열로 히터를 작동시키며, 엔진 동력으로 보조배터리를 충전할 수도 있다.

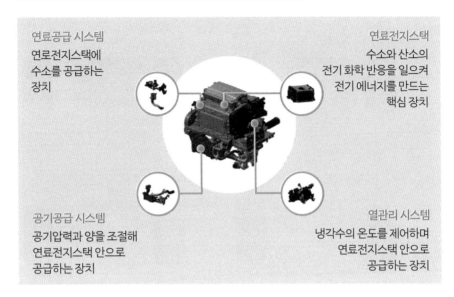

연료공급 시스템
연로전지스택에
수소를 공급하는
장치

연료전지스택
수소와 산소의
전기 화학 반응을 일으켜
전기 에너지를 만드는
핵심 장치

공기공급 시스템
공기압력과 양을 조절해
연료전지스택 안으로
공급하는 장치

열관리 시스템
냉각수의 온도를 제어하며
연료전지스택 안으로
공급하는 장치

출처: 현대차 블로그

　전장 부품은 직류전원을 다른 전압의 직류전원으로 변환하는 DC-DC 컨버터, 배터리의 성능을 컨트롤하는 BMS^{Battery Management System}가 대표적이다. 이 밖에 자동차가 점점 전자기기처럼 변하면서 채용될 수밖에 없는 전원공급장치, 와이어 하네스, PCB 등이 존재한다. 수소전지차는 전기차에 연료전지 시스템과 수소탱크가 추가되고 대용량 배터리가 제외된 구조다. 나머지 모터, 전력변환장치 등은 전기차와 동일하다.

　연료전지 시스템은 연료전지스택과 주변 장치로 구분할 수 있다. 연료전지스택은 수소와 산소의 전기적 화학 반응을 일으켜 전기 에너지를 만드는 장치다. 내연기관 차량으로 치면 엔진과 같은 핵심 구성품이다. 주변 장치는 말 그대로 연료전지스택을 도와주는 주변 장치다. 주변 장치는 수소를 공급해주는 연료공급 시스템, 산소를 공급하는 공기공급 시스템, 냉각수의 온도를 조절해 공급하는 열관리 시스템으로 구분된다.

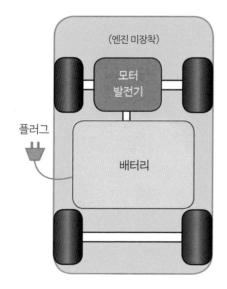

출처: KDB산업은행 기술평가부

　향후 친환경 자동차 시장의 주도권은 누가 가져갈까? 전기차일까? 수소전지차일까? 성장성만큼은 우열을 가리기 힘들지만 판매량을 보면 비교 대상이 아님을 알 수 있다. 2022년 기준 전 세계 수소전지차 판매 대수는 전면 대비 29% 증가해 2만 2,786대다. 반면 같은 기간 전기차 판매 대수는 전년 대비 68% 증가한 약 802만 대다. 이쯤 되면 수소전지차가 과연 미래 자동차 시장에 명함을 내밀 수 있을지 의문이 생길 수밖에 없다.

　엄밀히 말하면 수소전지차와 전기차는 직접적인 경쟁대상이 아니라는 평가가 지배적이다. 수소전지차는 구조상 수소탱크의 부피 때문에 승용차보단 버스, 트럭 등 상용차에 적합하다. 특히 전기차에 비해 수소전지차는 수소 탱크의 부피가 크면 클수록 주행거리 측면에서 강점을 보인다. 물론 전기차 배터리 역시 용량을 키우면 주행거리를 늘릴 수 있다. 하지만 배터리는 매우 비싸다. 배터리 사이즈를 키우는 것보다는 수소탱크의 용량을 키우는 것이 더

경제적이다.

수소전지차 역시 충전 시설 구축이 어렵다는 구조적 한계가 있다. 대부분의 사람은 수소충전소를 원전처럼 혐오 시설로 인지하고 있다. 수소 폭탄처럼 터질 위험성에 대해 염려하는 것이다. 이 같은 전기차 및 수소전지차의 명확한 장단점 때문에 전기차는 승용차 시장, 수소전지차는 상용차 시장 부문 등 각자의 영역에서 성장할 것으로 예상된다.

내연기관 차량은 장기적으로 사라질 전망이다. 따라서 기존 내연기관 차량 부품에 종속된 기업은 도태될 수밖에 없다. 이러한 이유로 앞서 언급한 친환경 자동차 관련 핵심 부품을 만들거나 시장이 확대되는 투자처를 중심으로 관심을 가져야 한다.

따라서 완성차 기업들은 전기차 판매 비중을 높이는 것이 무엇보다 중요하다. 아직은 전기차를 팔아서 남기는 이윤이 내연기관 차량 판매 이윤보다 적지만 전기차 판매 비중이 높은 기업에 부여하는 주가 프리미엄이 더 크기 때문이다. 이에 따라 완성차 기업들의 전기차 신차 출시 일정을 잘 파악할 필요가 있다. 야심 차게 선보인 신차가 흥행에 성공한다면 의미 있는 기업 가치 상승을 불러올 수 있다.

주요 브랜드별 전기차 신차 출시 일정

OEM	브랜드	모델	출시 예정 시기
GM	쉐보레	에퀴녹스 EV	2024
	쉐보레	블레이저 EV	2023~2024
	쉐보레	실버라도 EV	2024
	쉐보레	카마로 EV	2025

OEM	브랜드	모델	출시 예정 시기
GM	캐딜락	리릭 EV	2023
	캐딜락	에스컬레이드 EV	2023.08
	캐딜락	셀레스틱 EV	2024
	GMC	시에라 EV	2024
포드	포드	익스플로러 EV	2023.09
	링컨	에비에이터 EV	2024~2025
	링컨	코세어 EV	2026
스텔란티스	RAM	RAM 1500 EV	2024~2025
	지프	레콘 EV	2024
	지프	왜고니어 EV	2024
	크라이슬러	에어플로(가명)	2025
테슬라	테슬라	사이버트럭	2023
	테슬라	모델 2(가명)	미정
	테슬라	로드스터	2024
	테슬라	로보밴	2024
혼다	혼다	프롤로그	2024
	혼다	아큐라 ZDX	2024
	혼다	아큐라 EV	2026
	혼다-소니	아필라	2026
폭스바겐그룹	아우디	A6 e-트론	2024
	아우디	A9 e-트론	2024
	아우디	Q8 e-트론	2024
	폭스바겐	ID.2	2025

OEM	브랜드	모델	출시 예정 시기
폭스바겐그룹	폭스바겐	ID.Buzz	2025
BMW	BMW	I5	2023.10
	BMW	I3	2026
	미니	미니 일렉트릭	2025
메르세데스	메르세데스-벤츠	EQG	2024
	메르세데스-벤츠	E-스프린터	2024
	메르세데스-마이바흐	마이바흐 EQS	2024
현대기아	현대	아이오닉 7	2024
	기아	EV9	2023
KG 모빌리티	KG 모빌리티	토레스 EVX	2023
	KG 모빌리티	KR10	2024
	KG 모빌리티	F100	2025

출처: 교보증권

3) 자율주행 자동차

자율주행 자동차는 어떻게 스스로 운전을 할까? 자율주행 자동차의 의사결정 과정을 살펴보면 사람과 흡사하다. 먼저 주행환경 인식이다. 도로 상태가 어떤지, 장애물이 있는지 등을 파악한다. 다음은 판단의 영역이다. 주행환경을 파악했다면 커브를 돌지, 멈출지, 피할지 등의 선택을 한다. 판단이 끝났다면 실행에 옮길 차례다. 스티어링 휠을 조작하든지, 브레이크를 밟든지 등의 제어를 한다. 이처럼 자율주행의 의사결정 과정은 역할에 따라 '인지' '판단' '제어' 세 가지로 나뉜다. 이 중에서 부가가치가 큰 분야는 인지와 판단이다.

인지에 필요한 것은 자동차에 장착되어 물리적으로 주행환경을 인식하는 '센서', 도로의 경계와 차선, 표지판, 각종 시설물 정보가 매우 정밀하게 표시되어 있는 '정밀지도', 차량과 차량 또는 각종 다양한 주행환경과 차량이 실시간으로 정보를 교환할 수 있는 '인터렉션 기술' 등이 필요하다. 정밀지도 및 인터렉션 기술은 완성차 기업이나 통신사, IT 기업들이 협력해 개발하고 있다.

인지 기술 분야에서 자동차와 직접적으로 관련이 있는 분야는 센서 시장이다. 타 기술과 비교했을 때 시장규모도 가장 크다. 센서는 카메라, 레이다, 라이다, 초음파로 구분된다. 카메라는 물체 형태를 인식할 수 있지만, 거리 측정이 불가능하다. 또한 사람처럼 100% 모든 사물을 정확히 인식할 수 없다. 반면 레이다와 라이다는 사물이 무엇인지 판단할 수 없지만, 물리적인 거리를 정확히 측정할 수 있다. 라이다가 레이다에 비해 더 정밀한 측정이 가능하지만, 가격이 비싸고 악천후에 정밀도가 떨어진다는 단점이 있다. 대부분의 완성차 기업은 카메라, 레이다, 라이다를 골고루 사용하고 있지만, 테슬라는 카메라만 사용하고 있다.

자율주행 기술 레벨이 높아질수록 차량 1대당 탑재되는 센서의 개수가 늘어날 수 있으므로 관련 기업들을 주목할 필요가 있다. 다만 글로벌 센서 시장

주요 자율주행 인지 센서 품목

품목	설명
카메라	교통 표지판, 사각지대, 차선, 보행자 등 정확한 형상정보 확인
레이다	전파를 발사해 돌아오는 전파의 소요 시간과 주파수 편이를 측정해 주변 사물과의 거리를 탐지
라이다	고출력(905nm 파장의) 레이저를 발사해 돌아오는 전파의 소요 시간과 주파수 편이를 측정해 주변 사물과의 거리를 탐지하는 센서로, 레이다보다 정밀

출처: 미국도로교통안전국

AI 용도로 쓰이는 반도체 장단점 비교

	GPU	ASIC	FPGA
특징	수천 개 코어를 활용하는 대규모 병렬처리에 최적화된 칩	특정 용도에 맞게 설계된 칩	하드웨어 프로그래밍이 가능한 칩
재프로그래밍 여부	불가	불가	가능
개발공수	낮음	초기 개발공수는 높음	높음
전력소비 및 발열	매우 높음	낮음	낮음
연산속도	빠름	매우 빠름	보통

출처: 각 사

은 전자 장비에 해당하는 품목으로 반도체, IT 기기 기업들이 시장을 선점하고 있다. 국내 완성차 및 자동차 부품을 만드는 기업 중에서 자율주행 자동차 인지 센서 시장의 핵심 역할을 담당하는 기업을 찾아보기 힘들다. 그나마 전장 용품 섹터에서 전원공급장치, 와이어 하네스, ADAS 센서를 제조하는 기업 및 카메라 모듈 및 관련 부품을 만드는 기업은 지켜볼 만하다.

판단은 도로 상황을 인지한 후 '어떻게 운전할까?'에 관한 결정을 내리는 것이다. 사람의 두뇌 역할인 AI 기술이 필요한 만큼 시스템 반도체 기업들이 해당 시장을 선점하고 있다. AI 반도체는 크게 GPU^Graphic Processing Unit, ASIC^Application Specific Integrated Circuit, FPGA^Field Programmable Gate Array가 있다. 과거 컴퓨터의 두뇌 역할은 CPU가 담당했다. CPU는 단일 연산을 빠르게 처리하는 데 적합하다. 그러나 여러 가지 명령어를 동시에 처리하는 데는 적합하지 않다. 반면 GPU는 단일 연산은 CPU만큼 빠르지 않지만, 수많은 명령어를 동시에 처리하는 병렬 연산이 가능하다.

CPU는 몇 대의 비행기로 많지 않은 인원을 빠르게 이동시키지만, GPU는 비행기보다는 느리지만 기차 수천 대로 수많은 사람을 동시에 이동시키는 수단이라고 보면 된다. 이러한 이유로 수많은 상황을 동시에 분석, 처리해야 하는 AI 반도체 시장에서 GPU가 부각되고 있다.

GPU 시장에서는 2022년 기준 엔비디아가 전 세계 시장의 80%를 점유하고 있고, AMD가 그 뒤를 잇고 있다. ASIC은 범용 반도체가 아닌 주문형 반도체로, 용도에 따라 최적화된 AI 반도체라고 보면 된다. 2019년 테슬라가 엔비디아와 결별을 선언하고 자체적으로 개발한 자율주행 칩이 대표적인 ASIC이다. 구글, 애플, 삼성전자 역시 자체적으로 AI 반도체를 개발 중이다. FPGA는 GPU와 ASIC과 달리 칩 내부의 하드웨어를 필요에 따라 재프로그래밍할 수 있다. 이 같은 특성 때문에 FPGA는 빠르게 변화하는 AI 시장에 적합한 반도체라고 평가받고 있다. FPGA는 자일링스Xilinx가 주로 생산하며, 인텔 역시 자회사 알테라Altera를 통해 FPGA 시장에 참여한 상태다.

자동차 산업 투자 지표

실적 및 투자 지표: 2023년 3분기 연환산 기준
배당수익률: 2022년 주당 배당금/2023년 11월 24일 주가
시가총액: 2023년 11월 24일 기준

단위: 억 원

종목코드	종목명	매출액	영업이익	순이익	PER	배당수익률	시가총액
005380	현대차	1,595,547	150,117	114,406	3	3.8%	389,218
000270	기아	986,444	117,665	91,937	4	4.2%	338,521
012330	현대모비스	595,767	24,324	34,122	6	1.7%	217,748
161390	한국타이어앤테크놀로지	89,714	10,476	5,738	10	1.8%	55,496
018880	한온시스템	94,421	3,283	757	51	5.0%	38,754
204320	HL만도	83,836	2,855	36	481	1.4%	17,092
073240	금호타이어	39,293	2,573	620	26	0.0%	16,058
011210	현대위아	87,278	2,362	-1,185	-13	1.2%	15,882
003620	KG모빌리티	40,147	407	394	40	0.0%	15,667
005850	에스엘	48,904	3,508	2,724	6	1.8%	15,444
000240	한국앤컴퍼니	10,045	1,965	1,089	12	4.8%	12,902
009900	명신산업	17,635	2,133	1,371	7	0.0%	10,106
089860	롯데렌탈	27,865	3,165	1,399	7	3.4%	9,818
002350	넥센타이어	27,255	1,338	830	10	1.2%	8,136
004490	세방전지	15,863	1,030	815	9	1.1%	7,546
015750	성우하이텍	42,940	1,802	952	8	1.1%	7,440
007340	DN오토모티브	33,355	5,113	2,198	3	3.5%	7,066
064960	SNT모티브	11,882	1,237	952	7	3.6%	6,434
381970	케이카	20,082	567	289	18	7.1%	5,179
403550	쏘카	4,237	-19	-296	-17	0.0%	4,987

자동차

EP
· BGF에코머티리얼즈　· HDC현대EP

고무부품
· 동아화성　· 화승코퍼레이션　· 화승알앤에이

공조장치
· 한온시스템　· 우리산업　· 폴라리스세원　· 세원정공　· 성창오토텍

기타부품
· 에코앤드림　· 코리아에프티　· 평화산업　· 핸즈코퍼레이션　· 율촌　· 티피씨글로벌

내외장재
· 서연이화　· 에코플라스틱　· 우신시스템　· 삼보모터스　· 엔브이에이치코리아
· 휴림에이텍　· 케이비아이동국실업　· 한국큐빅　· 네오티스　· GH신소재

도어모듈
· 피에이치에이　· 세동

램프
· 에스엘　· 에코볼트

배터리
· 한국앤컴퍼니　· 세방전지

볼트와 너트
· 태양금속　· 와이엠　· 풍강

섀시
· 화신　· 화신정공　· 오스템

서비스
　차량공유 ─ · 쏘카
　차량렌탈 ─ · 롯데렌탈　· SK렌터카　· AJ네트웍스　· 레드캡투어

수입차 유통
· 코오롱모빌리티그룹　· 도이치모터스

스프링
· 대원강업　· 삼원강재

시트
· 대원산업　· 두올　· 현대공업　· 구영테크　· 이원컴포텍　· SG글로벌
· 아이윈　· 계양전기　· 대유에이텍　· 대성파인텍　· 일정실업

완성차
· 현대차　· 기아　· KG모빌리티　· 엘브이엠씨홀딩스

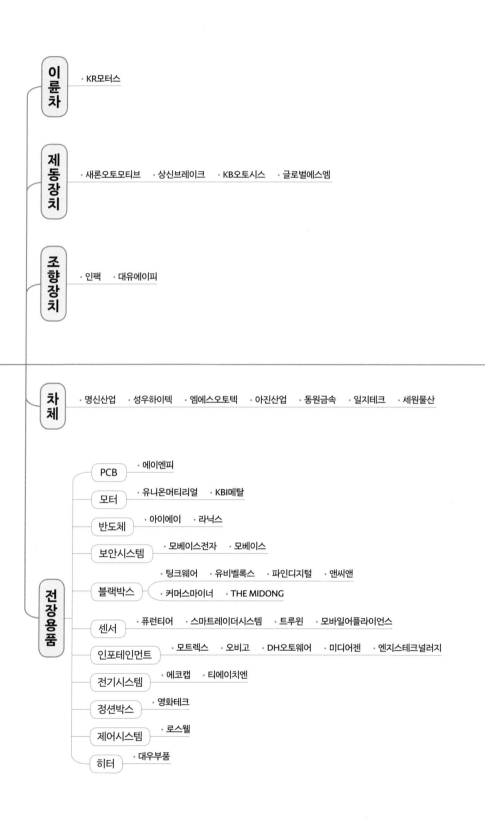

이륜차
· KR모터스

제동장치
· 새론오토모티브 · 상신브레이크 · KB오토시스 · 글로벌에스엠

조향장치
· 인팩 · 대유에이피

차체
· 명신산업 · 성우하이텍 · 엠에스오토텍 · 아진산업 · 동원금속 · 일지테크 · 세원물산

전장용품

PCB
· 에이엔피

모터
· 유니온머티리얼 · KBI메탈

반도체
· 아이에이 · 라닉스

보안시스템
· 모베이스전자 · 모베이스

블랙박스
· 팅크웨어 · 유비벨록스 · 파인디지털 · 앤씨앤
· 커머스마이너 · THE MIDONG

센서
· 퓨런티어 · 스마트레이더시스템 · 트루윈 · 모바일어플라이언스

인포테인먼트
· 모트렉스 · 오비고 · DH오토웨어 · 미디어젠 · 엔지스테크널러지

전기시스템
· 에코캡 · 티에이치엔

정션박스
· 영화테크

제어시스템
· 로스웰

히터
· 대우부품

| 종합모듈 | · 현대모비스 · HL만도 |

| 중고차 | · 케이카 |

| 칵핏모듈 | · 덕양산업 |

| 커머스 | · 오토앤 |

| 타이어 | · 한국타이어앤테크놀로지 · 금호타이어 · 넥센타이어 · DN오토모티브 · 동아타이어 · 다이나믹디자인 |

| 특장차 | · 이엔플러스 · 광림 · 오텍 · 디와이 |

| 파워트레인 | · 현대위아 · SNT모티브 · SNT다이내믹스 · 모토닉 · 한국무브넥스 · 에스엠벡셀
· 디아이씨 · 세종공업 · 퀀타피아 · 인지컨트롤스 · 씨티알모빌리티 · 우수AMS
· 유니테크노 · 체시스 · 유니크 · 유라테크 · 삼기 · CBI · 경창산업 · 지엠비코리아
· 한주라이트메탈 · 한일단조 · 서진오토모티브 · 유성기업 · 삼성공조 · 동양피스톤
· 네오오토 · SJM · 영화금속 · SJM홀딩스 · 오리엔트정공 · 부산주공 · 태원물산
· 디젠스 · 디와이씨 · 캐스텍코리아 · 대동금속 · 코다코 |

지주회사

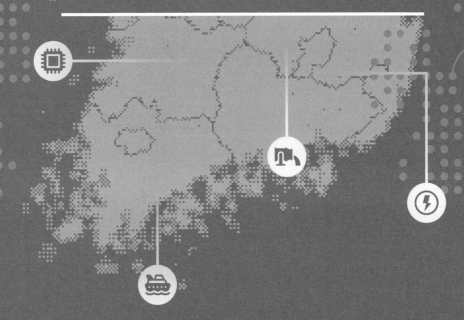

```
                          2
                          차    · 에코프로
                          전
                          지

                          가
                          구
                          와
                          생    · 쿠쿠홀딩스
                          활
                          용
                          품

            지            게
            주            임    · 네오위즈홀딩스    · 컴투스홀딩스
            회
            사
                          건
                          설
                          과    · DL    · 한일홀딩스
                          플
                          랜
                          트

                          골
                          판    · 아세아
                          지

                          교
                          육
                          과    · 웅진
                          완
                          구
```

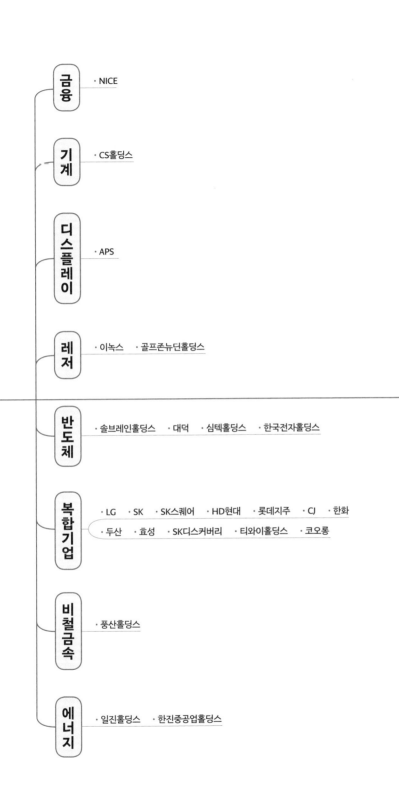

금융
· NICE

기계
· CS홀딩스

디스플레이
· APS

레저
· 이녹스   · 골프존뉴딘홀딩스

반도체
· 솔브레인홀딩스   · 대덕   · 심텍홀딩스   · 한국전자홀딩스

복합기업
· LG   · SK   · SK스퀘어   · HD현대   · 롯데지주   · CJ   · 한화
· 두산   · 효성   · SK디스커버리   · 티와이홀딩스   · 코오롱

비철금속
· 풍산홀딩스

에너지
· 일진홀딩스   · 한진중공업홀딩스

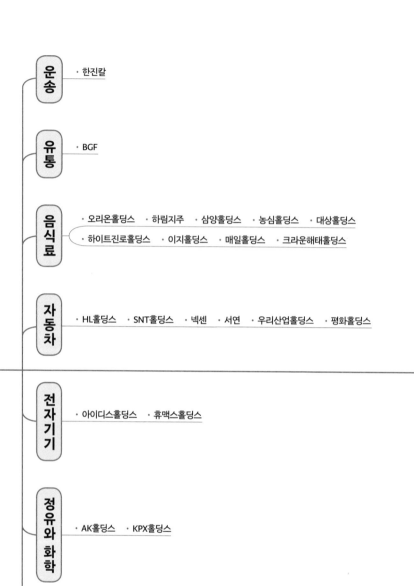

운송
· 한진칼

유통
· BGF

음식료
· 오리온홀딩스 · 하림지주 · 삼양홀딩스 · 농심홀딩스 · 대상홀딩스
· 하이트진로홀딩스 · 이지홀딩스 · 매일홀딩스 · 크라운해태홀딩스

자동차
· HL홀딩스 · SNT홀딩스 · 넥센 · 서연 · 우리산업홀딩스 · 평화홀딩스

전자기기
· 아이디스홀딩스 · 휴맥스홀딩스

정유와 화학
· AK홀딩스 · KPX홀딩스

조선과 기자재
· HD한국조선해양

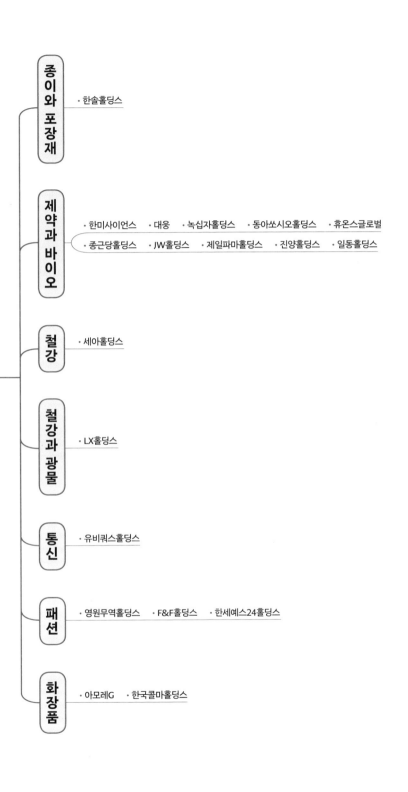

종이와 포장재
- 한솔홀딩스

제약과 바이오
- 한미사이언스 · 대웅 · 녹십자홀딩스 · 동아쏘시오홀딩스 · 휴온스글로벌
- 종근당홀딩스 · JW홀딩스 · 제일파마홀딩스 · 진양홀딩스 · 일동홀딩스

철강
- 세아홀딩스

철강과 광물
- LX홀딩스

통신
- 유비쿼스홀딩스

패션
- 영원무역홀딩스 · F&F홀딩스 · 한세예스24홀딩스

화장품
- 아모레G · 한국콜마홀딩스

2024~2025
대한민국 산업지도

초판 1쇄 발행 2024년 1월 17일
초판 3쇄 발행 2024년 9월 2일

지은이 이래학
브랜드 경이로움
출판 총괄 안대현
책임편집 이제호
편집 김효주, 정은솔
마케팅 김윤성
표지디자인 양희아
본문디자인 김혜림

발행인 김의현
발행처 사이다경제
출판등록 제2021-000224호(2021년 7월 8일)
주소 서울특별시 강남구 테헤란로33길 13-3, 7층(역삼동)
홈페이지 cidermics.com
이메일 gyeongiloumbooks@gmail.com (출간 문의)
전화 02-2088-1804 **팩스** 02-2088-5813
종이 다올페이퍼 **인쇄** 재영피앤비
ISBN 979-11-92445-61-8 (03320)